国家出版基金项目
NATIONAL PUBLICATION FOUNDATION

瓜饭楼丛稿

冯其庸文集

卷十二 中国文学史稿 下

青岛出版社

图书在版编目（CIP）数据

冯其庸文集. 第 12 卷，中国文学史稿. 下／冯其庸著. —青岛:青岛出版社，2011.1
（瓜饭楼丛稿）
ISBN 978-7-5436-6791-4

Ⅰ.①冯…　Ⅱ.①冯…　Ⅲ.①冯其庸—文集　②文学史—中国—古代—文集
Ⅳ.①C53　②I209.2-53

中国版本图书馆 CIP 数据核字（2010）第 244909 号

责任编辑　吴清波　李星灿
录入初校　任晓辉　霍　雯
责任校对　孙熙春　高海英　赵　旭

中国文学史稿

第四编　隋唐五代文学

绪　论

（一）隋唐五代的历史和社会情况

隋文帝杨坚于 581 年夺取北周政权，建立隋朝，又于 589 年灭亡了南朝的陈，于是从东晋以来长期分裂的中国，至此复告统一。隋文帝统一中国后，实行了若干重要的政治和经济的改革，安定了社会秩序，使生产得以恢复和发展，社会渐见繁荣。但由于隋炀帝的穷奢极欲，尽情挥霍，残酷地剥削农民，征役征兵，不断发动对外战争，社会矛盾骤然尖锐化，各地农民纷纷起义，隋炀帝终于于公元 618 年在江都被杀，李渊遂于同年在长安废隋恭帝杨侑而自立，建立了历史上有名的唐王朝。

李渊父子，鉴于隋末农民运动的伟大力量，以及隋末统治残酷剥削和奢侈挥霍时造成的悲惨后果，便采取了一些对农民让步的政策：宽简赋役，减轻刑律，并力求清俭，使社会得以安定，生产力得以恢复，因此自唐太宗贞观年代起（公元 627 始）直至唐玄宗开元、天宝年间（公元 755 年，安史之乱即于这一年 11 月爆发），这一百多年中，社会经济一直在不断地上升，造成了封建时代政治、经济、文化极为昌盛繁荣的一个时期（在这百多年中尤以贞观及开元、天宝时期最为安定），杜甫

《忆昔》诗说：

> 忆昔开元全盛日，小邑犹藏万家室。稻米流脂粟米白，公私仓廪俱丰实。九州道路无豺虎，远行不劳吉日出。齐纨鲁缟车班班，男耕女桑不相失。宫中圣人奏云门，天下朋友皆胶漆。百余年间未灾变，叔孙礼乐萧何律。

虽然这时阶级剥削的实质并未改变，但这首诗里所描写的社会普遍安定，人口增长，生产飞速向前发展，社会财富和人民生活较之从前比较富足而安定的现象，还是反映了当时基本的社会面貌的。这当然是当时全国劳动人民辛勤劳动的伟大成就。由于生产力的高涨，社会的富庶和安定，便形成了当时封建帝国的国力飞速上升，人民文化精神的空前发展，和强烈的民族自信心和积极乐观的情绪，这种强烈的创造力量和充沛的积极、乐观、自信的精神，深刻地影响了当时（及后来）的一切上层建筑，特别是给予文学艺术以十分深刻和巨大的影响。因此形成了这一时代文学艺术所独有的那种特色。

随着生产力的发展和社会的富庶，城市的商业经济和手工业经济，也有了极大的发展。其中尤以长安、洛阳、扬州、广州等城市的商业最为发达。国家又设立了许多手工业作坊，如织锦坊、毡坊、毯坊、酒坊、染坊以及冶金、铸钱等手工业作坊。在这些手工业作坊中，使用着长番匠、短番匠及杂户，也有雇佣的工人。其中如封建统治政府所设立的少府监中的绫锦坊，坊中就有巧儿（雇佣工匠）三百六十五人。[①] 纺织技术也很精巧，如中宗的女儿安乐公主有纺织工人尚方织的毛裙，合百鸟毛，正看为一色，旁看为一色，日中为一色，影中为一色，百鸟之

---

① 见《新唐书》卷四十八《百官志》。

状，并见裙中。① 这可见当时织造技术的精巧和统治阶级的享乐程度。此外，扬州的造船业、制茶业、五金业，四川的织锦业、煮盐业，江西的瓷器制造，太原的铜器制造，都是全国有名的。当时的采矿事业也很发达，国内外水陆交通也很畅通。由于手工业及城市商业经济的发展，各大城市都出现了商业行会，来自外国的商人也陆续不断。

与城市的商业及手工业经济繁荣的同时，必然会有新兴的市民阶层的产生。李肇《国史补》说："扬州有王生者，人呼为王四舅，匿迹货殖，厚自奉养，人不可见。扬州富商大贾，质库、酒家，得王四舅一言，悉奔走之。"除扬州以外，当时的京城长安，不仅是政治文化的中心，而且也是一个商业发达的城市。长安城的南面便全是住宅区和商业区（北面是宫城和皇城），住宅区共有一百零八坊，商业区分东西两市，市内各有二百二十行。即此已可见当时商业城市里市民阶层产生发展的面貌了。这种新兴阶层的思想意识和生活兴趣，对于当时的文学艺术，也发生了深刻的影响，尤其是在这时的"传奇"、"变文"和一部分诗歌散文中，有明显的反映。

这种新兴的市民阶层的产生，必然会逐渐形成一种政治力量。唐代的统治者为了巩固自己的政权，继承并发展了隋制，用科举考试制度代替九品中正制，以吸收较多的中小地主参加政权，同时也藉以笼络大批的中小地主出身的知识分子（其中当然也包括一些新兴的地主商人在内）。诗人赵嘏说："太宗皇帝真长策，赚得英雄尽白头。"② 真是一语道破了真相。但尽管统治阶级的目的是为了使"天下英雄尽入吾彀中"（唐太宗语），然而这种科举考试制度，在客观上对当时的封建政治和封建文化的发展，是有一定的积极作用的。这种进步作用也影响到当时的

---

① 见《唐语林》卷四《贤媛篇》。此两条参见杨志玖《隋唐五代史纲要》。
② 见王定保《唐摭言》卷一。

文学，由于经济的发展，科举考试制度对于中小地主和市民们的刺激，引起了他们对文化的要求，因此文化便开始较前普及，由于过去一直被压抑的中下层知识分子，在政治和文化上得到了自由发展的机会，于是在文艺创作上，才能摆脱齐梁以来那种贵族文学的束缚，呈现自己的面目，歌唱出自己的声音来。

初盛唐时期，曾进行过多次的对外战争，大大地扩展了帝国的领土，并开辟和发展了对外的交通，因而使得中外的经济和文化的交流，有了空前的发展，中国的高度发展的封建文化，曾远播于东亚各国以至于欧洲大陆。而外国文化的输入，对于唐代的文化，也发生了很大的影响，例如唐代的音乐、舞蹈、戏剧、词、变文乃至于绘画和建筑艺术，也无不受过外国文化的积极影响的。而印度的佛教的大量传布，对于当时的文化，思想和文学艺术，尤其起了深刻的作用。

随着社会经济的继续上升和生产力的不断发展，统治阶级对人民的剥削也日益加深，统治阶级的生活享受，也日益奢侈挥霍，于是社会矛盾和统治阶级内部争权夺利的矛盾，也日益发展。"安史之乱"，便是这许多矛盾的总爆发，也是唐帝国衰败和崩溃的起点。这次叛乱，给予唐帝国的经济、政治以极严重的摧残，从此以后，统治阶级内部的矛盾便一发而不可收。藩镇割据，朋党倾轧，宦官专权，使得这个帝国加速地走向死亡，终于在以黄巢为首的农民革命的烈火中，这个统一帝国，便崩溃瓦解为四分五裂的"五代十国"的割据混乱局面。从唐末以来，北中国的经济特别是黄河流域，遭到了战争的严重的破坏，而中国的南部，因战争较少，人民生活比较安定，所以南方的经济文化仍能继续发展，其中西蜀、南唐是南方经济文化最为发达的地区，因此唐代新兴的词，在这个地区，能够获得蓬勃发展。

（二）　隋唐五代文学的发展概况

这一时期文学创作的成就主要是诗歌方面，唐代的诗歌，承继着诗经、汉魏乐府古诗和南北朝的民歌的优良传统，吸收了齐梁以来音韵研究方面的成果，而又摆脱了六朝贵族文学形式主义的束缚，创造了多种的诗歌形式，而且使它发展到了高峰，成为诗歌中的典范。这一时期的诗歌，产量十分丰富，《全唐诗》所收的诗有四万八千九百多首，共九百卷，诗人有两千三百余位。这一时期的诗歌的质量也很高，杰出的诗人如李白、杜甫、白居易等，在他们的诗里，深刻地反映了当时的社会面貌，反映了人民的疾苦和社会的矛盾，反映了这一时代人民的精神风貌，而且唐代无数杰出的诗人，在诗歌艺术的造诣上，在诗歌风格的建立上，都表现了自己的特色，达到了前所未有的高度。

从这一时期诗歌发展的角度来看，则隋代因为时间很短，在文学上只是从六朝到唐代的一个酝酿和过渡时期。初唐时期，则是上一时期的继续，这时期的诗人如四杰、沈、宋的创作，还带着齐梁的余风，然而通过这几个人的努力，已开始确立了五七言律诗的格律，对气息奄奄的宫体诗，也进行了改造。这一时期的殿军陈子昂，他大声疾呼地喊出了震聋发聩的声音，一扫齐梁余风，诗风于是为之一变。诗至盛唐，便人才辈出，真正"百花齐放"，王、孟、高、岑各且妙，至李白、杜甫便集其大成，成为诗歌史上的泰山北斗。而且深刻地影响着后代的诗歌。中唐时代，杜甫的精神笼罩一切，白居易继承这种传统，开展了新乐府运动，成为一时诗歌的主流。晚唐诗风，则渐趋纤巧，李商隐、杜牧为其代表，而在聂夷中、皮日休等人的诗里，还可以看出白居易的影响来。

中唐时代韩、柳的古文运动，是当时的社会矛盾和统治阶级内部政治斗争的间接反映，他们反对六朝以来那种僵死的骈文，提倡古文。这个运动，在文学史上起着积极的进步的影响，得到了广大群众的拥护，也取得了胜利，创造了语言质朴切实的散文，对后来的影响很大。

在城市商业经济的发展，市民阶层的兴起，特别是在古文运动的影响和推动下，产生了唐代的"传奇"，它是在六朝志怪小说的基础上发展起来的，但是由于中唐时代的社会生活和文学语言的发展，使得它不得不突破原来的旧形式而创造出一种适合于自己的新的形式来。唐代的"传奇"，在中国小说史上是一朵奇花，它放射着自己独特的光芒，对后来的小说戏剧起着极大的积极作用。其中如《李娃传》、《霍小玉传》、《莺莺传》、《南柯太守传》、《红线传》等是优秀的作品。

在外国的音乐、歌舞的影响和我国的民间歌谣杂曲的基础上，唐代又产生了一种新的诗歌形式——词。词到了五代时，便成为文学的主要部分，并产生了优秀的词人李煜。

隋唐五代，是我国文学史上一个光辉璀璨的时代，同时在艺术创造上，也达到了很高的成就，不论在绘画、书法、雕塑或音乐、建筑等方面，都产生了一些卓越的人物。绘画方面如擅长人物画的吴道子、擅长山水画的王维，都是美术史上不可磨灭的。尤其保存在敦煌石窟中的无数无名画家所画的壁画，证明了这一时期绘画艺术的辉煌成就。雕塑方面如杨惠之的塑像，人物的肌肤骨肉和精神体态，千载以来，依旧栩栩如生（现在还有几尊像保存在角直），而敦煌石室中的无数塑像，更证明着这一时期雕塑艺术的伟大成就。书法方面，欧阳询、褚遂良、颜真卿、柳公权等，都是这一时代的书法大家。这些艺术方面的成就，与当时的文学也是密切相关，相互影响的。

隋唐五代，是我国文学史上一个光辉璀璨的时期，对于这一时期的文学，我们将分下列十章论述。

第一章　隋代及唐初文学

第一节　隋代文学

隋代虽然时间很短（581—618），但在文学史上，却是一个由六朝到唐代的过渡时期，在隋以前，南北朝的文化是迥然不同的，如前所述，南朝文风，一般都崇尚俊丽华瞻，而北朝的文风，则刚健清新，且颇多塞外之音和异国情调，虽然后来南朝的文风逐渐影响北朝，尤以庾信等人北去，南北文风的交互影响更为显著，但终不能根本地融合统一起来，直至隋文帝统一南北后，这种情况，便随着政治上经济上的统一而逐渐融合统一，因此隋代统一后南北文化的相互融合酝酿，实为唐代文学艺术得以长足发展，并造成光辉璀璨的成绩的一个契机，当然唐代文化的高涨，另有当时的物质基础，我们当于后面讲到。就隋代的文风来讲，它一方面固然在开始酝酿着新的东西，但另方面，它基本上还保持着南朝的文风。隋文帝在统一南北后，总企图改变这种文风，命令天下公私文翰，都从实录，并把喜欢写华丽的文辞的泗州刺史司马幼之付所司治罪，又把治书侍御史李谔所上请矫正文体轻薄之敝风的奏议颁示天下，以图转变当时的文风，这篇奏议说：

> 臣闻古先哲王之化民也，必变其视听，防其嗜欲，塞其邪放之心，示以淳和之路。……其有上书献赋，制诔镌铭，皆以褒德序贤，明勋证理。苟非惩劝，义不徒然。降及后代，风教渐落。魏之三祖，更尚文词，忽君人之大道，好雕虫之小艺。下之从上，有同影响，竞骋文华，遂成风俗。江左齐、梁，其弊弥甚，贵贱贤愚，唯务吟咏。遂复遗理存异，寻虚逐微：竞一韵之奇，争一字之巧；连篇累牍，不出月露之形，积案盈箱，唯是风云之状；世俗以此相高，朝廷据兹擢士；禄利之路既开，爱尚之情愈笃。于是闾里童昏，贵游总丱，未窥六甲，先制五言。至如羲皇、舜、禹之典，伊、傅、周、孔之说，不复关心，何尝入耳。以傲诞为清虚，以缘情为勋绩，指儒素为古拙，用词赋为君子。故文笔日繁，其政日乱。……及大隋受命，圣道聿兴，屏出轻浮，遏止华伪，……自是公卿大臣，咸知正路，莫不钻仰坟集，弃绝华绮，……如闻外州远县，仍踵敝风，选吏举人，未遵典则；……其学不稽古，逐俗随时，作轻薄之篇章，结朋党而求誉，则选充吏职，举送天朝。盖由县令刺史，未行风教，犹挟私情，不存公道。……请勒诸司，普加搜访；有如此者，具状送台！
>
> 　　　　节录《李谔传》见《隋书》卷六十六

这篇奏议颁布以后，并不曾发生多大的效果。《隋书·文学传》又说："高祖初统万机，每念剗雕为朴，发号施令，咸去浮华；然时俗词藻，犹多淫丽，故宪台执法，屡飞霜简。"可见当时积重难返，文风改变之不易了。

这一时期比较有名的作家有杨素、卢思道、薛道衡、杨广等人。

杨素①，字处道，弘农华阴人，仕周，因平齐有功，封成安县公，隋文帝统一南北后，即归隋，加上柱国进封越国公。他是一个武臣，但却颇有文采，《隋书》本传说他："论文则辞藻纵横，语武则权奇间出。"又评他的诗说："词气宏拔，风韵秀上。"我们现在读他的诗，确实感到有一种清新刚健的风格，为当时文风中难得的。

山斋独坐赠薛内史

居山四望阻，风云竟朝夕。深溪横古树，空岩卧幽石。日出远岫明，鸟散空林寂。兰庭动幽气，竹室生虚白。落花入户飞，细草当阶积。桂酒徒盈樽，故人不在席。日暮山之幽，临风望羽客。

赠薛播州 十四首之一

北风吹故林，秋声不可听。雁飞穷海寒，鹤唳霜皋净。含毫心未传，闻音路犹复。惟有孤城月，裴徊独临映。吊影余自怜，安知我疲病。

这类作品已经摆脱了齐梁绮丽之风，而具有清新峻拔的风格了。

卢思道，字子行，范阳人，他的诗如《听鸣蝉》、《从军行》等都是优秀的作品。

---

① 杨素见《隋书》卷四十八。

听 鸣 蝉

听鸣蝉，此听悲无极。群嘶玉树里，回噪金门侧。长风送晚声，清露供朝食。晚风朝露实多宜，秋日高鸣独见知。轻身蔽数叶，哀鸣抱一枝。流乱罢还续，酸伤合更离。暂听别人心即断，才闻客子泪先垂。故乡已超忽，空庭正芜没。一夕复一朝，坐见凉秋月。

这首诗"词意清切，为时人所重"，庾信见了也深为叹美，我们现在也可以从作品中感到作者强烈的感情。

薛道衡，字玄卿，河东汾阴人，很有才名，先做齐尚书左外兵郎，齐亡后又仕周，后又入隋，后为杨广所杀。当时南人很少推重北人的作品，但道衡所作，南人往往吟诵。他的名诗如：

出 塞

绝漠三秋暮，穷阴万里生。寒夜哀笛曲，霜天断雁声。

人 日 思 归

入春方七日，离家已二年。人归落雁后，思发在花前。

这些作品已初具唐人绝句清新峻拔的优点，薛道衡尚有"空梁落燕泥"的名句，在《昔昔盐》诗中。

　　杨广（隋炀帝），是历史上有名的暴君，他是隋文帝杨坚的第二个儿子，弘农郡华阴人，开皇元年（581年）立为晋王，后杨坚又废太子勇立广为太子，又五年，杨广即杀坚自立，他在位十二年，荒淫无度，穷极侈奢，东征西讨，劳民伤财，又大兴土木，开凿运河，人民被迫纷纷起来反抗，造成了隋末的农民大起义，结果在江都被贵族宇文化及所杀。他虽然是一个暴君，但却颇有一些诗才，有些诗还是写得较好的作品，《隋书·音乐志》上说："炀帝矜奢，颇玩淫曲，御史大夫裴蕴，揣知帝情，奏括周、齐、梁、陈乐工子弟，及人间善声调者，凡三百余人，并付太乐。倡优獶杂，咸来萃止。"又说："炀帝不解音律，略不关怀；复大制艳篇，辞极淫绮。"杨广在他声色荒淫的生活中写出来的作品，自然大部分是梁陈色情文学的余风，但也有比较清新的作品的，他的作品以乐府诗辞为佳，那些歌词，大都是词句绮丽，音调和谐的，如：

江都宫乐歌

　　扬州旧处可淹留，台榭高明复好游。风亭芳树迎早夏，长皋麦陇送余秋。渌潭桂楫浮青雀，果下金鞍跃紫骝。绿觞素蚁流霞饮，长袖清歌乐戏州。

四时白纻歌

　　黄梅雨细麦秋轻，枫树萧萧江水平。飞楼绮观轩若惊，花簟罗帏当夜清。菱潭落日双凫舫，绿水红妆两摇漾。还似扶桑碧海上，谁肯空歌采莲唱。

春江花月夜

暮江平不动，春花满正开。流波将月去，潮水带星来。

以上这些诗，都是代表杨广华丽流畅的作品，另外还有一些所谓"词无浮荡"，风格比较清新朴实的诗如《饮马长城窟行》等，则不如上列这些诗能显示他的本色。杨广又有"寒鸦飞数点，流水远孤村"的名句，后来被秦观融入词中，成为脍炙人口的佳句，可惜全诗已佚。①

第二节　初唐文风

唐朝初年的文风，基本上仍未摆脱齐梁以来绮丽华瞻，过分重视辞藻，忽略内容的倾向，这种风气，不仅表现在诗歌创作方面，也表现在学术著作和史书的编纂等等方面。唐朝初年，在唐太宗的领导下，房玄龄、褚遂良、令狐德棻、李延寿等二十余人，编纂了《晋书》，其中宣帝、武帝两纪和陆机、王羲之两传后论，都是太宗亲自写的。其次如《梁书》、《陈书》、《周书》、《隋书》、《南史》、《北史》等等历史著作，也都是唐初编写成的，除了《梁书》、《陈书》以外，其余几种历史著作，尤其是太宗领导编写的《晋书》，还保持着很明显的齐梁余风，一部《晋书》，全是用四六体的骈文写成的，闻一多先生说："把姚思廉除开（梁、陈书的撰者），当时修史的人们谁不是借作史书的机会来叫卖他们的文藻。"这确实是一针见血的说法，我们且引两节唐太宗自己

---

① 　见《铁围山丛话》。

的手笔，来略观初唐文风的一斑：

晋书陆机传论

观夫陆机、陆云，实荆、衡之杞梓，挺圭璋于秀实，驰英华于早年。风鉴澄爽，神情俊迈。文藻宏丽，独步当时，言论慷慨，冠乎终古。高词迥映，如朗月之悬光，叠意回舒，若重岩之积秀，千条析理，则电坼霜开，一绪连文，则珠流璧合。其词深而雅，其义博而显，故足远超枚、马，高蹑王、刘，百代文宗，一人而已。

晋书王羲之传论

所以详察古今，研精篆、素，尽善尽美，其惟王逸少乎。观其点曳之工，裁成之妙，烟霏露结，状若断而还连，凤翥龙蟠，势如斜而反正。玩之不觉为倦，览之莫识其端。心慕手追，此人而已。其余区区之类，何足论哉！

唐太宗崇拜"文藻宏丽"的陆机，所以他自己的文章，也是极力写得绮丽华瞻。在群臣中，太宗最推崇虞世南，虞世南死后，他还有"钟子期死，伯牙不复鼓琴"之叹，《新唐书·本传》说虞世南的"文章婉缛，慕仆射徐陵，陵自以类己，由是有名"。原来虞世南也是齐梁余风的追慕者，与唐太宗完全是同调，所以太宗能引为文章知己。

除了修史外，那时还盛行着一种编纂类书和给某些文学作品作注释的工作，也即是章句文学，前者如《北堂书钞》、《艺文类聚》等，后者如李善的《文选注》。这个工作，与当时崇尚辞藻华丽的文风有密切关系的，文章要写得华丽，就必须征集许多辞藻和典故以供堆砌。《北堂书钞》、《艺文类聚》就是适应这种要求的产物，而《文选注》，则是征集来的辞藻和典故的另一种运用。

在这种空气下酝酿产生出来的诗歌，你要求它有一个清新的独立不群的面目，要求它能摆脱这种绮丽繁缛的风格而走上健康的道路，唱出完全属于自己的声音来，那几乎是不可能的。更何况唐太宗自己也喜欢宫体诗，常作宫体诗，他写了宫体诗，还叫虞世南合作，虞世南说："圣作诚工，然体非雅正，上之所好，下必有甚者。臣恐此诗一传，天下风靡，不敢奉诏。"[①]"恐此诗一传，天下风靡。"可见宫体诗在当时，仍然是风靡一时的东西。虞世南虽然劝太宗不要作宫体诗，但他自己却仍旧追慕徐陵的风格，写华丽婉缛的文章，因此实际上也仍然没有跳出宫体诗的圈套。其次如李义府的《堂堂词》，长孙无忌的《新曲》，也无不是宫体诗的货色。

中妇织流黄

虞世南

寒闺织素锦，含怨敛双蛾。综新交缕涩，经脆断丝多。衣香逐举袖，钏动应鸣梭。还恐裁缝罢，无信达交河。

堂　堂　词

李义府

镂月成歌扇，裁云作舞衣。自怜回雪影，好取洛川归。懒

---

① 《新唐书》卷一百二《虞世南传》。

整鸳鸯被，羞褰玳瑁床。春风别有意，密处也寻香。

新　曲

长孙无忌

侬阿家住朝歌下，早传名。结伴来游淇水上，旧长情。玉佩金钿随步远，云罗雾縠逐风轻。转目机心悬自许，何须更待听琴声。

从上述三个人的作品来看，这种华丽浓郁的风格，近乎色情的描写，显然可以看出梁陈宫体诗的余风。然而在这宫体诗风独占诗坛的时候，竟也还有个别的人能独树一帜，不受影响的。例如政治家魏征和追慕嵇康、阮籍、陶潜的任情放达的隐居生活的王绩，以及和尚王梵志，就是属于这一类的人。

述　怀

魏　征

中原初逐鹿，投笔事戎轩。纵横计不就，慷慨志犹存。杖策谒天子，驱马出关门。请缨系南粤，凭轼下东藩。郁纡陟高岫，出没望平原。古木鸣寒鸟，空山啼夜猿。既伤千里目，还惊九折魂。岂不惮艰险，深怀国士恩。季布无二诺，侯嬴重一言。人生感意气，功名谁复论。

魏征应不能算一个诗人，他这首诗也并不能算很突出，但他这种慷慨的胸襟，纵横的气概，却是突破了梁陈袅娜纤丽的风格而高步于当世的。

田　家

王　绩

阮籍生涯懒，嵇康意气疏。相逢一醉饱，独坐数行书。小池聊养鹤，闲田且牧猪。草生元亮径，花暗子云居。倚床看妇织，登垄课儿锄。回头寻仙事，并是一空虚。（之一）

家住箕山下，门枕颍川滨。不知今有汉，唯言昔避秦。琴伴前庭月，酒劝后园春。自得中林士，何忝上皇人。（之二）

野　望

王　绩

东皋薄暮望，徙倚欲何依。树树皆秋色，山山唯落晖。牧人驱犊返，猎马带禽归。相顾无相识，长歌怀采薇。

读了王绩这几首诗，我们就能比较清晰地看到这个人的个性，那种恬淡寡欲，怡然自得的人生哲学和生活情趣，跃然于纸上，嵇康、陶渊明的影子，似乎也能使我们从诗中看到，王绩这种上接魏晋的风格，与当时的梁陈余风是迥然有别的。

吾有十亩田

王梵志

吾有十亩田，种在南山坡。青松四五树，绿豆两三窠。热即池中浴，凉便岸上歌。遨游自取足，谁能奈我何。

我们读读王梵志这种作品，虽然严格点讲，还不能算有多少诗的味道，但是在宫体诗的嚣尘中，这种全用口语写成，用来述说个人生活的作品，究竟还不像宫体诗那么腻人口味，究竟还有一点清新的意味。

把宫体诗推到登峰造极，几乎弄得不可救药的是上官仪，他是陕州陕人，字游韶，贞观初擢进士第，高宗时为西台侍郎，后来因事下狱死。《新唐书》本传说："仪工诗，其诗绮错婉媚，及贵显人多效之，谓为'上官体'。"他创造了所谓六对八对等的当对律，[①] 虽然对律诗的形成，有某些影响，但就宫体诗本身来讲，他却把它送到了牛角尖里去，几乎永远无法拔出来。

八　咏　应　制

上官仪

启重帷，重帷照文杏。翡翠藻轻花，流苏媚浮影。瑶笙燕始归，金堂露初晞。风随少女至，虹共美人归。罗荐已擘鸳鸯被，绮衣复有葡萄带。残红艳粉映帘中，戏蝶流莺聚窗外。洛滨春雪回，巫峡暮云来。雪花飘玉辇，云光上璧台。共待新妆出，清歌送落梅。

---

① 见《诗苑类格》，引见谢无量著《大文学史》，刘大杰著《中国文学史》。

王 昭 君

上官仪

　　玉关春色晚，金河路几千。琴悲桂条上，笛怨柳花前。雾掩临妆月，风惊入鬓蝉。缄书待还使，泪尽白云天。

　　"罗荐已擘鸳鸯被，绮衣复有葡萄带。残红艳粉映帘中，戏蝶流莺聚窗外。"宫体诗发展到这一地步，已经不仅是繁华绮丽，堆砌辞藻，而且简直是下流堕落了，"诗"如果不能打破这个用翡翠流苏、鸳鸯粉蝶、绮罗胭脂以及女人的艳色娇音所筑成的黑暗窒闷的牢狱的话，那么它只能被活活地闷死，但是强烈的窒闷，它会迫得人们大声疾呼，迫得人们去寻求解放的道路，唐初五十年来的诗坛也是如此。

第三节　四杰　沈、宋及其他作家

　　打破初唐诗坛低沉艳腻的空气，放开喉咙，唱出自己的声音说出真正有感情有个性的话来，为诗歌开辟出一条道路来的，是初唐四杰。初唐四杰，就是所谓王、杨、卢、骆（王勃、杨炯、卢照邻、骆宾王）。闻一多先生认为卢、骆是一个集团，刘希夷、张若虚是他们的继承者，他们的功劳是宫体诗的改造或破坏。王、杨是另一个集团，沈佺期、宋之问是他们的继承者，他们的功劳是五律的奠定，是属于建设方面的。这些人的共同贡献是把诗从宫廷里解放出来，用正常的健朗的感情代替了病态、变态的心理。

卢照邻（637—689?），一说（632—695）。字昇之，幽州范阳人，年十余岁，从曹宪、王义方授苍雅及经史，博学善作文，初授邓王府典签，后拜新都尉，因患风疾去官，以后一直在贫病的生活中过度，后来因为不堪疾病的痛苦，即与亲友告别，自投颍水而死。

在宫体诗的窒息的阴霾中，他的《长安古意》是一声戛然的长啸，那粗豪圆润的嗓子和生龙活虎般腾踔的节奏，使人如大梦初醒，同时又给予人们无限的活力。

> 长安大道连狭斜。青牛白马七香车。玉辇纵横过主第，金鞭络绎向侯家。龙衔宝盖承朝日，凤吐流苏带晚霞。百丈游丝争绕树，一群娇鸟共啼花。

这是一种多么美丽、奢侈、热闹的都市生活。

> 得成比目何辞死，愿作鸳鸯不羡仙。

这是一种多么大胆、放纵、真挚而又充满着力量的感情，这种感情，比起梁陈宫体诗的"相看气息望君怜，谁能含羞不肯前"这种奄奄一息的病态的感情，不知要健康有力得多少。诗的最后说：

> 节物风光不相待，桑田碧海须臾改。昔时金阶白玉堂，即今惟见青松在。寂寂寥寥扬子居，年年岁岁一床书，独有南山桂花发，飞来飞去袭人裾。

这是一个清醒的警告式的结尾，打破了梁陈宫体诗的历来的传统，梁陈的宫体诗里，你找不到任何一点点人的觉醒和理性的东西，但是《长安古意》却在尽情地享受了这繁华喧阗的奢侈生活以后，给自己也是给别人以一种繁华如梦、富贵难久的警告，这种清醒的意识，对于宫体诗来讲，是多么重要！在这里我们看到卢照邻对宫体诗的破坏和改造，他把宫体诗改造到有生命，有前途。

在卢照邻的集子里，大部分是五言古诗，也有一些五言律诗，其中如《咏史四首》等少数篇章，还有一些魏晋诗的风貌，写得比较好些，其余便都是体现着初唐诗风的用辞藻和典故堆砌出来的东西。七言诗在全集中只有少数的几篇，但节奏都比较响亮，尤其是前面提到的《长安古意》，这是一篇影响很大的作品。

骆宾王①（640—684），婺州义乌人，七岁即能作文，尤其善于写五言诗，曾作《帝京篇》，当时以为绝唱，但落魄不得志，好与博徒为伍，武后时，坐赃贬临海丞，不久即弃官而去，当时徐敬业在扬州起兵讨武后，骆宾王为徐的府属，军中书檄都是骆宾王所作，曾作讨武后檄文，武后读檄文，只是嬉笑，全不为意，但读至"一抔之土未干，六尺之孤安在"两句，便吃惊地问："是谁作的?"有人告诉她是骆宾王所作后，她便责问："宰相安得失此人?"后来徐敬业事败被诛，骆宾王即亡命不知所终。

骆宾王的《帝京篇》、《畴昔篇》都是篇幅巨大，气象宏伟的作品，即如《艳情代郭氏答卢照邻》、《代女道士王灵妃赠道士李荣》等作品，也是洋洋洒洒的大作，宫体诗从五言四句的"自君之出矣"扩充到卢、骆二人这样巨大的篇幅，也是一个剧变。这些作品，不仅篇幅巨大，而更重要的是作品中有作者充沛真挚的感情，加上缠绵往复的旋律和激越

---

① 《骆宾王传》见《旧唐书》卷一百九十上《文苑上》，《新唐书》卷二百一《文艺上》附《王勃传》后。

响亮的句子，就使这些诗具有感人的力量。现举两首诗的片段如下：

艳情代郭氏答卢照邻

　　离前吉梦成兰兆，别后啼痕上竹生。别日分明相约束，已取宜家成诚勖。当时拟弄掌中珠，岂谓先摧庭际玉。悲鸣五里无人问，肠断三声谁为续。思君欲上望夫台，端居懒听将雏曲。沉沉落日向山低，檐前归燕并头栖。抱膝当窗看夕兔，侧耳空房听晓鸡。舞蝶临阶只自舞，啼鸟逢人亦助啼。

代女道士王灵妃赠道士李荣

　　寄语天上弄机人，寄语河边值查客。乍可匆匆共百年，谁使遥遥期七夕。想知人意自相寻，果得深心共一心。一心一意无穷已，投漆投胶非足拟。只将羞涩当风流，持此相怜保终始。相怜相念倍相亲，一生一代一双人。不把丹心比玄石，惟将浊水洗清尘……此时空床难独守，此日别离那可久。梅花如雪柳如丝，年去年来不自持。初言别在寒偏在，何悟春来春更思。

这里所举的几节，都是感情比较真挚，音节和旋律比较缠绵和响亮的，这种真挚的感情，缠绵的旋律和响亮的音节，对后来的歌行，有着血肉的关系。

　　骆宾王在五律方面，也有一定的成就，如他的《在狱咏蝉》：

　　西陆蝉声唱，南冠客思侵。那堪玄鬓影，来对白头吟。露重飞难进，风多响易沉。无人信高洁，谁为表予心。

已经是对仗工整的五律，而且诗的内容也表达了作者沉埋抑郁的心情。他的《于易水送人》：

此地别燕丹，壮士发冲冠。昔时人已没，今日水犹寒。

也是有很深的感慨和含蓄的一首诗，将这首诗和他参加徐敬业的起义，草讨武则天的檄文等事情联系起来，也是很一致的。

但是无论是卢照邻也好，骆宾王也好，他们所给我们的，他们的成就，主要还是在于对宫体诗的破坏和改造，改变宫体诗原来的那种病态的呻吟和堕落意识，为宫体诗注入新的血液，注入大胆、真挚的感情，至于使宫体诗进一步的发展，还有待于他们的继承者。

刘希夷①（651—?），一名庭芝，颍川人，年少时即有才华，但落魄不拘常格，善写闺情诗，诗意哀怨悲苦，当时人并不重视他，后为人所害，后来孙翌编《正声集》，将刘希夷的作品列在卷首，因此即大为人所称赏。

公 子 行

古来容光人所羡。况复今日遥相见。愿作轻罗著细腰，愿为明镜分娇面。与君相向转相亲，与君双栖共一身。愿作贞松

---

① 传见《旧唐书》卷一百九十中《文苑中》附《乔知之传》后，甚略。又见辛文房《唐才子传》卷一（佚存丛书本）。

千岁古，谁论芳槿一朝新。百年同谢西山日，千秋万古北邙尘。

捣 衣 篇

闻道还家未有期，谁怜登陇不胜悲。梦见形容亦旧日，为许裁缝改昔时。缄书远寄交河曲，须及明年春草绿。莫言衣上有斑斑，只为思君泪相续。

感情的真挚和悲苦，是刘希夷的特色，在宫体诗中，像上述这种真挚执着的感情，是前所没有的。

春 女 行

自怜妖艳姿，妆成独见时。愁心伴杨柳，春尽乱如丝。

采 桑

携笼长叹息，逶迤恋春色。看花若有情，倚树疑无力。薄暮思悠悠，使君南陌头。相逢不相识，归去梦青楼。

但是诗尽管哀艳，感情还是正常的，有理性有约束的，因而也是健康的。感情回到正常状态，确是宫体诗的一个重大发展。它使宫体诗又摆脱了卢、骆的紧张喧闹，而进入新的宁静的境界，因而也使宫体诗向着更高的一级发展。

代悲白头翁

　　洛阳城东桃李花。飞来飞去落谁家。洛阳女儿惜颜色，行逢落花长叹息。今年花落颜色改，明年花开复谁在。……古人无复洛城东，今人还对落花风。年年岁岁花相似，岁岁年年人不同。

诗人在宁静的观察中，发现了真理，也发现了矛盾，即宇宙的永恒无穷和人生的短暂的矛盾，这是无可奈何的悲哀，也是所有人的共同的悲哀，然而在这个发现中，宇宙的庄严和人生的可贵，也被诗人的笔所揭示了，对于这样的矛盾，应该如何解脱它呢？刘希夷的《春日行》歌说：

　　山树落梅花，飞落野人家。野人何所有，满瓮阳春酒。携酒上春台，行歌伴落梅。醉罢卧明月，乘梦游天台。

以短暂的人生来面对庄严永恒的宇宙，刘希夷大概是采取了这样的一种方式，这里我们也看到了刘希夷式的真挚和自然的生活态度，同时也看到了宫体诗的向前跃进。

　　将宫体诗推到卓绝的顶峰的是张若虚。

　　张若虚①（660—720？），扬州人，曾作兖州兵曹，他的事迹已很难查考，诗也仅存两首，他最著名的诗是《春江花月夜》：

---

　　① 《旧唐书》卷一百九十中《文苑中》附《贺知章传》后，《全唐诗》中仅有他的诗两首。

> 春江潮水连海平，海上明月共潮生。滟滟随波千万里，何
> 处春江无月明。江流宛转绕芳甸，月照花林皆似霰。空里流霜
> 不觉飞，汀上白沙看不见。

一片晶莹澄澈的景色，万象是那么和谐、安谧，海波、江流、芳甸、花林、汀洲这一切在月光的笼罩和荡漾下，构成了一幅最幽静美丽的夜景，但诗人并不甘心于用他空灵俊秀的笔，单单为我们描出一幅夜景，更可贵的是他为我们提出了一个十分有意义的问题：

> 江畔何人初见月，江月何年初照人？人生代代无穷已，江
> 月年年只相似，不知江月待何人，但见长江送流水！

刘希夷说："今年花落颜色改，明年花开复谁在！""年年岁岁花相似，岁岁年年人不同！"这是在发现了宇宙的无穷和人生的短促的矛盾以后所发出来的无可奈何的悲哀的感叹。这种感叹，尽管是过去许多宫体诗的作者所根本不能理解的，但这种感叹，比起张若虚来，毕竟还过于执着和酸苦。面对着同样的问题，张若虚是何等地平淡、坦然，似乎只觉得这永恒的明月和无穷的流水的可爱可亲，或许也有一点感喟罢，因此他会想到"妆镜台"边的"离人"听到他的叹息："此时相望不相闻，愿逐月华流照君！"于是他又懊悔自己飘荡的生涯：

> 昨夜闲潭梦落花。可怜春半不还家。江水流春去欲尽，江
> 潭落月复西斜。

于是他又从自己联想到别人：

斜月沉沉藏海雾。碣石潇湘无限路。不知乘月几人归，落
月摇情满江树。

这里的感情，多么纯净、自然，它没有卢、骆那样的大声喧嚣，也没有
刘希夷那样凄苦，这里宇宙与人生，离人与恋人，自己与别人，都和谐
地融成一体，像晶莹澄澈的月光，将海波、江流、芳甸、汀洲这一切融
成一体一样！宫体诗发展到这里，已摆脱了它的原来的面貌而达到了最
高的境界，同时也为后来的歌行奠定了良好的基础，所以一首《春江花
月夜》，已足以使张若虚不朽了。

以上是初唐四杰中以卢、骆为首的一派，他们的成就是在于七言歌
行的创作，以下我们谈初唐四杰中的王、杨一派。

王勃（649—676），字子安，是王通的孙子、王绩的侄孙，六岁即
能作文，构思很敏捷，九岁读颜师古注《汉书》，作《指瑕》十卷以摘
其失，十四岁时，太常伯刘祥道巡行关内，他上书自陈，祥道表于朝
廷，对策高第，即授朝散郎，[①] 后因得罪了高宗，被除名。勃恃才傲物，
为同僚所嫉，后因擅杀官奴一事，被罪，后来又遇赦免，当时他的父亲
贬官交趾令，勃去探望，路经钟陵，遇都督大宴滕王阁，勃作了一篇有
名的《滕王阁序》。后来渡海溺水而死，年仅二十八岁。

王勃的功绩，主要在于奠定了五律的基础，在王勃以前，虽然早已
有了五言诗，但真正能够开始代表唐音的五律，却是到此时才完成的，
例如他的《送杜少府之任蜀川》：

城阙辅三秦。风烟望五津。与君离别意，同是宦游人。海

---

① 据杨炯《王子安集序》，与《新唐书》本传略异。

内存知己，天涯若比邻。无为在歧路，儿女共沾巾。

他的《秋日别薛昇华》：

> 送送多穷路，遑遑独问津。悲凉千里道，凄断百年身。心
> 事同漂泊，生涯共苦辛。无论去与住，俱是梦中人。

在这些诗里，完全摆脱了过去唐初开国时应制诗的"饰句绘章，揣合低昂"的那种徒具形式、毫无内容的毛病，显露了自己低徊苍凉和真挚的感情，从而也从诗中，呈现了自己的性格。律诗是讲究对仗的，王勃的《咏风》，便是对仗非常工整的一首律诗：

> 肃肃凉景生。加我林壑清。驱烟寻硐户，卷雾出山楹。去
> 来固无迹，动息如有情。日落山水静，为君起松声。

从附在《滕王阁序》后面的一首七言律诗《滕王阁诗》来看，也可以看出骈体文与诗在形成过程中的某些关系，同时也可以看到这时的七言律诗，还正在定型化的过程中。

杨炯①（650—695?），陕西华阴人，他幼时即聪敏博学，善作文。显庆五年，年十一时，即待制弘文馆。永隆二年，杨炯与宋之问同为崇文馆学士，迁詹事司直。武后初称制，因从祖弟神让从徐敬业起义，炯即被贬为梓州司法参军。后又授盈川令。炯为政很残酷，人吏动不如

---

① 《旧唐书》卷一百九十上《文苑上》。

意，辄榜杀之。后死在任上。杨炯比王勃仅小一岁，他们两人是朋友，①
杨炯的成绩与王勃一样，也是奠定五律的基础。如他的《从军行》和
《紫骝马》：

从 军 行

　　烽火照西京，心中自不平。牙璋辞凤阙，铁骑绕龙城。雪
暗凋旗画，风多杂鼓声。宁为百夫长，胜作一书生。

紫 骝 马

　　侠客重周游，金鞭控紫骝。蛇弓白羽箭，鹤辔赤茸鞦。发
迹来南海，长鸣向北州。匈奴今未灭，画地取封侯。

这两首诗，不仅按照律诗的要求，做到对仗工整，而且在诗的意境上，
也从初唐应制诗的台阁体的范围，转移到了广阔辽远的边塞。后来为高
适、岑参诸人所着意描写的"边塞诗"，可以说在这时已种下了种子。
他的《刘生》诗中"白璧酬知己，黄金谢主人。剑锋生赤电，马足起
红尘"，以及《骢马》诗中"帝畿平若水，官路直如弦。夜玉妆车轴，
秋金铸马鞭"等句，也是充满着慷慨激昂的游侠气概的。
　　杨炯除写了上面这种慷慨激昂的诗歌外，也写了一些情意缠绵或者
低徊悲凉的诗，如：

----

　　① 杨炯曾为王勃集作序，王勃也有送杨炯的《秋日饯别序》。

有 所 思

　　贱妾留南楚，征夫向北燕。三秋方一日，少别比千年。不
掩嚬红缕，无论数绿钱。相思明月夜，迢递白云天。

送临津房少府

　　岐路三秋别，江津万里长。烟霞驻征盖，弦奏促飞觞。阶
树含斜日，池风泛早凉。赠言未终竟，流涕忽沾裳。

这一类的诗，感情比较真挚，同时用的对子，又不是死的典故，而是即景
的多，因此诗便比较空灵流动。以后唐代的诗，便一直保持着这种优点。

　　初唐四杰的功绩（也包括刘希夷、张若虚），是在于打破过去齐梁
宫体诗的束缚，使诗歌从宫廷中解放出来，走向繁华的都市，走向苍茫
的边塞，丰富了诗歌的内容，使诗歌不再是少数宫廷贵族的奢侈生活和
堕落心理的描写，而能在一定的程度上，反映出征夫、思妇、侠客、将
军以及朋友惜别，游子思乡等等不同的情感来，在形式方面，一方面改
造了齐梁的形式，使之向歌行方面发展，而且也创造了优良的成绩，另
方面王勃、杨炯又为五律奠定了基础，所以初唐四杰（包括刘、张），
在文学史上是有不可磨灭的地位的。杜甫曾说："王杨卢骆当时体，轻
薄为文哂未休。尔曹身与名俱灭，不废江河万古流。"所谓"不废江河
万古流"，也就是指他们在改造齐梁遗风和创立新体诗上的功绩，杜甫
的见解是正确的。

　　在王、杨完成了五律以后，年纪略小于王、杨，在诗歌写作上倾向
于王、杨的沈佺期和宋之问，则完成了七律。

沈佺期①（656—714），字云卿，相州内黄人，他与宋之问齐名，时人称为"沈宋"，《旧唐书》本传说他"善作文，尤擅七言之作"，可见他的七言诗在当时最有名的，但现在集中所存的七言诗却很少，在格律上比较完整的七律只有《古意呈乔补阙知之》一首：

> 卢家少妇郁金堂，海燕双栖玳瑁梁。九月寒砧催木叶，十年征戍忆辽阳。白狼河北音书断，丹凤城南秋夜长。谁为含愁独不见，更教明月照流黄。

然而就从这一首七律来看，我们已可看到这时的七律在平仄对仗上都已经到了成熟的阶段了。在现存的沈佺期的诗集里，大部分是五言古诗、律诗和五言排律，其中如《送乔随州偘》、《被弹》等诗，是写得比较好的，前者描述知交分手时的感情十分真挚，如"情为契阔生，心为别离死"等句子是相当深刻和动人的，后者描述他犯罪后在狱中的生活，写得非常真切沉痛，如"万铄当众怒，千谤无片实。庶以白黑谗，显此泾渭质。劲吏何咆哮，晨夜闻扑抶。事间拾虚证，理外存枉笔。怀痛不见伸，抱冤竟难悉。穷囚多垢腻，愁坐饶虮虱。三日唯一饭，两旬不再栉"。这些诗句，对封建社会里的牢狱生活的描写是逼真的。

沈佺期的五律如杂诗三首中的《闻道黄龙戍》一首，也是成功之作。他也尝试过七言绝句，集中《邙山》一首：

> 北邙山上列坟茔。万古千秋对洛城。城中日夕歌钟起，山

---

①　本传见《旧唐书》卷一百九十中《文苑中》，《新唐书》卷二百二《文艺中》附《李适传》后。

上唯闻松柏声。

已经略具七绝的格局，在诗的意境上，也颇有寄托。

宋之问①（656—712），一名少连，字延清，汾州人，《旧唐书》说是虢州弘农（今河南灵宝县）人，高宗上元二年进士，后授洛州参军。因张易之事贬泷州参军。后又擢为鸿胪主簿，中宗景龙中转考功员外郎，又与杜审言等同为修文馆学士。后以知贡举时贪污事贬越州长史，睿宗时配钦州，先天中赐死，《旧唐书》本传说他"弱冠知名，尤善五言诗，当时无能出其右者"。现在他的集中确实以五言诗为最多，如《度大庾岭》：

> 度岭方辞国，停轺一望家。魂随南翥鸟，泪尽北枝花。山雨初含霁，江云欲变霞。但令归有日，不敢恨长沙。

度大庾岭北驿

> 阳月南飞雁，传闻至此回。我行殊未已，何日复归来。江静潮初落，林昏瘴不开。明朝望乡处，应见陇头梅。

这些诗，是五言诗中比较好的，这些诗是宋之问在被贬途中写的，所以有真实的感情和生活内容。但他在诗歌方面主要的贡献，还是同沈佺期一样对于七言律诗的奠定。因为五律已由王、杨奠定了基础，七律这时

---

① 本传见《旧唐书》一百九十中《文苑中》，《新唐书》卷二百二《文艺中》附《李适传》后。

还有待于诗人的创作实践来巩固它，宋之问则与沈佺期一样，在七律方面写出了一些较好的作品，使七律经过他们两人的实践而得到了巩固。在《全唐诗》宋之问的集中，七言八句近似七律的一共只有九首，其中大部分都是音节响亮，旋律和谐流畅的，但还只是形式上七言八句，如同七律，实际上还不都是律诗，如《至端州驿见杜五审言沈三佺期阎五朝隐王二无竞题壁慨然成咏》：

> 逐臣北地承严谴。谓到南中每相见。岂意南中岐路多，千山万水分乡县。云摇雨散各翻飞。海阔天长音信稀。处处山川同瘴疠，自怜能得几人归。

又如《寒食江州满堂驿》：

> 去年上巳洛桥边，今年寒食庐山曲。遥怜巩树花应满，复见吴洲草新绿。吴洲春草兰杜芳，感物思归怀故乡。驿骑明朝宿何处，猿声今夜断君肠。

这两首诗，也是在流放途中写的，其中朋友星散，故乡远别，山川瘴疠之苦，写得比较深刻感人，但还不是一韵到底，平仄也未合，可见这些诗尚未完成七言律诗的格律。这正是初唐时格律尚未完备的面貌，也就是杜甫所说的"当时体"。

在宋之问的九首七言八句形同七律的诗中，确有三首是符合七律的格律的，即《和赵员外桂阳桥遇佳人》、《函谷关》和《奉和春初幸太平公主南庄应制》。今举《和赵员外桂阳桥遇佳人》为例：

> 江雨朝飞浥细尘。阳桥花柳不胜春。金鞍白马来从赵，玉

面红妆本姓秦。妒女犹怜镜中发，侍儿堪感路傍人。荡舟为乐
非吾事，自叹空闺梦寐频。

这是一首用仄声开头的较为成熟的七言律诗。从宋之问的七言八句诗
中，可以看到七律从不成熟到成熟的发展轨迹。

除七律外，宋之问还写了一些五言绝句，其中也有较好的作品，如
《渡汉江》：

岭外音书断，经冬复历春。近乡情更怯，不敢问来人。

这首将一个被贬远离故乡而能生还的人的感情，表现得十分细致和深
切，绝句的特点是要求内容的高度集中，轻捷明确，这首诗正是达到了
这样的要求。从五言绝句的格律看，也已比较成熟。

这时除了四杰，刘、张、沈、宋而外，还有所谓"文章四友"的李峤、
苏味道、杜审言、崔融等人，李峤的五律《送李安邑》是写得比较好的：

落日荒郊外，风景正凄凄。离人席上起，征马路傍嘶。别
酒倾壶赠，行书掩泪题。殷勤御沟水，从此各东西。

这首诗将送别时凄凉的景色，和离人的黯然销魂的情绪描写得非常真挚
生动。

杜审言（648—708），他是大诗人杜甫的祖父，他写的五言诗较好，
如《和晋陵陆丞早春游望》：

独有宦游人，偏惊物候新。云霞出海曙，梅柳渡江春。淑

气催黄鸟，晴光转绿蘋。忽闻歌古调，归思欲沾巾。

诗中写羁旅他乡的游子，见到节序的变换而惊心于时光的飞逝，因而怀念故乡的感情非常真切。

　　根据以上的介绍，我们可以看到在四杰、刘、张、沈、宋的时代，一方面诗歌正在极力摆脱齐梁的影响，建立新的属于自己这个时代的面貌来，因而奠定了五律、七律的初步基础，为后来的歌行作了准备，同时也酝酿着五绝、七绝的成熟。但另一方面，这时期的诗歌，毕竟还没有完全摆脱齐梁的影响，五七言律诗也还没有到完全成熟的阶段，更重要的，这时期还没有能写出足以代表这个时代的伟大的作品来，对于这个现状，于是便有人用大声疾呼的声音，喊出了自己的不满。

第四节　陈子昂

　　陈子昂[①]（661—702），字伯玉，梓州射洪人（今四川射洪附近）。他是富家子，年十八尚未知书，"尚气决，弋博自如"，后来进乡校读书，方才悔悟，即苦节读书，善于作文，高宗末，入京举进士。作《感遇诗》三十八首，京兆司功王适见后大惊说："此子必为天下文宗矣！"及高宗崩，他上书讨论山陵地址，武后奇其才，即召见于金华殿，擢麟召正字，累迁拾遗，圣历初解官归，为县令段简诬害，死于狱中。相传子昂初入京，不为人知，有卖胡琴者，价百万。豪贵传视，无辨者。子昂突出，谓左右曰："辇千缗市之。"众惊问，答曰："余善此乐。"皆曰："可得闻乎？"曰："明日可集宣阳里。"如期偕往，则酒肴毕具。置胡琴于前。食毕。捧琴语曰："蜀人陈子昂，有文百轴，驰走京毂，

---

　　① 本传见《旧唐书》卷一百九十中《文苑中》，《新唐书》卷一百七。

碌碌尘土，不为人知。此乐工之役，岂宜留心？"举而碎之，以其文轴，遍赠会者。一日之内，声华溢都。[1] 他有全集十卷，[2] 今存诗一百多首。

　　唐初的诗歌，虽然经过初唐四杰的努力，改变了宫体诗的内容，奠定了五七言律诗的基础，为盛唐诗歌的发展，创造了良好的条件，然而就这时期诗歌创作的内容来说，齐梁的余风，还显著地影响着这些作品。意识到要根本改变这种风气，首先提出复古的主张，提倡汉魏风骨，力图把诗歌引上现实的道路的是陈子昂。他在《与东方左史虬修竹篇序》中说：

　　　　文章道弊，五百年矣。汉魏风骨，晋宋莫传，然而文献有
　　可征者。仆尝暇时观齐梁间诗，采丽竞繁，而兴寄都绝，每以
　　永叹。窃思古人，常恐逶迤颓废，风雅不作，以耿耿也。一昨
　　于解三处，见明公咏孤桐篇，骨气端翔，音情顿挫，光英朗
　　练，有金石声。遂用洗心饰视，发挥幽郁。不图正始之音，复
　　睹于今兹，可使建安作者，相视而笑。

从这里可见他极力提倡汉魏风骨而反对晋宋齐梁的。所谓"汉魏风骨"所谓"寄兴"，实际上就是提倡诗歌必须要有现实的内容，诗人必须要有真挚的感情，而反对那种形式上"采丽竞繁"而毫无内容可言的齐梁余风。这种现实主义的诗歌理论，虽然由于当时的限制，加之他自己生命的短暂因而未能有更多的发挥，但是在当时是起着作用的，后来的李白、杜甫、白居易就是这一诗歌理论的实践者和继承者。

　　陈子昂自己的诗歌创作，也是这一理论的实践，尤其是他的《感遇

_____

①　见《全唐诗话》（历代诗话本）引《独异记》语。此处转引自《唐诗纪事》卷八。
②　《陈伯玉文集》三卷《诗集》二卷，有新都杨春刊本，清杨国桢辑刻本，又明刊本（二卷），《四部丛书》刊本。

诗》三十八首，就是学习"汉魏风骨"而"音情顿挫"，低徊慷慨的作品。在这三十八首诗中，内容是多方面的，有咏史事的，有发感慨的，有评议国事的等等，在风格上也有慷慨激昂，也有超脱放达，也有低徊幽郁的。这三十八首《感遇诗》，可以说是上承阮籍的《咏怀》，左思的《咏史》，下启张九龄的《感遇诗》。现在试举数首如下：

兰若生春夏，芊蔚何青青。幽独空林色，朱蕤冒紫茎。迟迟白日晚，袅袅秋风生。岁华尽摇落，芳意竟何成。

白日每不归，青阳时暮矣。茫茫吾何思，林卧观无始。众芳委时晦，鶗鴃鸣悲耳。鸿荒古已颓，谁识巢居子。

翡翠巢南海，雄雌珠树林。何知美人意，骄爱比黄金。杀身炎州里，委羽玉堂阴。旖旎光首饰，葳蕤烂锦衾。岂不在遐远，虞罗忽见寻。多材信为累，叹息此珍禽。

朔风吹海树，萧条边已秋。亭上谁家子，哀哀明月楼。自言幽燕客，结发事远游。赤丸杀公吏，白刃报私仇。避仇至海上，被役此边州。故乡三千里，辽水复悠悠。每愤胡兵入，常为汉国羞。何知七十战，白首未封侯。

本为贵公子，平生实爱才。感时思报国，拔剑起蒿莱。西驰丁零塞，北上单于台。登山见千里，怀古心悠哉。谁言未忘祸，磨灭成尘埃。

上述这些诗，一、二两首是感叹时日易逝，自己怀才不遇，如兰若之摇落于空谷而不为人识，慨叹于世风之不古，无人识巢居子。第三首是伤材为身累，身为材（亦通"才"）毁，也是感叹于世道之不古。第四、五首音调激昂慷慨，感时报国的思想和"白刃报私仇"的游侠气概是诗的主要内容。这些诗的内容，显然是扩大和加深了，它根本不同于宫体诗，比初唐四杰的诗（那种十分讲究形式、音节、对仗的诗）也有显著的不同，这里直抒胸怀，不讲对仗，音节则务求高古，力追汉魏，但是尽管陈子昂提出了这个诗歌的正确方向，并且在实践上做了很大的努力，毕竟由于诗歌发展还没有到成熟的阶段，毕竟由于他个人的天才的限制，所以他还没有能创造出更好的作品来。然而他的《登幽州台歌》却是唐初将近一百年来诗歌创作中的一首绝唱，从另一个角度来看，也可以说，这首诗宣告了唐诗的第一阶段即唐诗的准备时期的结束，和后一个阶段即在诗歌上完全露出自己这个时代的面貌的盛唐时期的到来。这首诗是：

　　　前不见古人，后不见来者。念天地之悠悠，独怆然而涕下。

第五节　简短的结论

隋代时间很短，在文学上只是六朝到唐代的一个过渡时期，它没有能呈现出自己的面貌来。

初唐的文风，基本上还是六朝文风的余绪，当时的作品还保留着那种华丽绮缛的风格，宫体诗在这一时期还比较流行。初唐四杰和沈、宋，对宫体诗的改造和格律诗的建立，都起了积极作用。刘希夷的《代悲白头翁》和张若虚的《春江花月夜》，是在宫体诗改造的基础上产生的杰作，对后来的歌行体发生了积极的影响。

初唐时期的殿军陈子昂，在诗歌中提倡复古运动，一扫六朝诗风的余波，为盛唐时期的到来，做好了准备。

总的来说，隋及初唐时期，在诗歌的发展上，是一个酝酿变化的时期，这个时期的诗人的创作，虽然还没有后来许多诗人那样成功，但后来许多诗人的成功，却是与这一时期的诗人们改造宫体诗，扫清六朝余风，建立诗的格律等工作分不开的。

第二章　盛唐时代的诗人

唐代从七世纪初期（618 年）起，经过了一百年左右的休养生息和经营擘划，到玄宗开元、天宝年间，社会生产力有了飞速的发展，社会财富有了很大的增加，开元、天宝年间的人口，较唐初增加了四倍。[①]由于科举制度的推行，社会财富的增加，文化便较前普及，因此文化艺术在这一百年中，也有飞速的进展。在诗歌方面，则经过隋及唐初一百来年的酝酿，宫体诗的浮华已经洗尽，经过陈子昂、李白等人的复古运动，诗歌已经创造出了完全崭新的各种形式和风格，出现了反映盛唐时代政治、经济、文化繁荣昌盛和封建帝国国力高涨，人民的爱国主义和民族自信以及积极乐观的精神的诗篇。

在唐初一百来年中，对外的战争比较频繁，但这一时期的战争，其主要目的，还是在巩固祖国的边防，彻底消除长期以来外来民族对中原的侵略和扰乱。在许多次保卫祖国和抵御侵略，巩固边防的战争中，都得到了辉煌的胜利，一方面解除了祖国西北边疆的威胁，同时也开拓了西北的边疆。在这许多次的战争和对西北边境的开发过程中，有一些诗

---

① 高祖武德中期只有二百余万户，天宝十三年已有九百六万九千一百五十四户。

人，亲身经历了这种生活，因而也写出了不少优秀的具有新的生活内容的诗篇，而这一种新的诗歌主题，也就迅速成为当时诗歌中的一个重要主题，因此在盛唐的诗歌中，又产生了不少歌咏边塞的诗篇。

生产力提高社会财富增加的过程，也是社会阶级矛盾逐步尖锐化的过程。建筑在封建剥削的私有制上的社会，即使如初盛唐时期，它在政治上也仍然是有黑暗的一面的，尤其是唐代统治者的政权巩固以后，它的政治便日渐腐败，内部矛盾也逐渐增加。因此有一些人在政治上被排挤，有些人则怀才不遇，他们对于现实社会是不满的，但他们却只能采取逃避现实，过隐士生活的方式，这便是盛唐时代一部分山水田园诗的来源。

第一节　王维与孟浩然

（一）王维

1. 王维的生平。王维①，字摩诘，生于公元 701 年，卒于公元 761 年。② 太原祁人（今山西祁县附近），后因父官汾州司马，即迁居于蒲，遂为河东（今山西蒲县附近）人。他九岁即能作文，现存他的诗集中，还保存着他十五岁以后的作品好多首，如他的名作《九月九日忆山东兄弟》是十七岁写的，《洛阳女儿行》是十六岁写的，《桃源咏》和《李陵咏》是十九岁作的。③ 他在十九岁时，赴京兆府，试举解头（即解

---

① 《王维传》见《新唐书》卷二百二《文艺中》，《旧唐书》卷一百九十下《文苑下》。

② 《旧唐书》本传说卒于乾元二年（759 年）七月，《新唐书》本传说卒于上元初，其集中尚有作于上元二年的诗文，故据以改正。

③ 见《唐诗纪事》卷十六，及《全唐诗话》卷一。

元），不久即以进士擢第。官大乐丞，后因事累被谪为济州司仓参军。妻亡后，即不再娶，孤居三十年。后又历任右拾遗、左补阙、文部郎中等官。当时他的诗名已经很盛。《旧唐书》本传说：

> 维以诗名盛于开元、天宝间，昆仲宦游两都，凡诸王驸马豪右贵势之门，无不拂席迎之，宁王、薛王待之如师友。

天宝十四年（公元755年），安禄山之乱起，玄宗出奔四川，他不幸被安禄山俘获，即服药下痢，诈称瘖病（即哑病，不能说话），安禄山怜惜他，把他拘禁在普施寺里，并迫他为官。有一次，安禄山在凝碧宫宴会，召乐工奏乐，这班玄宗时的梨园子弟都唏嘘泣下，乐工雷海青掷琵琶击安禄山，因而被杀。王维时正被拘，知此事后，十分感慨，即写了一首诗：

> 万户伤心生野烟，百官何日再朝天。秋槐花落空宫里，凝碧池头奏管弦。[1]

乱平后，即因这首诗得到了减罪。责授太子中允，最后又转尚书右丞。他因为在政治上、生活上都受了挫折，所以晚年便笃于佛学，《旧唐书》本传说：

> 弟兄俱奉佛。居常蔬食，不茹荤血。晚年长斋，不衣文采。

---

[1]　事见《唐诗纪事》卷十六及新、旧《唐书》本传。

又说王维：

> 在京师日饭十数名僧，以玄谈为乐。斋中无所有，唯茶铛
> 药臼经案绳床而已。退朝之后，焚香独坐，以禅诵为事。

这便是他晚年生活的写照。后来他在辋川买了初唐诗人宋之问的蓝田别墅，那里风景十分幽胜，他曾在《与裴迪书》中，描写那里的风景道：

> 近腊月下，……夜登华子冈，辋水沦涟，与月上下。寒山
> 远火，明灭林外。深巷寒犬，吠声如豹。村墟夜春，复与疏钟
> 相间。此时独坐，僮仆静默，多思曩昔，携手赋诗，步仄迳临
> 清流也。当待春中草木蔓发，春山可望，轻鯈出水，白鸥矫
> 翼，露湿青皋，麦陇朝雊。斯之不远，倘能从我游乎？

读了这一段文字，我们便可以知道他晚年许多优秀的山水诗所以能产生的一些客观原因了。他不仅是一个诗人，而且是一个音乐家、书画家，《唐诗纪事》引《集异记》说他"妙能琵琶"，曾由岐王引至公主第，进新曲号"郁轮袍"。《旧唐书》本传说：

> 人有得《奏乐图》，不知其名。维视之曰："《霓裳》第三
> 叠第一拍也。"好事者集乐工按之，一无差。咸服其精思。

《唐诗纪事》又说当时的著名歌唱家李龟年在湘中采访使筵上唱的几首诗，都是王维的作品，从这几件事看来，可知他确是精于音乐的，而他的有些诗篇，也因为音乐性很强，曾被梨园子弟们合乐广泛地传唱的。

至于他的书画，则《旧唐书》本传说："书、画特臻其妙，笔踪措

思，参於造化……如山水平远，云峯石色，绝迹天机，非绘者之所及也。"《新唐书》本传也说他："工草、隶，善画、名盛于开元、天宝间……画思入神。"苏东坡评价他的诗、画说："味摩诘之诗，诗中有画，观摩诘之画，画中有诗。"（《书摩诘蓝田烟雨图》）

"诗中有画"，这句具有高度的概括力和十分精辟的评语，从此便成为公认的对他的山水诗的评语。至于他的画，我们现在已无法看到了，但从前人对他的许多赞语来看，可以相信他作画的造诣是极高的，他曾为诗人孟浩然画过一幅画像，据后来张洎的题识说画中的孟浩然"风仪落落，凛然如生"这两句话，与其说是在赞美孟诗人的风姿，倒不如说是在赞美王辋川的画笔更来得确当些。

这位多才多艺的诗人、艺术家，在晚年弹琴咏诗，焚香长斋的闲静寂寞的生活中，悠然地离开了人世。他死时是上元二年七月，年六十一岁。

2. 王维的诗。根据前面的介绍，我们知道王维的生活和思想，是比较复杂的，前后思想的变化，也是很显著的。早年时的王维，也像一般人一样热衷于功名，积极向上，人生的态度和感情都比较热情而执着。对现实社会，也常能从诗里表示出自己的不满和感慨来。例如他十七岁时写的《九月九日忆山东兄弟》：

> 独在异乡为异客，每逢佳节倍思亲。遥知兄弟登高处，遍插茱萸少一人。

这首诗里所表现的感情，多么深厚真挚，前两句把异乡作客的人每逢佳节时所特有的那种思念亲人的感情，概括地表现了出来，因而它特别能打动每一个游子的心，末两句则再从自己设想到对方对自己的思念，意思更转深一层。这种真切的感情，在他后来写的一首举世传唱的《渭城曲》中，表现得同样的出色：

> 渭城朝雨浥轻尘。客舍青青柳色新。劝君更尽一杯酒，西
> 出阳关无故人。

前两句把初春时朝雨初过，柳芽青青入眼的景色，写了出来，增强了送行时的情致气氛。下面两句便直接转入送行，语气缠绵恳切，感情深厚真挚，同时劝酒送行，也是一般送行时最具普遍性的情节。作者用最精练的诗句表现了出来，因此使这首诗便成为以后所有送行的人都要援用或歌唱的《阳关三叠》曲了。同样他的五言绝句《相思》：

> 红豆生南国，春来发几枝。愿君多采撷，此物最相思。

所表现的感情，也是从平淡、自然中显示出感情的真实、可靠和互相间的默契的。他的《陇头吟》和《老将吟》，气魄比较雄壮，又是一种风格，同时也表现了他胸中的不平。《陇头吟》说：

> 长安少年游侠客，夜上戍楼看太白。陇头明月迥临关，陇
> 上行人夜吹笛。关西老将不胜愁，驻马听之双泪流。身经大小
> 百余战，麾下偏裨万户侯。苏武才为典属国，节旄落尽海
> 西头。

诗人感慨地在诗中揭示了关西老将的不幸的遭遇，表示了自己的慨叹和不平，但他却没有采取那种平铺直叙的写法。他巧妙地先从长安少年对于沙场征战的功勋和荣誉的憧憬写起，然后转入关西老将已经身经百战，麾下偏裨已经功封万户侯，而自己依旧冷落边关的不幸遭遇的揭

露。诗人在这里揭示了一种矛盾，即长安少年功封万户侯的愿望，即使在他将来身经百战，建立功勋以后，也未必能真正得到封侯赐爵，眼前的关西老将的遭遇，便是现实的证据。诗人在这里便暗暗地揭露了封建社会里怀才不遇和有功不赏、无功受禄的不公平的黑暗现实。他的《老将行》则更塑造出一位"一身转战三千里，一剑曾当百万师"的老将军来。但是这样一位屡建奇功，身经百战的将军，却因为年纪衰老而终于被弃置不用，落得一个"苍茫古木连穷巷，寥落寒山对虚牖"的凄凉的结局。这是多么令人愤慨的事，然而这位老将军当他听到"贺兰山下阵如云，羽檄交驰日夕闻"的军情紧急的消息后，却"愿得燕弓射天将，耻令越甲鸣吴君"，依旧想奋起杀敌，为国立功。这种精神多么可贵，作者越是赞扬他为国杀敌的精神，也就是对置这位老将军一生于冷落之地的封建统治者的批判。他的《少年行》四首则是充满着少年豪迈之气的作品，其风格又与前面的诗不同。如：

　　新丰美酒斗十千。咸阳游侠多少年。相逢意气为君饮，系
马高楼垂柳边。

一种少年豪迈的气概，写得多么逼真和飞动！充满着英俊、豪迈的少年游侠气概的作品，还可举出他的《观猎》诗来：

　　风劲角弓鸣。将军猎渭城。草枯鹰眼疾，雪尽马蹄轻。忽
过新丰市，还归细柳营。回看射雕处，千里暮云平。

这首诗描写一个走马射猎的将军的英姿，多么生动传神，"草枯鹰眼疾，雪尽马蹄轻"作者在全诗中没有一句话用来对这位将军作正面的描写，他只是写了"鹰眼疾"、"马蹄轻"等等。但是这位将军的英俊轻捷的

姿态，却跃然纸上，下面"忽过"、"还归"两句，表面上看是写马蹄轻，但在读者心目中所出现的，却是这位意气挥洒，走马如飞的将军的身影。最后"回看"两句，塑造了这位将军驻马却立，控辔回望的英姿，把这位将军的神采表现得更加饱满，使人感到神采奕奕，似见其人。

王维的另外一部分重要的作品，是他的山水诗。由于他这一部分作品确实写得很好，也由于历来的人们比较强调他的山水诗（即如前面所举的苏东坡"诗中有画"的评语，也是指他的山水诗所说的），因此他这一部分作品给予人们的印象也特别深刻。他描写山水的才能，在他十九岁时写的《桃源行》，即以表现出来了：

　　渔舟逐水爱山春。两岸桃花夹古津。坐看红树不知远，行尽青溪不见人。山口潜行始隈隩，山开旷望旋平陆。遥看一处攒云树，近入千家散花竹。樵客初传汉姓名，居人未改秦衣服。居人共住武陵源，还从物外起田园。月明松下房栊静，日出云中鸡犬喧。惊闻俗客争来集，竞引还家问都邑。……当时只记入山深，青溪几曲到云林。春来遍是桃花水，不辨仙源何处寻。

到了他晚年过着幽闲清净的隐居生活的时候，描写山水，田园的诗歌，便成为他创作的主要内容，而大自然的美丽景色，也在他的诗中得到了鲜明的反映。例如：

渭 川 田 家

　　斜光照墟落，穷巷牛羊归。野老念牧童，倚杖候荆扉。雉

雏麦苗秀，蚕眠桑叶稀。田夫荷锄至，相见语依依。即此羡闲
逸，怅然吟式微。

在这两首诗里，作者用他的画笔，描绘了一幅幽美、恬静的田园风景。
诗中由牧童、牛羊、青青的麦苗、雪白的杏花、飞鸣的春鸠，以及呢喃
觅巢的燕子和依依对话桑麻的田夫等所组成的活动的画面，向读者散发
着浓厚的生活气息。这无疑是一幅美丽和平的生活景象，也是诗人对于
生活的一种理想的表现。下面这几首山水诗，是他最出色的作品：

　　空山不见人，但闻人语响。返景入深林，复照青苔上。
（《鹿柴》）
　　独坐幽篁里，弹琴复长啸。深林人不知，明月来相照。
（《竹里馆》）
　　人闲桂花落，夜静春山空。月出惊山鸟，时鸣春涧中。
（《鸟鸣涧》）
　　木末芙蓉花，山中发红萼。涧户寂无人，纷纷开且落。
（《辛夷坞》）

在这许多诗里，作者用他的笔给我们揭开了大自然中一个最最幽静美丽
的境界，静到花开花落，都能使你听到那种细微的声音。他另外有几首
诗，所创造的意境，也是同样恬静优美的：

辋川闲居赠裴秀才迪

　　寒山转苍翠，秋水日潺湲。倚杖柴门外，临风听暮蝉。渡
头余落日，墟里上孤烟。复值接舆醉，狂歌五柳前。

山 居 秋 暝

　　空山新雨后，天气晚来秋。明月松间照，清泉石上流。竹
喧归浣女，莲动下渔舟。随意春芳歇，王孙自可留。

诗中"倚杖柴门外，临风听暮蝉"，作者的意态多么悠闲。"渡头余落
日，墟里上孤烟"，荒郊日暮的景象，多么真切，第二首前四句写出了
雨后秋山的夜间景色，"明月松间照，清泉石上流"，萧疏的月光和泠泠
作响的泉水，使你几乎像置身其间一样。"竹喧"两句，在万象寂静的
境界中，使你听到丛篠中浣女们明朗清脆的喧笑之声，以及渔舟荡漾的
水响，格外显得空山的静寂清幽。这些诗的语言的形象、声音、色泽，
以及由此而构成的一种画面（也即是诗的意境），都是十分鲜明而突出
的。这与作者具有极高的绘画修养是有着密切的关系的。而这种幽静闲
适的诗境，也只有在他经历过了世途的波折，受了佛教思想的影响，在
隐居生活中对大自然的美景作了别有会心的静静的观察和欣赏以后，才
能写得出来，我们还可以看一看下面这几首诗：

送 别

　　下马饮君酒，问君何所之。君言不得意，归卧南山陲。但
去莫复问，白云无尽时。

山 中 送 别

　　山中相送罢，日暮掩柴扉。春草明年绿，王孙归不归。

杂 诗

君自故乡来，应知故乡事。来日绮窗前，寒梅著花未。

在这些诗里，作者的感情，悠闲澹泊到了最高的境界，在他的心中，似乎没有任何一点牵挂了，但是我们不能忘却，他是身经"安史之乱"，而且被囚禁过的人，这个重大的变乱给人民所带来的灾难是十分深重的，然而在他的诗里，却没有一句诗是反映这个历史变乱中人们的痛苦生活的，诗人使自己与时代隔绝了起来，沉湎于佛老思想中，对人生抱着消极旁观的态度，因而在他晚年的另一部分作品中，流露着佛老思想和灰色的人生情调。

（二）孟浩然

1. 孟浩然的生平。孟浩然①，湖北襄阳人，生于公元 689 年，卒于公元 740 年，与王维齐名，他年少时好节义，喜欢振人患难。隐居于鹿门山，到四十岁，方才到京师应进士考试，没有考上。曾于太学中与诸人联句，他接句云："微云澹河汉，疏雨滴梧桐。"满座的人都叹服，没有人再能联下去。② 尤为张九龄、王维等称道。有一次，王维邀他入内署，忽然遇到唐玄宗来，他连忙匿避床下。维以实告玄宗，玄宗很高兴，说："朕闻其人而未见也，何惧而匿？"即命他出来，问他作什么诗。他自诵所作诗，到"不才明主弃，多病故人疏"之句，玄宗生气说："卿不求仕，而朕未尝弃卿，奈何诬我！"事后，他即仍旧回襄阳过

---

① 本传见《新唐书》卷二百三《文艺下》，《旧唐书》卷一百九十下《文苑下》。
② 见《唐诗纪事》卷二十三。

他的隐居生活。后来采访使韩朝宗约他同到京师，准备为他"先扬于朝，约日引谒"。到期，他却与另一位来访的故人"剧饮欢甚"，把此事置于脑后，朋友提醒他，他却叱责道："业已饮矣，身行乐耳，遑恤其他!"结果弄得韩朝宗一怒就走，他也不后悔。后来诗人张九龄被贬为荆州长史时，曾邀他于幕下，但为时也很短。开元二十八年，诗人王昌龄游襄阳，访孟浩然，当时孟浩然背疽刚愈。两人一见面即"相得欢饮"，结果孟浩然竟因"食鲜疾动"，疽发而死，时年五十二岁。

据《唐诗纪事》说：孟浩然"骨貌淑清，风神散朗，救患释纷以立义，灌园艺圃以全高。交游之中，通脱倾盖，机警无匿，学不攻儒，务掇菁华，文不按古，匠心独妙"。又张洎题王维画的孟浩然像云：

> 襄阳之状颀而长，峭而瘦，衣白袍，靴帽重戴，乘款段马。一童总角，提书笈负琴而从，风仪落落，凛然如生。①

这两段对孟浩然的精神风貌的描写，基本上是一致的，读这两段文字，也可以加深我们对这位诗人的印象。

2. 孟浩然的诗。从上面的介绍中，我们可以看到孟浩然的思想和经历，他并不是没有仕进之心，不然他为什么四十岁还要进京应进士考试，他并不是完全不关心社会，本传中说他喜欢振人患难，便是他关心社会的明证。不过他在仕进途中却宁愿自己去参加考试而不愿媚好别人，所以他对着最有权力的唐玄宗——本来这是他政治上求进的好机会——却直口说"不才明主弃"，弄得玄宗老大没趣，当韩朝宗推举他时，他却自顾痛饮，让人等得一怒而走，因而最后他只能落得个鹿门山隐士的名头。我们了解了他的这种矛盾心情后，便可知道他所过的隐士生

---

① 见《韵语阳秋》，此处转引自闻一多《唐诗杂论》。

活，并不是那么完全心平气和，一无挂碍的，实际上他与王维晚年的隐居生活的情趣是不同的。因此在他的诗里，有时恬静和谐像春日融融笼罩下的湖面，没有半点波浪；有时又颇有一些言外之意和愤愤不平。我们试看他的《秦中苦雨思归赠袁左丞贺侍郎》：

　　苦学三十载，闭门江汉阴。明扬逢圣代，羁旅属秋霖。岂直昏垫苦，亦为权势沈。二毛催白发，百镒罄黄金。泪忆岘山堕，愁怀湘水深。谢公积愤懑，庄舄空谣吟。跃马非吾事，狎鸥真我心。寄言当路者，去矣北山岑。

这种受压抑的明时不遇的愤慨，多么显然。再看他的：

临洞庭上张丞相

　　八月湖水平，涵虚混太清。气蒸云梦泽，波撼岳阳城。欲济无舟楫，端居耻圣明。坐观垂钓者，徒有羡鱼情。

岁暮归南山

　　北阙休上书，南山归敝庐。不才明主弃，多病故人疏。白发催年老，青阳逼岁除。永怀愁不寐，松月夜窗虚。

留 别 王 维

　　寂寂竟何待，朝朝空自归。欲寻芳草去，惜与故人违。当路谁相假，知音世所稀。只应守寂寞，还掩故园扉。

这几首诗流露出他怀才不遇、愤愤不平的心情，最为明显了。闻一多先生认为他是一个"为隐居而隐居"的隐士，既不是沽名钓誉，也不是因为有什么不得已。纯然是对于汉末隐士庞德公的神往与默契。我们根据他的生平事迹和前面这些诗篇来看，恐怕闻先生的说法只是指出了他隐居生活的一面，而忽视了他矛盾心情的另一面。当然现实生活是对一个人的创作有极大的影响的。何况孟浩然对于功名仕进本来并不是太热衷，那么在他漫长的隐士生活中，对于前贤庞德公的高风的向往，对于山水形胜的留恋，也是对他寂寞和矛盾心情的一种慰藉和解脱，久而久之，也就比较安于这种自由散淡的生活情趣，所以虽然与韩朝宗已经约好了一同进京，而到头终于又留了下来。他的一部分平淡自然的山水诗，也就是在这种生活和心情下写出来的，我们现在试举几首如下：

夜归鹿门山歌

山寺钟鸣昼已昏。渔梁渡头争渡喧。人随沙岸向江村，余亦乘舟归鹿门。鹿门月照开烟树，忽到庞公栖隐处。岩扉松径长寂寥，惟有幽人夜来去。

宿业师山房期丁大不至

夕阳度西岭。群壑倏已暝。松月生夜凉，风泉满清听。樵人归欲尽，烟鸟栖初定。之子期宿来，孤琴候萝径。

第二章　盛唐时代的诗人

万 山 潭 作

垂钓坐盘石，水清心亦闲。鱼行潭树下，猿挂岛藤间。游
女昔解佩，传闻于此山。求之不可得，沿月棹歌还。

过 故 人 庄

故人具鸡黍，邀我至田家。绿树村边合，青山郭外斜。开
筵面场圃，把酒话桑麻。待到重阳日，还来就菊花。

游精思观回王白云在后

出谷未停午，到家日已曛。回瞻下山路，但见牛羊群。樵
子暗相失，草虫寒不闻。衡门犹未掩，伫立望夫君。

在这些诗里，我们可以看到诗人对于隐士庞德公的神往，对于田园生活
的深厚感情。他用那种恬静散淡的心情，静静地观察欣赏了大自然的景
物，对于自然景物的朝夕变化，对于山村农民辛苦的生活和深厚的感
情，都被他用萧疏清淡的诗笔，概括地描写出来，在这些诗篇里，我们
可以体察到诗人的心情是多么的平静自然，襟怀是多么萧爽散淡。闻一
多先生说："孟浩然不是将诗紧紧地筑在一联或一句里，而是将它冲淡
了，平均分散在全篇中，甚至淡到令你疑心到底有诗没有。"这是对孟
浩然的这一类诗最深刻而独到的见解。但是我们也不能因此即认为在孟
浩然的诗中，没有警策的诗句，如前面诗中提到的"气蒸云梦泽，波撼
岳阳城"，以及"众山遥对酒，孤屿共题诗"、"野旷天低树，江清月近

人"等对句，都是十分警策的。

孟浩然还有一些写得很出色的绝句，如：

送杜十四之江南

荆吴相接水为乡。君去春江正淼茫。日暮征帆何处泊，天涯一望断人肠。

送朱大入秦

游人五陵去，宝剑直千金。分手脱相赠，平生一片心。

这两首送人的诗，情致很深，前一首情意缠绵，后一首则襟怀朗然如见。再如：

春 晓

春眠不觉晓。处处闻啼鸟。夜来风雨声，花落知多少。

宿 建 德 江

移舟泊烟渚，日暮客愁新。野旷天低树，江清月近人。

这两首写景的五绝，也是脍炙人口的。《春晓》一首，寥寥二十字，写尽了一个春天的早上，人们好梦初醒时，想起了昨夜的风雨因而挂念着园中盛开的花朵的心情，写惜花人的心理，真是刻画入微。后一首"野旷天低树，江清月近人"两句，写景如画，读这些诗，我们可以看到孟浩然五言诗的高度艺术技巧。

总的来说，孟浩然的诗歌，五言方面的成就较大，同时在他的隐居生活中，心情也并不是完全平静的，因此在他的作品里，也反映了这种矛盾的心情。孟浩然生长在开元全盛之日，而终生未被录用，这个诗人冷落的一生，就说明着封建社会对于人才的埋没。

孟浩然死后，王维曾写诗哭他道：

  故人不可见，汉水日东流。借问襄阳老，江山空蔡州。

李白赠孟浩然的诗也说："高山安可仰，徒此揖清芬。"杜甫也有忆孟浩然的诗说："复忆襄阳孟浩然，清诗句句尽堪传。"可见他是被当时的诗人十分推崇的。

第二节　高适与岑参

高适①，字达夫，约生于 702 年，卒于 765 年，渤海蓨（今河北沧州附近）人。他年轻时落拓不羁，《旧唐书》本传说他："少濩落，不事生业，家贫，客于梁、宋，以求丐取给。"后来由哥舒翰的荐举为左骁卫兵曹参军，掌书记。以后一直官运亨通，做到剑南西川节度使，代宗时召为刑部侍郎，进封渤海县侯，食邑七百户。所以《旧唐书》说他："有唐以来，诗人之达者，唯适而已。"他五十岁以后才开始写诗，但由于丰富的生活经历和较好的写作修养，所以每写好一篇，即为好事

---

① 本传见《旧唐书》卷一百十一，《新唐书》一百四十三。

者传诵。

他的诗歌，和岑参一样，以边塞诗最出名。盛唐时代边塞诗之所以普遍产生，是因为当时唐帝国为了巩固边疆，消除外来民族侵略，而进行着频繁的对外战争，诗人们在爱国主义的鼓舞下，因而写出了不少出色的边塞诗。而高适和岑参便是边塞诗的主要作者。

高适的诗，有一部分是描写那种向往边塞的积极浪漫的精神的。如：

营　州　歌

营州少年厌原野。皮裘蒙茸猎城下。虏酒千钟不醉人，胡儿十岁能骑马。

别　董　大

千里黄云白日曛。北风吹雁雪纷纷。莫愁前路无知己，天下谁人不识君。

塞上听吹笛

雪净胡天牧马还。月明羌笛戍楼间。借问梅花何处落，风吹一夜满关山。

送兵到蓟北

积雪与天迥，屯军连塞愁。谁知此行迈，不为觅封侯。

送李侍御赴安西

行子对飞蓬。金鞭指铁骢。功名万里外，心事一杯中。虏障燕支北，秦城太白东。离魂莫惆怅，看取宝刀雄。

关于这一类的诗还有很多，我们不必多举。从上面这些诗中，我们可以感到那种向往边塞的积极浪漫的情绪，"莫愁前路无知己，天下谁人不识君"，"离魂莫惆怅，看取宝刀雄"，他们是多么慷慨乐观！

在他的一部分诗里，则进一步地反映了边塞士兵的艰苦战斗生活和不幸的遭遇以及这些兵士的统治者——将军们荒淫逸乐的生活。如他的名作《燕歌行》说：

校尉羽书飞瀚海，单于猎火照狼山。山川萧条极边土，胡骑凭陵杂风雨。战士军前半死生，美人帐下犹歌舞。大漠穷秋塞草腓，孤城落日斗兵稀。身当恩遇恒轻敌，力尽关山未解围。

作者把战士们艰苦战斗，力尽兵稀的情况，与将军们歌舞逸乐的生活作了对比的描写，揭露了边塞生活中的黑暗和矛盾。接下去作者又写道：

铁衣远戍辛勤久。玉箸应啼别离后。少妇城南欲断肠，征人蓟北空回首。

作者在描写了士兵们的艰苦生活和不幸遭遇后，又写出了这么多年远戍未归的兵士们的妻子的悲伤，而这些深闺独守的少妇，很可能她的良人早已成为沙漠中的枯骨了。这是多么凄惨的现实。这首诗结束时说："杀气三时作阵云，寒声一夜传刁斗。相看白刃血纷纷，死节从来岂顾勋。君不见沙场征战苦，至今犹忆李将军。"汉飞将军李广，是著名的爱护士卒，能与士卒共甘苦同生死的名将，作者说"至今犹忆李将军"，这句话一方面是对这些边塞将军的讽刺，另方面也是传达了广大士兵们的要求。他的另一首《塞下曲》，也是同样的主题：

> 君不见芳树枝，春花落尽蜂不窥。君不见梁上泥，秋风始高燕不栖。荡子从军事征战，蛾眉婵娟守空闺。独宿自然堪下泪，况复时闻乌夜啼。

除了上述这些作品以外，他还有一些风格豪放，充满着游侠味道的作品，例如《邯郸少年行》：

> 邯郸城南游侠子，自矜生长邯郸里。千场纵博家仍富，几度报仇身不死。宅中歌笑日纷纷，门外车马常如云。未知肝胆向谁是，令人却忆平原君。君不见即今交态薄，黄金用尽还疏索。以兹感叹辞旧游，更于时事无所求。且与少年饮美酒，往来射猎西山头。

这首诗里，描写了一位意气豪迈、挥金如土、杀人报仇、肝胆如日月的游侠少年，"未知肝胆向谁是，令人却忆平原君"。那种英雄不遇的感慨，恐怕也是他早年生活的写照。他的边塞诗，在雄浑豪放的风格中，还蕴藏着一种凄怨的情绪，因而更有感人的力量。

岑参，生于公元715年，卒于公元770年，荆州江陵（今湖北江陵县）人，① 曾祖文本，祖父长倩，伯父羲都在唐初做过大官，他十五岁以前即丧父，从兄读书，能自砥砺，遍览经史。天宝三年登进士（744年）。以后做过安西节度判官，关西节度判官，虢州长史，嘉州刺史，晚年入蜀为杜鸿渐的幕府，寓居于蜀，卒于旅舍，时五十六岁。

他的诗与高适同一个风格，所以世称"高岑"，因为他长期生活在边塞，他在新疆、陕西、甘肃等地都住过一段较长的时间。对那里的大沙漠、大风沙、大冰雪以及有时酷热的气候，都有过切身的体会，对边塞的生活情调，体会得也比较深刻，所以他写了很多出色的边塞诗。气魄很雄壮，风格也很高健，他的著名的《白雪歌送武判官归京》说：

　　北风卷地白草折，胡天八月即飞雪。忽如一夜春风来，千树万树梨花开。散入珠帘湿罗幕，狐裘不暖锦衾薄。将军角弓不得控，都护铁衣冷难着。瀚海阑干百丈冰，愁云惨淡万里凝。中军置酒饮归客，胡琴琵琶与羌笛。纷纷暮雪下辕门，风掣红旗冻不翻。轮台东门送君去，去时雪满天山路。山回路转不见君，雪上空留马行处。

再看《走马川行奉送封大夫出师西征》：

　　君不见走马川行雪海边。平沙莽莽黄入天。轮台九月风夜吼，一川碎石大如斗，随风满地石乱走。匈奴草黄马正肥，金山西见烟尘飞，汉家大将西出师。将军金甲夜不脱，半夜军行戈相拨，风头如刀面如割。马毛带雪汗气蒸，五花连钱旋作

————————

① 《全唐诗》、《全唐文》均称南阳人，恐不可靠，兹从闻一多《岑嘉州系年考证》，又岑参新、旧《唐书》均无传，杜确《岑嘉州集序》录其生卒，而以闻著考订最详。

冰，幕中草檄砚水凝。虏骑闻之应胆慑，料知短兵不敢接，车
师西门伫献捷。

在这两首诗里，作者对边塞的严寒和大风大雪，做了典型的描绘，"忽
如一夜春风来，千树万树梨花开"，"轮台九月风夜吼，一川碎石大如
斗，随风满地石乱走"，这些诗句多么生动，多么形象！在这些诗里，
白草、黄沙、梨花以及万里灰暗的冻云，茫茫无际的雪海和在朔风中勉
强翻舞的红旗，构成了一幅色彩浓重鲜明的图画。而且"山回路转不见
君，雪上空留马行处"，"走马川行雪海边，平沙莽莽黄入天"，给予读
者以一望无际、浩瀚辽阔的境界。但是在这样严寒的地方，竟还有火
山、热海等地区，我们试看他的《火山云歌送别诗》：

　　火山突兀赤亭口。火山五月火云厚。火云满天凝未开，飞
鸟千里不敢来。平明乍逐胡风断，薄暮浑随塞雨回。缭绕斜吞
铁关树，氛氲半掩交河戍。迢迢征路火山东，山上孤云随
马去。

他的《热海行送崔侍御还京》说：

　　侧闻阴山胡儿语。西头热海水如煮。海上众鸟不敢飞，中
有鲤鱼长且肥。岸傍青草常不歇，空中白雪遥旋灭。蒸沙烁石
燃虏云，沸浪炎波煎汉月。

作者不仅用这些形象生动和色泽鲜明的语言，描写了边塞艰苦的自然环
境和种种奇迹，而且也无情地揭露了这些边塞将军的荒淫生活。例如他
在《玉门关盖将军歌》中说：

> 五千甲兵胆力粗。军中无事但欢娱。暖屋绣帘红地炉，织
> 成壁衣花氍毹。灯前侍婢泻玉壶，金铛乱点野酡酥。紫绂金章
> 左右趋，问著只是苍头奴。美人一双闲且都，朱唇翠眉映明
> 瞳。清歌一曲世所无，今日喜闻凤将雏，可怜绝胜秦罗敷。

他在《敦煌太守后庭歌》中也描写了这位"军中无事高枕眠"的敦煌太守："城头月出星满天，曲房置酒张锦筵。美人红妆色正鲜，侧垂高髻插金钿。醉坐藏钩红烛前，不知钩在若个边……"战士们正在边塞风雪严寒中流血苦战的时候，他们却在帐中红烛光下看筵前美人的歌舞，这是多么不平的事啊！

除以上这些诗外，他写这些羁旅边塞的人们（包括他自己在内）的生活感情，也是十分传神深刻的。例如《凉州馆中与诸判官夜集》：

> 弯弯月出挂城头。城头月出照凉州。凉州七里十万家，胡
> 人半解弹琵琶。琵琶一曲肠堪断，风萧萧兮夜漫漫。河西幕中
> 多故人，故人别来三五春。花门楼前见秋草，岂能贫贱相看
> 老。一生大笑能几回，斗酒相逢须醉倒。

酒泉太守席上醉后作

> 琵琶长笛曲相和，羌儿胡雏齐唱歌。浑炙犁牛烹野驼，交
> 河美酒金叵罗。三更醉后军中寝，无奈秦山归梦何。

在这样穷边绝塞的环境里，无法排遣自己苦闷的心情，只能藉琵琶、美酒以及羌儿胡雏的歌声来麻醉自己，但是当酒醒梦回的时候，梦里的家

山，依旧萦绕在自己的心头，这是多么黯然销魂的心理状态啊！描写这种怀念故乡的心情，作者有几首出色的绝句：

逢 入 京 使

故园东望路漫漫。双袖龙钟泪不干。马上相逢无纸笔，凭君传语报平安。

赴北庭度陇思家

西向轮台万里余。也知乡信日应疏。陇山鹦鹉能言语，为报家人数寄书。

西过渭州见渭水思秦川

渭水东流去，何时到雍州。凭添两行泪，寄向故园流。

这些诗句，对于他思乡心情的描写，多么真切感人！应该注意的是这种感情，并不仅仅是他个人的，而且是边塞出征人们共同的感情。

我们读了高、岑两人的诗，可以看到他们的风格，基本上是一致的，而且他们还有一个共同的特点，即七言歌行写得多而且好，节奏也雄健奔放，这与他们诗歌内容主要是表现热烈的战斗生活和苍茫辽阔的边塞风光有密切的关系。唐代诗歌形式的发展，经过前章所介绍的王维、孟浩然两人对五言的贡献。再经本章介绍的岑参、高适接受了乐府民歌的影响，对于七言的大力创作，于是唐诗五言、七言的各种形式，都得到了新的成就和发展，唐诗已经进入真正成熟的阶段了。

第三节　王昌龄及其他诗人

王昌龄①，字少伯，生于公元 698 年，约卒于公元 765 年。京兆（今陕西长安附近）人，一说江宁（今江苏南京附近）人。开元十五年登进士第，补秘书郎，二十二年，中博学宏词科，调汜水尉，迁江宁丞。本传说他"晚节不护细行"（品行不好），被贬为龙标尉。以世乱还乡里，为刺史闾丘晓所杀，《新唐书》及《全唐诗》本传都说他的诗"清密而思清"，与高适、王之涣齐名，时谓王江宁，薛用弱的《集异记》上，载有一段王昌龄、王之涣、高适三人在旗亭饮酒的逸事：

> 开元中，之涣与王昌龄、高适齐名。共诣旗亭，贳酒小饮，有梨园伶官十数人会宴，三人因避席隈映，拥炉以观焉。俄有妙妓四辈，奏乐皆当时名部，昌龄等私相约曰："我辈各擅诗名，每不自定甲乙。今者，可以密观诸伶所讴，若诗入歌词之多者，为优。"初讴昌龄诗，次讴适诗，又次复讴昌龄诗。之涣自以得名已久，因指诸妓中最佳者曰："待此子所唱，如非我诗，即终身不敢与子争衡"。次至双鬟发声，果讴："黄河……"云云。因大谐笑。诸伶诣问，语其事。乃竞拜，乞就筵席，三人从之，饮醉竟日。

这一段故事是否可信，很难断言，但从他们三人现存的诗来看，他们的

---

① 《王昌龄传》见《新唐书》卷二百三《文艺下》附《孟浩然传》后，《新唐书》本传说是江宁人，此从《全唐诗》。

诗的风格，有一部分很相近的。

王昌龄也写过不少边塞诗，风格也很雄浑豪迈，其中有一部分诗，也像高、岑的诗一样，充满着积极乐观的精神和向往边塞的情调，例如：

从 军 行 其四

青海长云暗雪山。孤城遥望玉门关。黄沙百战穿金甲，不破楼兰终不还。

从 军 行 其五

大漠风尘日色昏。红旗半卷出辕门。前军夜战洮河北，已报生擒吐谷浑。

出 塞

骝马新跨白玉鞍。战罢沙场月色寒。城头铁鼓声犹振，匣里金刀血未干。

在这些诗里，色彩鲜明，气势豪迈，充满着蔑视敌人和战斗必胜的气概。但是值得我们注意的是在他的边塞诗里，还有很多诗是反映战士厌战情绪，战士们在边塞的不幸遭遇，以及闺中少妇们对于久战沙场的丈夫们的痛苦怀念的，我们试看：

代扶风主人答

十五役边地，三回讨楼兰。连年不解甲，积日无所餐。将军降匈奴，国使没桑乾。去时三十万，独自还长安。不信沙场苦，君看刀箭瘢。乡亲悉零落，冢墓亦摧残。仰攀青松枝，恸绝伤心肝。禽兽悲不去，路傍谁忍看。幸逢休明代，寰宇静波澜。老马思伏枥，长鸣力已殚。……

塞 下 曲

蝉鸣空桑林，八月萧关道。出塞复入塞，处处黄芦草。从来幽并客，皆向沙场老。莫学游侠儿，矜夸紫骝好。

塞 下 曲

饮马渡秋水，水寒风似刀。平沙日未没，黯黯见临洮。昔日长城战，咸言意气高。黄尘足今古，白骨乱蓬蒿。

塞 下 曲

边头何惨惨，已葬霍将军。部曲皆相吊，燕南代北闻。功勋多被黜，兵马亦寻分。更遣黄龙戍，唯当哭塞云。

从 军 行

琵琶起舞换新声。总是关山旧别情。撩乱边愁听不尽，高高秋月照长城。

从 军 行

关城榆叶早疏黄。日暮云沙古战场。表请回军掩尘骨，莫教兵士哭龙荒。

从 军 行

烽火城西百尺楼。黄昏独坐海风秋。更吹羌笛关山月，无那金闺万里愁。

上面这些诗，都是一个主题，即战士们思乡厌战的情绪。"不信沙场苦，君看刀箭瘢"，这个三十万人中幸存着独自回长安的老兵，在将自己亲身所经的痛苦，惨痛地告诉别人。"黄尘足今古，白骨乱蓬蒿"，这许多掩盖在黄尘下的白骨，便是战争的结果，作者在《塞下曲》第三首中还明白地说："纷纷几万人，去者无全生；臣愿节宫厩，分以赐边城。"在《从军行》第二首中说："惟闻汉使还，独向刀环泣。"在这许多诗里，作者深刻地描写了多年在沙场苦战的士兵们厌战的心理和思乡的情绪。而且这一类作品，在他的诗集里，比起他歌咏战争，鼓励士兵们走向边塞沙场去立功取勋的诗篇来，要多得多，与这些诗基本上是同一个主题的，他还有有名的两首绝句：

闺　怨

　　闺中少妇不知愁。春日凝妆上翠楼。忽见陌头杨柳色，悔教夫婿觅封侯。

出　塞

　　秦时明月汉时关。万里长征人未还。但使龙城飞将在，不教胡马度阴山。

前一首作者深刻地描写了闺中少妇触景生情，凄凉悲痛的感情。后一首通过历史的追怀，讽刺了当时边塞将领的无能，致使无数健儿不断地去埋骨沙场。

　　王昌龄的诗的风格是多样的，除了上述这些作品外，他还有几首有名地揭露宫廷生活的凄凉悲惨，深刻地同情被断送了一生青春的宫女的诗篇：

长 信 秋 词

　　金井梧桐秋叶黄。珠帘不卷夜来霜。熏笼玉枕无颜色，卧听南宫清漏长。

长 信 秋 词

　　奉帚平明金殿开。且将团扇暂徘徊。玉颜不及寒鸦色，犹带昭阳日影来。

西 宫 春 怨

西宫夜静百花香。欲卷珠帘春恨长。斜抱云和深见月，朦胧树色隐昭阳。

西 宫 秋 怨

芙蓉不及美人妆。水殿风来珠翠香。却恨含情掩秋扇，空悬明月待君王。

这些诗，概括而又深刻地描写了无数宫女的悲哀和幽怨，同时也就是揭露了统治阶级荒淫无耻的黑暗生活和罪恶。这许多诗的表现方法是十分细致和具有高度的技巧的，他往往仅仅通过一二个细节的描写，即深刻地揭示了这些宫女们的心理状态和思想情绪。他的《芙蓉楼送辛渐》：

寒雨连江夜入吴。平明送客楚山孤。洛阳亲友如相问，一片冰心在玉壶。

尤其富于唐人绝句的"风韵"，风格俊朗，情意深挚悠长，余意无穷。他的《采莲曲》：

荷叶罗裙一色裁。芙蓉向脸两边开。乱入池中看不见，闻歌始觉有人来。

也是一幅美丽生动的写生画，同时我们也可以看出作者在掌握七言绝句这个形式上，达到了高度的灵活和自然的程度。

从上面这许多诗中，我们可以看到王昌龄的诗歌语言的明朗自然和形象鲜明的特色。以及描写的精细，风格的疏朗，情韵的悠远深长，给人以一种无尽的感受和启发，他的绝句，无疑是唐人中最优秀的作品。

王之涣①，并州（今山西太原附近）人，公元 695 年生，卒年无考。他的诗在《全唐诗》里，只保存了六首，都是绝句，其中有三首是脍炙人口的：

登 鹳 雀 楼

白日依山尽，黄河入海流。欲穷千里目，更上一层楼。

送 别

杨柳东风树，青青夹御河。近来攀折苦，应为别离多。

前一首气象壮大，后一首情意深挚凄怨，都是五绝中的杰作，他最有名的是《凉州词》：

黄河远上白云间。一片孤城万仞山。羌笛何须怨杨柳，春风不度玉门关。

————

① 本传见《全唐诗》卷二百五十三。

这首诗的气象苍茫辽阔，感情也很缠绵。被称为唐人七绝中的杰作。

王翰，字子羽，生于公元 687 年，卒于公元 726 年。晋阳人，登进士第，直言极谏，出为汝州长史，又改为仙州别驾，《全唐诗》本传说他"日与才士豪侠饮乐游畋，坐贬道州司马卒"。《唐诗纪事》卷二十一说他"少豪健恃才，张嘉正、张说为并州长史，厚礼之"。关于他的事迹，我们仅知道这点而已。《全唐诗》中保存着他的诗共十四首，其中七言歌行有五首，七律四首，其余都是五言诗。七言歌行中《饮马长城窟行》一首，是写得较好的：

> 归来饮马长城窟。长城道傍多白骨。问之耆老何代人，云是秦王筑城卒。黄昏塞北无人烟，鬼哭啾啾声沸天。无罪见诛功不赏，孤魂流落此城边。当昔秦王按剑起，诸侯膝行不敢视。富国强兵二十年，筑怨兴徭九千里。秦王筑城何太愚，天实亡秦非北胡。一朝祸起萧墙内，渭水咸阳不复都。

这首诗，借用历史的题材，一方面揭露了"无罪见诛功不赏，孤魂流落此城边"的黑暗悲惨的现实，一方面指出了"天实亡秦非北胡。一朝祸起萧墙内，渭水咸阳不复都"的历史教训，对于统治者不断地发动边塞战争，提出了警告。然而他最有名的一首诗是描写边塞战士们的积极浪漫的爱国精神的七言绝句《凉州词》：

> 葡萄美酒夜光杯。欲饮琵琶马上催。醉卧沙场君莫笑，古来征战几人回。

这首诗里，充满着为国慷慨奋身的积极乐观的爱国主义精神，成为歌颂战士们保卫祖国的英雄豪迈的胸襟的不朽诗篇。

从上面的介绍中，我们可以看到王翰、王之涣、王昌龄三个人的诗歌的风格是更为接近的。

李颀①，生于公元 690 年，约卒于公元 751 年。东川（今云南东川附近）人，家居颍阳（今河南许昌附近），开元十三年中进士第，官新乡尉。他与王维、綦毋潜、王昌龄、崔颢等为友。他的几首五七言歌行，节奏雄健响亮而又富于变化，有一种奔腾转折的气势，风格于苍茫沉郁之中，又富有缠绵深挚的感情。例如：

古　意

男儿事长征，少小幽燕客。赌胜马蹄下，由来轻七尺。杀人莫敢前，须如猬毛磔。黄云陇底白云飞，未得报恩不得归。辽东小妇年十五，惯弹琵琶能歌舞。今为羌笛出塞声，使我三军泪如雨。

古从军行

白日登山望烽火，黄昏饮马傍交河。行人刁斗风沙暗，公主琵琶幽怨多。野云万里无城郭，雨雪纷纷连大漠。胡雁哀鸣夜夜飞，胡儿眼泪双双落。闻道玉门犹被遮，应将性命逐轻车。年年战骨埋荒外，空见葡萄入汉家。

---

① 本传见《全唐诗》卷一百三十二。

送 陈 章 甫

　　四月南风大麦黄，枣花未落桐叶长。青山朝别暮还见，嘶马出门思旧乡。陈侯立身何坦荡，虬须虎眉仍大颡。腹中贮书一万卷，不肯低头在草莽。东门酤酒饮我曹，心轻万事如鸿毛。醉卧不知白日暮，有时空望孤云高。长河浪头连天黑，津口停舟渡不得。郑国游人未及家，洛阳行子空叹息。闻道故林相识多，罢官昨日今如何。

作者在第一首诗《古意》里，着力描写了一个勇敢善战的幽燕少年，他雄心勃勃，锐意于战功，然而久经沙场的战士们的心情却大不相同。他们一闻羌笛，便泪下如雨，想到了生死无凭，想到了家乡的骨肉，作者巧妙而深刻地将两种不同的心情，作了对比，突出地表现了三军们的思乡情绪。作者在第二首诗《古从军行》里，在描写了苍茫凄凉、穷边绝塞的战地环境以后，说："年年战骨埋荒外，空见葡萄入汉家。"诗人对统治阶级发动战争的目的，进行了深刻的讽刺，作者在《送陈章甫》诗里，不仅成功地描写了陈章甫的外形和精神风貌，而且在结束时六句诗里，对世途的风波、人情的冷暖，也进行了讽刺，作者在《听董大弹胡笳兼寄语弄房给事》和《听安万善吹觱篥歌》两首诗里，对胡笳和觱篥两种乐器所奏的音乐的描写，也是十分动人的。这两首诗也是七言歌行，可见他在七言歌行方面的创作，尤为擅长。

崔颢①，生于公元 704 年，卒于公元 754 年。汴州（今河南开封附近）人。《旧唐书》说他："登进士第，有俊才无士行，好蒲博饮酒。及游京师，娶妻择有貌者，稍不惬意即去之，前后数四，累官司勋员外郎。"足见他是个放荡不羁的人物。《河岳英灵集》说他："年少为诗名陷轻薄，晚节忽变常体，风骨凛然。一窥塞坦，说尽戎旅。"我们现在在他的诗中，也还看得出这种变化。他也写边塞诗，如他的《古游侠呈军中诸将》，《赠王威古》等，是写得比较好的。兹举《古游侠呈军中诸将》：

> 少年负胆气，好勇复知机。仗剑出门去，孤城逢合围。杀人辽水上，走马渔阳归。错落金锁甲，蒙茸貂鼠衣。还家行且猎，弓矢速如飞。地迥鹰犬疾，草深狐兔肥。腰间带两绶，转盼生光辉。顾谓今日战，何如随建威。

他最著名的一首诗是使李白为之惊服的七律《黄鹤楼》：

> 昔人已乘黄鹤去，此地空余黄鹤楼。黄鹤一去不复返，白云千载空悠悠。晴川历历汉阳树，芳草萋萋鹦鹉洲。日暮乡关何处是，烟波江上使人愁。

作者并没有严格地遵照七律的格调来写，开头四句，还显然带有乐府民歌的风格，但是这首诗俯仰古今，给人以一种苍茫辽阔的感觉，风格也雄浑高健，全诗的语气特别流畅，一气到底，使人感到余意无穷，所以

---

①　本传见《旧唐书》卷一百九十下《文苑下》，《新唐书》卷二百三《文艺下》附《孟浩然传》后。

成为七言中的杰作。他还有两首五绝,写得也是比较好的:

长　干　曲

君家何处住,妾住在横塘。停船暂借问,或恐是同乡。

家临九江水,来去九江侧。同是长干人,生小不相识。

我们看李颀、崔颢的作品,也是比较接近高适、岑参的风格的。盛唐的诗歌,经过这些人的努力创作,便完全达到了成熟的阶段,于是在这样的基础上,具有伟大天才的诗人李白、杜甫便出现了。

第四节　简短的结论

本章所介绍的几位诗人,在前一时期的诗歌创作的基础上,继续使诗歌的创作向前发展,王维与孟浩然在五言诗的创作上,成绩比较显著,五言的律诗和绝句,到了他们手里,便已渐趋成熟。他们两人的诗风与他们同时代的诗人的风格是迥然不同的。孟浩然的终身不仕和王维晚年的隐居生活,都透露着他们在政治上的不得已和苦闷,因此他们的诗也并不是完全恬淡的,但是在实际的隐居生活中,他们对大自然的景色的长期观察,对这种散漫自由的隐居生活的某种默契,使他们在山水、田园等方面继陶渊明以后,写出了不少优秀的作品。

盛唐以前将近百年左右不断地发动对外战争,始则是为了防御或根本解除外来民族的侵略,但到后来也逐渐变成无厌止的开边政策了。这是当时国力和民族主义精神高涨的反映。这种兴奋和昂扬的民族精神,是与过去长时期受外来民族侵略和统治的灾难生活有关的。不少诗人参加了边塞战争的实际生活，而且诗人们普遍地被昂扬的民族精神和边塞战争所带来的胜利所鼓舞，因此他们写出了不少出色的具有爱国主义精神的边塞诗，成为盛唐诗歌中的一种异彩。但是也有一些诗人由于对边塞战争特别是对战士们痛苦生活的实际了解，因而写出了一些批判边塞战争，同情士兵们的不幸遭遇，讽刺批判将军们腐朽生活的诗篇来。

边塞诗人中，高适、岑参、王昌龄、王之涣等是代表人物，他们在诗歌创作上，致力于七言歌行和律绝的形式，恰恰弥补了王、孟的不足。这样使诗歌的各种形式，都得到了发展。这一事实，标志着唐诗已进入成熟的阶段，伟大的天才诗人，就在这时出现了。

第三章 李 白

第一节 李白的时代及生平

李白，字太白，生于公元 701 年（唐武后长安元年），卒于公元 762 年（唐肃宗宝应元年）。关于他的家世和籍贯问题，历来分歧的意见很多，李阳冰《草堂集序》及范传正《翰林学士李公新墓碑》，都说他的先世是陇西成纪人，晋时凉武昭王李暠的九世孙，和唐朝皇帝是本家；隋末因罪流放在西域，改易姓名，到神龙（705—706，唐中宗年号）初才回到西蜀广汉。他的父亲名李客（大概也是因为他从外地迁来，所以本地人才叫他"客"），没有做过官，但很有钱，他既不是当地的土豪地主，那么便很可能是一个大商人。李阳冰是李白的族叔，公元 762 年（宝应元年）他做当涂县令的时候，李白曾去投靠他，而且就在这一年，李白即在当涂去世。李阳冰的《草堂集序》是李白临终前将诗稿交给李阳冰时嘱他写的。范传正则是李白好友范伦的儿子，他曾在公元 817 年（元和十二年）到宣州访问过李白的后裔，遇到李白的两个孙女，并将李白的坟墓改葬在"谢公山"傍，这篇《翰林学士李公新墓碑》便是这时写的，写时还得到了李白的儿子伯禽写的关于他的家世籍贯的手疏十数行，这时离李白逝世，才五十五年。所以上面两种材料，是比较可信的。不过他是否是李暠的后裔，与唐朝皇帝是否是同宗，这些问题，根据现有的资料看来，矛盾很多，恐怕是比较渺茫的。

李白的全家是在神龙初（一说是在神功初），迁居到四川绵州彰明县青莲乡的。这时李白才五岁（如按照神功初入蜀的说法，则李白还没有生），李白是在二十五岁时离开四川的，那么他的全部少年、青年时期（共二十年）是在四川度过的，所以我们说李白实际的籍贯，是四川绵州彰明县青莲乡。而且李白自己也常常称自己是蜀人。

李白出生的时代，正是唐代社会经济最繁荣昌盛的时期。开元元年，李白才十三岁。公元755年天宝末年（十四年）"安史之乱"爆发时李白已是五十五岁的老人了，再过七年，他就在安徽当涂去世了。所以李白的成长、活动和写作的时期，基本上是在唐代社会最安定繁荣的时期，这是我们理解他的作品的主要关键。李白生长在一个富商的家庭里，幼年又曾在陇西住过，他的父母则更是曾久居过陇西的，关陇一带人民的生活习惯，据陈寅恪先生的研究，"本来是'融合胡汉为一体，文武不殊途'的"。① 李白的轻财仗义、好击剑等个性，与他的家庭环境可能也有关系。

李白幼年时读书是很认真的，至今还流传着有关他认真读书的许多传说，他自己也说："余小时，大人令诵子虚赋，私心慕之。"（《秋于敬亭山送侄逸游庐山序》）又说："五岁诵六甲，十岁观百家。"（《上安州裴长史书》）到十五岁时已经能击剑、作赋了。② 二十岁左右，曾与逸人东严子隐于岷山之阳，数年不迹城市。这年，礼部尚书苏颋到成都

---

① 见陈寅恪《唐代政治史述论稿》第37页，商务印书馆版。
② 李白《与韩荆州书》说"十五好剑术，遍干诸侯"。《赠张相镐》其二说"十五观奇书，作赋凌相如"。

来做益州长史，李白在路上投刺请见，曾得到苏颋的赞赏，说他"天才英丽，下笔不休，虽风力未成，且见专车之骨，若广之以学，可以相如比肩"。(《上安州裴长史书》)二十岁以后，他便开始在四川各地游览，他登过成都散花楼，听过峨眉山上蜀僧的弹琴，他欣赏过峨眉山的秋月。那著名的《峨眉山月歌》：

　　峨眉山月半轮秋。影入平羌江水流。夜发清溪向三峡，思君不见下渝州。

便是这一时期写的，从这首诗看，可知他这时写诗的造诣已经很高了。除此之外，他还到过戴天山，还登过巫山最高峰。这时他已经饱览了蜀中的名山胜地，也阅历了社会的生活，这些雄伟壮丽的山川，开阔了他的胸襟，对他的诗歌创作，是有影响的。

　　二十五岁的时候（公元 725 年）他便"仗剑去国，辞亲远游"，[①]辞别了美丽的故乡四川，他此行的目的，据他自己说是"大丈夫必有四方之志"，也就是说为了寻找机会，施展自己的政治抱负。著名的七绝《早发白帝城》，就是他在离开白帝城到江陵时写的：

　　朝辞白帝彩云间。千里江陵一日还。两岸猿声啼不住，轻舟已过万重山。

他怀着巨大的理想和抱负，驾着奔马一样的轻舟，出了夔门，开始了他"仗剑远游"的生活。从此以后，他再也没有能重回四川。

　　他出峡的时候，是开元十三年，这时正是唐代最鼎盛时期，社会安

---

　　① 　见《上安州裴长史书》。

定，人民的生活相对的富庶，杜甫《忆昔》诗说：

> 忆昔开元全盛日，小邑犹藏万家室。稻米流脂粟米白，公私仓廪俱丰实。九州道路无豺虎，远行不劳吉日出。齐纨鲁缟车班班，男耕女桑不相失。

就是这一时期社会情况的写照，这种富庶安定的社会生活气象，使得青年们普遍的具有一种乐观的精神和建立事业、施展才能的愿望。初出三峡的年轻的李白，当然更具有这种抱负和理想了，他对前途是乐观的，他一则说"奋其智能，愿为辅弼"，① 再则说要"使寰区大兴，海县清一"。② 他出峡以后，先到襄阳，游览了襄阳的名胜。他这时的生活很豪纵，精神上力求自由解放，不受任何拘束，饮酒是求得精神上的解放的一种好办法，所以他常常"黄金白璧买歌笑，一醉累月轻王侯"，③ 他还具有一种"任侠"的精神，轻财仗义，在不到一年的时间内，将所带的三十万金全部散发给"落魄公子"，弄得"黄金逐手快意尽，昨日破产今朝贫"，④ 他在二十七岁时，到了湖北安陆，与在唐高宗时当过宰相的许圉师的孙女结了婚，此后的十年左右，虽然仍在各地漫游，但大体上比较经常地定居在安陆。这时他的名声已逐渐建立起来，他的那种足以代表盛唐诗歌的面貌的浪漫豪放，向往于理想，富于一种自由解放的精神的诗歌风格，也已经完全成熟。这时他又与一些隐士及道教中的人物来往，也曾拜谒过当时的荆州长史韩朝宗，及安州裴长史等，希望能有机会让他施展抱负，但他的希望全部落空了。这一时

---

① 见《代寿山答孟少府移文书》。
② 同上。
③ 见《忆旧游寄谯郡元参军》。
④ 见《醉后赠从甥高镇》。

期他最快意的事，大概要算他与比他大十二岁的隐居诗人孟浩然的见面了，他对孟诗人的风致，十分钦佩，故说"高山安可仰，徒此揖清芬"。还有那首著名的七绝，① 也是表示着他对孟诗人的深厚的感情的。他大概在三十五岁时，又到了太原，曾在行伍中解救了当时还是一个罪犯的小兵而后来成为唐代中兴名将的郭子仪。不久他又东游齐鲁，来往于任城和沙邱，并安家于沙邱，与孔巢父等五个隐士共同隐居在泰山南边的徂徕山，时人们称他们为"竹溪六逸"。他离开山东后，又南游吴、越（江苏、安徽、浙江），这时，他对当时的政治和社会现实，已经有了比较清楚的认识了。对于统治阶级迫使人民做苦役，发动对外战争等黑暗政治，他曾用诗歌进行暴露，他写了《丁督护歌》和《乌夜啼》等诗，后来诗人贺知章见到了《乌夜啼》这首诗，曾叹赏说："可以泣鬼神矣！"② 四十二岁，他到了浙江会稽，这时因道士吴筠的荐举，唐玄宗便接连三次下诏召他入京，他满以为施展他的抱负的机会到了，于是便"仰天大笑出门去"，怀着巨大的希望走向长安了。这时是天宝元年，公元742年。

　　他初到长安的时候，统治者对他确实曾表示了极大的优礼，据李阳冰《草堂集序》说：玄宗曾亲自降辇步迎，"以七宝床赐食，御手调羹以饭之"，而且还对他说："卿是布衣，名为朕知，非素蓄道义，何以及此！"随即令他做翰林供奉，"问以国政"，"专掌密令"，并请他写过《答蕃书》。李白对于这种一时煊赫的声誉，起初也还得意，以为可以伸展自己的鸿才了，但事实上，他的翰林供奉的职位，不过是一个闲职而已，他唯一的事情，就是做皇帝的文学侍从，备皇帝的顾问和做他的清客，以增加统治者宫廷生活的乐趣。所以现有的关于李白在宫里的逸

---

　　① 《黄鹤楼送孟浩然之广陵》。
　　② 见孟棨《本事诗》。

事，也大都是说皇帝与妃子饮酒作乐时，请他写诗给乐工歌唱等等的事情，他集中现存的《宫中行乐词八首》和著名的《清平调词》三章就是这种生活的明证。

李白是怀有绝世的才华，个性傲岸，"不屈己，不干人"，不受拘束，喜欢自由解放的生活的人，所以他的精神风貌，也是轩昂磊落的。《酉阳杂俎》说："李白名播海内，玄宗于便殿召见，神气高朗，轩轩然若霞举，上不觉忘万乘之尊，因命纳履。白遂展足与高力士，曰'去靴！'力士失势，遽为脱之。"这样一个使皇帝、权宦在他面前都感到黯然失色，举止失措的人物，要他长期过这种专门侍候别人的生活，显然是不可能的，而那些权贵们当然也容纳不了他的，于是矛盾便发生了，高力士也进行了报复。玄宗的女婿，"拜驸马都尉，许于禁中置内宅，侍为文章"，后来投降安禄山的张垍以及其他一些权贵们对李白都进行了攻击。李白在这一段生活中，也更深一步地认识了社会的黑暗，对于这些统治者们日日豪筵逸游，斗鸡蹴鞠，走马逐狗的腐化生活以及他们压迫人民的熏天的气势，感到十分愤怒，把他们看作是盗跖，他的《古风》第二十四首中说：

> 大车扬飞尘，亭午暗阡陌。中贵多黄金，连云开甲宅。路逢斗鸡者，冠盖何辉赫。鼻息干虹霓，行人皆怵惕。世无洗耳翁，谁知尧与跖。

这首诗，对于统治者剥削和压迫人民的罪恶的揭露和攻击，是十分尖锐的，这样的诗，在他的集子里，也还并不是太少的。李白与统治者们当然是合不来的，但是他在长安城里，毕竟也找到了几个知心朋友，那就是当时已经六十五岁的老诗人贺知章和崔宗之、张旭等人。贺知章一见李白，就赞美他的风致襟怀，说他是"天上谪仙人"，并且解下身上佩带的金龟和李白一起去换酒吃。杜甫在《饮中八仙歌》中说"知章骑马似乘船，眼花落井水底眠"，则可见贺知章的个性，与李白颇有相似之处。崔宗之的性格大致也有这种豪爽洒脱的特点，所以杜甫也说"宗之潇洒美少年，举觞白眼望青天，皎如玉树临风前"。他们这几个人，常在一起痛饮畅谈，有时也讨论政治，也发发牢骚。当时的人们称他们为"饮中八仙"（他们常在一起饮酒畅谈的共有八个人）。天宝三年（744年）正月，贺知章告老回乡了，李白失去了一个知己，这时统治集团的那些权贵对他的排挤、毁谤，也日甚一日，玄宗也对他厌倦了，认为他"非廊庙器"。李白因为深刻地认识了统治者们的面貌，也不愿再在长安生活下去了，于是便自动上疏请求离京，玄宗也就顺水推舟，将他"优诏罢遣"了，李白于是"高歌大笑出关去"，① 离开了长安，他在长安，前后不到三年，此后便再也没有来过。

李白离开长安后，便到河南的开封和洛阳，这一年的初夏，李白在洛阳与另一位大诗人杜甫会面，这是中国文学史上一段难得的佳话，从此以后，这两位诗人便成为永不相忘的好友，他们一见面就定交了，他们一起游览、饮酒赋诗，并且一起到了开封，在这里又遇上了另一位诗人高适，他们在一起慷慨怀古，议论时局。以后李白和杜甫又一起到了山东齐州（济南），他们暂时分了手，李白回到了兖州附近的任城（济宁），因为他的家已经由安徽移到了这里。杜甫则与在当时文艺界享有盛名的李邕一起游饮，讨论当代的文学。这一年秋天，杜甫也到了兖州，于是重与李白相见，一同游览饮酒，白天携手同行，醉后便共被酣睡，感情更加亲密。因此杜甫曾对李白进行过衷心的劝告：

秋来相顾尚飘蓬。未就丹砂愧葛洪。痛饮狂歌空度日，飞

---

① 　任华《杂言寄李白》。

第三章 李 白

扬跋扈为谁雄。①

此后不久，两人便在兖州（曲阜）城东的石门分手了，临别时，李白送给杜甫一首诗：

> 醉别复几日，登临遍池台。何时石门路，重有金樽开。秋波落泗水，海色明徂徕。飞蓬各自远，且尽手中杯！②

此后，这两位诗人虽然没有能重新会面，但彼此都常常怀念着，杜甫并且写了不少怀念李白的真挚动人的诗篇。

李白从公元744年（天宝三年）离开长安以后，一直到公元755年安禄山乱起，这十年中，又漫游了许多地方，北边去过赵、魏、燕、晋，西边去过陕西的邠县和岐山。他这次漫游中的生活，实际上是飘零困苦的。他对现实社会的不满，也越来越强烈，因此揭露社会黑暗的诗篇，也较前增多了，他隐隐地怀着大乱将发的忧心，但是他的胸襟，还是豪爽的。他在北方飘零了几年，就南下游览江苏一带，到过广陵，在金陵也停留了较长的一段时期，以后又到浙江的会稽、永嘉、天台山等地游览。最后他又再度到了广陵，遇到了年轻的魏万，他们一见以后，便"相逢乐无限"，成为"一长复一少，相看如弟兄"的忘年至交。魏万后来为李白编成了《李翰林集》，并写了一篇序。以后他又重到了金陵，当他离开金陵，到了安徽宣城的时候，安禄山便起兵叛乱了，李白也已到了五十五岁的衰年了。安禄山之乱是唐代社会各种矛盾的总爆发，唐代社会经过这次大变乱，至此便一蹶不振，走向了下坡路，人民

---

① 杜甫《赠李白》。
② 李白《鲁郡东石门送杜甫》。

自从遭了这次浩劫以后，生活也就更见痛苦，过去盛唐时代的气象，社会上再也没有了。公元 755 年（天宝十四年）11 月，安禄山率部十五万人，起兵于范阳（北京附近），不到两个月，就攻下了洛阳，自称为大燕皇帝。765 年 6 月，又进攻潼关，哥舒翰的二十万守军全部覆没，哥舒翰则投降了敌人，军队直逼长安。在这样紧急的形式下玄宗都不组织抵抗，反于 6 月 12 日夜里，带着杨贵妃、杨国忠逃向四川。长安于是便沦陷了。李白对于这次变乱感到十分愤慨，对于人民的灾难也感到十分痛心，他说："白骨成丘山，苍生竟何罪。"他十分希望能有人出来阻击敌人，摧毁敌人。他说："敌可摧，旄头灭，履胡之肠涉胡血。悬胡青天上，埋胡紫塞旁。胡无人，汉道昌。"① 他的爱国心情是显然可见的。因此，当永王璘奉玄宗的命到江陵招募将士，率师东下，欲取金陵，经过浔阳时，由于永王璘的重礼邀请，李白也渴望为国家驱除敌人，因此他便到了永王璘的军中。但永王璘的举动，却使新上台的肃宗皇帝大为担心，怕永王璘来夺取皇位，于是立即将永王璘包围歼灭，李白一片爱国的赤诚，至此却变成了"叛国"的罪人，终于在公元 757 年 2 月左右，他就被捕入浔阳狱中，按罪是要杀头的，幸亏有郭子仪的援救，才改为流放。明年，这位五十八岁的老诗人终于被判长流夜郎（贵州遵义一带），他于是便不得不抛妻别子，走上流窜的长途，他说："夜郎万里道，西上令人老。"他心中充满了生离死别的凄凉的感觉。但是，他流放后的第二年，他还在路上，刚刚到了巫山，就遇赦了。他又回到了浔阳。以后他又泛长江重游金陵，往来于宣城、历阳等地。"烈士击玉壶，壮心惜暮年！三杯拂剑舞秋月，忽然高咏涕泗涟。"② 现在这位诗人经过了无数的磨折和流离以后，已经到了凄凉的暮年了。他这时虽

---

① 李白《胡无人》。
② 李白《玉壶吟》。

然依旧痛饮，高歌，虽然依旧是"平生傲岸其志不可测；数十年为客，未尝一日低颜色"，① 但是俯仰身世，毕竟不能使他没有悲凉和感慨，不能不使他产生一些暮年萧条的感觉。这时"安史之乱"尚在继续，公元761年（上元二年），李白六十一岁的时候，唐太尉李光弼领大军百万，出镇临淮，抵抗史朝义的胡兵，衰年的李白听到了这个消息，还奋然请缨从军，但半路上毕竟因为生病而不得不折回来了，当他在离别金陵的时候，慨然长叹道："天夺壮士心，长吁别吴京。"暮年的李白，在遭受了社会的摧残和折磨后，世态炎凉，他不再能遇到社会上稍稍有地位、有声誉的那些人们对他的招待和馈赠了，相反的，他却从淳朴的劳动人民那里，得到了珍贵的友谊，当他饥饿的时候，得到了五松山下荀媪的招待，他写诗感谢她说：

宿五松山下荀媪家

我宿五松下，寂寥无所欢。田家秋作苦，邻女夜舂寒。跪进雕胡饭，月光明素盘。令人惭漂母，三谢不能餐。

他与宣城的一位酿酒的老人纪叟也有深挚的友情，他的《哭宣城善酿纪叟》：

纪叟黄泉里，还应酿老春。夜台无晓日，沽酒与何人。

安徽泾县的一位农民汪伦，与李白也有深厚的友情，李白临别时，他还踏歌送行，李白也写了一首感情真挚的诗赠送他：

① 任华《杂言寄李白》。

> 李白乘舟将欲行。忽闻岸上踏歌声。桃花潭水深千尺，不
> 及汪伦送我情。

可见真正爱护李白，能懂得李白诗歌的还是广大的人民。

公元762年（宝应元年），李白因为衰病穷困，便到安徽南部的当涂去投靠他的族叔当涂县令李阳冰，不久他就在那里病逝了，临终前，他把自己的诗稿都嘱托了李阳冰，并且写了一首《临终歌》：

> 大鹏飞兮振八裔，中天摧兮力不济。余风激兮万世，游扶
> 桑兮挂石袂。后人得之传此，仲尼亡兮谁为出涕。

我们这样一位伟大的天才诗人，就在这样凄凉黯淡的境况下，悄然离开了人世。这就是黑暗的旧社会给予这位伟大诗人的待遇！

李白逝世时，是公元762年（宝应元年）11月，年六十二岁，这时"安史之乱"尚未完全结束，人民尚在水深火热的困难中，但爱祖国爱人民的伟大的诗人李白，已不能再为国家和人民关心国事了。他逝世后，安葬在当涂采石的龙山东麓。过了五十五年，他的朋友范伦的儿子范传正，答应了李白孙女的要求，把已经摧圯的李白的坟墓，按照李白生前的爱好，迁葬在当涂东南的青山之阳。这里是南齐诗人谢朓所常游的地方。李白的遗集，由李阳冰编为《草堂集十卷》，但编集时，作品已"十丧其九"了，后来范传正又搜集遗稿，编为文集十二卷，但这两个最早的李白集，都没有流传下来。

第二节　李白的思想

李白在《上安州裴长史书》中说："五岁诵六甲，十岁观百家。"可见李白在小时所受的教育，便不限于儒家的经典，他是诸子百家都学的，因为一开始，他的思想领域就比较广，没有受到儒家思想学说的束缚。相反倒是对儒家颇为不重视，甚至加以非笑，说："鲁叟谈五经，白发死章句；问以经济策，茫如坠烟雾。"（《嘲鲁儒》）说："我本楚狂人，凤歌笑孔丘。"（《庐山谣寄卢侍御虚舟》）他对孔子和儒家的那些经书，是并不十分尊重的。而且他对尧舜，也颇看不起，他说："尧舜之事不足惊，自馀嚣嚣直可轻。"（《怀仙歌》）他在三十岁左右，曾和道教中人胡紫阳、元丹丘等往来过，后来在离开长安以后，在山东齐州，由他的从祖陈留采访使李产允介绍，曾请北海高天师授道箓于齐州紫极宫（即祀奉老君的玄元皇帝庙），他的好友魏万写的《李翰林集序》里也说他"曾受道箓于齐，有青绮冠帔一幅"。可见他与道家的关系较为密切，受道家的影响也比较明显，在他的集子里也有着很多游仙访道的诗篇，他的爱好自由解放，不愿受世俗的礼法和社会习俗的束缚的精神，一部分也是藉着游仙访道的行动或诗歌表现出来的。他还崇尚游侠精神，他身边常常带着匕首和短剑，年轻时还曾亲手杀死几个人，东游淮扬时，不到一年就散金三十万。他的朋友吴指南与他一起游楚时，吴指南死在洞庭湖边，他将他权殡于湖侧，后来从金陵再到洞庭时，曾将吴的尸骨用刀洗削，"裹骨徒步，负之而趋，寝兴携持，无辍身手，遂丐贷营葬于鄂城之东"。他喜欢酣歌痛饮，常常鄙视一切，表现着对当时社会权势的"不屈己，不干人"的自傲和自豪的气概。

他是有政治抱负的，他所崇仰的人是鲁仲连、谢安石一流的政治家，能够为苍生请命，一举而安邦定国，所以他不屑于进士考试，不愿白首穷经，而要"不然拂剑起，沙漠收奇勋"（《赠何七判官昌浩》）。但是他一生中实际上并没有真正能参加政治活动。三年的翰林供奉不过是个闲职，短期的永王幕府非但没有能略舒自己的抱负，而且还落了一身"叛国"的罪名。然而他却始终保持着他"不肯摧眉折腰事权贵"的高尚品质，这种精神，贯彻在他全部的作品中。

他对战争是反对的，在他著名的《战城南》以及其他一些诗里，充分地反映了他厌恶战争的思想。对于统治者发动的侵略战争，他尤其反对。但是对于保卫祖国和人民的战争，他的态度是十分明确的。安禄山作乱时，他十分愤慨，他说："俯视洛阳川，茫茫走胡兵，流血涂野草，豺狼尽冠缨。"（《古风十九》）他对于这个危局，表示了最大的爱心和焦虑，他说："申包惟恸哭，七日鬓毛斑。"（《奔亡道中其四》）最后他凭着一片爱国的赤诚，参加了永王的幕府，准备为国效劳，不料壮志未酬，却落了个长流夜郎。但是当他被赦回来，听到李光弼举兵东征，抵抗史朝义的胡兵的消息时，他以六十一岁的衰年，仍旧负病请缨。他对不同性质的战争，态度多么明确，他的爱国精神，多么强烈啊！

李白在诗歌方面的主张是继承着陈子昂的复古主张，推崇建安风骨，而反对六朝以来绮丽华缛的形式主义倾向，所以他说"自从建安来，绮丽不足珍"（《古风其一》）。他在诗歌的创作上，反对那种刻意雕琢，他认为雕琢的结果，会丧失诗歌艺术本身最可贵的东西——即"天真"。所以他说"雕虫丧天真"（《古风三十五》），而主张"清水出芙蓉，天然去雕饰"（《赠江夏韦太守》）。他的全部作品，便是他这主张的实践。

李白的思想是复杂矛盾的，他有狂热的感情和丰富的幻想，他爱好自由，不接受任何束缚，他有积极的政治热情和追求事业的精神，但他不愿做一个庸碌的官吏，他的整个精神是豪放乐观的，胸襟是洒脱不羁的。李白的这种思想和精神，是在经济、政治、文化飞速高涨，社会财富不断增长，人民生活比较富庶安定的盛唐时代的社会环境中孕育成长的。因此他也反映了这个时代的精神风貌。

第三节　李白诗歌的现实意义

李白出生的时候，李唐的天下已经经营了将近一百年，这时社会安定，生产迅速上升，人民的生活比较安乐富庶。从李白出生到"安史之乱"爆发，其间又经过五十五年，这一段时间是盛唐最繁荣的时候，而天才诗人李白，就是生长在这样的一个时代里。"安史之乱"以后，唐代社会从此走向下坡路，而李白在"安史之乱"以后只有短短七年，也就离开了人世，所以李白大部分作品，都是写在"安史之乱"以前的唐代最繁荣的时期，连他本人，也是在这最安乐富强的时代里成长并且直到老年的，所以他的作品，充分地反映着盛唐时代的精神面貌，他自己的精神和思想，也是受着这一时代的物质文化和精神思想的培育和熏陶的。这一点，是我们理解李白诗歌的精神实质的关键。

李白在很多诗里，都反映了他的乐观进取，对前途充满信心和希望的思想，在《将进酒》里说："天生我材必有用，千金散尽还复来。"在《行路难》里说："长风破浪会有时，直挂云帆济沧海。"在《长歌行》里说："桃李得日开，荣华照当年。东风动百物，草木尽欲言。枯枝无丑叶，涸水吐清泉……功名不早著，竹帛将何宣。"在这首诗里极形象地展示出了这个繁荣的时代给予人们进取的希望。李白这种乐观进取、自信、豪放的精神，也充分表现在他反对封建秩序的束缚，热烈地追求个性解放与理想的自由生活上，他这种思想要求，由于时代条件的限制，往往与游侠、求仙等具体活动结合起来，因为只有这种生活，才能符合他自由解放的思想和不受社会秩序拘束的行为，有时还可以路见不平，拔刀相助，干涉封建法律所不肯或不敢干涉的事情。他在《嘲鲁儒》诗里，尽情地嘲笑了不知经济策，"白发死章句"的迂儒，在《梦游天姥吟留别》诗里及《庐山谣寄卢侍御虚舟》、《将进酒》等诗里，充分抒发了他奔放不羁的个性和热爱自由的思想，他说："安能摧眉折腰事权贵，使我不得开心颜！"他有着傲然不屈的高尚的品格敢于对权贵们藐视，并且加以无尽地揭露，他的《古风》第二十四首说：

> 大车扬飞尘，亭午暗阡陌。中贵多黄金，连云开甲宅。路逢斗鸡者，冠盖何辉赫。鼻息干虹霓，行人皆怵惕。世无洗耳翁，谁知尧与跖。

在这首诗里，十分生动地刻画了那帮权贵们的气焰。在唐玄宗时代，由于玄宗为首倡导，斗鸡的游戏，成为当时统治阶级荒淫逸乐的一种重要方式，十三岁的斗鸡小儿郑昌，因为善于斗鸡而受到了与公卿同样的待遇，以至于使当时的人不得不慨叹"生儿不用识文字，斗鸡走狗胜读书"，这是何等荒唐的事！但是正直的人们，却遭到了排挤冷遇，他在《鸣皋歌送岑征君》诗中说：

> 鸡聚族以争食，凤孤飞而无邻。蝘蜓嘲龙，鱼目混珍。嫫母衣锦，西施负薪。

当时的社会，权贵当道，小人得势，一切都颠倒过来了，这便是社会紊乱的预兆。对于这种社会腐败堕落的根源，李白是看得很清楚的，他在《古风》第五十一首中说：

殷后乱天纪，楚怀亦已昏。夷羊满中野，菉葹盈高门。比干谏而死，屈平窜湘源。

这显然不是一般的咏史，而是对玄宗荒淫无道、昏聩误国的讽刺和批判。在这样黑白不分、大乱将兴的社会里，人民苦于徭役的怨声，李白也曾有过反映：

丁督护歌

云阳上征去，两岸饶商贾。吴牛喘月时，拖船一何苦。水浊不可饮，壶浆半成土。一唱督护歌，心摧泪如雨。万人击（一作凿）盘石，无由达江浒。君看石芒砀，掩泪悲千古。

人民被统治阶级的徭役折磨得多么痛苦啊！不仅如此，统治阶级还要发动对外的侵略战争，以满足他们的私欲，李白对于这种侵略战争，曾进行了无尽的揭露和表示激烈的反对，他在《战城南》中说：

去年战，桑干源，今年战，葱河道。洗兵条支海上波，放马天山雪中草。万里长征战，三军尽衰老。匈奴以杀戮为耕作，古来唯见白骨黄沙田。秦家筑城备胡处，汉家还有烽火然。烽火然不息，征战无已时。野战格斗死，败马号鸣向天悲。乌鸢啄人肠，衔飞上挂枯树枝。士卒涂草莽，将军空尔为。乃知兵者是凶器，圣人不得已而用之。

在《古风》第三十四首中说：

457

　　　　羽檄如流星，虎符合专城。喧呼救边急，群鸟皆夜鸣。白
　　日曜紫微，三公运权衡。天地皆得一，澹然四海清。借问此何
　　为，答言楚征兵。渡泸及五月，将赴云南征。怯卒非战士，炎
　　方难远行。长号别严亲，日月惨光晶。泣尽继以血，心摧两无
　　声。困兽当猛虎，穷鱼饵奔鲸。千去不一回，投躯岂全生？如
　　何舞干戚。一使有苗平。

其次他还从战争的侧面来反映战争带给人民的痛苦生活，他通过思妇这
一类主题，描写了战争对于人民和平生活的破坏，青春和幸福的被消
磨。例如他的《捣衣篇》就描写了一个丈夫被征远戍的少妇的痛苦的生
活和凄切的思念。他的《子夜吴歌》第三首，也是写这个主题的：

　　　　长安一片月，万户捣衣声。秋风吹不尽，总是玉关情。何
　　日平胡虏，良人罢远征。

诗中深刻地反映了人民对于和平生活的渴望。但李白也并不是一味地反
对战争，不问战争对人民的实际关系的，例如遇到外来民族的侵略或为
了保卫边疆人民的和平生活，他也说："愿将腰下剑，直为斩楼兰。"尤
其当"安史之乱"时，他自己也曾请缨从军的。
　　李白热爱祖国的山河，他曾漫游过很多地方，他在许多诗篇里，都
热烈地歌颂了祖国山川的雄伟和秀美，精细地刻画了这些山容山色，花
香鸟语和明月清风、流水飞瀑，他的有些诗篇就像山巅倾泻下来的瀑布
一样，砰訇动地，奔腾曲折，有时又是一泻千里，不可阻挡。而有些诗
篇，则像行云流水一样，舒卷自如，来去无迹。例如他的《蜀道难》刻
画了四川山水的雄奇面貌，《望庐山瀑布》描写了"挂流三百丈，喷壑
数十里"的壮观，另一首《望庐山瀑布》"日照香炉生紫烟。遥看瀑布

挂前川。飞流直下三千尺，疑是银河落九天"则生动地描写了远看庐山飞瀑的奇景。他的《望天门山》，简直是一幅最好的写生画，描绘了活动中的景物。他对月光的描写，尤为他许多抒情和写景诗篇里的特色。在他的诗里，还有幽远的琴韵，凄清的笛声，杀人红尘里的侠客，深山高隐的道士，炉火动天地的矿工，若耶溪畔采莲的少女，五松山下的农妇荀媪，宣城善酿的纪叟，还有当代有名的诗人、学者、将军，甚至于皇帝、妃子，长安走马斗鸡的少年，江南清新好舞的歌妓等等。在他的诗里所展现的世界，可以说是广阔的丰富多彩的。在他五十五岁时爆发的"安史之乱"，在他的诗篇里并没有得到较多的反映，这一方面是他毕竟已到衰年了，但更重要的是他用实际的行动参加了永王璘起兵平叛的斗争，尤其是他六十一岁时闻李光弼起兵平史朝义，他还请缨从军，这就是他实际对安史之乱的反映，所以我们在评价一个诗人时，也不能单从他的诗歌着眼，而不看他的实际行动。特别是他的创作力旺盛的时代，是在安史之乱前，安史之乱后仅仅七年他就逝世了，而且有一段时间他还是在监狱和流放生活中，而且"安史之乱"是在北方，而他这几年却一直辗转在南方，这种实际生活的阻隔，也就更使他无法写出这方面的伟大的诗篇来了，然而他对于这次变乱，仍然表示过无限的痛心和关怀，还曾在临终前一年，请缨从军过，可见伟大的诗人，对于国事，对于人民的生活，是十分关切的，诗人热爱祖国的思想，也是强烈的。

第四节　李白诗歌的艺术成就和对后来的影响

我们在前面讲到盛唐诗人王维、孟浩然、高适、岑参的时候，曾指出王、孟和高、岑的风格是迥然不同的，王、孟主要的成就，是在五言方面，诗的风格则比较平远冲淡（王维的风格是比较复杂的）。高、岑主要的成就，是在七言方面，诗的风格则比较雄浑高健。与他们差不多同时代的伟大诗人李白（王维与李白同年生，王维比李白早卒一年），则可以说是综合各家所长，不论是五、七言的律、绝或歌行，以及乐府诗，他都是出色当行的。积极浪漫主义精神，是李白思想性格与艺术风格的主要特色，他的创作，是在现实生活的基础上，通过积极的浪漫主义手法表现出来的，他是伟大的积极浪漫主义的诗人，他的诗歌，具有一种万马奔腾、排山倒海的气势和力量，以及奇妙丰富的想象，例如他的名作《蜀道难》和《梦游天姥吟留别》，便是这种风格的代表作品：

蜀　道　难

　　噫吁嚱，危乎高哉！蜀道之难，难于上青天！蚕丛及鱼凫，开国何茫然。尔来四万八千岁，不与秦塞通人烟。西当太白有鸟道，可以横绝峨眉巅。地崩山摧壮士死，然后天梯石栈相钩连。上有六龙回日之高标，下有冲波逆折之回川。黄鹤之飞尚不得过，猿猱欲度愁攀援。青泥何盘盘，百步九折萦岩峦。扪参历井仰胁息，以手抚膺坐长叹。问君西游何时还？畏途巉岩不可攀。但见悲鸟号古木，雄飞雌从绕林间。又闻子规啼夜月，愁空山。蜀道之难，难于上青天，使人听此凋朱颜。连峰去天不盈尺，枯松倒挂倚绝壁。飞湍瀑流争喧豗，砯崖转石万壑雷。其险也若此，嗟尔远道之人，胡为乎来哉。剑阁峥嵘而崔嵬，一夫当关，万夫莫开。所守或匪亲，化为狼与豺。朝避猛虎，夕避长蛇，磨牙吮血，杀人如麻。锦城虽云乐，不如早还家。蜀道之难，难于上青天，侧身西望长咨嗟！

第三章　李　白

梦游天姥吟留别

海客谈瀛洲，烟涛微茫信难求。越人语天姥，云霞明灭或可睹。天姥连天向天横，势拔五岳掩赤城。天台四万八千丈，对此欲倒东南倾。我欲因之梦吴越，一夜飞渡镜湖月。湖月照我影，送我至剡溪。谢公宿处今尚在，渌水荡漾清猿啼。脚著谢公屐，身登青云梯。半壁见海日，空中闻天鸡。千岩万转路不定，迷花倚石忽已暝。熊咆龙吟殷岩泉，栗深林兮惊层巅。云青青兮欲雨，水澹澹兮生烟。列缺霹雳，丘峦崩摧，洞天石扉，訇然中开。青冥浩荡不见底，日月照耀金银台。霓为衣兮风为马，云之君兮纷纷而来下。虎鼓瑟兮鸾回车，仙之人兮列如麻。忽魂悸以魄动，怳惊起而长嗟。惟觉时之枕席，失向来之烟霞。世间行乐亦如此，古来万事东流水。别君去兮何时还，且放白鹿青崖间，须行即骑访名山。安能摧眉折腰事权贵，使我不得开心颜。

按：《蜀道难》原为乐府旧题，属"相和歌·瑟调曲"，本意述蜀道之险难。《乐府古题要解》称："《蜀道难》备言铜梁、玉垒之阻。"其意当可信。又黄锡珪《李太白诗集编年》考订此诗为开元二十二年李白在安陆时作。近人岑仲勉《唐诗质疑》考为天宝四年或十二年作。若此，则可定此诗作于安史之乱前。由此，谓此诗为李白讽明皇入蜀之说，当不可据。蜀道之难，自古有名，李白当继乐府旧题而作，且李白蜀人，当深知蜀道之难，故为此作也。此诗"蜀道之难，难于上青天"，传为千古绝唱，诗叙蜀道之险，亦无以加矣。此诗不仅叙蜀道之险，更见太白胸次之高旷雄奇。其胸中藏多少奇峰险嶂，非世人之可及也，祖国山川之雄奇，于太白笔下，亦以尽其千丘万壑矣。

《梦游天姥吟留别》，另题为《别东鲁诸公》。题为"梦游"，则实非梦也，故与上诗迥然有别。《蜀道难》是实写，此是虚写，故诗人笔下之天姥山，总在虚无缥缈之中，笔笔是梦境，笔笔空中楼阁，至"忽魂悸以魄动，怳惊起而长嗟。惟觉时之枕席，失向来之烟霞"，则梦醒而感生矣。"世间行乐"以下七句，为全篇之主旨，而"安能摧眉折腰事权贵，使我不得开心颜"是全诗之主脑。此诗明显得《离骚》之遗意，亦见太白之高格。

由于他的这种不受拘束的自由奔放的思想和横放杰出的诗歌风格，他的诗歌语言，也是最不受诗歌的格律所拘束的，在他现存的约一千篇诗中，五律只有七十多首，七律只有十二首，合起来还不到总数的十分之一，可见他是不肯受这种格律的拘束的。他的诗歌语言的自然流动，明朗纯朴和形象化，可以说是达到了极高的成就，他是主张诗歌语言和风格的质朴清新、自然流畅而反对华丽绮靡的，在这一点上，他是继承了初唐诗人陈子昂的复古主张而以自己的创作实践来树立榜样的。他在创作上反对模仿雕琢，他在《古风》第三十五首中说：

> 丑女来效颦。还家惊四邻。寿陵失本步，笑杀邯郸人。一曲斐然子，雕虫丧天真。棘刺造沐猴，三年费精神。功成无所用，楚楚且华身。大雅思文王，颂声久崩沦。安得郢中质，一挥成风斤。

诗中对于东施效颦、邯郸学步的模仿，进行了无情的讥讽，他在《经乱离后天恩流夜郎忆旧游书怀赠江夏韦太守良宰》一诗中说："清水出芙蓉，天然去雕饰。"他自己的诗，在这一方面，也确实是一个显著的特色，像下面这些诗的语言，可以说是自然朴素到了极点了：

第三章　李　白

静　夜　思

床前明月光。疑是地上霜。举头望明月，低头思故乡。

估　客　行

海客乘天风，将船远行役。譬如云中鸟，一去无踪迹。

横　江　词

横江馆前津吏迎。向余东指海云生。郎今欲渡缘何事，如此风波不可行。

秋　浦　歌

白发三千丈。缘愁似个长。不知明镜里，何处得秋霜。

他的诗歌的风格，除前面所讲到的气势雄壮，万马奔腾式的《蜀道难》等诗外，还有与此完全相反的作品，例如：

自　遣

对酒不觉暝，落花盈我衣。醉起步溪月，鸟还人亦稀。

下终南山过斛斯山人宿置酒

暮从碧山下，山月随人归。却顾所来径，苍苍横翠微。相携及田家，童稚开荆扉。绿竹入幽径，青萝拂行衣。欢言得所憩，美酒聊共挥。长歌吟松风，曲尽河星稀。我醉君复乐，陶然共忘机。

山 中 问 答

问余何意栖碧山。笑而不答心自闲。桃花流水窅然去，别有天地非人间。

像以上这类诗，神情十分悠然散淡，宛然是王、孟的风致。李白不仅善于刻画自然景物，善于描写雄伟奇峻的山岳，而且还善于刻画自然景物的动态，善于赋予自然景物以一种个性，使得自然景物也似乎能活动起来，这样使得诗的情景更真切生动。例如：

独坐敬亭山

众鸟高飞尽，孤云独去闲。相看两不厌，只有敬亭山。

这里不仅人在看敬亭山，而且敬亭山也在看人了，这就使这首诗，在极静的意境中，又充满了生动的情趣。再如：

暮从碧山下，山月随人归。（《下终南山过斛斯山人宿置酒》）

第三章 李　白

黄河落天走东海，万里写入胸怀间。(《赠裴十四》)
古道连绵走西京，紫阙落日浮云生。(《灞陵行送别》)

在这里，不论是山月、黄河、古道，这一切都活动起来了，山月则依依随人，黄河则忙忙地东奔入海，古道则西走入京。再如他的《月下独酌》说：

花间一壶酒，独酌无相亲。举杯邀明月，对影成三人。月既不解饮，影徒随我身。暂伴月将影，行乐须及春。我歌月徘徊，我舞影凌乱。醒时同交欢，醉后各分散。永结无情游，相期邈云汉。

在这首诗里，月亮与人影，都成了诗人的朋友。他写活动着的景物的诗篇如《登天门山》：

天门中断楚江开。碧水东流至此回。两岸青山相对而出，孤帆一片日边来。

这首诗下面两句，写尽了江行的活动景色，"两岸青山相对出"的"相对出"三个字，巧妙地写出了流转峰回的真实情景，而所以使人感到青山好像相对而出，正是因为船在顺流而过的缘故。这里所给予读者的是一幅正在活动着的画面，诗人还善于用夸张的手法，来夸大他所描写的对象，以增强艺术感染的效果。如：

君不见黄河之水天上来。(《将进酒》)
蜀道之难难于上青天。(《蜀道难》)

465

燕山雪花大如席。(《北风行》)

白发三千丈。(《秋浦歌》)

由于这种夸张的描写，也使他的诗，具有一种雄壮阔大的气势，李白的绝句，是最为出色的。例如：

早发白帝城

朝辞白帝彩云间。千里江陵一日还。两岸猿声啼不住，轻舟已过万重山。

送孟浩然之广陵

故人西辞黄鹤楼。烟花三月下扬州。孤帆远影碧空尽，惟见长江天际流。

绝句讲究要以极少的文字（二十个或二十八个字），给人以极多甚至是无尽的感受，或者用极精警的极富于感情的语言，单刀直入地直叩读者的心弦，使读者的思想上和感情上受到猝不及备的激动和感受，使他在思想感情上受到的刺激具有一种饱满和清新的感觉。李白这两首著名的绝句，便是属于前一类的，它在短短的二十八字中，给人以一种一泻千里（指《早发白帝城》），瞬息间越过无数空间的感觉。同时两首诗还有一个共同的特色，便是意境广阔和浩淼无尽的气魄。

李白以他的无比的天才，丰富的想象，强烈的热情，夸张的笔法以及形象化的明朗淳朴的语言，和谐流动变化莫测的音律，形成一种雄奇豪迈的艺术力量，扫清了六朝以来那种华艳柔靡的诗风，完成了陈子昂所提倡的诗歌革新的伟业。李白在诗歌创作上，是极注重学习乐府民歌的。在他的集子里，乐府诗占了很大的比重，他的诗歌语言的风格，质朴自然，明白如话而不受格律的拘束，这显然是他接受民歌精神的反映，他既然不受格律诗的束缚，自然在诗歌的形式上也就必然富于独创的精神，例如他的一首《三五七言》：

秋风清，秋月明。落叶聚还散，寒鸦栖复惊。相思相见知何日，此时此夜难为情。

杨齐贤说："古无此体，自太白始。"可见这首诗的形式，是李白独创的，从这首诗的风格上来讲，有很显著的民歌特色，与此也可见李白在诗歌形式的创造上，是受到民歌的影响的。李白对于前人的学习，也特别勤奋，他尤其推崇谢朓，曾不止一次地对谢朓表示了向往，以至于清代的诗人王士祯竟说他"一生低首谢宣城"！可见他的伟大成就，与古代诗歌的优秀传统，也是有密切的关系的。

总起来说，李白在我国文学史上所起的伟大作用，首先在于他能够全面地、丰富地、创造性地继承了汉魏乐府民歌的优秀精神和他在形式上的创造性。李白吸取了汉魏六朝乐府民歌中各种不同形式、风格的精华，然后又发挥了他自己的创造性的天才，熔炼成他自己独具的那种具有磅礴气概的诗篇，同时他还吸收过《诗经》和《楚辞》的精神，特别是屈原的影响，在他的作品里也是较显著的。他对古代诗人优秀的经验，也是尽力接受的。由于这些原因，他才能拥有伟大的艺术天才和雄厚的艺术力量，来比较全面地反映这一时代的正在高涨的社会力量和精神面貌。他的那种积极浪漫主义的创作精神，在某种意义上说，倒是适宜于反映这样一个政治、经济、文化、艺术正在高涨着的时代精神的。

李白诗歌给予后来的影响是巨大的，他是广大人民所特别喜爱的诗人之一，至今在民间还流传着他各种各样的奇闻和轶事，他的诗篇如"黄河之水天上来"、"蜀道之难，难于上青天"、"床前明月光，疑是地上霜。举头望明月，低头思故乡"这类的诗句，是很多人都熟知的。人民为了热爱他，所以在许多名山胜景，都留有他的遗迹。他写了无数歌颂祖国壮丽河山的诗篇，所以人民能从诗篇中看到祖国伟大雄奇的自然面貌，增加人民对祖国的热爱，同时也增加了人民对他的热爱和怀念。人民为了赞美他的才华，便称他为"锦心绣口，明月肺肠"，称他鄙视权贵豪势，高迈超绝的言论叫："李白粲花之论。"(《天宝遗事》) 因为他不肯"摧眉折腰事权贵"，传说又曾叫高力士脱过靴，并为国家写过《答蕃书》，所以画家们便创作了《李白脱靴图》，诗人们便以此为歌咏的题材。明代小说中更出现了《李太白醉草吓蛮书》的小说。在民间传说中，还有不少关于他刻苦学习的故事。因为他的诗中，写了不少歌颂月亮的名篇，因此就盛传着他许多关于月亮的故事，这许多，都是人民怀念他，热爱他的证明。

关于他的诗，以及在文学史上的地位，从同时代的杜甫起，到后来的韩愈，以及宋代的苏轼等，都有极高的评价。杜甫一则说他"白也诗无敌，飘然思不群"(《春日忆李白》)，"李白斗酒诗百篇"(《饮中八仙歌》)，再则说"千秋万岁名，寂寞身后事"(《梦李白》)。韩愈则说"李杜文章在，光焰万丈长"(《调张籍》)。事实上，他在文学史上，也成为只有屈原、杜甫、白居易等少数的伟大作家，才足以与他并论的伟大诗人了。

第四章　杜　甫

第一节　杜甫的时代与生平

杜甫，字子美，生于公元712年（唐玄宗先天元年），卒于公元770年（唐代宗大历五年），他是河南巩县瑶湾人。他的十三世祖杜预是西晋时的名将，并精研《左传》。曾祖依艺，为巩县令。祖父审言，武则天时为膳部员外郎，是当时有名的诗人。父亲杜闲，为奉天（陕西乾县）县令。

杜甫出生的时候，正是唐玄宗接位的第一年，明年便是开元元年，从开元初年到天宝中，大约有三十多年的光景，是唐代社会发展到最富庶的时期，杜甫后来在《忆昔》诗里，描写了这时繁荣的社会面貌，杜甫便是在这样的时代里成长的。这时政治比较开明，社会经济空前的繁荣，社会上普遍呈现着富庶安定的气象。《资治通鉴》说："开元二十八年，西京、东都米斛直钱不满二百，绢匹亦如之。海内富安，行者虽万里不持寸兵。"（卷二百十四）又说："天宝十二载，是时中国盛强，自安远门西尽唐境凡万二千里，闾阎相望，桑麻翳野，天下称富庶者无如陇右。"（卷二百十六）当时的人口也达到了五千二百八十八万四百八十八人的唐代的最高记录。（见《资治通鉴》卷二一四）当时由于国力雄厚，社会安定，经济繁荣，社会的文化、艺术也很发达。外来民族的文化艺术也源源不绝地传入中国，给中国的文化艺术以新的刺激和营养。所以这时诗人、画家、书法家、音乐家、舞蹈家等等的优秀人才，大批地涌现出来，成为一个文化艺术上十分光辉灿烂的时期。杜甫出生的巩县，距离东都洛阳只有一百四十里，而且杜甫的童年，有很长一段时间是在洛阳度过的。洛阳在当时是政治、经济、文化的中心，它俨然与西京长安可以媲美。杜甫生长在这样一个健康的时代里，受着洛阳文化的熏陶，受着他家庭传统文化的教养。他在六岁的时候，即看过当时负有盛名的公孙大娘的雄健矫捷的"剑器浑脱之舞"，后来过了几年，又在洛阳岐山李范和玄宗的宠臣崔涤的府里，一再听到过举世闻名的歌唱家李龟年的歌声。他七岁时就开始学习写诗，九岁时，就能用虞世南的书法，作擘窠大字，到十四五岁的时候，他的诗文在洛阳已初露头角，甚至使当时文坛的老前辈崔尚、魏启心等见了，惊叹为班固、扬雄的再生。但是尽管这样，他这时还是童心未泯，还常常会爬到树上去摘梨枣吃，他后来回忆这时的情形说：

百 忧 集 行

忆昔十五心尚孩。健如黄犊走复来。庭前八月梨枣熟，一日上树能千回。

开元十三年（731 年）杜甫二十岁，这时正是开元全盛的时期，他开始了吴越的漫游，他到过金陵、长洲、苏州、杭州、山阴、钱塘江、鉴湖、剡溪、天姥山等地，瞻览了许多名胜古迹，饱览了祖国山川的秀色，而且这里是谢灵运、谢朓、阴铿、何逊、鲍照、庾信等诗人所流连吟咏的地方，他曾学过他们的诗，如今亲临此地，当然更加深了对他们的印象。他漫游了三四年之久，在他二十四岁时（735 年，开元二十三年），他回到洛阳参加进士考试，但他并没有被录取，而他也并不以此为意。不久，他便开始了第二次游历，地点是齐、赵（河南、山东、河北）一带。他后来回忆说：

> 放荡齐赵间，裘马颇清狂。春歌丛台上，冬猎青丘旁。呼鹰皂枥林，逐兽云雪冈。射飞曾纵鞚，引臂落鹙鸧。苏侯据鞍喜，忽如携葛强。

这就是他漫游齐、赵一带时的生活情况。我们从这里可以知道在当时他不但是个诗人，而且还是一个能骑胡马，挟长弓，箭不虚发的射手。在这一段漫游时间里，他曾登过泰山和兖州城楼，写出了在他的诗集里最早的诗：《登兖州城楼》和《望岳》。从后一首诗里预示了作者写诗的卓越才能。

吴越和齐赵的漫游，一共经历了十年（731—741 年，杜甫二十岁到三十岁）。开元二十九年（741 年），他从山东回到了洛阳，大概就在这时，他与司农少卿杨怡的女儿结婚，他和夫人情爱深笃，此后杜甫毕生的艰难困苦的生活，一直有他的夫人万里相伴着的。

744 年的初夏，杜甫在洛阳与另一位我们上章已经介绍过的伟大诗人李白相遇，这时杜甫三十三岁，李白已经四十四岁，饱尝了政治上的失意，历尽了仕途风霜和看透了统治者们荒淫骄奢、横行残暴的面目了。他们的相见，是我国文学史上永远令人忆念的一段佳话，从此他们便建立了深厚的友情。于是他便与李白以及另外一位年龄大约比李白小一岁的诗人高适，一起开始了在杜甫的历史上是第三次漫游。他们一同在梁、宋（河南）和山东一带呼鹰逐兔，登高怀古或者上酒楼把酒畅饮，评论诗文和时局。745 年（天宝四年）的秋天，杜甫和李白便在兖州城东的石门分手了。临别时李白写了一首诗送给杜甫（诗见李白一章内）。从此以后，他们虽然常常怀念着，但却没有能重逢过。

746 年（天宝五年），杜甫三十五岁的时候，便结束了他的游历生活，到了长安，这时他的父亲正任离长安不远的奉天（陕西乾县）县令。杜甫来长安自然是为了想谋得官职，希望实现他的"致君尧舜上，再使风俗淳"的政治理想的。但是这时的玄宗，已经做了三十多年的皇帝，在升平繁华的社会现象面前，他感到天下太平，可以纵情声色逸乐，早年励精图治的精神，老早已经抛到九霄云外了。一切政权都操纵在"口蜜腹剑"的阴谋家中书令李林甫手里，再加上杨国忠等人的结党营私，专权骄横，长安的政治，早已漆黑一团了。所以当 747 年（天宝六年），玄宗诏征文学艺术有一技之长的人都到京应选的时候，李林甫竟一手操纵，布下阴谋，弄得"无一人及第"，他反上表称贺，说"野无遗贤"，而事实上诗人杜甫、元结等都是参加了这次考试的。杜甫在长安政治上遇到了这样的打击以后，经济上也渐渐地发生了困难，这时他的父亲大概也已经去世了。他在长安开始过着流浪的生活，他曾向达官贵人们投诗以求他们援引，有时也常充做他们席上的"宾客"，来勉强维持生活，同时他还靠采集和栽种一些草药，作为凑合着解决生活问题的副业，他这一时期的悲惨生活，我们看他下面这几句诗便大致可以了解了：

　　　朝扣富儿门，暮随肥马尘。残杯与冷炙，到处潜悲辛。
（《奉赠韦左丞丈二十二韵》）

杜甫在无路可走之中，不得不在天宝十年（751 年）和十三年（754

年），先后两次向唐玄宗献赋，虽然曾博得了玄宗的赏识，声名因之大噪，但实际上却仍旧没有博得一官半职，这时他的生活困苦到了极点，身体也衰弱多病了，下面这些诗句，是他当时困苦生活的写照：

> 疟疠三秋孰可忍，寒热百日相交战。头白眼暗坐有胝，肉黄皮皱命如线。（《病后遇王倚饮赠歌》）
>
> 饥卧动即向一旬，敝裘何啻联百结。君不见空墙日色晚，此老无声泪垂血。（《投简咸华两县诸子》）

这时的杜甫，与从前裘马轻狂时的杜甫，已经判若两人了。在杜甫的长安后期生活中，使他在困苦中有时还能得到些慰藉的，是诗人高适、岑参和郑虔，而他与郑虔的往来尤为密切，杜甫常在困顿和苦闷的时候，与郑虔一起买酒痛饮，以图精神上的暂时痛快和慰解：

> 清夜沈沈动春酌。灯前细雨檐花落。但觉高歌有鬼神，焉知饿死填沟壑。（《醉时歌》）

这几句诗，沉痛而深刻地写出了他们的心情和生活气氛，这时社会的矛盾正在尖锐化，统治者的穷兵黩武日甚一日，国家正在风雨飘摇、雷电将作的前夕，而统治者却沉醉在腐化豪奢的生活里，根本不管人民的疾苦和社稷的安危。杜甫在这时，便写出了著名的《兵车行》、《前出塞》、《丽人行》等名作，正是这个时代的真实记录，也是诗人的思想飞速发展和艺术上达到成熟的标志。大约是 751 年以后（天宝十年），诗人便在曲江、杜陵一带安居，他的家大概也是在这以后迁到了长安。但住不多久，又迁到了奉先（陕西蒲城）。755 年 10 月，统治者任命他为河西县尉，诗人不愿接受这个"拜迎官长心欲碎，鞭挞黎庶令人悲"

（高适诗）的职位，便改就了右卫率府胄曹参军，这是一个看守兵甲器仗、管理门禁锁钥，正八品下的卑职。杜甫接受这样的官职，正是伤心而又尴尬，"率府且逍遥"这句诗，正是这种心情的写照。杜甫在官定以后，就在这年的11月里，曾回奉先家中一次，当他走过骊山的时候，玄宗正在山上华清宫中避寒，过着穷奢极欲的生活，而人民在饥寒交迫的痛苦生活中，杜甫回到家里，正值他的幼子刚刚饿死。杜甫把他多年来生活和一路上的经历和感想，写成了他的划时代的杰作《自京赴奉先县咏怀五百字》，在诗中尖锐地揭露了社会的矛盾："朱门酒肉臭，路有冻死骨。"便是他尖锐地揭露统治者的罪恶和社会矛盾的名句，而这时，安禄山已经起兵范阳，唐代的盛世已经结束，从此便步入艰难多故的时期了。

　　杜甫回长安不久，安禄山的兵便打到了洛阳，756年（天宝十五年）正月，安禄山自称大燕皇帝，6月，长安便沦陷，玄宗逃奔西蜀。杜甫带着他的一家人，开始杂在难民群中，过着流亡的生活。后来他把家暂时安顿在鄜州城北的羌村。7月，李亨（肃宗）在灵武即位，他便只身奔赴，不料中途为胡兵捉住，押送到长安，他目睹了长安在敌人的铁蹄下残破零落、凄凉萧索的面目，亲身经受着亡国的痛苦，因此他写下了《哀江头》、《悲陈陶》、《悲青坂》、《塞芦子》、《春望》等一系列动人的诗篇。757年4月，他终于冒着生命的危险，逃出长安，奔赴当时的政府所在地凤翔，"麻鞋见天子，衣袖露两肘"（《述怀》）地拜见了肃宗。肃宗便任命他为左拾遗。但他的忠贞直言，并未为肃宗所欢迎，反而在8月里命他离开凤翔，回鄜州去探视妻子。他的著名诗篇《北征》和《羌村》，便是这次政治上失意回家后写成的。在这些诗里，充分反映了国家大乱后的人民生活和社会面貌，也表达了他对当前局势的意见。757年9月，长安和洛阳两京先后收复，肃宗在10月里返京，杜甫也举家再到长安，但到翌年的6月，即被贬往华州作司功参军，从此他便没有再到长安过。

"无才日衰老，驻马望千门。"这是他在离别长安，出金光门时依依不舍的凄凉心情的自白。这时杜甫已四十七岁，在艰难忧患的生活折磨下，他已经是满头白发的老人了。他从三十五岁那年，满怀希望来到长安以后，长期在长安困顿流浪，到现在前后已经十二个年头（746 年—758 年），中间除回过几趟洛阳，后来又回到奉先一次，756 年 5 月到757 年 10 月（这一年半中间，有八个月左右，被俘陷居长安），中间有十个月左右流亡离开长安外，前后在长安共约十年左右。

杜甫离开长安，在政治上他无疑是失败了，但对于他的创作，却是十分有益的一次变动。从此他更深入了生活，接近了人民，因此使他的诗歌得到了广阔的园地和不竭的源泉。他到华州是 758 年（乾元元年）的 7 月，这年的冬末，他曾回到洛阳，后来被王安石称为压卷之作的他的名作《洗兵马》，大约就是在 759 年的春天在洛阳写成的。同一时期写出的名作，还有《赠卫八处士》等诗。这年暮春，他从洛阳回华州，这时正是郭子仪、李光弼等围攻相州（即邺城，今河南邺县）的安庆绪，被安庆绪杀得大败，洛阳一带受到震动的时候，他在路上，目击了人民遭受的惨剧，写出了他的不朽的杰作"三吏"和"三别"。这一路上的悲惨现实：官吏的暴虐，人民的流离失所，使他对于当前的政治有了进一步的认识，感到自己做一个华州的司功参军，实在无济于事，再加上一些政治上的变动，他对政治已感到绝望了，因此在这年的秋天，便毅然弃官把全家迁到秦州（甘肃天水），他在《秦州杂诗》中说："唐尧真自圣，野老复何知。"正是他对统治者绝望的表示。他在秦州的生活，也是依靠亲友的帮助和卖药的副业，但这毕竟是毫无保障的，饥寒时常侵袭他，疟疾时常苦缠他。最后他在秦州衣食无着，便迁往同谷，在同谷停留一月，在同年（759 年）的 12 月 1 日启程入蜀，在历尽了旅途的艰难以后，在这年年底到达城郭，这是他一生中最困苦的一年，但也是他的创作十分丰富，成就最高的一年。这一年，他的创作除了前面所说的《洗兵马》、"三吏"、"三别"等名作以外，还写了《秦州杂诗》二十首，以及从秦州到同谷，从同谷到成都一路上的纪行诗，描写了祖国的山川形势，城郭村落和风土人情。另外还写了不少怀念友人的诗篇，其中最杰出的是怀念李白的诗篇。在秦州到同谷和同谷到成都的两组纪行诗中间，用七言写的《乾元中寓居同谷县作歌七首》是两组诗中间的高峰，也是他在痛苦生活中最强烈的呼喊。这一年，杜甫四十八岁。

杜甫在 759 年的岁暮到达成都，住在西郊外浣花溪寺里，后来便在浣花溪畔经营了一座简陋的草堂，这就是后来永远令人记忆的杜甫草堂，现在则已成立了纪念馆。当他的草堂成立之时，正是 760 年的春天（肃宗上元元年），这时中原尚未恢复，人民仍在水深火热中，杜甫则在这时起，开始他的"漂泊西南天地间"的生活，当他离开秦州经过同谷向成都飘流时，他便一步远一步地离开了他难忘的长安和洛阳，此后他虽然从未放弃重回洛阳和长安的愿望，但却永远没有能实现。现在住在这"万里桥西宅，百花潭北庄"的草堂里的杜甫经过了十载长安，四年流徙的艰危生活以后，已经粗粗得到一个安身之处了。他开始在这里过从事农业劳动的生活，他养鸡、养鸭、养鹅、种药、种菜、种竹、种树，他同田父野老往来，留心着自然界的花木虫鸟，他也写了不少歌咏自然界的风格细密轻盈的诗篇，现摘录数句如下：

> 细雨鱼儿出，微风燕子斜。（《水槛遣心》之一）
> 云掩初弦月，香传小树花。（《遣意》之二）
> 留连戏蝶时时舞，自在娇莺恰恰啼。
> 繁枝容易纷纷落，嫩叶商量细细开。（《江畔独步寻花七绝句》）

但是他并没有忘却患难中的国家和人民，著名的《茅屋为秋风所破歌》，便是在这时所写出来的：

茅屋为秋风所破歌

八月秋高风怒号，卷我屋上三重茅。茅飞度江洒江郊，高者挂罥长林梢，下者飘转沉塘坳。南村群童欺我老无力，忍能对面为盗贼。公然抱茅入竹去，唇焦口燥呼不得，归来倚仗自叹息。俄顷风定云墨色，秋天漠漠向昏黑。布衾多年冷似铁，骄儿恶卧踏里裂。床头屋漏无干处，雨脚如麻未断绝。自经丧乱少睡眠，长夜沾湿何由彻。安得广厦千万间，大庇天下寒士俱欢颜，风雨不动安如山。呜呼，何时眼前突兀见此屋，吾庐独破受冻死亦足。

在这首诗里，他倾吐了自己博大的胸怀和对人民的关切。他也写过一些讥讽时事和社会病状的诗，他也用诗写出了自己对文艺批判的意见。

761 年冬天，高适曾代理成都尹，这年的 12 月，政府派严武为成都尹，兼剑南两川节度使。这两个人，都是杜甫的旧友，他们的到来，使得杜甫的草堂增加了不少热闹。但 762 年 4 月，玄宗和肃宗先后死去，代宗（李豫即李俶）即位，7 月召严武入朝，杜甫在绵州附近的秦济驿送别了严武，并说："此生那老蜀，不死会归秦！"但哪知严武一走，成都少尹兼御史徐知道便在成都叛变，成都的人民便陷于兵乱和灾难中，杜甫一家此时也陷在成都，杜甫在绵州无法回去，只好流亡到东川梓州（四川三台）去。就在这年的冬天，杜甫的好友，伟大的浪漫主义诗人李白，在安徽当涂病逝了。763 年正月整整延续了七年零三个月的"安史之乱"勉强平定，两河收复。杜甫在梓州听到这个消息，惊喜若狂，脱口唱出了一首惊心动魄的名诗：

闻官军收河南河北

剑外忽传收蓟北，初闻涕泪满衣裳。却看妻子愁何在，漫卷诗书喜欲狂。白日放歌须纵酒，青春作伴好还乡。即从巴峡穿巫峡，便下襄阳向洛阳。

杜甫以为天下从此太平，他可以实现它回乡的愿望了。哪知道安史之乱平定后，回纥和吐蕃的势力却迅速膨胀起来，763 年 10 月，长安又被吐蕃攻陷。12 月，四川的边境，又遭到吐蕃的进攻，松、维、保三州和成都被吐蕃攻陷，松州被困。我们再看看江淮一带，这时也陷在战乱中，760 年 11 月，宋州刺史刘展叛变，南下江淮，攻陷许多城市，等到政府命田神功去讨伐时，又是一番屠杀和抢掠，扬州被洗劫一空。而浙东的台州，762 年 8 月，也发生了由袁晁领导的农民起义，到次年四月，才被李光弼击败。我们纵目一看，这时的国内，仍处在混乱的兵戈声中，杜甫对于这些惨痛的变乱都十分关心，并且用诗记录了下来："盗贼本王臣！"（《有感五首之三》）便是他这时期的深刻认识。762 年暮秋，杜甫把陷在成都草堂的全家人，都接到了梓州，此后他便往来于梓州和阆州之间，他曾去射洪县凭吊过陈子昂的故居。763 年 8 月，他的同乡知己房琯病死在阆州僧舍里，杜甫曾从梓州赶到阆州，来吊奠他这位生前的知己。这时杜甫在四川的故旧，已经零落分散了，他无依无靠，764年初春，他准备携家回洛阳或者江南，但正在这时，他的好友严武又奉命重来成都，于是他便立即改变原来的归计，再回成都草堂。严武保荐杜甫为"节度使参谋，检校工部员外郎，赐绯"。杜甫迫于情谊，只好

"白头趋幕府"、"束缚酬知己"地奉陪，但不到半年（765 年正月）他终于辞了职。在这以前，诗人王维、李白以及房琯都已经死了，郑虔则于 764 年死于台州，苏源明饿死在长安。765 年正月，高适也在长安死去，而这年的 4 月里，严武也忽然在成都死去，于是杜甫便不得不离开成都了。杜甫在 5 月里乘舟东下，于 766 年 4 月飘泊到夔州（四川奉节），在这里他住了将近两年。这时，他已经是满身疾病、行步艰难的老人了。在这里他的生活主要是靠农业劳动，另外他在这时最紧张的劳动便是写诗，他描写了三峡的形胜，夔府人民的生活，他还回忆过去的历史和经历，悼念了死去的朋友。他在这两年内写了四百三十余篇诗，占他全集的七分之二。他这时创作的特色是讲究雕琢字句，推敲音律，也颇注意辞藻，他的著名的《秋兴八首》、《咏怀古迹五首》便是这时写成的，这些诗音调十分铿锵，辞藻也比较华丽，给予后来的影响很大，但这些诗并不是没有内容的形式主义的东西，相反，在这些诗里，诗人还是诉说着人民的痛苦和国家的灾难，自己的愿望的。

768 年正月杜甫离开夔州，继续他回家的行程，2 月杜甫到达湖北的江陵，不料又遇到变乱，他只得漂流到江陵以南的公安，而接着公安也发生了变乱，他又飘流到岳州（岳阳），他的晚年的杰作《岁晏行》，便是在这时写成的。这时，他的生活更困难了，他过着"饥藉家家米，愁征处处杯"的求乞生活，他在陆地上连一块住的地方都没有，只能将衰老的病躯终年与一叶破船相周旋。他随后又从岳州到衡州（衡阳）去投奔衡州刺史韦之晋，不料韦之晋却改任潭州，而且刚到潭州，韦之晋便死去了。这样，这位毕生关心人民疾苦的伟大诗人，已到了"亲友无一字，老病有孤舟"的无人关怀、走投无路的地步了。他在 769 年夏末到潭州，饥饿困居在他的小船里。这时，开元盛世时的绝代歌人李龟年，也流落到了潭州。770 年的落花时节，这两位早年曾经相识的绝代的艺术家和诗人，在饱经了兵戈乱离以后又在江南重逢了。李龟年的歌

声,曾使苦难中的江南人民感动得落泪,杜甫写出了一首包含着多少感慨苍凉的感情的七律赠送给他:

江南逢李龟年

岐王宅里寻常见,崔九堂前几度闻。正是江南好风景,落花时节又逢君。

770年4月,潭州又发生兵乱,杜甫不得不再带着妻子乘船逃难,再度飘泊到衡州,在途中,他写了一首《逃难》诗:

五十头白翁,南北逃世难。疏布缠枯骨,奔走苦不暖。已衰病方入,四海一涂炭。乾坤万里内,莫见容身畔。妻孥复随我,回首共悲叹。故国莽丘墟,邻里各分散。归路从此迷,涕尽湘江岸。

四海虽大,现在已经没有他容身之地,他已到了涕尽路迷的绝望阶段,他的诗歌也已经唱到悄然曲终的时候了。但是他仍然关切着人民的灾难生活,他将十几年来人民遭到乱离死亡的痛苦,总结成一句诗"丧乱死多门"(《白马》)。他把统治者对人民的残酷剥削,也总结成这样两句诗"刻剥及锥刀","索钱多门户"(《遣遇》)。他在衡州,计划南下郴州,但为洪水所阻,他因此想北上汉阳,沿汉水回长安去。但他终究没有能走出湘江,他的小船从秋到冬一直漂浮在湘江上,这年冬天,他的疾病转剧,他倒卧在船中,写出了一首三十六韵的长诗《风疾舟中伏枕书怀》,这是他最后一篇作品。在这首诗里,他仍旧记念着危难中的国家和人民,他说:"战血流依旧,军声动至今。"这首诗写成后不久,他就在湘江上游的舟中死去了。这是 770 年（代宗大历五年）冬天，他五十九岁。死后，他的灵柩厝在岳州。四十三年后，813 年（元和八年），他的孙子杜嗣业才把他的遗体从岳州迁到偃师，移葬在首阳山下杜预墓的附近，杜审言墓的旁边，诗人元稹为他写了一篇墓铭。

这样伟大的诗人，却得到这样悲惨的结局，这就是这个黑暗时代给予诗人的遭遇！

第二节　杜甫的思想

杜甫大半生的时间，都是在艰难困苦和流离漂泊中度过的，他的思想的进步和发展，与他的这种紧紧地联系着人民的痛苦生活的实际生活，有着最密切的联系，所以当我们在考察他的思想时，首先应该注意到这一点。但是杜甫出身于有悠久传统的官僚家庭里，从小就受着儒家思想的教养，他在《进雕赋表》里就说过"奉儒守官，未坠素业矣"，所以作为他思想基础的是儒家思想，杜甫自己也明确地以儒家自居的。他早年在长安生活时，曾说道："有儒愁饿死，早晚报平津。"（《奉赠鲜于京兆》）"纨袴不饿死，儒冠多误身。"（《奉赠韦左丞丈》）到他晚年漂泊西南的时期，也一再说："江汉思归客，乾坤一腐儒。"（《江汉》）"社稷缠妖气，干戈送老儒。"（《舟出江陵南浦，奉寄郑少尹》）终他的一生，他是以儒家自居的。但是杜甫却没有被儒家思想的落后的一面所限制，相反地，他却积极地实践和发扬了儒家思想的积极的一面，这就是他积极入世和忧国忧民的精神，而到晚年，由于实际生活的锻炼，由于与广大的生活在痛苦中的人民的接近，人民的生活和感情教育了他，使他逐步改变了自己的阶级感情，更多的站到人民的立场上来观察现实，因而也使得他关怀和热爱人民的精神更为博大和深宏，因而也使得他在实际上突破了儒家思想的局限。

杜甫思想的最突出的一方面，是他热爱祖国和关怀人民的思想，他到长安谋官职，一方面是由他家庭"奉儒守官"的传统影响，但重要的是他做官的目的，是为了要"致君尧舜上，再使风俗淳"（《奉赠韦左丞丈二十二韵》）。而他要"致君尧舜上"的目的又是为了要"再使风俗淳"，也就是为了社会和人民，所以他在《奉先咏怀》诗说："许身一何愚。窃比稷与契。居然成濩落，白首甘契阔。盖棺事则已，此志常觊豁。穷年忧黎元，叹息肠内热。"这里说明他许身于国（或者说是忠君），以稷契来勉励自己，是为了"忧黎元"，也即是关怀人民的生活，所以杜甫的忠君，是有深刻的爱祖国、爱人民的内容的。他固然不可能摆脱在那个时代不可能没有的君臣关系的封建道德的思想约束，但由于他的崇高的人生目标，他不是为个人的荣禄而奔走为官，所以他才能把忠君与爱祖国、爱人民统一起来，而且后者成为他的主要思想。他的爱祖国的精神是强烈的、经得起考验的。"安史之乱"和他的被俘，是一次最严格的考验，多少人在这个残酷的考验中，显示了自己的软弱、自私和对祖国的不忠诚。但是诗人杜甫却表现了他伟大的忠于祖国、热爱祖国的气节。他在被俘羁留长安的时期，过着"感时花溅泪，恨别鸟惊心"（《春望》），"少陵野老吞声哭，春日潜行曲江曲"（《哀江头》）的煎熬痛苦的生活，终于他冒着万死的危险，从敌人的铁骑的包围中逃了出来，奔走到了当时勉强能代表人民抗敌的政府所在地凤翔。他的这个举动是十分冒险的，他后来有诗写道"生还今日事，间道暂时人"，"死去凭谁报，归来始自怜"，"所亲惊老瘦，辛苦贼中来"（《喜达行在所三首》），也没有比这个事实，足以说明他强烈的崇高的爱祖国的精神了。而这种精神，一直贯彻到他生命结束的时候，也没有稍稍懈怠过。他在临终的时候，还念念不忘"战血流依旧，军声动至今"的祖国和人民。

他的热爱人民的精神，与他热爱祖国的精神是不可分割的统一体，就是说在他爱祖国的思想和行动中，就有着爱人民的思想感情在内。杜甫的爱人民的思想感情是伟大和动人的，而且不止地在向前发展和深化。当他自己的儿子饿死时，他当然是伤痛的，但他却能转而联想到那些更不如自己的"失业徒"和"远戍卒"，为他们"忧端齐终南，澒洞不可掇"，这就是他的伟大，但他的伟大并不仅止于此，这还只是伟大的发端。他的最伟大的地方是在他此后的一生中，为人民写了无数动人的诗篇，诉说了人民的痛苦，反映了人民的生活，提出了人民的要求，对统治者提出了严厉的责备，有些甚至是无情的揭露。他对人民的态度是如此的真挚恳切，他的《茅屋为秋风所破歌》是表现他热爱人民的思想和感情的最优秀的作品：

> 安得广厦千万间，大庇天下寒士俱欢颜，风雨不动安如山。呜呼，何时眼前突兀见此屋，吾庐独破受冻死亦足。

这首诗里杜甫的思想，已经不是仅仅同情人民了，他已经明确地表示愿意为人民而牺牲自己，这种精神是伟大的可贵的，特别是在那个年代里，诗人的这种精神，就格外地显得高出于那个时代的思想不知多少。但诗人的这种伟大的人格和崇高思想，在他 759 年 10 月从秦州到同谷时写的《凤凰台》一诗里，就已经孕育着了，两年以后写的《茅屋为秋风所破歌》，是它的发展和升华。明末理学家陈白沙说"拾遗苦被苍生累，赢得乾坤不尽愁"这句话，是说出了杜甫爱人民的伟大精神的。

其次，人道主义思想，在杜甫的诗中也是突出和深厚的，他的诗里浸透着那种对人们的深厚的感情和平等的精神，甚至于他对犬、马等动物和一些生机活跃的草虫，也是爱护备至的，但是他并不是一个庸俗的人道主义者，他的善恶观念是分明的，他对危害人民的一切，都是憎恨的，他声明自己"嫉恶怀刚肠"（《壮游》），"嫉恶信如仇"（《除草》）。

他对那些危害人民的贪官污吏也痛恨万分，骂他们是"蟊贼"，他说："必若救疮痍，先应去蟊贼。"(《送韦讽上阆州录事参军》)

杜甫对于统治阶级贪得无厌的"开疆拓土"的侵略外族的战争，也是极力反对的，他的前后出塞诗和《兵车行》等，充分地表达了他的这种思想。但他对于因外来民族的入侵而保卫祖国的战争，是坚决地支持的。

杜甫也热爱劳动，而且长期地从事过劳动，所以儒家的那种轻视劳动，看不起劳动人民的思想，① 他是没有的。他认识到"谷者命之本"(《张望督促东渚耗稻》)，所以一再呼吁"焉得铸甲作农器，一寸荒田牛得耕"(《蚕谷行》)。对于能够注意因命士卒春耕以减少人民负担的将军王缙，则赞扬他说："稍喜临边王相国，肯销金甲事春农。"(《诸将五首》)而对于劳动人民，他更是接近，并且建立了深厚的友情。他的《遭田父泥饮美严中丞》一诗，是最好的证明。

杜甫的这种爱祖国爱人民的伟大精神和人道主义思想，以及长期流浪的和艰苦的接近劳动人民的生活，是他的无数不朽的现实主义诗篇产生的源泉。

第三节　杜甫诗歌的人民性

伟大的现实主义诗人杜甫所生活的时代，是唐代由繁荣到没落，由强盛到衰弱，由统一到分裂，人民的生活由安居乐业到饥饿寒冷，流离失所的一个社会急剧转变的时代，这个时代转变前后的两种截然不同的

---

① 儒家是轻视劳动的，孔子曾经因樊迟学稼而斥他为"小人"，孟子则说"劳心者治人，劳力者治于人"。

社会生活面貌，他是亲见亲历的。在他三十岁以前，唐代还在比较繁荣安定的时期，社会矛盾正在日趋尖锐但还未爆发战乱，所以杜甫是在一个承平日久繁荣健康的时代里成长的，这种健康、坚强对自己的民族有信心的时代精神，给予杜甫以深刻的影响。所以在他后半生面对着惨不忍睹的乱离现状时，会更加感到痛心，对处在风雨飘摇中的垂危的祖国，更加感到自己"无力正乾坤"的焦虑和关切，然而他却始终相信祖国是能复兴的。他这种强烈地热爱祖国人民的感情，使得他的诗富有强烈的政治性和社会内容，这一特色，是很少有人能及得上他的。

　　他的诗歌的人民性的特征之一，是他真实和广阔地反映了这个时代的社会面貌，人民的生活和痛苦，政治的黑暗和腐败，我们甚至还可以从他的全部作品中，看到唐代如何从一个繁荣富强统一的堂堂大国，逐渐衰败凋零为一个衰弱分裂的国家的过程。前人都把杜甫的诗看作是"诗史"，就是这个原因，但杜甫写的"诗史"，并不是官家修的"正史"那一类的史书，杜甫的"诗史"，是真实地记录了人民的痛苦、哀怨、愤怒和反抗（"盗贼本王臣"），以及希望和要求，特别是他还无情地揭露了统治阶级残酷地剥削聚敛和荒淫无耻的罪恶。所以他的"诗史"，是站在那个时代的人民的立场写的，是那个时代的忠实的记录。例如他的《丽人行》、《自京赴奉先县咏怀五百字》等诗，反映了"安史之乱"以前统治阶级荒淫堕落奢侈靡费的生活；《兵车行》，前、后《出塞》反映了统治者为了满足自己的欲望而不顾人民死活地进行扩张战争的罪恶，描述了当时咸阳桥上送行者和被征入伍者牵衣顿足、哭声震天的惨状。这都是"安史之乱"以前的事实，也是这个社会所以会崩溃的重要原因之一。再如"安史之乱"以后他的一系列的杰作，如《悲陈陶》、《悲青坂》、《塞芦子》、《春望》、《哀江头》、《羌村》、《北征》，以及"三吏"、"三别"等，则深刻而真实地反映了"安史之乱"以后的社会面貌，表达了作者热爱祖国，同情人民的崇高感情，特别是

他的"三吏"、"三别",真是写尽了战乱中人民的无尽灾难,如一幅乱世图卷,尤其是他的《无家别》:

> 寂寞天宝后,园庐但蒿藜。我里百余家,世乱各东西。存者无消息,死者为尘泥。贱子因阵败,归来寻旧蹊。久行见空巷,日瘦气惨凄。但对狐与狸,竖毛怒我啼。四邻何所有?一二老寡妻。宿鸟恋本枝,安辞且穷栖。方春独荷锄,日暮还灌畦。县吏知我至,召令习鼓鞞。虽从本州役,内顾无所携。近行止一身,远去终转迷。家乡既荡尽,远近理亦齐。永痛长病母,五年委沟溪。生我不得力,终身两酸嘶。人生无家别,何以为蒸黎!

这首诗,真正是诗人同情人民的无声之泣。"人生无家别,何以为蒸黎!"这是悲至极、痛至极之语,是杜甫为人民的泣血之声。他在秦州时期写的《同谷七歌》,则是一首哀声动天地的长歌组诗,真正是"长歌当哭"。同谷就是现在甘肃的成县,当地还留有杜甫不少遗迹。

乾元中寓居同谷县作歌七首

其 一

有客有客字子美,白头乱发垂过耳。
岁拾橡栗随狙公,天寒日暮山谷里。
中原无书归不得,手脚冻皴皮肉死。
呜呼一歌兮歌已哀,悲风为我从天来。

第四章 杜 甫

其 二

长镵长镵白木柄，我生托子以为命。
黄精无苗山雪盛，短衣数挽不掩胫。
此时与子空归来，男呻女吟四壁静。
呜呼二歌兮歌始放，邻里为我色惆怅。

其 三

有弟有弟在远方，三人各瘦何人强。
生别展转不相见，胡尘暗天道路长。
东飞鴐鹅后鹙鸧，安得送我置汝旁。
呜呼三歌兮歌三发，汝归何处收兄骨。

其 四

有妹有妹在钟离，良人早殁诸孤痴。
长淮浪高蛟龙怒，十年不见来何时。
扁舟欲往箭满眼，杳杳南国多旌旗。
呜呼四歌兮歌四奏，林猿为我啼清昼。

其 五

四山多风溪水急，寒雨飒飒枯树湿。
黄蒿古城云不开，白狐跳梁黄狐立。
我生何为在穷谷，中夜起坐万感集。
呜呼五歌兮歌正长，魂招不来归故乡。

其　六

南有龙兮在山湫，古木巃嵸枝相樛。

木叶黄落龙正蛰，蝮蛇东来水上游。

我行怪此安敢出，拔剑欲斩且复休。

呜呼六歌兮歌思迟，溪壑为我回春姿。

其　七

男儿生不成名身已老，三年饥走荒山道。

长安卿相多少年，富贵应须致身早。

山中儒生旧相识，但话宿昔伤怀抱。

呜呼七歌兮悄终曲，仰视皇天白日速。

前面提到的"三吏"、"三别"等等的诗，都是杜甫为人民的恸哭、呼号，而《同谷七歌》则是杜甫哀叹自身的颠沛流离、饥寒穷困到无食无衣的程度，但即使杜甫已经到了穷困潦倒、无以为生的地步，也没有忘记国家和人民的灾难，"蝮蛇东来水上游"，指叛乱者还在猖獗，"溪壑为我回春姿"，是期望叛乱平息、大地回春，人民能过安定的生活。《同谷七歌》是杜甫全部诗中的变体，其哀伤自身和忧国忧民之情，而至于仰天悲号，其感人之深，实只有屈原可以相比。

杜甫在秦州时期和西南时期的诗，真实地反映了当地人民的生活情况，山川形势，他对新兴的吐蕃的势力的担忧，他对蜀中以及江南局势动荡混乱的焦虑，也反映了这个时代的另一方面的现实。从他的诗里，我们可以知道诗人对于当时的国家局势和社会各方面的情况，特别是人民的生活和要求，是无微不至地关怀着的，因而在他的诗里，都得到了反映。广阔和真实地反映这个时代的社会面貌和人民的灾难生活和要求，是他的诗歌的人民性特征的一个重要方面。

他的诗歌的人民性的特征的另一方面，是尖锐和深刻地反映了这个时代的社会矛盾。在他的诗里，这种矛盾是反映得十分鲜明的，例如他在描写统治阶级的生活时说：

> 绣罗衣裳照暮春。蹙金孔雀银麒麟。头上何所有，翠微匐叶垂鬓唇。背后何所见，珠压腰衱稳称身。（《丽人行》）
> 中堂舞神仙，烟雾蒙玉质。暖客貂鼠裘，悲管逐清瑟。（《自京赴奉先县咏怀五百字》）

这是他们穿的。

> 紫驼之峰出翠釜，水精之盘行素鳞。犀箸厌饫久未下，鸾刀缕切空纷纶。黄门飞鞚不动尘，御厨络绎送八珍。（《丽人行》）

> 劝客驼蹄羹，霜橙压香橘。（《自京赴奉先县咏怀五百字》）

这是他们吃的。这两首诗，前一首是写于753年，后一首是写于755年，全是当时的真实情况。但是就在他们这样荒淫奢侈，大量挥霍的时候，人民却过着饥寒交迫的生活。根据历史记载，754年，关中曾发生大饥荒，人民在饥饿中死亡，甚至连杜甫的儿子，也就在玄宗和他们贵妇宠臣们穿着貂鼠裘，吃着驼蹄羹的时候，在奉先家中饿死了。"安史之乱"以后，人民的生活，更加陷入了黑暗的深渊：

有孙母未去，出入无完裙。(《石壕吏》)

乱世诛求急，黎民糠籺窄。(《驱竖子摘苍耳》)

况闻处处鬻男女，割慈忍爱还租庸。(《岁晏行》)

妇女们连衣裙都穿不全，老百姓只能吃糠籺，还要割慈忍爱去卖男鬻女来应付官家的剥削，这是多么尖锐的社会矛盾和悲惨的现实。伟大的诗人杜甫，对于人民的生活所以困苦到难以自存的地步的原因，他是看得很清楚的：

彤庭所分帛，本自寒女出。鞭挞其夫家，聚敛贡城阙。(《自京赴奉先县咏怀五百字》)

时危赋敛数，脱粟为尔挥。相携行豆田，秋花霭菲菲。子实不得吃，货市送王畿。尽添军旅用，迫此公家威。(《甘林》)

已诉征求贫到骨。(《又呈吴郎》)

在这些诗里，他毫不含糊地指出了人民因穷苦饥饿而死是因为统治者的残酷剥削。所以在他的诗里，常常把两种尖锐对立的情况，紧接着写在上下两句诗里。例如：

朱门酒肉臭，路有冻死骨。(《自京赴奉先县咏怀五百字》)

富家厨肉臭，战地骸骨白。(《驱竖子摘苍耳》)

高马达官厌酒肉，此辈杼轴茅茨空。(《岁晏行》)

在这里，很明显地下句是上句的结果，上句是下句的原因。这样就很明显地揭露了封建社会里人民所以穷困甚至于到饿死地悲惨现实的社会原因。因此这些诗句，也就具有强烈的战斗性，也就历来为人民所传诵，成为不朽的名句。诗人根据他这一深刻地认识，又指出了封建社会里另一种现象的实质："盗贼本王臣！"（《有感》）这样的断言，是十分大胆的，他为被迫铤而走险的善良人民洗刷了统治阶级所污蔑的"盗贼"的恶名。不仅如此，他还说出了这样的话："必若救疮痍，先应去蟊贼。"（《送韦讽上阆州录事参军》）"衣冠兼盗贼！"（《麂》）这里他却把盗贼或蟊贼两字，转送给了那班患害人民的贪官污吏一类的人物。由于作者这种深刻认识和无情揭露，因而使得他的诗歌具有深刻的人民性。

真挚地关怀同情人民，与人民建立深厚的友情，也是他诗里的人民性的特质之一，充分表现在《石壕吏》、《新安吏》等诗中。

新　安　吏

> 客行新安道，喧呼闻点兵。借问新安吏，县小更无丁。府帖昨夜下，次选中男行。中男绝短小，何以守王城。肥男有母送，瘦男独伶俜。白水暮东流，青山犹哭声。莫自使眼枯，收汝泪纵横。眼枯即见骨，天地终无情。我军取相州，日夕望其平。岂意贼难料，归军星散营。就粮近故垒，练卒依旧京。掘壕不到水，牧马役亦轻。况乃王师顺，抚养甚分明。送行勿泣血，仆射如父兄。

诗人对于被征出去的中男，特别是对伶俜孤独的瘦男，表示了多么深厚的关切与同情！他对于石壕村的老夫妇的同情，简直到了无语可说的程度，只有用自己惨痛的笔把他们痛苦的遭遇记录下来而已。这种对人民的关切与爱护，在前面引过的《茅屋为秋风所破歌》里，表现得更为突出。杜甫在此诗结尾说："安得广厦千万间，大庇天下寒士俱欢颜，风雨不动安如山。呜呼，何时眼前突兀见此屋，吾庐独破受冻死亦足！"古今诗人，像杜甫这样的关怀寒士，关心人民的苦难，宁愿自己冻死，也要见到寒士们、人民们的安居生活，这样博大慈爱的胸怀，这样悲天悯人的思想，在文学史上，他是永远独放光芒的！

而在《又呈吴郎》一诗里，则表现了诗人对贫苦农妇关怀爱护的精神，达到了设身处地、无微不至的程度：

> 堂前扑枣任西邻。无食无儿一妇人。不为困穷宁有此，只缘恐惧转须亲。即防远客虽多事，便插疏篱却甚真。已诉征求贫到骨，正思戎马泪盈巾。

诗人对于这个扑枣的妇人，体贴得何等深刻。因为她是无食无儿的一个妇人，孤苦伶仃，理应加倍同情，所以要任她在堂前扑枣，这是一层意思。她的扑枣是为穷困所迫，是逼不得已，所以不是偷盗，这是第二层意思。她的穷困不是由于其他原因，而是由于统治者不断的"征求"，也即是不断地剥削的结果，所以愈显得统治者的残酷，愈应该得到人们的关怀，这是第三层意思。以上都是诗人对吴郎说的对这件事应有的正确的看法。事情既然这样，那么就惟恐这个可怜的妇人不来扑枣，唯恐她得不到邻舍的关怀，所以应该设法解除她的顾虑，消弭她的恐惧，转过来去亲近她。让她好放心的扑枣，这是为她所设想的一层意思。要使她不恐惧而无顾虑，那么枣树周围的篱笆，应该拆掉，免得她见了不敢来扑枣，这是为她设想的第二层意思。末了，诗人又从这个可怜的无食无儿的妇人的痛苦生活，联想到正在战火中的无数苦难的人民。我们从这首诗，可见诗人对人民饱含着多么深厚的同情啊！

诗人对人民如此关切同情，而人民对诗人也是情意殷殷的：

第四章　杜　甫

羌　村

　　　　父老四五人，问我久远行。手中各有携，倾榼浊复清。苦
　　　辞酒味薄，黍地无人耕。兵革既未息，儿童尽东征。请为父老
　　　歌，艰难愧深情。歌罢仰天叹，四座泪纵横。

这里的父老，对这位从万死中脱身出来的邻居，表示着多么真挚深厚的
感情。在《遭田父泥饮美严中丞》这首诗里，诗人与农父们的亲切感
情，写得更为真挚生动：

　　　　步屧随春风，村村自花柳。田翁逼社日，邀我尝春酒。
　　　……今年大作社，拾遗能住否。叫妇开大瓶，盆中为吾取。
　　　……朝来偶然出，自卯将及酉。久客惜人情，如何拒邻叟。

从这首诗里，我们可以看到诗人与农民们建立了多么深厚的友谊，而农
民们也是多么亲切地对待他，他们没有任何距离，他们把诗人看作自己
的知心朋友。值得我们注意的是杜甫既然与农民们建立了这样深厚的友
谊，那么农民们的感情，思想要求，生活上的苦乐，他不会不了解，他
不会不受影响。而且杜甫同人民的这种深切联系，在他写《自京赴奉先
县咏怀五百字》及《羌村》等诗的时候，就已经很清楚地看得出来了。
可见杜甫的一系列著名的具有强烈人民性的诗篇能够写出来，与他深切
地联系人民，了解人民，受到人民的思想感情的影响，是有密切的关系
的。由于此，所以杜甫对那些患害人民的统治阶级，曾一再表示自己的
愤恨和斥责。有时连他一贯地尊重的最高统治者——皇帝，也不免要受
他一些批评，例如他在《兵车行》、《前出塞》、《丽人行》、《自京赴奉

先县咏怀五百字》等诗里，就批评和揭露了玄宗的好大喜功、奢侈荒淫等荒唐行为。他看到代宗也在逐渐开始讲究奢侈享受的时候，他就不客气地批评和警告他说：

　　　　不过行俭德，盗贼本王臣。(《有感》)

　　他对肃宗的老婆张后干预政事，肃宗无可奈何的情形，后来也讽刺道：

　　　　张后不乐上为忙。(《忆昔》)

总之，在杜甫的诗里，人民的感情是充沛的，人民的要求和呼声也是响亮的，人民悲惨的生活情景，也是历历如绘的，而统治阶级荒淫无耻的行为和他的爪牙们压迫剥削人民的凶残行为，也是暴露无遗的。他的热爱祖国，热爱人民的思想感情和崇高精神，始终如一地贯串在他的全部作品中，因此就使得他的作品具有强烈的政治性和丰富的人民性。

第四节　杜甫诗歌的艺术性

　　杜甫曾写过一千几百首包括各种不同形式的诗篇，他一生的创作，是十分勤奋的。他用诗来描写社会现实，刻画人物，投赠朋友，抒写自己的感情，发表议论，也用诗来代替奏章，写人物的传记，回忆自己的历史，描写祖国壮丽的山川形胜和飞禽动物，甚至还用诗来发表对文艺批评方面的意见。总之，杜甫是以诗作为他发表意见和抒写感情的惟一熟练的形式的，但是杜甫不仅是大量创作诗歌用诗歌来反映人民的疾苦，传达人民呼声的人，而且还是十分重视诗歌的艺术性的人。他曾不断地与朋友讨论创作，他对李白说："何时一樽酒，重与细论文。"对高适、岑参说："会待妖氛静，论文暂裹粮。"对崔漪说："荆州过薛孟，为报欲论诗。"他飘泊在西南的时期，曾说："晚节渐于诗律细。"又曾说："新诗改罢自长吟。"甚至说："语不惊人死不休。"可见他对诗的艺术性是十分重视的，而且要求很高的，他要求一首诗在艺术上要完整到"毫发无遗憾"的地步，他这种对诗歌艺术的十分重视和精雕细琢的艺术加工，使得他的诗歌具有高度的艺术性和强烈的感染力，因而也使得他的诗歌的内容得到了完满的体现，使得他的诗歌在内容和形式上达到和谐统一。

他的诗歌的艺术性的特色之一，是高度的现实性和政治性，是在描写社会现实时高度的具体性。诗人在描写社会现实，抨击社会的黑暗现象时，他极少采用发议论的方式，他的创作实践证明诗人十分明确具体的活生生的客观事实，是具有莫大的说服力和感染力的，所以在他不少著名的诗篇里，常常用最精练的诗句，描写着最动人的具体事实和生活场面，有时甚至是最典型的场面。例如描写统治阶级为了满足自己的贪欲而实行开边政策，因而残酷地捕捉壮丁押赴战场的惨剧时，诗人写道：

　　车辚辚，马萧萧，行人弓箭各在腰。耶娘妻子走相送，尘埃不见咸阳桥。牵衣顿足拦道哭，哭声直上干云霄。（《兵车行》）

诗人在抨击统治阶级的腐化荒淫的生活时，这样写道：

　　三月三日天气新，长安水边多丽人。态浓意远淑且真，肌理细腻骨肉匀。绣罗衣裳照暮春，蹙金孔雀银麒麟。头上何所有，翠微㔹叶垂鬓唇。背后何所见，珠压腰衱稳称身。就中云幕椒房亲，赐名大国虢与秦。紫驼之峰出翠釜，水精之盘行素鳞。犀箸厌饫久未下，鸾刀缕切空纷纶。(《丽人行》)

显然在这样两种根本对立的现实生活的对照下，用不着再发什么议论，再加什么说明，社会的黑暗，人民生活的悲惨痛苦，与统治者的荒淫无耻，不惜人民的罪恶，便十分突出地展示在人民的面前了。再如：

况我堕胡尘，及归尽华发。经年至茅屋，妻子衣百结。恸哭松声回，悲泉共幽咽。平生所娇儿，颜色白胜雪。见耶背面啼，垢腻脚不袜。床前两小女，补缀才过膝。海图坼波涛，旧绣移曲折。天吴及紫凤，颠倒在短褐。老夫情怀恶，呕泄卧数日。那无囊中帛，救汝寒凛栗。粉黛亦解包，衾裯稍罗列。瘦妻面复光，痴女头自栉。学母无不为，晓妆随手抹。移时施朱铅，狼藉画眉阔。生还对童稚，似欲忘饥渴。问事竞挽须，谁能即嗔喝？翻思在贼愁，甘受杂乱聒。新归且慰意，生理焉得说？(《北征》)

这一段描写诗人从战火和死亡中逃出来，回到家里的情景，多么生动具体和真实。特别是诗中不少细节描写，使得这些天真活泼、淘气无知的儿女的形象，栩栩如生。而诗人深刻地描写现实的艺术技巧，也达到了惊人的程度，诗人著名的"三吏"、"三别"、《羌村》、《彭衙行》等诗篇，无不显示着这种让活生生的事实本身出来说话的特色，而这种真实具体地描写现实，让现实生活本身显示它的说服力的特色，也就使他的诗歌的人民性，更加显得深沉和强烈。

第四章　杜　甫

杜甫诗歌的艺术性的第二个特色，是他描写人物的生动性，他往往能在极短的几句诗里，把人物写得十分生动、十分有神气，这方面最好的例子是举《遭田父泥饮美严中丞》这首诗：

> 步屧随春风，村村自花柳。田翁逼社日，邀我尝春酒。酒酣夸新尹，畜眼未见有。回头指大男，渠是弓弩手。名在飞骑籍，长番岁时久。前日放营农，辛苦救衰朽。差科死则已，誓不举家走。今年大作社，拾遗能住否。叫妇开大瓶，盆中为吾取。感此气扬扬，须知风化首。语多虽杂乱，说尹终在口。朝来偶然出，自卯将及酉。久客惜人情，如何拒邻叟。高声索果栗，欲起时被肘。指挥过无礼，未觉村野丑。月出遮我留，仍嗔问升斗。

在这短短的三十二句诗里，把这个田父的形象，特别是他的言笑举动，也即是他的性格，描写得多么生动。这种生动的形象描写，前面所举的《北征》的一段对小孩的描写，也是极好的例子。而在他的《饮中八仙歌》、《彭衙行》和"三吏"、"三别"等诗中，这种形象描写，也很显著。而尤其是在《饮中八仙歌》中，作者往往简练到只用一两句诗，即能把一个人的形象概括、突出地描写出来，给人以极鲜明深刻的印象。

在这里值得注意的是作者在描写人物时所惯常使用而且也取得极好的效果的一种方法，即是在诗中用对话来描写人物的方法。例如前面举的《遭田父泥饮美严中丞》一诗便是很好的例子。这种对话写得尤其如闻其声的，要算是《石壕吏》这首诗了：

> 暮投石壕村，有吏夜捉人。老翁逾墙走，老妇出门看。吏

呼一何怒，妇啼一何苦。听妇前致词：三男邺城戍。一男附书至，二男新战死。存者且偷生，死者长已矣！室中更无人，惟有乳下孙。有孙母未去，出入无完裙。老妪力虽衰，请从吏夜归。急应河阳役，犹得备晨炊。夜久语声绝，如闻泣幽咽。天明登前途，独与老翁别。

这首诗里，官吏的横暴的呼斥声，老妇人幽咽的泣诉声，一句句刺心的说话，对照得多么分明，读者听得也多么清楚！再如前面举例的《兵车行》这首诗，也是用对话的方式，来深刻地描写人物内心的痛苦和要求，表达诗的主要思想的。但在他的《新婚别》、《垂老别》、《无家别》等诗里，则又是用独白的方式来描写人物的思想感情的。这是因为用这种方式，能更好地也是更沉痛深刻地传达出人物内心的惨痛来，所以前者（《石壕吏》）富有戏剧性而后者（《新婚别》等）则更具有强烈的抒情性。除了上面所说的这种情况外，作者在描写人物时，有时也用概括的外形描写的方法的，这在《饮中八仙歌》中，尤为显著：

知章骑马似乘船。眼花落井水底眠。汝阳三斗始朝天，道逢麹车口流涎，恨不移封向酒泉。左相日兴费万钱，饮如长鲸吸百川，衔杯乐圣称避贤。宗之潇洒美少年，举觞白眼望青天，皎如玉树临风前。苏晋长斋绣佛前，醉中往往爱逃禅。李白一斗诗百篇，长安市上酒家眠，天子呼来不上船，自称臣是酒中仙。张旭三杯草圣传，脱帽露顶王公前，挥毫落纸如云烟。焦遂五斗方卓然，高谈雄辩惊四筵。

在这首诗里，作者写了八个人，每个人的描写少则两句，一般的都是三句，最多也只是四句，但他们的形象，都比较鲜明突出。而尤其是贺知章、崔宗之、李白等几个人，可以说是写得相当生动和逼真的了，但在这里的描写，便完全不是用对话的方式，而是作者对这些人的性格特征和行为特征进行了概括的描写。

杜甫诗歌的艺术性的第三个特色，便是语言的精练准确和大量提炼运用人民的口头语言，本来语言之对于作家，等于颜色和线条之对于画家一样重要。画家是用颜色和线条来塑造典型形象，并通过形象来表达自己的思想和内心的激情的。如果画家不能准确地运用颜色或线条，或者他能掌握的颜色和线条十分贫乏的话，那么他就不可能塑造出动人的艺术形象出来。同样如果作家的语言十分贫乏，不能准确精练地运用语言的话，他首先就不可能成为作家，当然也就不可能创作出动人的文学作品来。然而语言对于诗人来说，则尤为重要，因为诗歌这一艺术形式本身，它要求而且只允许诗人用最精练的、最有限制的语言来表达自己的思想和描写客观现实，如果不遵守这一点，他的诗歌创作就会失败。诗人杜甫是十分明了这一点的，所以他从各方面来丰富自己的语汇，他向前代诗人和典籍里学习他们的语言和艺术技巧，所以他能说"不薄今人爱古人"，"转益多师是汝师"，"李陵苏武是吾师"，"颇学阴何苦用心"，"读书破万卷，下笔如有神"等，他对于人民口头语言的学习，我们从他的全部作品中，可以证明他是十分努力而且取得巨大成绩的，这一点，比他晚生六十七年的诗人元稹（杜甫生于 712 年，死于 770 年，元稹生于 779 年，两人出生年代相隔六十七年，元稹生年距离杜甫死年八年）早就正确地指出来了，他在《酬孝甫见赠》十首之二中说："杜甫天材颇绝伦，每寻诗卷似情亲。怜渠直道当时语，不著心源傍古人。"所谓"直道当时语"就是说他直接用当时人民口头的语言入诗。现在我们可以举一些例子来说明杜诗语言的精练准确和口语化，我们先说他的语言的精练和准确，关于这一点，欧阳修的《六一诗话》里有一则饶有兴味的故事，现抄录如下：

> 陈公时偶得杜集旧本，文多脱误，至《送蔡都尉》诗云："身轻一鸟"，其下脱一字。陈公因与数客各用一字补之。或云"疾"，或云"落"，或云"起"，或云"下"，莫能定。其后得一善本，乃是"身轻一鸟过"。陈公叹服，以为虽一字，诸君亦不能到也。

为什么这些"诸君"所补的字都没有杜甫的"过"字来的准确呢？为什么能令这位陈公叹服，以为虽一字别人亦不能到呢？因为这首诗是描写蔡希鲁在战场上往来驰骋矫捷如飞的情形，只有用一个"过"字，才能正确地表达出那种来去如飞、矫健勇敢的姿态来。从这个例子，我们可以知道杜甫的用字，达到多么精确的程度！关于这方面，我们还可以举出许多例子来，例如"无边落木萧萧下，不尽长江滚滚来"，这"萧萧"两字，把千山落叶的萧萧瑟瑟的声音，传达得多么生动准确，"滚滚"两字，把长江里波涛滚滚，一泻万里的气势，写得多么奔腾有力，而且"萧萧"和"滚滚"两词，都具有广阔无尽的意思，这就更贴切地符合诸人登高远望、俯仰感慨的情景。再如"星垂平野阔，月涌大江流"，要了解这两句诗的语言的精练，气象的雄浑，首先要了解这首诗是杜甫在 765 年夏天离开成都，乘舟东下，孤舟夜泊长江时写的，所以诗中的景色都是诗人在浩淼空旷的江面上登舟四望时远眺的印象，明白了这一点，我们就可以欣赏"星垂平野阔"的一个"垂"字，把众星满天，而且远在天边的星接近着地平线，在视觉上好像是星垂下去的这一真实情景，逼真地描写出来了，而"月涌大江流"的一个"涌"字，更把众星满天，冰轮乍涌，月亮开始从江面上升出来这一美丽壮阔的景色，写得如描如绘。而上下两句合起来则是众星四垂，皓月东升，一下一上，在字面上又恰恰形成一种对称，而且还具有一种动的感觉，这就使这两句诗所概括的情景更丰富和生动，此外如"群山万壑赴荆门"，一个"赴"字就写尽了峰峦迤逦的情状。"社稷缠妖氛"一个"缠"字，更深刻地写出了兵戈连年不断，人民苦于战争的心情。诸如此类的例子很多，我们无法把它全部举出来。

由于他用字十分精练准确，因此他的诗句的概括力也特别强。例如：

三年笛里关山月，万国兵前草木风。（《洗兵马》）

两句诗，把整个社会几年来兵戈满眼，动乱不安的历史情况，全部概括进去了。

万里悲秋常作客，百年多病独登台。（《登高》）

把他半生飘零，一身是病的身世之悲，也都写出来了。

至于他运用人民口语的例子，在他的诗中随处都可以找得到。例如：

挽弓当挽强，用箭当用长。射人先射马，擒贼先擒王。（《前出塞》九首之六）

耶娘妻子走相送，尘埃不见咸阳桥。牵衣顿足拦道哭，哭声直上干云霄。（《兵车行》）

他运用人民的口语，尤其值得注意的是他不是现成的引用一些民间语言，而是把人民的语言提炼，融到他整个的诗篇里面去，使他的诗歌语言显得明朗、质朴，接近人民。他的名作"三吏"、"三别"、《羌村》、

《兵车行》等。都具有这个特色。

杜甫诗歌的艺术性的第四个特征，便是诗歌形式的多样性以及内容和形式的一致性。据现存杜甫诗集里的作品来看，可以说他使用过汉魏以后所有古典诗歌的各种形式。例如他写过五古、七古、五律、七律、五言排律、七言排律、五绝和七绝。以上这些形式，除七言排律只写四首，五言绝句只写过三十一首，其次便是五古，共有二百七十多首。再次便是七古和七律，都在一百四五十首左右。从上述情况来看，可见杜甫对于诗歌的各种形式，都有最好的驾驭能力的，不仅如此，杜甫在运用这些形式时，还大大地丰富和提高了这些形式。例如七律在杜甫以前大都是用来写"应制"或"奉和"这一类阿谀性的东西的。但到了杜甫手里，这个形式，都充分发挥了它的功能，它可以被用来感叹时事，批评现实等等，而且七律的格律，到杜甫，才真正达到了完善和精密。所以杜甫自己也说"晚节渐于诗律细。"再如杜甫以前的一些诗人，连同李白在内，当他们用诗歌描写社会现实或政治问题时，他们都是习惯地沿用乐府旧题或《拟古》、《咏怀》、《咏史》等，例如李白的一些政治诗还是用《古风》、《战城南》、《丁都护》等古老的题目写出来的。但杜甫却表现了他的独创性，他的许多社会政治诗，都是即事命篇的。例如《丽人行》、《兵车行》、《悲陈陶》、《悲青坂》、《新安吏》、《潼关吏》、《石壕吏》、《新婚别》、《垂老别》、《无家别》等等，都是根据诗的内容来命题的。这样就使得诗的题目与内容达到了一致，而且使诗的内容容易为人理解，这就在一定程度上，提高了诗的社会作用。所以杜甫以后的诗人如白居易、元稹等，便大都即事命篇了。

杜甫对于一定的内容需要一定的形式，形式需要根据内容的需要来决定。这一点，他在实际的创作中，是充分地注意到的。他许多著名的社会政治诗，都是用五古、七古的形式来写的。因为这种形式，拘束较少，比较自由，篇幅也可长可短，所以适合于叙事。而且这种诗体本身来自民间，与人民比较接近，它的一般的风格也比较质朴，容易为人理解。但当他在抒写自己的感情的时候，便较多地用"律诗"这一形式了。因为这种形式比较短小，适合于抒发个人一时的感受。当然，这一点也不是绝对的，仅仅是相对而言而已。杜甫充分地创造性地运用了许多古典诗歌的形式，因此也给中国古典诗歌的各种形式创造了典范，而且也使他的诗歌，内容和形式，思想性和艺术性达到了高度的统一。

第五节　杜甫诗歌的影响

杜甫是我国文学史上最伟大的诗人，除了屈原、司马迁、李白、白居易等伟大作家足以和他相提并论以外，其他便很少有能够达到他这样成就的了。因此他给予后世文学的影响，是十分巨大、长远和深刻的。陆游的《杨梦锡集句杜诗序》说：

前辈於《左氏传》、《太史公书》、韩文、杜诗，皆熟读暗诵。虽支枕据鞍间，与对卷无异，久之，乃能超然自得。楚人杨梦锡才高而深于诗，尤积勤于杜诗，因以暇戏集杜句。①

在罗大经的《鹤林玉露》里还有一段有趣的记载：

乾道（南宋孝宗年号）间，林谦之为司业，与正字仲举游天竺，小饮论诗，谈到少陵妙处，仲举微醉，忽大呼曰："杜少陵可杀！"有俗子在邻壁闻之，遍告人曰："有一怪事，

---

① 《渭南文集》卷十五。

林司业与正字在天竺谋杀人。"或问："其所谋杀者为谁?"
曰："杜少陵也！不知是何处人。"闻者绝倒。

从这两段材料里，我们可以看到后世的人们对于杜甫的热爱的情形了。

杜甫诗歌对后世的影响，我们可以从思想内容和艺术创作两方面来看。思想内容方面，杜甫继承并发展了诗经以来的现实主义优良传统，创作了许多反映社会现实，揭露社会矛盾和黑暗，同情人民的伟大诗篇。这种现实主义精神，对后来的诗人产生了巨大的影响。首先认识到这一点而又有意识地继承他的，便是白居易。白居易在《与元九书》里极力推崇了杜甫，并提出了"文章合为时而著，诗歌合为事而作"的主张，他的一百多首"讽喻诗"，特别是《秦中吟》十首和《新乐府》五十首，这些辉煌的现实主义诗篇，是显著地受到了杜甫的影响的。与白居易同时以及以后的人，受过杜甫影响的还有很多，例如宋代的大政治家王安石就曾搜辑过杜甫的佚诗，并在题《子美画像》的诗里说："宁令吾庐独破受冻死，不忍四海赤子寒飕飕。伤屯悼屈止一身，嗟时之人我所羞。所以见公像，再拜涕泗流。推公之心古亦少，愿起公死从之游。"可见他对杜甫的崇敬和向往。再如爱国诗人陆游曾一再写诗歌颂杜甫，文天祥则更把杜甫的五言诗集成二百首绝句，用以抒写自己的爱国怀抱，并且说："凡吾意所欲言者，子美先为代言之，日玩之不置，但觉为吾诗，忘其为子美诗也！"[①] 由此亦可见杜甫对民族英雄文天祥的影响之深了。杜甫的这种现实主义精神以及爱祖国、爱人民的思想，对后世的影响是久远而深广的，我们难以一一尽举。

在诗歌的艺术性方面，杜甫也同样起过巨大的影响。他十分重视诗歌的内容和形式的统一，思想性和艺术性的统一。而且创作了很多优秀

---

① 《文山全集》十六。

的诗篇作为后世的典范。他大量的吸收并融民间语言到诗里去，使得他的诗容易为人民接受，这对于六朝以来诗歌语言的典雅绮丽和贫弱呆板，是一次很大革新和解放，对于以后诗歌语言的影响尤大。他的创作态度也是十分严肃的，他曾说"新诗改罢自长吟"，甚至到"语不惊人死不休"的地步，可见他对诗歌创作是多么严肃。这种严肃的创作态度，也给后来诗人以积极的影响。

杜甫在艺术方面的影响也是十分深广而难以尽述的。总之，他继承了我国古典诗歌的优秀传统，集其大成，并在诗歌艺术的各方面加以全面的总结和发展，成为后代诗人的典范。

第五章　中唐诗人

在"安史之乱"前，唐代社会，由于统治者的穷奢极欲和残酷剥削，以及连年不断的征战，生产力已经大受破坏，人民已经日益穷困，社会矛盾已经日益尖锐化，社会面貌也逐渐呈现出衰乱的征兆来了。755年"安史之乱"的爆发，便是这个社会长期潜在的各种矛盾的总爆发，这个历时七年零三个月的大乱，削弱了唐帝国统治者们的统治实力，扯碎了掩盖着广大人民和社会财富的日益贫困和点缀着统治者们的繁华升平的五彩纱幕。在长期的战争中，人民大量死亡，土地荒芜，生产力遭到严重的破坏，社会财富也遭到十分惨重的损失，过去的繁华变成了一片荒凉，过去的雄伟健壮变成了衰疲无力。元结在《春陵行》里说：

> 州小经乱亡，遗人实困疲。大乡无十家，大族命单赢。朝餐是草根，暮食仍木皮。出言气欲绝，意速行步迟。追呼尚不忍，况乃鞭扑之。

这首诗所反映的社会面貌与杜甫《忆昔》诗所反映的社会面貌恰好成为

一个鲜明的对照。造成这种社会满目衰蔽的惨状的，"安史之乱"固然是一个重要原因，但"安史之乱"以后，随之而来的封建统治集团内部的矛盾和斗争，也造成了政治上的动荡不稳定。外来民族不断地侵入，藩镇的割据，特别是各级统治者对人民的残酷剥削，例如代宗大历时，宰相元载因"纳受赃私，贸鬻官秩"而被诛抄家时，光是胡椒就藏有八百石，那么剥削来的其他财物，便可想而知了。经过这样残酷的剥削掠夺，人民的生活必然更加穷困，而社会的经济面貌，也自然日益衰蔽。据历史记载，肃宗至德二年（757年），有户八百一万八千七百一（口数失记），乾元三年（760年）时，户口为一百九十三万三千一百三十四（应作二百七十四），人口总数是一千六百九十九万三百八十六人。从755年11月"安史之乱"开始到760年，前后不过五六年左右，人口便减少十分之七八，可见战争给予人民灾祸的惨重，也可见社会荒凉凋敝的情况了。[①] 反映中唐时代社会现实的诗歌，主要是以白居易为主的一派诗人所写的新乐府诗，但比白居易的时代稍早一点，也还有不少的诗人，他们在艺术上也都有一定的成就，和不同的风格，值得我们注意的是元结、刘长卿、韦应物、李益、孟郊和李贺。而其中元结的诗歌理论和创作实践，是继承了李、杜的创作路线和开白居易等人的新乐府运动的先导。

第一节　元结与《箧中集》

元结，字次山，河南鲁县（今河南商城县东）人。生于公元719年

---

① 参见范文澜《中国通史简编》第289页。

（开元七年），卒于公元 772 年（大历七年）。[①] 他比杜甫小七岁，在杜甫逝世后两年逝世。他生活和活动的时代，大体与杜甫相同，但比杜甫还要略晚几年。这时正是唐玄宗愈来愈沉湎于声色，政治愈趋黑暗腐败的时代，他曾同杜甫一起应天宝六年（747 年）玄宗征选天下有一艺之长的人的考试，结果同样是失望而归。乾元二年（759 年），由苏源明的推荐，才到长安任右金吾兵曹摄监察御史，充山南东道节度参谋。以后又任过道州刺史等职。元结对于当时政治的腐败黑暗，统治者的荒淫无耻和权臣的专横暴虐是十分愤慨的，他对人民的痛苦生活，则表示了极大的同情和关怀。在他早年天宝十载左右写的《系乐府》十二首中，已经表示着他对人民的深切关怀和同情：

贫 妇 词

　　谁知苦贫夫，家有愁怨妻。请君听其词，能不为酸凄。所怜抱中儿，不如山下麑。空念庭前地，化为人吏蹊。出门望山泽，回头心复迷。何时见府主，长跪向之啼。

去 乡 悲

　　踌躇古塞关，悲歌为谁长。日行见孤老，羸弱相提将。闻其呼怨声，闻声问其方。方言无患苦，岂弃父母乡。非不见其心，仁惠诚所望。念之何可说，独立为凄伤。

---

① 元氏生卒年颇多异说，此从孙望著《元次山年谱》，孙说较可靠。

农　臣　怨

农臣何所怨，乃欲干人主。不识天地心，徒然怨风雨。将论草木患，欲说昆虫苦。巡回官阙傍，其意无由吐。一朝哭都市，泪尽归田亩。谣颂若采之，此言当可取。

这些诗，比起他后期的诗来，虽然措辞还比较婉转，但对统治阶级已经不无指责了，尤其是在这些诗里，深切地描写了在天灾人祸之下，人民生活的悲惨和痛苦。表现了诗人对人民深切的关怀和同情。

他的揭露贪官污吏的横征暴敛，暴露社会黑暗，深切地同情人民的最主要的作品是《舂陵行》和《贼退示官吏》等诗。他在《舂陵行》中用饱含同情的笔墨，描写了人民的痛苦：

州小经乱亡，遗人实困疲。大乡无十家，大族命单羸。朝餐是草根，暮食仍木皮。出言气欲绝，意速行步迟。追呼尚不忍，况乃鞭扑之。邮亭传急符，来往迹相追。更无宽大恩，但有迫促期。欲令鬻儿女，言发恐乱随。悉使索其家，而又无生资。听彼道路言，怨伤谁复知！

对于这样饥饿疲惫的人民，统治者非但不设法救济他们，而且还向他们横征暴敛，诗人对于这种暴政，也毫无隐瞒地写了出来：

军国多所需，切责在有司。有司临郡县，刑法竞欲施。供给岂不忧，征敛又可悲。

作者在这首诗里，深刻地反映了人民的痛苦生活和统治者横征暴敛的罪恶。后来大诗人杜甫漂泊到夔州时读到了这首诗，曾感叹地说："今盗贼未息，知民疾苦，得结辈十数公，落落然参错天下，为邦伯。万物吐气，天下少安，可得矣。不意复见比兴体制，微婉顿挫之词。"杜甫并且和了这首诗，并且赞扬说："两章对秋月，一字偕华星。"他的《贼退示官吏》则更深切地表示了他对于人民的同情和对于官吏横征暴敛的反对。他说：

> 今来典斯郡，山夷又纷然。城小贼不屠，人贫伤可怜。是以陷邻境，此州独见全。使臣将王命，岂不如贼焉。今彼征敛者，迫之如火煎。谁能绝人命，以作时世贤。

诗人在这里，把话说得更为明白了，"使臣将王命，岂不如贼焉"。那就是说，王命比"贼"还要凶狠！他在《别何员外》一诗中也说这班横征暴敛的官吏"比盗无甲兵，似偷又不如"，可见他对这批残害人民的官吏痛恨到什么程度了。这些诗充分地表达了诗人对人民的同情和他的人道主义精神，他的这种思想和诗歌的体裁，为后来的白居易所发展。

他在乾元三年（760 年），还把当时的诗人沈千运、赵徵明、孟云卿、张彪、元季川、于逖、王季友等七人的诗共二十四首编为《箧中集》，并且写了一篇序言，说明了他的文章主张。他说：

> 近世作者，更相沿袭，拘限声病，喜尚形似，且以流易为辞，不知丧于雅正。然哉！彼则指咏时物，会谐丝竹，与歌儿舞女，生污惑之声于私室可矣。若令方直之士、大雅君子，听而诵之，则未见其可矣。

这里，他明确地反对那种沿袭摹拟，缺乏创造性而局限于声病的形式主义的东西，同时他也反对那种描写歌儿舞女的污惑之声。他在《刘侍御月夜宴会》诗序里也说：

> 於戏！文章道丧，盖亦久矣！时之作者，烦杂过多，歌儿舞女，且相喜爱，系之风雅，谁道是邪？诸公尝欲变时俗之淫靡，为后生之规范，今夕岂不能道达情性，成一时之美乎？

他的这些主张，显然我们可以看出是继承了陈子昂的文学主张的。但他在这时提出这些主张来，强调文学要有内容，要反映社会现实，这就为以后白居易所倡导的新乐府运动开辟了道路。

第二节　刘长卿、韦应物与李益

刘长卿①，字文房，生于公元 709 年（武则天景龙三年），卒于公元 785 年（德宗贞元元年）左右。河间（今河北河间附近）人。开元二十一年中进士，至德中（756—757 年），为监察御史，后因受人诬奏，被贬为潘州南邑尉，经人为他辩白后，遂除睦州司马，终于随州刺史。他是当时的一位比较著名的诗人，《全唐诗》小传说他"以诗驰声上元、宝应间。权德舆尝谓为五言长城"。在中唐时期，文学史上有"大历十才子"之说，在《新唐书·文艺传·卢纶传》中所开列的以卢纶为首的十才子的名单中，是没有他的名字的，但在管世铭《读雪山房

---

① 刘长卿的传记材料见《全唐诗》第五册（卷147）集前的诗人小传，及《唐诗纪事》卷二十六。他的作品有《刘随州集》十卷，有四部丛刊本，明活字版本，席氏刊本。

唐诗钞》所列"大历十才子"的名单，则以他为首。他长于写五言律诗，善于描写自然景色，例如：

浮 石 濑

秋月照潇湘。月明闻荡桨。石横晚濑急，水落寒沙广。
众岭猿啸重，空江人语响。清晖朝复暮，如待扁舟赏。

碧涧别墅喜皇甫侍御相访

荒村带返照，落叶乱纷纷。古路无行客，寒山独见君。
野桥经雨断，涧水向田分。不为怜同病，何人到白云。

寻南溪常山道人隐居

一路经行处，莓苔见屐痕。白云依静渚，芳草闭闲门。
过雨看松色，随山到水源。溪花与禅意，相对亦忘言。

以上这些诗，都是他描写山水景物的杰作，诗的意境清幽，语言也很秀丽清新，不过比起王维和孟浩然来，他的语言是显得比较雕琢的，他还有几首绝句，也是比较好的：

逢雪宿芙蓉山主人

日暮苍山远，天寒白屋贫。柴门闻犬吠，风雪夜归人。

七里滩送严维

秋江渺渺水空波。越客孤舟欲榜歌。手折衰杨悲老大，故
人零落已无多。

前一首写日暮天寒、风雪夜归的情景十分真切，后一首送别时的感情悲
凉而沉痛。

　　韦应物，生于公元 736 年（开元二十四年），卒于公元 830 年左右
（文宗大和初），① 京兆长安（今陕西西安附近）人，765 年授京兆功曹，
迁洛阳丞，782 年，拜比部员外郎，后出为滁州刺史，最后做苏州刺史。
他同刘长卿一样，也是长于五言诗，不过刘是长于写律诗，他却长于写
五言古诗。例如：

长安遇冯著

客从东方来，衣上灞陵雨。问客何为来，采山因买斧。
冥冥花正开，飏飏燕新乳。昨别今已春，鬓丝生几缕。

---

①　关于韦应物的卒年，闻一多先生认为是 790 年左右，依闻说，则他只活了五十四
岁左右，但根据清代汪立名《唐四家诗》中《韦苏州集》前附"韦苏州传"，则说他在大
和中尚且任太仆少卿兼御史中丞等官，并说"年九十余矣，不知其所终"，则可见他是活
到九十多岁的，现姑从陆侃如、冯沅君先生暂定卒于 830 年左右。

寄全椒山中道士

今朝郡斋冷，忽念山中客。涧底束荆薪，归来煮白石。
欲持一瓢酒，远慰风雨夕。落叶满空山，何处寻行迹。

初发扬子寄元大校书

凄凄去亲爱，泛泛入烟雾。归棹洛阳人，残钟广陵树。
今朝此为别，何处还相遇。世事波上舟，沿洄安得住。

上面所举的几首，都是他的五言诗的代表作，白居易曾说他的诗"五言高雅闲淡，自成一家之体"。① 上面的几首诗，风格也确实是"高雅闲淡"的。他的律诗《寄李儋元锡》，也是一首好诗：

去年花里逢君别，今日花开又一年。世事茫茫难自料，春愁黯黯独成眠。身多疾病思田里，邑有流亡愧俸钱。闻道欲来相问讯，西楼望月几回圆。

他的本传说："永泰中迁洛阳丞，两军骑士倚中贵人势，骄横为民害，应物疾之，痛绳以法，被讼弗为屈，弃官养疾同德精舍。"又说："贞元二年由左司郎中补外，得苏州刺史，在郡延礼其秀民，抚其惸嫠甚恩。"可见他还是比较正直、能够爱护人民的官吏，这首诗里说"邑有流亡愧俸钱"也是一个有良心的诗人的自我责备，他的绝句《滁州西涧》：

---

① 见宋葛立方《韵语阳秋》。

独怜幽草涧边生。上有黄鹂深树鸣。春潮带雨晚来急，野
渡无人舟自横。

也是写景的名作，但风格显得很幽峭冷隽。

李益，字君虞，生于公元 748 年（天宝七年），卒于公元 827 年
（文宗大和元年），姑臧（今甘肃武威附近）人，大历四年进士。他是
大历时代的重要诗人，成就在大历十才子之上，他的诗具有盛唐诗人的
格调，七绝尤为杰出。例如：

从 军 北 征

天山雪后海风寒。横笛偏吹行路难。碛里征人三十万，一
时回首月中看。

夜上受降城闻笛

回乐峰前沙似雪，受降城外月如霜。不知何处吹芦管，一
夜征人尽望乡。

听 晓 角

边霜昨夜堕关榆。吹角当城片月孤。无限塞鸿飞不度，秋
风卷入小单于。

春 夜 闻 笛

寒山吹笛唤春归。迁客相看泪满衣。洞庭一夜无穷雁，不
待天明尽北飞。

以上这些诗，都是富有盛唐绝句的风韵和边塞苍茫的情调的，他的一些
"怨情"诗，也有高度的艺术技巧：

宫 怨

露湿晴花春殿香。月明歌吹在昭阳。似将海水添宫漏，共
滴长门一夜长。

写 情

水纹珍簟思悠悠。千里佳期一夕休。从此无心爱良夜，任
他明月下西楼。

他的五律《喜见外弟又言别》，也是一首名作：

十年离乱后，长大一相逢。问姓惊初见，称名忆旧容。别
来沧海事，语罢暮天钟。明日巴陵道，秋山又几重。

这首诗，真实而深刻地表达了对人世沧桑、别易会难的生活的感慨，具
有极大的感染力。

第三节　孟郊与李贺

孟郊①，字东野，生于公元 751 年（天宝十年），卒于公元 814 年（宪宗元和九年），湖州武康（今浙江武康附近）人。他一生穷苦不遇，性格耿直，长韩愈十六岁，与韩愈是忘年的好友。对于诗歌的主张，略同于韩愈，他反对诗歌的华艳与庸俗，他用诗歌来讽刺和评判社会，揭露社会的黑暗和诉说自己的痛苦生活和不幸遭遇，由于这种要求，所以他的诗多描写贫苦者的生活和感情，对被压迫者表示深切的同情，在诗歌的形式上，因此也都用五古的形式，例如：

寒地百姓吟

无火炙地眠，半夜皆立号。冷箭何处来，棘针风骚劳。霜吹破四壁，苦痛不可逃。高堂搥钟饮，到晓闻烹炮。寒者愿为蛾，烧死彼华膏。华膏隔仙罗，虚绕千万遭。到头落地死，踏地为游遨。游遨者是谁，君子为郁陶。

赠别崔纯亮

食荠肠亦苦，强歌声无欢。出门即有碍，谁谓天地宽。有碍非遐方，长安大道傍。小人智虑险，平地生太行。镜破不改光，兰死不改香。始知君子心，交久道益彰。君心与我怀，离

---

① 本传见《旧唐书》卷一百六十，《新唐书》卷一百七十六附《韩愈传》后。

别俱回遑。譬如浸蘖泉，流苦日已长。① 忍泣目易衰，忍忧形易伤。项籍岂不壮，贾生岂不良。当其失意时，涕泗各沾裳。古人劝加餐，此餐难自强。一饭九祝噎，一嗟十断肠。况是儿女怨，怨气凌彼苍。彼苍若有知，白日下清霜。今朝始惊叹，碧落空茫茫。

在前一首诗里，作者深刻地揭露了社会上贫富悬殊的生活，也即是杜甫"朱门酒肉臭，路有冻死骨"的主题，但作者说"寒者愿为蛾，烧死彼华膏"，则表示了人民内心的极端的愤怒，"到头落地死，踏地为游遨"，则又表现了诗人对黑暗现实的无可奈何的悲哀。后一首则深刻地揭露了封建社会仕途的险恶，人才的被埋没，诗中充满着作者被压抑的愤怨的感情。"况是儿女怨，怨气凌彼苍。彼苍若有知，白日下清霜。"这种满腹愤怨的感情，可以说是封建社会里所有被压抑的人的共同的感情。他的另一首诗《老恨》，也是表现同样的主题：

> 无子抄文字，老吟多飘零。有时吐向床，枕席不解听。
> 斗蚁甚微细，病闻亦清泠。小大不自识，自然天性灵。

"有时吐向床，枕席不解听"，作者是多么不被人了解啊！他的《游子吟》，表现慈母和游子之间的感情，也是十分深刻和细致的：

游 子 吟

慈母手中线，游子身上衣。临行密密缝，意恐迟迟归。谁

---

① 《全唐诗》正文作"已日长"，小字注或作"来日长"，此从《唐诗纪事》。

言寸草心，报得三春晖。

因为在他的诗里大都是表现饥寒贫苦者的声音和被压迫者的思想感情的，所以感情比较哀楚，诗里也多怨、苦、愁、恨、贫、寒等字面，加之他写诗很注重技巧，生活又比较狭窄，喜欢苦思，所以形成他的诗的那种孤峭幽寒而清瘦的风格。

与孟郊同一风格的诗人，还有贾岛。

贾岛①，字浪仙，生于公元779年（大历十四年），卒于公元843年（武宗会昌三年），范阳（今北京附近）人。他早年曾出家做和尚，名无本，后来遇到韩愈后，才还俗。他是与孟郊齐名的诗人，当时称为"郊寒岛瘦"。《唐诗纪事》载有韩愈赠给贾岛的诗：

孟郊死葬北邙山。日月星辰顿觉闲。天恐文章中断绝，再生贾岛在人间。

也有人说这不是韩愈的诗，但不管怎样，孟、贾两位诗人在当时先后（贾岛比孟郊小二十七岁，比韩愈小十岁）占有同样重要的地位，这一点是可以肯定的。他写诗喜欢用冷僻的字，更喜欢雕饰句子，他自己曾说："二句三年得，一吟双泪流。知音如不赏，归卧故山秋。"（《题诗后》），有名的"推敲"的故事，也是出在他身上的。② 闻一多先生指出他的诗的风格幽寒冷峭，是与他前半辈子的蒲团生涯有密切关系的。这个说法，对我们理解贾岛诗的风格，是很重要的。同时他的一生也并没

---

① 本传见《新唐书》卷一百七十六《韩愈传》后面，可参考闻一多先生《唐诗杂论》中的《贾岛》一文。

② 事见《野客丛谈》、《唐诗纪事》，《新唐书》本传亦载此事，唯不详。

有怎样得意过，生活也并不宽裕，生活面又比较狭窄，而又喜欢苦心雕琢，这些都是影响他的诗歌风格的原因。他与孟郊不同的是孟郊喜欢写五言古诗，他却喜欢写五言律诗，这与他喜欢雕琢，不怕束缚的偏好有关系的，我们现在举几首如下：

雨后宿刘司马池上

蓝溪秋漱玉，此地涨清澄。芦苇声兼雨，芰荷香绕灯。
岸头秦古道，亭面汉荒陵。静想泉根本，幽崖落几层。

题李凝幽居

闲居少邻并，草径入荒园。鸟宿池边树，僧敲月下门。
过桥分野色，移石动云根。暂去还来此，幽期不负言。

怀博陵故人

孤城易水头。不忘旧交游。雪压围棋石，风吹饮酒楼。
路遥千万里，人别十三秋。吟苦相思处，天寒水急流。

上面这些诗，都是他对周围的自然界作了细密的观察，同时在苦心的雕琢之下写出来的，这是在唐诗经过了初唐的华缛，盛唐的壮丽辉煌后，出现的一种幽静清冷的风致。这种艺术上的雕琢和风格上的幽冷，对后人的影响很大，据《唐才子传》及《郡斋读书志》等记载，晚唐五代的一些人，竟把他当作菩萨一样来崇拜，这足见他对后来的影响之深了。

李贺[1]，字长吉。生于公元790年（德宗贞元六年），卒于公元816年（宪宗元和十一年）河南昌谷人。他是唐宗室郑王的后裔，七岁即能辞章，韩愈、皇甫湜曾看他当面挥毫作诗，援笔立就，因此惊服。《新唐书》本传说他：

> 为人纤瘦，通眉，长指爪，能疾书。每旦日出，骑弱马，从小奚奴，背古锦囊，遇所得，书投囊中。未始先立题然后为诗，如他人牵合程课者。及暮归，足成之。非大醉吊丧，日率如此。

他是一位天才早熟的诗人，他写诗的情况如上所引也很特别，而他对诗的语言的雕琢，用字的怪僻，造意造语的生冷奇险，也是别具面目的。他喜欢用那种冷艳的字句，象征的笔法，去描写那些感伤的情绪。他讲究辞藻，追求语言的精练，在这一点上，他甚至使自己的语言达到了精奇的程度。这种过分讲究辞藻的美和语言的精奇，就给诗坛带来了唯美的倾向。例如：

李凭箜篌引

吴丝蜀桐张高秋，空山凝云颓不流。江娥啼竹素女愁，李凭中国弹箜篌。昆山玉碎凤凰叫，芙蓉泣露香兰笑。十二门前融冷光，二十三丝动紫皇。女娲炼石补天处，石破天惊逗秋

---

[1] 本传见《旧唐书》卷一百三十七，《新唐书》卷二百三《文艺下》，又朱自清先生有《李贺年谱》。

雨。梦入神山教神姬，老鱼跳波瘦蛟舞。吴质不眠倚桂树，露脚斜飞湿寒兔。

金铜仙人辞汉歌

　　茂陵刘郎秋风客，夜闻马嘶晓无迹。画栏桂树悬秋香，三十六宫土花碧。魏官牵车指千里，东关酸风射眸子。空将汉月出宫门，忆君清泪如铅水。衰兰送客咸阳道，天若有情天亦老。携盘独出月荒凉，渭城已远波声小。

梦　天

　　老兔寒蟾泣天色，云楼半开壁斜白。玉轮轧露湿团光，鸾珮相逢桂香陌。黄尘清水三山下，更变千年如走马。遥望齐州九点烟，一泓海水杯中泻。

南园十三首之六

　　寻章摘句老雕虫。晓月当帘挂玉弓。不见年年辽海上，文章何处哭秋风。

以上这些诗，都代表他的奇思妙想和精炼雕琢而又冷艳的风格，诗的内容，却往往被这种五彩斑斓的颜色和奇特的造语掩盖了，使读者不容易一下接触到。他的这种风格，受到了晚唐诗人李商隐和杜牧的极端推崇，李商隐曾写过李贺小传，杜牧曾写过李长吉诗序，极力赞叹这位才华绝世的短命诗人，同时他们自己的诗，也受到了他的深刻影响。

第四节　简短的结论

"安史之乱"以后的唐代，社会经过了一次大破坏后，人民的生活十分困苦，而统治者仍旧在残酷地剥削人民，社会矛盾在日趋尖锐，社会上到处呈现着悲惨和衰颓的现象。诗人们面对着这样的现实，他们继承着李杜的传统，特别是杜甫的反映社会现实，反映人民痛苦的现实主义传统，因此出现了元结和他编辑的《箧中集》中的一些诗人，他们为后来的白居易等人的新乐府运动走了第一步，但中唐时期的诗歌，特别是在白居易以前这一段时间内，诗坛上除了杜甫的影响外，王、孟的山水田园诗和以高、岑为首的边塞诗，也仍在给当时的创作以影响，这就是刘长卿、韦应物及李益等人的诗歌。同时在紧接着白居易的时代，诗坛上又出现了另一种风气，这就是孟郊、贾岛、李贺他们所代表的苦吟和雕绘的风气。这种风气，一方面也受一些杜甫晚年作诗态度的影响，但更重要的是与他们自己的生活和个性以及诗歌艺术的见解有着密切的关系。本来就诗歌的内容来说，孟郊是比较接近于在他以前的元结和在他以后的白居易的，但他的时代和苦吟的作诗态度以及幽寒冷峭的风格，都更接近于贾岛、李贺，而且也是对他们有直接影响的人，所以我们还是把他们放在一起论述了。在与孟郊、贾岛、李贺的同一时期，本来还有大作家韩愈，但因为他在古文运动方面是一个领袖人物，所以没有把他并列在这一时期介绍。

上面我们所叙述的，是在白居易出现以前的中唐诗坛的一般情况，就此也可以看出白居易新乐府运动产生的一些渊源来。

第六章　白居易与新乐府运动

第一节　白居易的时代及其生平

白居易生于公元 772 年（代宗大历七年），卒于公元 846 年（武宗会昌六年）。白居易的时代，正是唐代经过"安史之乱"以后政治经济日趋衰落的中唐时期。这时唐代表面上还维持着一个统一的局面，但实际上自从"安史之乱"勉强平定后，安史的余部并未彻底消灭，他们投降唐朝后，依旧割据着河北三镇，成为名义上服从唐朝而实际上独立的状态，因而形成唐政府和藩镇不断的斗争。同时藩镇之间，又彼此互相矛盾，时起战乱，人民则夹在这两重矛盾之中，苦不堪言，到宪宗元和十四年（819 年），藩镇之祸才算平定，但唐王朝实际上也仍旧无力控制全国了。

加速着唐王朝政治的衰朽和腐败的还有宦官专权和朋党之争，安史之乱后，宦官不仅在政治、经济上拥有实力，而且还掌握了禁军，甚至到后来还直接控制着枢密使，掌握着国家机务重权，于是军政大权全落入宦官之手。以至于宦官可以拥立君主，如：穆宗、文宗、武宗、宣宗、懿宗、僖宗、昭宗七帝都是由宦官所立的。而宪宗、敬宗更为宦官所杀，可见其权势之大了。中唐的后期，又发生了"朋党之争"，这是新旧两种不同的政治势力的斗争，其中代表士族阶层的旧势力的人物是李德裕，代表新兴的中小地主的政治势力的是牛僧孺和李宗闵，他们各自依附着不同派别的宦官的势力，这个斗争先后延续了四十年，最后则因为宦官内部矛盾的统一而告结束，但此后又转为朝臣与宦官的冲突，这些情况，表明唐皇朝的政治越来越衰朽了，在这些斗争的同时，外来民族还不断地发动侵略，唐帝国在初盛唐时期的威信全失，只能向他们输款通婚求好。这时国内政治经济上最严重的问题是农民和土地的问题，土地兼并剧烈地进行，社会贫富悬殊，"富者兼土地数万亩，贫者无容足居"，"有田之家，坐食租税"，而农民的生活则是"终身服劳，无日休息，罄输所假，常患不足"。（见陆贽《论均节赋税恤百姓疏》）在这种情形之下，农民还要负担繁重的赋税，可见人民生活是如何痛苦了。这就是诗人白居易时代的社会情况。

白居易，字乐天，公元 772 年生于河南新郑县。他的祖先原是山西太原人，他的曾祖父迁居到陕西下邽，他的祖父白锽任河南巩县令，因此即将家迁到河南新郑。白居易小时即很聪明，在他十二三岁的时候，正是藩镇跋扈、战乱频仍的时代，新郑一带也因李希烈作乱而陷于战乱中，因此白居易即随着父亲迁到徐州，这时他的父亲白季庚正在徐州任徐州别驾。但徐州一带也仍有战争，所以他的父亲又把他们全家迁到符离（安徽宿县北符离集），不久，白居易又到了江南，此后常往来于浙、皖、赣之间，（大概是因为他的堂叔父白季康[1]的后代在江南做官的缘故），苏杭二州，也是他常去的地方，当时苏州刺史是诗人韦应物，杭

---

① 白居易祖父白锽的二哥叫白鏻，白鏻的儿子叫白季康，与白居易父亲白季庚是大排行。季康的儿子就是白敏中，后来做过武宗（会昌，841—846）、宣宗（大中，847—859）、懿宗（咸通，860—873）三朝的宰相。

州刺史是房琯的儿子房孺复，两人常常诗酒往还，他们的事迹被当地的人传为美谈，白居易后来也有诗提到这事，大约这些事迹，对青年的（当时他才十四五岁）白居易也有一些影响。十五六岁时，他知道有进士科，于是便折节读书，由于过度用功，以至于念书念得"口生疮"，写字写得"手肘成胝"，这虽然有些夸大，但也可见他读书用功的程度了。这时他曾拿着自己的诗文去拜见当时的名人顾况，顾况读了他的《古原草》中"离离原上草，一岁一枯荣。野火烧不尽，春风吹又生"的清新刚劲的诗句后，大为赏识，① 这对于这位青年诗人，也是莫大的鼓励。公元794年（贞元十年），他的父亲在襄州任上逝世，这时白居易二十二岁，此后他全家的生活便日益困顿，后来，他为了生活，便于公元799年（贞元十五年）到浮梁去依靠他的大哥白幼文，诗人早年的生活，便是在这样战乱和流离飘荡中度过的，但也正是这种困苦的生活，培育和教养了这位诗人，使他熟悉人民的生活和感情，熟悉了当时的社会面貌。

799年，诗人在宣州中了乡试，随即到长安应进士考试，800年春天，进士及第，同榜共取十七名进士，以他最为年轻，所以他说"慈恩塔下题名处，十七人中最少年"。公元802年（贞元十八年）冬，参加了拔萃科考试，明年春，即登科，授秘书省校书郎。同时登科的，还有后来成为他的好友的诗人元稹。806年（唐宪宗元和元年）诗人任盩厔（今陕西盩厔县）县尉，县尉的工作，是专门为皇帝向老百姓催缴赋税等工作的，因此诗人经常要与老百姓接触，也使他更深切地了解到人民的痛苦。所以诗人常为这个工作所苦恼。他的名作《观刈麦》以及使"握军要者切齿"的《宿紫阁山北村》诗，都是在这种情况下写出来的。他在这时还结交了一些新朋友，比较著名的有王质夫、陈鸿等人。

---

① 见《唐摭言》。

806 年冬天，他与王、陈两人同游陕西仙游寺，大家谈起天宝遗事，白居易便写下了千余年来人人传诵的不朽名作《长恨歌》，陈鸿也写了一篇《长恨歌传》。第二年春他的弟弟诗人和小说家白行简登进士第，春后白居易和杨氏结婚。807 年十一月六日（元和二年）授翰林学士。808 年（元和三年）四月任左拾遗，任职时，他就表明自己的决心，要尽谏官的责任，为人民说话，因此在他任内，曾向宪宗提出很多有利于人民的建议。在这时，他还写了许多揭露时弊的讽喻诗。著名的《秦中吟》十首和《新乐府》五十首，便都是这一时期写的。这些诗的言论很激烈，因此也得罪了不少权贵，所以到他 810 年（元和五年）官满时便改官京兆府户曹参军，仍充翰林学士。第二年，他母亲去世，白居易便丁忧退居下邽，这年他四十岁，在退居中，他的生活是艰苦的。他除了亲自参加农业劳动外，还经常接受他的好友元稹等的帮助。丁忧期满后，元和九年，便任太子左赞善大夫，又因为武元衡的事件受到了排挤，十年，即被贬为江州司马，有名的《与元九书》和《琵琶行》就是在江州写的。后来又做过忠州刺史，在江州和忠州一共是整整六年，公元 820 年（元和十五年）初冬，白居易又回长安做官，当时朝廷中朋党之争正在日益尖锐，倾轧甚多，朝政日非，诗人的官职虽然几经外迁，但处境却十分困难，他不得已便请求外调。公元 822 年（长庆二年）7 月，便调任杭州刺史，在杭州三年，诗人领导人民兴修了水利，改善了赋税、杂役、文教。因此任满离杭时，城内外的人民都挟老携幼地来送别，甚至还有人伤心流泪。这次他去官以后，并未回到长安。在公元 824 年（长庆四年）的秋天，他到了洛阳，便在洛阳居留下来了。825 年春天，又诏除诗人为苏州刺史，诗人在苏州由于改革弊政，勤于政事，致劳苦成疾。人民得到很多好处，一年后他离开苏州时，因此当地的人民有的痛哭，有的殷殷相送十几里路还不忍别去。当诗人正在回洛阳途中的时候，他的弟弟白行简逝世了。同时，在长安的宫廷里发生了一次弑君的政变，年青荒唐的敬宗皇帝被宦官杀死，由绛王李悟当国，不久李悟又被杀，最后立江王李昂为帝，即文宗。文宗颇思有为，力除过去的弊政，这时白居易的诗名已传满天下，他的政绩也是人所共知的。文宗早已知道这位老诗人的诗名和政声，决定把他调到朝廷中来，于是便在 827 年（太和元年）春，任命白居易为秘书监，这是三品的大官，是秘书省的最高首长，职务是掌管国家经籍图书。这个工作，对多病年老的白居易，颇为合适。但不久又改授刑部侍郎，当时宦官专权，统治者内部的斗争十分尖锐，诗人对于当时的政局自知无可奈何，为了避免牵入这个斗争中去，他决心要回洛阳去。公元 829 年（太和三年）春，白居易因病免去了刑部侍郎，诏除太子宾客分司东都，于是白居易便在落花飞絮和杜鹃声中，离开了这座雄壮而又空虚、繁华而又充满着黑暗和危机的名城。这是他最后一次离开长安，这时他已经是五十八岁的老人了。白居易回到洛阳后，就决心不再离开。他在洛阳虽然还有一些官职，但实际上已是过着诗酒流连的半隐退的生活了。这时政治上宦官专横和朋党之争仍然纠缠着，政治势力的变化也很大。公元 842 年（会昌二年）他便完全退休，过着醉心于佛道的隐居生活。当然他的醉心于佛道，也是与当时政治黑暗险恶，诗人无能为力的实际情况有关的，同时也没有完全抛弃人民的疾苦不管，但这毕竟表明了诗人晚年的消极态度。公元 846 年（会昌六年）8 月，诗人便在洛阳病逝。这一年，诗人七十五岁。

白居易从公元 829 年（太和三年）回到洛阳，直到他病死时，一共十八年。在这十八年的晚年生活里，他虽然过着比较闲适的隐居生活，但由于政治的黑暗，朋党斗争的尖锐和朝夕变化，而且斗争的双方与白居易都有一定的交情。这就使得白居易的处境很困难，同时也不能完全不关心这个斗争，所以他在隐居生活中的心情，也是十分矛盾苦闷的。他有政治的才能，他希望能兼济天下，但客观环境，毕竟不能让他实现自己的理想，如果我们只看到诗人晚年的消极态度，而不注意当时政局的黑暗险恶时，那是不能正确地认识诗人的晚年生活的。

诗人逝世后，遗命葬在洛阳龙门山。

第二节 白居易的文学主张与新乐府运动

白居易是中晚唐时代的代表诗人，是杜甫的继承者。

白居易在文学史上的杰出贡献，除了他继承杜甫的现实主义精神写出了许多优秀的具有强烈的人民性的作品外，是确立了现实主义的文学理论。在唐代从陈子昂提倡汉魏风骨，主张"寄兴"，反对齐梁的形式主义起，现实主义的文学理论，在过去的文学创作和文学批评的基础上，继续在酝酿发展，后来李白、杜甫，尤其是杜甫，在实际创作中继承了陈子昂的主张，创作出了辉煌的现实主义的诗篇，但是他们还没有来得及从理论上来总结它，这与他们所处的时代也有密切的关系。因为在李杜的时代，基本上还是唐代社会向前发展的时期，杜甫的晚年虽然经历了"安史之乱"的大变，但他却着重在创作实践，忙着把惨痛的社会现实，用沉痛的诗句真实地记录下来。这时政治上重要的问题，是如何用兵以求救亡图存的问题，至于文学与现实的关系，诗歌的作用等问题，还缺乏客观的条件来促使诗人们讨论。但白居易的时代却不同了。这时"安史之乱"已经过去，但国家仍旧在纷乱中。经过"安史之乱"以后，社会的黑暗与人民的痛苦已完全暴露出来，而且日甚一日，而这时政治上又纠葛着宦官专权与朋党之争，政治日益腐败，因此改善政治与拯救民生成为关心现实的诗人所首先感觉到的问题。从诗歌方面看，唐代的诗歌经过陈子昂以后的诗人，特别是伟大的现实主义诗人杜甫创作了许多不朽的现实主义诗篇，无论是思想上或艺术上都达到了前所未有的高度，对社会也起了很大的影响，这就为白居易的现实主义文学理论提供了有力的根据。白居易认真研究和接受了《诗经》以来的现实主义的优良传统，结合着自己几十年的创作经验，在上述这种社会现实和文学现实的基础上，因此建立了他的辉煌的现实主义的文学思想理论。他的《与元九书》是陈子昂、李白、杜甫以来文学思想的总结，是宣传现实主义，反对形式主义的宣言，有积极的斗争意义。他在这封信里，充分地表达了他的现实主义的文学思想。

　　他指出文学要为政治服务，文学是教育人民的工具，是传达民意批判政治的武器。他说：

　　　　人之文，六经首之。就六经言，诗又首之。何者？圣人感人心而天下和平。感人心者，莫先乎情，莫始乎言，莫切乎声，莫深乎义。诗者，根情、苗言、华声、实义。上自贤圣，下至愚骏，微及豚鱼，幽及鬼神。群分而气同，形异而情一，未有声入而不应，情交而不感者……洎周衰秦兴，采诗官废，上不以诗补察时政，下不以歌泄导人情，乃至于谄成之风动，救失之道缺，于时六义始刓矣。

他明确地提出了文学要能"补察时政，泄导人情"，他把他的这些十分精辟的理论，归结为这样两句名言："文章合为时而著，歌诗合为事而作。"在上引的一段话中，他还指出文学应以内容为主，他说："感人心者，莫先乎情，莫始乎言，莫切乎声，莫深乎义。诗者，根情、苗言、华声、实义。"这就是说文章的思想感情和意义是根本和果实，而语言和声音则是它的枝条和花叶。因此文章要以思想感情为主，同时又与形式统一起来。

　　他根据这种现实主义的文学理论，明确地指出了诗经的优良传统，也批判了六朝文学的形式主义。他说：

> 晋宋以还，得者盖寡。以康乐之奥博，多溺于山水，以渊明之高古，偏放于田园。江鲍之流，又狭于此。如梁鸿《五噫》之例者，百无一二焉。于时六义浸微矣，陵夷矣。至于梁陈间，率不过嘲风雪，弄花草而已。

诗人对《诗经》的现实主义精神的推崇和对于六朝形式主义的批判，更明确地表现了他的现实主义文学理论的批判原则，也给予了古典文学以正确的评价。

根据这个原则，诗人给予伟大的现实主义诗人杜甫以极高的评价，他说：

> 唐兴二百年，其间诗人不可胜数。所可举者，陈子昂有《感遇诗》二十首，鲍防有《感兴诗》十五首。又诗之豪者，世称李、杜。李之作，才矣奇矣，人不逮矣！索其风雅比兴，十无一焉。杜诗最多，可传者千余首，至于贯穿古今，觑缕格律，尽工尽善，又过于李。然撮其《新安吏》、《石壕吏》、《潼关吏》、《塞芦子》、《留花门》之章，"朱门酒肉臭，路有冻死骨"之句，亦不过三四十首。杜尚如此，况不逮杜者乎！

诗人一方面极力批判六朝以来的形式主义也即是反现实主义的文学倾向，同时又极力推崇伟大的现实主义诗人杜甫，而且惋惜他还写得不够多。这对于反现实主义的批判和对现实主义的鼓励，都是十分明确而有力的。他为了坚持现实主义的文学传统，为了建立现实主义的文学理论而作的斗争，甚至于到废寝忘食的程度，他说：

> 仆常痛诗道崩坏，忽忽愤发，或食辍哺，夜辍寝，不量才力，欲扶起之。

诗人对于文学事业，付出了多少心血和精神啊！

白居易的新乐府运动，正是他的文学主张的实践。他继承诗经、古乐府歌辞的传统，发扬了杜甫现实主义诗歌的创作思想与创作方法。他在《新乐府》序里说：

> 篇无定句，句无定字，系于意不系于文。首句标其目，卒章显其志，《诗》三百之义也。其辞质而径，欲见之者易谕也。其言直而切，欲闻之者深诚也。其事核而实，使采之者传信也。其体顺而肆，可以播于乐章歌曲也。总而言之，为君、为臣、为民、为物、为事而作，不为文而作也。

这一段序言，是对他的新乐府诗的最恰切的说明，他说明新乐府诗是为事而作，不是为文而作，因此诗歌的内容是反映现实，为了醒目和明确起见，所以"首句标其目，卒章显其志"。也即是说诗题采用即事名篇的办法，而不用古题。他这些具体的说明，也就是他的"文章合为时而著，诗歌合为事而作"的理论的实践。他的《新乐府》、《秦中吟》等诗篇，便是他的辉煌的成绩。

当时参加这一运动的，还有元稹、张籍、李绅、王建等人。这一运动一直继续到唐末，成为中晚唐诗歌史上的重要思潮。

第三节　白居易的思想与艺术

　　白居易出生于一个低级的官僚家庭里，他生活的时代，正是唐代日趋衰败，战乱频仍，统治者内部的斗争十分尖锐的时候。由于他身经丧乱，接触到人民的是实际痛苦，所以他对人民的痛苦了解得比较多。他有远大的政治抱负，他希望能"兼济天下"，他表示自己的政治意见的诗文很多，但最集中的，则是他在元和元年春天写的《策林》，在这篇《策林》里他所谈的问题非常广泛，但归纳起来，其中心思想只是"重礼教以归化人心"，"罢兵革以苏民困"，"薄赋敛以安民生"，"尊贤能以澄清吏治"四项，他提出这些意见的目的，是为了使天下太平，人民安居乐业。这些思想，基本上是儒家的仁政思想。他在《与元九书》中也说："古人云：'穷则独善其身，达则兼济天下'，仆虽不肖，常师此语。"这个"独善"和"兼济"的思想，也还是儒家的思想。由于他深切了解广大人民的痛苦，所以他对广大人民寄予深切的同情，他曾激烈地批判黑暗腐朽的政治，为人民申诉痛苦，在他自己的能力范围内，他曾努力设法改革弊政，改善民生。所以在他前期的创作中，获得了极大的成绩，作品具有强烈的战斗性，现实主义精神非常强烈。到了后期，由于他在政治上遭到了排挤和挫折，由于当时的政治十分黑暗，也由于诗人本身思想上的弱点，那种儒家的"不得志独行其道"的独善其身的消极退避思想起了作用，同时佛教思想对他也起了一定的影响，于是他的生活和思想都起了变化，他过着比较闲散的退隐的生活，对当时的政治斗争，也不再表示自己的态度，渐渐地显得消沉。因此他后期的作品，便不再像前期作品那样闪射着战斗的光芒了。

　　白居易的诗，至今存有三千多首，他自己曾将这些诗分为四类，即："讽喻"、"闲适"、"感伤"和"杂律"。用我们现在的话来说，实际就是"讽喻"、"叙事"和"抒情"三类。在这三类诗中，白居易都有精要之作，如叙事诗中的《长恨歌》和《琵琶行》，就是脍炙人口的名篇，但总体来说，对当时社会的影响，以他的"讽喻"诗（包括《秦中吟》和《新乐府》）影响最大，他自己极为重视的也是这一部分作品。在他的诗集中讽喻诗共有三卷，计一百七十四首。这些作品，大部分是元和初年（公元 808 年左右）他做谏官时写的。他在《与元九书》中，曾说明了他写这些诗的目的：

> 自登朝来，年齿渐长，阅事渐多，每与人言，多询时务；每读书史，多求理道。始知文章合为时而著，歌诗合为事而作。是时皇帝初即位，宰府有正人，屡降玺书。访人急病。仆当此日，擢在翰林，身是谏官，手请谏纸，启奏之外，有可以救济人病，裨补时阙，而难于指言者，辄咏歌之。欲稍稍递进闻于上。

这里说明了讽喻诗都是根据当时的社会现实来写的，它的现实性很强。同时他是为了"救济人病，裨补时阙"而写的，换句话说，他写作这些诗，都是有政治目的的。他是把诗歌作为为政治服务的一种武器来使用的。因此这些诗的最大的特色，是广泛地反映了被压迫阶级的悲惨生活，对劳动人民表示极大的同情，揭露统治阶级的残酷剥削和腐朽荒淫的生活，提出各种严重的社会问题。所以这些诗，有着强烈的人民性和战斗性。他在《秦中吟》的自序里还说：

> 贞元、元和之际（唐德宗李适到唐宪宗李纯，公元 785—820），予在长安，闻见之间，有足悲者。因直歌其事，命为

"秦中吟"。

这里说得更明确，《秦中吟》是直接揭露在长安（京城）见到的"有足悲者"（黑暗现实）的事实的。例如他的《重赋》诗说：

> 厚地植桑麻，所要济生民。生民理布帛，所求活一身。身外充征赋，上以奉君亲。国家定两税，本意在忧人。厥初防其淫，明敕内外臣。税外加一物，皆以枉法论。奈何岁月久，贪吏得因循。浚我以求宠，敛索无冬春。织绢未成匹，缲丝未盈斤。里胥迫我纳，不许暂逡巡。岁暮天地闭，阴风生破村。夜深烟火尽，霰雪白纷纷。幼者形不蔽，老者体无温。悲喘与寒气，并入鼻中辛。昨日输残税，因窥官库门。缯帛如山积，丝絮似云屯。号为羡馀物，随月献至尊。夺我身上暖，买尔眼前恩。进入琼林库，岁久化为尘。

在这首诗里，诗人愤怒地揭露了统治者残酷剥削人民的黑暗现实，一方面是这些终年辛苦织绢的人，在大雪纷飞的寒冬，却过着衣不蔽体的痛苦生活。另方面，却是无数的绢帛堆在统治者的仓库中腐朽。这是何等黑暗和悲惨的现实！诗人说："夺我身上暖，买尔眼前恩。进入琼林库，岁久化为尘！"诗人的揭露多尖锐有力！同样的主题，他在《杜陵叟》诗中说：

> 典桑卖地纳官租。明年衣食将何如。剥我身上帛，夺我口中栗。虐人害物即豺狼，何必钩爪锯牙食人肉。

诗人竟毫不容情地把残酷的剥削者直接比为吃人的豺狼，因此这首诗的战斗性比起前一首来，更加强烈了，对残酷剥削的揭露和抗议，也更为有力了。诗人在《轻肥》这首诗中，则揭露了统治者在残酷地剥削了劳动人民以后所过的奢侈无度的腐朽生活：

> 朱绂皆大夫，紫绶悉将军。夸赴军中宴，走马去如云。尊罍溢九酝，水陆罗八珍。果擘洞庭橘，脍切天池鳞。食饱心自若，酒酣气益振。是岁江南旱，衢州人食人。

一边是享受着山珍海味，一边则是饥饿到人吃人，而这些饥饿到人吃人的广大人民，却就是供给统治者享用山珍海味的人，可见诗人所揭露的这个社会现实的矛盾，多么尖锐！诗人在《卖炭翁》这首诗里，愤慨地揭露了那些宦官强暴掠夺的罪行。在《新丰折臂翁》这首诗里，强烈地反对侵略战争，在《上阳白发人》这首诗里，深深地表示了诗人对于被逼入宫生即是死的宫女们的无限同情，同时也就是揭露了统治者的荒淫生活的罪恶。在《观刈麦》这首诗里，诗人描写了"家田输税尽"的贫妇人的悲惨生活以后，更与自己"吏禄三百石，岁晏有余粮"的生活作了对比，因此感到终日惭愧难忘。这里表现着诗人的感情多么淳厚真挚，对人民的关怀是多么真诚！

再如他在《红线毯》里，揭露了宣州太守为邀恩宠，年年向上进贡红线毯：

> 宣州太守加样织，自谓为臣能竭力。百夫同担进宫中，线厚丝多卷不得。宣州太守知不知，一丈毯用千两丝。地不知寒人要暖，少夺人衣作地衣。

最后诗人说："地不知寒人要暖，少夺人衣作地衣。"特别要注意的，这是直指宣州太守的，不是一般泛泛的讽喻诗，可见这是何等尖锐的讽刺！还有《卖炭翁》，揭露宫市之为害百姓，这是白居易亲见之事。按：韩愈《顺宗实录》二云：

> 旧事，宫中有要，市外物，令官吏主之，与人为市，随给其直。贞元末，以宦者为使，抑买人物，稍不如本估。末年，不复行文书，置"白望"数百人于两市并要闹坊，阅人所卖物，但称"宫市"，即敛手付与，真伪不复可辨，无敢问所从来。其（与）论价之高下者，率用百钱物，买人直数千钱物，仍索进奉门户并脚价钱。将物诣市，至有空手而归者。名为宫市，而实夺之。尝有农夫以驴负柴至城卖，遇宦者称"宫市"取之，才与绢数尺。又就索门户，仍邀以驴送至内。农夫涕泣，以所得绢付之，不肯受。曰：须汝驴送柴至内。农夫曰：我有父母妻子，待此然后食，今以柴与汝，不取值而归，汝尚不肯，我有死而已。遂殴宦者，街吏擒以闻。诏黜此宦者，而赐农夫绢十匹。然"宫市"亦不为之改易。

又《新唐书·食货志》：

> 有赍物入市而空归者。每中官出，沽浆卖饼之家，皆撤肆塞门。

据以上所记，可见白居易诗中所指，当是实事。还有《官牛》云：

> 官牛官牛驾官车，浐水岸边驱载沙，一石沙，几斤重，朝载暮载将何用。载向五门官道西，绿槐阴下铺沙堤。昨来新拜

右丞相，恐怕泥涂污马蹄。右丞相，马蹄踏沙虽净洁，牛领牵车欲流血。右丞相，但能济人治国调阴阳，官牛领穿亦无妨。

按：唐制，凡拜相礼绝班行，府县载沙填路，自私第至于城东街，名曰沙隄。陈寅恪《元白诗笺证稿》认为这首诗是讽刺宰相于頔。可见此诗不但是讽刺现实，而且竟直刺当朝宰相，足见白居易《新乐府》诗的现实意义和政治意义是何等的尖锐和重大。所以白居易在《与元九书》里说：

> 凡闻仆《贺雨》诗，而众口籍籍，已谓非宜矣；闻仆《哭孔戡》诗，众面脉脉，尽不悦矣；闻《秦中吟》，则权豪贵近者，相目而变色矣；闻《乐游园》寄足下诗，则执政柄者扼腕矣；闻《宿紫阁村》诗，则握军要者切齿矣，大率如此，不可遍举。

从上面这段话，也可以看出白居易《秦中吟》、《新乐府》诗强烈的政治批判性。

总起来说，白居易的讽喻诗的内容是十分丰富和广泛的，诗人对于当时社会上的许多重要问题，都表示了自己深切的关怀和不满，提出了尖锐的批评和无情的揭露，对人民则表示了深厚的同情。因此他的讽喻诗，也是他全部诗中最具有强烈的现实主义精神和人民性的作品。

他的叙事诗以《长恨歌》和《琵琶行》最为杰出。

长 恨 歌

汉皇重色思倾国，御宇多年求不得。杨家有女初长成，养在深闺人未识。天生丽质难自弃，一朝选在君王侧。回眸一笑百媚生，六宫粉黛无颜色。春寒赐浴华清池，温泉水滑洗凝脂。侍儿扶起娇无力，始是新承恩泽时。云鬓花颜金步摇，芙蓉帐暖度春宵。春宵苦短日高起，从此君王不早朝。承欢侍宴无闲暇，春从春游夜专夜。后宫佳丽三千人，三千宠爱在一身。金屋妆成娇侍夜，玉楼宴罢醉和春。姊妹弟兄皆列土，可怜光彩生门户。遂令天下父母心，不重生男重生女。骊宫高处入青云，仙乐风飘处处闻。缓歌慢舞凝丝竹，尽日君王看不足。渔阳鼙鼓动地来，惊破霓裳羽衣曲。九重城阙烟尘生，千乘万骑西南行。翠华摇摇行复止，西出都门百余里。六军不发无奈何，宛转蛾眉马前死。花钿委地无人收，翠翘金雀玉搔头。君王掩面救不得，回看血泪相和流。黄埃散漫风萧索，云栈萦纡登剑阁。峨嵋山下少人行，旌旗无光日色薄。蜀江水碧蜀山青，圣主朝朝暮暮情。行宫见月伤心色，夜雨闻铃肠断声。天旋地转回龙驭，到此踌躇不能去。马嵬坡下泥土中，不见玉颜空死处。君臣相顾尽沾衣，东望都门信马归。归来池苑皆依旧，太液芙蓉未央柳。芙蓉如面柳如眉，对此如何不泪垂。春风桃李花开日，秋雨梧桐叶落时。西宫南内多秋草，落叶满阶红不扫。梨园弟子白发新，椒房阿监青娥老。夕殿萤飞思悄然，孤灯挑尽未成眠。迟迟钟鼓初长夜，耿耿星河欲曙天。鸳鸯瓦冷霜华重，翡翠衾寒谁与共。悠悠生死别经年，魂魄不曾来入梦。临邛道士鸿都客，能以精诚致魂魄。为感君王辗转思，遂教方士殷勤觅。排空驭气奔如电，升天入地求之遍。上穷碧落下黄泉，两处茫茫皆不见。忽闻海上有仙山，山在虚无缥缈间。楼阁玲珑五云起，其中绰约多仙子。中有一人字太真，雪肤花貌参差是。金阙西厢叩玉扃，转教小玉报双

539

成。闻道汉家天子使，九华帐里梦魂惊。揽衣推枕起徘徊，珠箔银屏逦迤开。云髻半偏新睡觉，花冠不整下堂来。风吹仙袂飘飘举，犹似霓裳羽衣舞。玉容寂寞泪阑干，梨花一枝春带雨。含情凝睇谢君王，一别音容两渺茫。昭阳殿里恩爱绝，蓬莱宫中日月长。回头下望人寰处，不见长安见尘雾。唯将旧物表深情，钿合金钗寄将去。钗留一股合一扇，钗擘黄金合分钿。但教心似金钿坚，天上人间会相见。临别殷勤重寄词，词中有誓两心知。七月七日长生殿，夜半无人私语时。在天愿作比翼鸟，在地愿为连理枝。天长地久有时尽，此恨绵绵无绝期。

《长恨歌》是以历史事实唐玄宗与杨玉环的恋爱悲剧为主题来描写的。诗人不仅概括地、艺术地描写了从杨氏入宫承宠到马嵬惨死的全部历史过程，而且还用一半以上的篇幅描写了玄宗朝朝暮暮的相思和绵绵无尽的长恨。诗人一开头就指出了"汉皇重色思倾国"，以后便历叙了杨氏入宫以后的承宠和玄宗的纵情声色，废弃政事。显然，诗人是企图通过这样的描写，来渲染他们的爱情，为以后玄宗朝思暮想按下伏笔，但这仅是问题的一面，而更重要的，是诗人企图通过这一段描写，来揭示他们爱情悲剧结局的根源，从而在某种程度上，达到他讽喻的目的。自然这样做的结果，也就同时批判或揭露了玄宗的宠幸无度，不理政事，置国计民生于不顾，致肇大乱的过错。但是这首诗的思想内容并不如此简单，更重要的引起人们争论的是占有一半以上篇幅的关于唐玄宗与杨贵妃的朝暮相思的描写。这一大段描写，想象是丰富而美丽的，感情是真挚动人、缠绵悱恻的，语言是十分洗练和形象化的，而且还富有低徊往复的节奏。显然，这样的描写，说明诗人对他们的爱情以及悲剧的结局又表示着情不自禁的同情。同时这种真挚而动人的描写，也使得他们的爱情在某种程度上有与普通人的爱情共通的地方。因此，也使这首诗具有着普遍的感染力，能够打动每一个读者的心，赢得读者们某种程度的慨叹和同情。这种前后似乎相反而又相成的思想，艺术地和谐地统一在这首诗里，正是诗人对李、杨的爱情既谴责而又怜惜的矛盾心情的反映。这种心情，对历史人物和历史事件的这种认识，在白居易这样一位古代诗人身上产生，而且特别是对唐玄宗这样一位曾经励精图治过的君王产生，是完全可以理解的。因此对于这首诗，如果只片面地强调任何一面，都是不符合这首诗的客观内容的。当然后面半部分的描写，是占了全诗的主要地位的。因此它的客观效果，也显然超过了前半部分。

这首诗结构严密，情节曲折，想象丰富，感情真挚，语言优美等等的特色，更增强了它的艺术的生命力。

白居易自己，对《长恨歌》有一段记载，也是在《与元九书》里说：

> 其余诗句，亦往往在人口中，仆恧然自愧，不之信也。及再来长安，又闻有军使高霞寓者，欲聘倡妓，妓大夸曰：我诵得白学士《长恨歌》，岂同他妓哉！由是增价。……又昨过汉南日，适遇主人集众乐，娱他宾，诸妓见仆来，指而相顾曰：此是《秦中吟》《长恨歌》主耳。

这段记载，也可以看出《长恨歌》在社会上风行的情况。白居易写作《长恨歌》的时代，离开"安史之乱"、贵妃之死还不过五十多年，为什么社会上对这首诗会如此传扬呢？其中有一个根本的原因是因为玄宗毕竟有过三十年开元全盛之治，因而人民对玄宗和贵妃并没有深切的痛恨（痛恨的是杨国忠等），如果人民痛恨玄宗和贵妃，那么这样一首明显有同情玄宗和贵妃的倾向的诗，社会上自然不可能广泛流传起来了，更不可能因为能诵《长恨歌》而增高身价的事。值得一提的是白居易的这首名作《长恨歌》是在陕西盩厔仙游寺写成的，该寺至今尚保存完好，这也是文学史上一段难得的佳话。①

他的另一首名作是叙事诗《琵琶行》：

琵 琶 行

　　浔阳江头夜送客，枫叶荻花秋瑟瑟。主人下马客在船，举酒欲饮无管弦。醉不成欢惨将别，别时茫茫江浸月。忽闻水上琵琶声，主人忘归客不发。寻声暗问弹者谁，琵琶声停欲语迟。移船相近邀相见，添酒回灯重开宴。千呼万唤始出来，犹抱琵琶半遮面。转轴拨弦三两声，未成曲调先有情。弦弦掩抑声声思，似诉平生不得志。低眉信手续续弹，说尽心中无限事。轻拢慢捻抹复挑，初为霓裳后六幺。大弦嘈嘈如急雨，小弦切切如私语。嘈嘈切切错杂弹，大珠小珠落玉盘。间关莺语花底滑，幽咽泉流冰下难。冰泉冷涩弦凝绝，凝绝不通声暂歇。别有幽愁暗恨生，此时无声胜有声。银瓶乍破水浆迸，铁骑突出刀枪鸣。曲终收拨当心画，四弦一声如裂帛。东舟西舫悄无言，唯见江心秋月白。沉吟放拨插弦中，整顿衣裳起敛容。自言本是京城女，家在虾蟆陵下住。十三学得琵琶成，名属教坊第一部。曲罢曾教善才伏，妆成每被秋娘妒。五陵年少争缠头，一曲红绡不知数。钿头云篦击节碎，血色罗裙翻酒污。今年欢笑复明年，秋月春风等闲度。弟走从军阿姨死，暮

---

① 笔者于上世纪90年代曾到仙游寺游览，后闻该处因建水库，仙游寺已移建于近处山上。

去朝来颜色故。门前冷落车马稀，老大嫁作商人妇。商人重利轻别离，前月浮梁买茶去。去来江口守空船，绕船月明江水寒。夜深忽梦少年事，梦啼妆泪红阑干。我闻琵琶已叹息，又闻此语重唧唧。同是天涯沦落人，相逢何必曾相识。我从去年辞帝京，谪居卧病浔阳城。浔阳地僻无音乐，终岁不闻丝竹声。住近湓江地低湿，黄芦苦竹绕宅生。其间旦暮闻何物，杜鹃啼血猿哀鸣。春江花朝秋月夜，往往取酒还独倾。岂无山歌与村笛，呕哑嘲哳难为听。今夜闻君琵琶语，如听仙乐耳暂明。莫辞更坐弹一曲，为君翻作琵琶行。感我此言良久立，却坐促弦弦转急。凄凄不似向前声，满座重闻皆掩泣。座中泣下谁最多，江州司马青衫湿。

《琵琶行》是以琵琶女的沦落身世为主题，结合着诗人自己在政治上受到排挤贬谪的遭遇，反映出他们共同的被压抑的悲哀怨抑的心情。诗中那位过去曾经"名属教坊第一部"而现在已"老大嫁作商人妇"的女艺人的遭遇，在唐代商业经济有了发展的社会里，是具有一定的典型意义的。诗人通过这位女艺人"低眉信手续续弹，说尽心中无限事"的忧郁的倾诉，深刻地描写了这位女艺人飘零的身世，对她倾注了无限的同情，实际上，诗人也通过她的倾诉，借以宣泄了自己内心的忧郁和悲哀，"同是天涯沦落人，相逢何必曾相识"，这两句诗，恰好说明了这种心情。

这首诗的语言是经过千锤百炼的，而在描写琵琶声的这一节，尤其富于形象性和音乐性。这首诗，由于琵琶女的天涯沦落的悲凉身世和白居易自己的坎坷飘零的忧郁情绪的互相交织，因此使这首诗充满着悲剧气氛的艺术感染力，使每一个读者，不得不为之感叹唏嘘。

白居易继承着杜甫的现实主义精神，写下了一系列具有强烈的战斗性和现实主义精神的诗篇，对社会的黑暗，进行了搏斗。他诗歌的题材十分广泛，对当时社会里的许多重要问题，他都用诗歌的形式，表示了自己的主张，或者纪录了事实的真相。他善于通过许多具体的事实，来尖锐地揭露社会矛盾，阶级压迫的惨状，他像杜甫一样，往往把两种完全对立的生活，概括地描写在一篇诗里，形成强烈的对照，使封建社会里阶级压迫的实质，赤裸裸地暴露在读者的面前。因此也就形成了他的诗歌的强烈的真实性和批判性。为了使他的诗歌能发生更大的作用，为了使广大人民能了解他的诗，为了更真切地反映人民的生活和思想感情，他的诗歌语言，也是经过锤炼的十分通俗的语言，这种语言特色，形成了他的诗歌明白晓畅，真实朴质的风格。

白居易无疑是杜甫以后的一位最伟大的现实主义的诗人，他给当时以及后来的诗歌以极大的影响。清代前期吴梅村的"梅村体"，就是在白居易的《长恨歌》和元稹的《连昌宫词》等诗体的影响下产生的，这种影响，直到清末民初还没有停止。

第四节　元稹、张籍及其他诗人

元稹和张籍都是白居易的诗友，在新乐府运动上都有一定的成就。

元稹，字微之，生于公元779年，卒于公元831年，河南洛阳附近人。家庭贫困，他虽然是隋兵部尚书元岩的六世孙，但到他出生时式微已久，所以他是从艰苦中奋斗出来的。十五岁以明经擢第，二十八岁，与白居易同登"才识兼茂明于体用"科，任右拾遗。后因弹劾贪官事触怒宦官，被贬为通州司马。穆宗时曾与裴度一同拜相，但不久便罢相。后历任同州、越州、鄂州刺史和武昌节度使。死于武昌，年五十二岁。

元稹和白居易的文学主张是一致的，诗歌的风格体裁也颇相同，当时称为元和体。所谓元和体，根据近人陈寅恪先生的研究，可分为两类，其一是指次韵相酬的长篇排律，如《白氏长庆集》卷十三《代书诗一百韵寄微之》及《元氏长庆集》卷十《酬翰林白学士代书一百韵》等诗便是。其二是指杯酒光景间的小碎篇章这类诗，包括元微之所谓艳体诗中的短篇在内。① 这两类诗，在当时曾风行一时。但实际上这一类诗，都不是他们的主要作品，这一点，元、白两人自己就指出了。元稹为《白氏长庆集》作序就说：

> 是后各佐江、通，复相酬寄。巴、蜀、江、楚间洎长安中少年，递相仿效，竞作新词，自谓为元和诗；而乐天《秦中吟》、《贺雨》、《讽喻》等篇，时人罕能知者。

白居易在《与元九书》中也说：

> 今仆之诗，人所爱者，悉不过杂律诗与《长恨歌》已下耳。时之所重，仆之所轻。

可见元、白两人所重视的，还是那些有强烈的现实主义精神的新乐府诗。

元稹有乐府古题及新乐府共三十一首，还有古讽（旨意可观而词近古往者），乐讽（意亦可观而流在乐府者），律讽（稍存寄兴与讽为流者）等类，可以看出讽喻是他作诗的主要精神。例如：

织 妇 词

织夫何太忙，蚕经三卧行欲老。蚕神女圣早成丝，今年丝

---

① 见陈寅恪：《元白诗笺证稿》。

税抽征早。早征非是官人恶，去岁官家事戎索。征人战苦束刀疮，主将勋高换罗幕。缲丝织帛犹努力，变缉撩机苦难织。东家头白双女儿，为解挑纹嫁不得。(予掾荆时，目击贡绫户有终老不嫁之女。)檐前袅袅游丝上，上有蜘蛛巧来往。羡他虫豸解缘天，能向虚空织罗网。

田 家 词

牛吒吒，田确确。旱块敲牛蹄趵趵，种得官仓珠颗谷。六十年来兵蔟蔟，月月食粮车辚辚。一日官军收海服，驱牛驾车食牛肉。归来收得牛两角，重铸锄犁作斤劚。姑舂妇担去输官，输官不足归卖屋。愿官早胜雠早覆，农死有儿牛有犊，不遣官军粮不足。

这两首诗，前一首揭露了统治者对织户的残酷剥削，使得那些织女竟至终老不能嫁，这是何等悲惨的事。后一首揭露了统治阶级因为忙于内战而残酷地剥削农民的罪行，结语表达了农民们愤怒的感情。这些诗，与白居易的新乐府诗的精神完全是一致的。他的《估客乐》极力描写商人们唯利是图、暴利剥削、勾结官府等等的丑恶行为。他的《连昌宫词》对于天宝以来的政治，进行了尖锐的揭露和讽刺，这些诗都是他的代表作品。

下面即看他的《连昌宫词》：

连 昌 宫 词

连昌宫中满宫竹，岁久无人森似束。又有墙头千叶桃，风动落花红蔌蔌。宫边老翁为余泣，小年进食曾因入。上皇正在望仙楼，太真同凭阑干立。楼上楼前尽珠翠，炫转荧煌照天地。归来如梦复如痴，何暇备言宫里事。初过寒食一百六，店舍无烟宫树绿。夜半月高弦索鸣，贺老琵琶定场屋。力士传呼觅念奴，念奴潜伴诸郎宿。须臾觅得又连催，特敕街中许然烛。春娇满眼睡红绡，掠削云鬟旋装束。飞上九天歌一声，二十五郎吹管逐。逡巡大遍凉州彻，色色龟兹轰录续。李谟擫笛傍宫墙，偷得新翻数般曲。平明大驾发行宫，万人歌舞涂路中。百官队仗避岐薛，杨氏诸姨车斗风。明年十月东都破，御路犹存禄山过。驱令供顿不敢藏，万姓无声泪潜堕。两京定后六七年，却寻家舍行宫前。庄园烧尽有枯井，行宫门闭树宛然。尔后相传六皇帝，不到离宫门久闭。往来年少说长安，玄武楼成花萼废。去年敕使因斫竹，偶值门开暂相逐。荆榛栉比塞池塘，狐兔骄痴缘树木。舞榭欹倾基尚在，文窗窈窕纱犹绿。尘埋粉壁旧花钿，乌啄风筝碎珠玉。上皇偏爱临砌花，依然御榻临阶斜。蛇出燕巢盘斗栱，菌生香案正当衙。寝殿相连端正楼，太真梳洗楼上头。晨光未出帘影黑，至今反挂珊瑚钩。指似傍人因恸哭，却出宫门泪相续。自从此后还闭门，夜夜狐狸上门屋。我闻此语心骨悲，太平谁致乱者谁。翁言野父何分别，耳闻眼见为君说。姚崇宋璟作相公，劝谏上皇言语切。燮理阴阳禾黍丰，调和中外无兵戎。长官清平太守好，拣选皆言由相公。开元之末姚宋死，朝廷渐渐由妃子。禄山宫里养作儿，虢国门前闹如市。弄权宰相不记名，依稀忆得杨与李。庙谟颠倒四海摇，五十年来作疮痏。今皇神圣丞相明，诏书才下吴蜀平。官军又取淮西贼，此贼亦除天下宁。年年耕种宫前道，今年不遣子孙耕。老翁此意深望幸，努力庙谟休用兵。

《连昌宫词》是元稹歌行体的代表作，作于元和十三年，《长恨歌》作于元和元年，《连昌宫词》晚于《长恨歌》，然《连昌宫词》问世后即轰动一时，与《长恨歌》并称，甚至认为胜于《长恨歌》。宋洪迈《容斋随笔》说：

> 元微之、白乐天在唐元和、长庆间齐名，其赋咏天宝时事，《连昌宫词》、《长恨歌》皆脍炙人口，使读之者情性荡摇，如身生其时，亲见其事，殆未易以优劣论也。然《长恨歌》不过述明皇追怆贵妃始末，无他激扬，不若《连昌宫词》有监戒规讽之意。如云"姚崇宋璟作相公，（中略）五十年来作疮痏。"其末章官军讨淮西，乞庙谟休用兵之语，盖元和十一、二年间所作，殊得风人之旨，非《长恨》比云。

又张邦基《墨庄漫录》说：

> 白乐天作《长恨歌》，元微之作《连昌宫词》，皆纪明皇时事也。予以为微之之作过乐天，白之歌止于荒淫之语，终篇无所规正。元之词乃微而显，其荒纵之意皆可考，卒章乃不忘箴讽，为优也。

以上两家皆认为元胜于白，当然也有指责《连昌宫词》中"念奴潜伴诸郎宿"句"秽琐"，"'御路犹存禄山过'，禄山之乱，说得太轻……'禄山宫里养作儿'不应斥言"等等的。要知此诗借宫边老人之口，备言开天间盛事，兼亦及玄宗之荒政，然后述安史乱后之荒凉萧瑟，末句见作者之旨，所谓"卒章显其志"也。陈寅恪《元白诗笺证稿》说此诗"深受白乐天、陈鸿《长恨歌》及《传》之影响，合并融化唐代小说之史才诗笔议论为一体而成。其篇首一句及篇末结语二句，乃是开宗明义及综括全诗之议论，又与白香山《新乐府序》所谓'首句标其目，卒章显其志'有密切的关系，乐天所谓'每被老元偷格律'殆指此类欤？至于读此诗必与乐天《长恨歌》详悉比较，又不俟论也"。陈氏所论，似得其正。实际上此诗前半叙开天盛事，略似杜甫的《丽人行》，而后半叙安史乱后之萧条，又略似杜甫之《哀江头》，此诗乃总而有之，又变其法度，且写在白居易《长恨歌》后十三年，自当受乐天之影响，然此诗稍多硬语复韵，流丽则略逊于白诗，此两者之所异，而非甲乙之较也。

元稹在中年丧妻（元稹妻韦氏死于元和四年七月九日，时年元稹三十一岁）后写的三首悼亡诗《遣悲怀》也是十分感人的作品①：

一

　　谢公最小偏怜女，自嫁黔娄百事乖。顾我无衣搜荩箧，泥他沽酒拔金钗。野蔬充膳甘长藿，落叶添薪仰古槐。今日俸钱过十万，与君营奠复营斋。

二

　　昔日戏言身后意，今朝都到眼前来。衣裳已施行看尽，针

————————

① 见陈寅恪先生《元白诗笺证稿》第四章《艳诗及悼亡诗》。又可参阅陈寅恪先生《元微之遣悲怀之原题及其次序》，见《清华学报》第十卷第 3 期。三首诗的排列，陈著与旧说不同，可参。

线犹存未忍开。尚想旧情怜婢仆，也曾因梦送钱财。诚知此恨人人有，贫贱夫妻百事哀。

三

　　闲坐悲君亦自悲，百年都是几多时。邓攸无子寻知命，潘岳悼亡犹费词。同穴窅冥何所望，他生缘会更难期。唯将终夜长开眼，报答平生未展眉。

这三首悼亡诗，作者通过对往事的回忆和许多生活细节的追念，真切地写出了诗人触目伤怀、悲君自悲的感情。作者不仅是一个优秀的诗人，而且还是一个优秀的小说家，他的小说《莺莺传》，便是唐代传奇小说繁盛时期的一篇优秀的作品。

　　但元稹也和白居易一样，到了后期，诗歌的现实主义精神和斗争性大为减退，他们的长篇律体，带了浓厚的形式主义倾向。

　　张籍，字文昌，生于公元768年（唐代宗李豫大历三年），大约死于公元830年左右（文宗李昂太和四年），东郡（今河北濮阳附近）人，《新唐书》说他是和州乌江人，也有说他是苏州吴县人的，① 不易断定。贞元十五年登进士第，授太常寺太祝，直到五十岁，还是做着太祝，他的眼睛也有毛病，所以孟郊寄诗他说"穷瞎张太祝"，他后来做过水部员外郎，晚年又为国子司业，所以当时人称他为张水部或张司业。他的诗受杜甫的影响较深，他与当时的诗人白居易、孟郊、贾岛、王建、刘禹锡等都有很深的友谊，白居易尤为推崇他，而古文运动的领导人韩愈

---

① 　见韩愈：《张中丞传后序》。

也十分敬重他，并因韩愈的荐送，举汴州州贡进士，所以他后来在《祭退之》诗中说："北游偶逢公，盛语相称明。名因天下闻，传者入歌声。"可知韩愈对他是十分相知的。

他的朋友姚合赠给他的诗说："妙绝江南曲，凄凉怨女诗。古风无敌手，新语是人知。"白居易在《读张籍古乐府》诗中也称赞他说："张君何为者，业文三十春。尤工乐府诗，举代少其伦。"可见张籍的乐府诗在当时即已经举世闻名了，他自己所说的"新诗才上卷，已得满城传"，恐怕也不是夸大之词。

安史之乱后的中唐时代，是外患日急，边境多事，民族矛盾愈益尖锐的时代，西北边境常常发生战争。人民不断地被送去征战，往往有去无还，这些悲惨的现实，在他的乐府诗里，有充分的反映。例如：

西　州

羌胡据西州，近甸无边城。山东收税租，养我防塞兵。胡骑来无时，居人常震惊。嗟我五陵间，农者罢耘耕。边头多杀伤，士卒难全形。郡县发丁役，丈夫各征行。生男不能养，惧身有姓名。良马不念秣，烈士不苟营。所愿除国难，再逢天下平。

陇　头　行

陇头路断人不行，胡骑夜入凉州城。汉兵处处格斗死，一朝尽没陇西地。驱我边人胡中去，散放牛羊食禾黍。去年中国养子孙，今著毡裘学胡语。谁能更使李轻车，收取凉州入汉家。

筑　城　词

筑城处，千人万人齐把杵。重重土坚试行锥，军吏执鞭催作迟。来时一年深碛里，尽著短衣渴无水。力尽不得抛杵声，杵声未尽人皆死。家家养男当门户，今日作君城下土。

在这些诗里，我们可以看到无数壮丁被征从军，以致田园荒芜，而征出去的人，则"边头多杀伤，士卒难全形"，不死即伤的悲惨现实。也可看到边境的人民，被入侵的外来民族统治者掳去，为他们牧牛放羊，子孙则学胡语，着毡裘。还有一些人，被统治者征去筑城以巩固边防，但他们都在昼夜不息、饥不择食、渴不得饮的苦役折磨下，埋骨于边城下了，这是何等悲惨的现实啊！

无数男子惨死边境，必然会造成无数妇女的孤苦伶仃的痛苦生活，诗人对于这种悲惨的现实，也有极深刻的揭露：

征　妇　怨

九月匈奴杀边将，汉军全没辽水上。万里无人收白骨，家家城下招魂葬。妇人依倚子与夫，同居贫贱心亦舒。夫死战场子在腹，妾身虽存如昼烛。

别　离　曲

行人结束出门去，几时更踏门前路。忆昔君初纳采时，不言身属辽阳戍。早知今日当别离，成君家计良为谁。男儿生身

自有役，那得误我少年时。不如逐君征战死，谁能独老空
闺里。

他在《妾薄命》的诗里说："汉家天子平四夷，护羌都尉裹尸归。念君
此行为死别，对君裁缝泉下衣。"这些诗句，都深刻地描写了人民生离
死别的悲惨遭遇和怨恨。

他的乐府诗里，对于统治阶级残酷剥削农民的罪行，对于新兴起来
的商人对农民的剥削等也有极鲜明的反映：

山　农　词

老农家贫在山住，耕种山田三四亩。苗疏税多不得食，输
入官仓化为土。岁暮锄犁傍空室，呼儿登山收橡实。西江贾客
珠百斛，船中养犬长食肉。

山　头　鹿

山头鹿，角芟芟，尾促促。贫儿多租输不足，夫死未葬儿
在狱。早日熬熬蒸野冈，禾黍不收无狱粮。县家唯忧少军食，
谁能令尔无死伤。

贾　客　乐

金陵向西贾客多，船中生长乐风波。欲发移船近江口，船
头祭神各浇酒。停杯共说远行期，入蜀经蛮远别离。金多众中
为上客，夜夜算缗眠独迟。秋江初月猩猩语，孤帆夜发潇湘

渚。水工持楫防暗滩，直过山边及前侣。年年逐利西复东，姓
名不在县籍中。农夫税多长辛苦，弃业宁为贩宝翁。

张籍除了对上述这些社会问题，进行了真实的揭露和描写外，对妇女们
的生活和命运，也表示了极大的关心。这方面除上面引到的几首诗外，
他的《离妇》诗，写得最为悲惨和深刻了：

　　　　十载来夫家，闺门无瑕疵。薄命不生子，古训有分离。托
身言同穴，今日事乖违。念君终弃捐，谁能强在兹。堂上谢姑
嫜，长跪请离辞。姑嫜见我往，将决复沉疑。与我古时钗，留
我嫁时衣。高堂拊我身，哭我于路陲。昔日初为妇，当君贫贱
时。昼夜常纺织，不得事蛾眉。辛勤积黄金，济君寒与饥。洛
阳买大宅，邯郸买侍儿。夫婿乘龙马，出入有光仪。将为富家
妇，永为子孙资。谁谓出君门，一身上车归。有子未必荣，无
子坐生悲。为人莫作女，作女实难为。

这是与《孔雀东南飞》可以比美的一个家庭悲剧。诗人对于诗中的弃妇
表示了莫大的同情。对于造成这种悲剧的社会制度和那个毫无人性的丈
夫作了尖锐的批评。这种悲剧，在封建社会里是具有典型意义的，因此
诗人这首诗的意义和作用也是很大的。诗的最后说："为人莫作女，作
女实难为。"这就为封建社会里被压迫的妇女，喊出了共同的痛苦的呼
声。宋代的张戒曾说："张司业诗与元白一律，专以道得人心中事为工。
但白才多意切，张思深语精……籍之乐府，诸人未必能也。"[①] 张戒所
说的"专以道得人心中事为工"可以说是对张籍乐府最精确的评论。

―――――――――――

①　见张戒《岁寒堂诗话》。

张籍是杜甫现实主义精神优秀的继承者，也是白居易新乐府运动中最起积极作用的一位诗人。

在新乐府运动中，除张籍外，重要的作家，还有王建和刘禹锡。

王建①，字仲初，生于公元768年（代宗李豫大历三年）卒于公元831年左右（文宗李昂大和五年），颍川（河南许昌）人，大历十年进士。初为渭南尉，大和中出为陕州司马，从军塞上，后归咸阳，卜居原上。他工于写乐府，与张籍齐名，宫词一百首，在当时尤为传诵。他的乐府诗，如《水夫谣》、《田家行》、《当窗织》、《促刺词》、《渡辽水》等篇，都很深刻地描写了人民的痛苦生活和内心的怨恨。现举三首如下：

水 夫 谣

苦哉生长当驿边，官家使我牵驿船。辛苦日多乐日少，水宿沙行如海鸟。逆风上水万斛重，前驿迢迢后森森。半夜缘堤雪和雨，受他驱遣还复去。夜寒衣湿披短蓑，臆穿足裂忍痛何。到明辛苦无处说，齐声腾踏牵船歌。一间茅屋何所值，父母之乡去不得。我愿此水作平田，长使水夫不怨天。

当 窗 织

叹息复叹息，园中有枣行人食。贫家女为富家织，翁母隔

---

① 王建小传，《新唐书》、《旧唐书》均不载。兹据《全唐诗》卷二百九十七《王建集》前的诗人小传。又可参阅《唐才子传》。

墙不得力。水寒手涩丝脆断，续来续去心肠烂。草虫促促机下啼，两日催成一匹半。输官上头有零落，姑未得衣身不著。当窗却羡青楼倡，十指不动衣盈箱。

渡 辽 水

渡辽水，此去咸阳五千里。来时父母知隔生，重著衣裳如送死。亦有白骨归咸阳，营家各与题本乡。身在应无回渡日，驻马相看辽水傍。

他的一百首宫词，都是描写宫廷生活的，风格比较清丽婉约，其中也有一些能够表达宫女的怨情的诗篇。如：

欲迎天子看花去，下得金阶却悔行。恐见失恩人旧院，回来忆著五弦声。（其一）

往来旧院不堪修，近敕宣徽别起楼。闻有美人新进入，六宫未见一时愁。（其二）

合暗报来门锁了，夜深应别唤笙歌。房房下著珠帘睡，月过金阶白露多。（其三）

步行送入长门里，不许来辞旧院花。只恐他时身到此，乞恩求赦放还家。（其四）

以上这些诗，还是反映了宫女们的一些怨情的，其他一些作品较广泛地反映了宫廷生活的各方面，对于统治者们的荒淫逸乐也有一定的描写。

刘禹锡，字梦得，生于公元772 年（代宗李豫大历七年）卒于公元

842 年（武宗李炎会昌二年），彭城（今江苏铜山附近）人。贞元九年擢进士第，登博学宏词科。贞元末为王叔文引荐入禁中，后因王叔文败，坐贬连州刺史，在道贬朗州司马。在郎州住了十年。召还后，又被贬连州，徙夔和二州。大和二年（828 年）征入为主客郎中，后又因作《重游玄都观》诗，出分司东都。后迁为太子宾客分司，会昌时，加检校礼部尚书，死时年七十二岁。他是一位有重要贡献的唯物主义思想家，同时又是一个著名的诗人。他与白居易是知友，相互唱和的诗很多。他的诗歌的最大特色，便是通俗化和民歌化，例如：

竹枝词二首之一

杨柳青青江水平，闻郎江上唱歌声。东边日出西边雨，道是无晴却有晴。

竹枝词九首录六首

白帝城头春草生，白盐山下蜀江清。南人上来歌一曲，北人莫上动乡情。（其一）

山桃红花满上头，蜀江春水拍山流。花红易衰似郎意，水流无限似侬愁。（其二）

江上朱楼新雨晴，瀼西春水縠纹生。桥东桥西好杨柳，人来人去唱歌行。（其三）

日出三竿春雾消，江头蜀客驻兰桡。凭寄狂夫书一纸，家住成都万里桥。（其四）

城西门前滟滪堆，年年波浪不能摧。懊恼人心不如石，少时东去复西来。（其六）

巫峡苍苍烟雨时，清猿啼在最高枝。个里愁人肠自断，由来不是此声悲。（其八）

其余如他的《蛮子歌》、《采菱行》等诗，也是比较通俗化和具有民歌风格的。他写的一些七绝和五绝，也有写得很好的：

石 头 城

山围故国周遭在，潮打空城寂寞回。淮水东边旧时月，夜深还过女墙来。

乌 衣 巷

朱雀桥边野草花。乌衣巷口夕阳斜。旧时王谢堂前燕，飞入寻常百姓家。

前两首诗，怀古伤今，寄托着很深的感慨；后一首诗，语言很浅近，但诗意却很深密。刘禹锡以他的那些民歌化的诗篇，形成了一种新的独特的风格，使他成为当时个性鲜明，风格独特的一位重要诗人。

第五节　简短的结论

白居易的时代，是安史之乱后的中唐时代。这时，统治阶级内部朋党之争非常尖锐，藩镇则各据一方，拥兵专权，形成一种表面上统一而实际上是分裂的局面，因此战乱频仍，政治黑暗腐败，人民不胜痛苦。

白居易继承着杜甫的现实主义诗歌的传统，为了改良政治，改善民生，讽刺统治者残酷不仁的暴行和苛政，与社会的黑暗和恶势力展开斗争，他写了一系列的富有强烈的斗争性和人民性的作品。他的语言力求通俗易懂，容易为群众接受，内容则力求有事实根据。使得他的诗歌的现实性和斗争性更为强烈。在形式上则采用乐府诗的形式，但他继承着杜甫即事命题的精神，根据诗歌的内容为自己的乐府诗另标新题，不再袭用汉魏乐府的旧题。因此名之为"新乐府"，由于白居易以及元稹等人的大力提倡，新乐府的创作才成为当时诗歌创作的一种方向，形成一种运动，元稹、张籍、王建、刘禹锡等人，都是这个运动中的重要诗人。

　　白居易不仅在诗歌创作上继承了杜甫的现实主义精神，作出了重要的贡献，而且在文学批评上，也建立了辉煌的现实主义文学理论。他发展了刘勰、钟嵘、陈子昂、李白、杜甫等人的具有现实主义精神的诗歌理论，明确地提出了"文章合为时而著，诗歌合为事而作"的主张，使诗歌理论向前发展了一大步。并且根据这个卓越的理论，评论了《诗经》以来的诗歌，给予伟大的诗人杜甫以最崇高的地位。白居易的诗歌创作和诗歌理论，给后来以极大的影响。

第七章 韩愈、柳宗元与古文运动

第一节 古文运动的历史发展

魏晋以后，文章日趋骈俪，到南北朝而大盛。但古文运动，也正是在这文章日趋骈俪的时候就开始的。西魏文帝大统年间（535—557，正当南朝梁武帝大同年间），宇文泰就提倡用古文。《周书》卷二十三《苏绰传》：

> 自有晋之季，文章竞为浮华，遂成风俗，太祖（周宇文泰）欲革其弊，因魏帝祭庙，群臣毕至，乃命（苏）绰为大诰，奏行之。

当时宇文泰提倡古文，显然为了配合政治上的汉化政策，以号召人心，所以后来宇文泰的儿子宇文觉篡魏建立北周以后，仍旧继续着这个复古运动，并在政治上收到了巨大的效果。隋灭北周，隋文帝开皇四年（584 年，当南朝陈后主时代），李谔上书：

第七章　韩愈、柳宗元与古文运动

江左齐梁，其弊弥甚……连篇累牍，不出月露之形，积案盈箱，惟是风云之状。世俗以此相高，朝廷据兹擢士……文笔日繁，其政日乱，良由弃大圣之规模，构无用以为用也。

隋文帝于是便"普诏天下公私文翰，并宜实录，"并将泗州刺史司马幼之以文表华艳付所司治罪。古文运动继续开展着。这时在南朝，正是陈后主大作《玉树后庭花》，宫体诗盛行的时候，南北情况，恰好形成鲜明的对比。隋末大儒者王通又著《中说》，全仿《论语》体，力求复古。但隋代的古文运动，并未有多大的效果，因为一方面隋的国祚甚短，另方面，续文帝而立的隋炀帝杨广，是个著名的荒淫君主，他自己就喜欢制作淫词艳曲，他的《清夜游曲》，简直就是《玉树后庭花》的翻版。在这种情况下，古文运动当然就不可能取得多大的成就了。到了唐朝，陈子昂、元结、独孤及、萧颖士、李华、梁肃、柳冕等人都曾致力于古文运动，对于后来的古文运动，也有一定的影响。但因为他们受了时代条件的限制，加之他们的目标不明确，缺乏足以号召大家的思想内容，仅仅只是文体的改革，即形式上的改革，因此不可能形成一个有力的深刻而广泛的运动，但到韩、柳的时代，社会的客观条件已经成熟了，同时韩愈又为古文运动提出了正确的口号，使古文运动具有比较进步的思想内容，而且组织了相当强大的阵容，在各种条件的配合下，因而使这个运动能取得胜利。

第二节　韩愈古文运动的意义及成就

（一）韩愈的生平

韩愈，字退之，生于公元768年（唐代宗大历三年），卒于公元824年（穆宗长庆四年），南阳（今河南沁阳）人。① 从小孤苦勤学，《新唐书》本传说："愈生三岁而孤，随伯兄会贬官岭表。会卒，嫂郑氏鞠之。愈自知读书，日记数千百言。比长，尽通六经百家之学。"二十五岁，登进士第，便开始做官。贞元十八年，愈调四门博士，迁监察御史。元和十二年，从裴度宣慰淮西，吴元济平，升刑部侍郎。元和十三年，宪宗遣使至凤翔迎佛骨入宫禁，君臣敬礼布施，举国若狂。韩愈便极力反对，作了一篇《论佛骨表》切谏，惹得宪宗大怒，要处以死刑。幸而裴度、崔群等全力谏止，才贬韩愈为潮州刺史。穆宗即位，愈还朝。镇州叛乱，部将杀死主帅田弘正，拥立王庭凑；朝廷命韩愈往宣抚。当时大家都为韩愈的安危担心，元稹叹息地说："韩愈可惜！"可是韩愈却用一席话把叛军说服。因此即转吏部侍郎。韩愈为人，《新唐书》本传说他："性明锐，不诡随，与人交，始终不变。"《旧唐书》本传也说他："愈性弘通，与人交，荣悴不易。少时与洛阳人孟郊、东郡人张籍友善。二人名位未振，愈不避寒暑，称荐于公卿间，而籍终成科第，荣于禄仕。后虽通贵，每退公之隙，则相与谈宴，论文赋诗，如平昔焉。而观诸权

---

① 韩愈的籍贯，《旧唐书》作昌黎人，这是指他的祖籍。《新唐书》作邓州南阳人。皇甫湜《韩愈神道碑》作"上世居南阳"。陈继儒《偃曝余谈》也说："修武县东北三十里，曰南阳，韩文公之故里也。"可证韩愈应是南阳人。但此南阳是河内南阳（在黄河北面，修武附近），而不是唐属邓州的南阳（在黄河以南，河南省南部，接近湖北省），韩愈先人及韩愈自己的坟墓，都葬在河内的南阳可证。所以《新唐书》作"邓州南阳"，也是不对的。

门豪士，如仆隶焉，瞪然不顾。而颇能诱励后进，馆之者十六七，虽晨炊不给，怡然不介意。"韩愈所倡导的古文运动所以能够波澜壮阔，震动一时，取得胜利，并给后来以很大的影响，与他这种极力提携后进，网罗人才以实践自己的主张，是有密切的关系的。

（二）古文运动的社会基础与成就

安史之乱以后，唐代社会经济受到了严重的破坏，政治上也造成了藩镇割据的局面。中央政权无力过问，所以代宗、德宗对他们只是采取姑息政策，以求暂时的平静，借以积蓄力量。到了宪宗的时期，过去受到安史之乱破坏的中央区域的经济，由于代、德两朝的让步政策，因此便逐渐恢复，社会经济继续有所发展，同时宪宗又用武力平定了各方面藩镇的割据和叛乱，呈现了一个暂时中兴的局面。

由于农业的逐渐恢复，商业和手工业经济的继续发展，中唐时代新兴的中小地主和市民阶层的社会力量越来越大。在中唐以前，中下层的知识分子通过科举制逐步上升，到了中唐时代，在政治上便形成了一种力量，与世家大族的政治势力形成了对立，发生了尖锐的斗争。

唐代政府，特重科举制度，凡宰相等政府要职，都由进士出身的人担任。主持考试的人，同样也必须是进士出身。这些人多半是中下层的知识分子，他们一经进士及第做了官，便有了政治力量，同时也就成为文坛上的重要人物。他们在政治上是代表新兴的中小地主阶层的利益与士族集团对立的，在这个尖锐的斗争中，他们要求用切合实用、能充分表达自己思想的散文来作为斗争的武器，因此他们提倡古文，反对六朝以来的骈文，这就是产生韩愈的古文运动的社会基础。

韩愈的古文运动，也即是散文运动，它的特色，即是在古代散文的基础上，尤其是在《史记》的基础上，广泛地吸收新的语言成分，以建立一种更接近口语的新文体。当然这种文体革新运动，如前所述，与当时的政治斗争是有密切的关系的。

韩愈所提倡的古文运动的最大的特色，也即是他与从前的古文运动所不同的地方，是他为这个运动提出了"文以载道"的正确的口号，换句话说，他没有把这个运动单纯地看作是文体的改革，相反地他却认为要使文章的思想内容和形式同时改变。因此他首先给予这个运动以宣传儒家的思想，反对佛教道教的思想内容。因为佛道两教，自魏晋以来，日渐兴盛，到南北朝之时，已经风靡一时，无数的田产被寺院占据，无数的人为僧侣后不事生产，社会上形成了一支相当庞大的寄生队伍，直接影响到国计民生。这种风气到了唐代，仍然有增无减，而且代宗、宪宗都还十分沉迷，而人民则早已不胜其苦。韩愈看准了这样一个有关国计民生并且具有普遍性的矛盾，便坚决主张排斥佛道，指出佛道盛行后对国家人民的危害，斗争得最尖锐的是他对宪宗上的《论佛骨表》，因此宪宗几乎将他杀死。韩愈一方面坚决反对佛道两教，另方面则又极力主张崇儒，极力宣扬儒家的道理，力图恢复久已衰替的儒家传统。他这种强调儒学争取道统，本质上是为封建统治阶级服务的，对于后代也发生了消极的影响，但在当时，作为排佛的思想武器和反对骈文的理论基础去理解，仍然是很有积极意义的。除了在思想上极力反对佛道宗教，在文学的形式上则极力反对辞藻华美，内容空虚的骈俪文学，坚持主张"文以载道"，并且在写作上提出"陈言之务去"来，以反对齐梁以来的模拟剽盗的风气，同时又提出"辞必己出"、"文从字顺"来，主张要发挥创造性，语言要平易近人，合乎语言规律。韩愈的这些主张，无疑是具有进步意义的，他给予后来的影响也很大，他所领导的古文运动终于取得了胜利，他所创造的散文形式终于代替了过去骈体文的地位，这些成就，是应该肯定的。

他的散文特色，首先是反对六朝唐初骈体文华丽纤巧，堆砌典故，讲究对仗声律的作风。他继承着《史记》的语言传统，创造性地运用精

练生动的口语来说理、叙事或抒情，因此他的文章，读起来流畅亲切，
容易接受，例如：

> 与足下别久矣，以吾心之思足下，知足下悬悬于吾也。各
> 以事牵，不可合并，其于人人，非足下之为见，而日与之处，
> 足下知吾心乐否也？吾言之而听者谁欤？吾唱之而和者谁欤？
> 言无听也，唱无和也，独行而无徒也，是非无所与同也，足下
> 知吾心乐否也！……
>
> 去年春，脱汴州之乱，幸而不死，无所于归，遂来于此。
> 主人与吾有故，哀吾穷，居吾于符离睢上。及秋，将辞去，因
> 被留以职事。默默在此，行一年矣。到今年秋，聊复辞去。江
> 湖余乐也，与足下终幸矣。李习之娶吾亡兄之女，期在后月，
> 朝夕当来此。张籍在和州居丧，家甚贫。恐足下不知，故具此
> 白，冀足下一来相视也。自彼至此虽远，要皆舟行可至，速图
> 之，吾之望也。……（《与孟东野书》）

这封信差不多全是用的口语，叙述多么婉转亲切，第一段写朋友间因久
不通问而彼此想念的情状，真是情见乎辞。第二段描写遭乱的经过，辞
官的愿望，家人朋友的婚丧，希望对方来探视，并为对方计划行程，写
得琐琐屑屑，如话家常，但却十分亲切动人，这种文字，在骈体文里，
是无论如何也找不到的。再如他的《张中丞传后叙》，融叙事、议论、
抒情于一体，全文不用一个典故，全用精练生动的口语描写，写得十分
生动，例如议论处：

> 当二公之初守也，宁能知人之卒不救，弃城而逆遁？苟此
> 不能守，虽避之他处何益？及其无救而且穷也，将其创残饿赢

之余，虽欲去，必不达；二公之贤，其讲之精矣。守一城，捍天下，以千百就尽之卒，战百万日滋之师，蔽遮江淮，沮遏其势，天下之不亡，其谁之功也？当是时，弃城而图存者，不可一二数，擅强兵坐而观者，相环也；不追议此，而责二公以死守，亦见其自比于逆乱，设淫辞而助之攻也。

这一段文字，逻辑性十分强，辩论十分精到，从正反两方面来分析，说明只有坚持待援才是唯一正确的措施。辨明了这一点以后，然后反过来批判那些"责二公以死守"的谬论，反戈一击，十分有力，说他们"自比于逆乱，设淫辞而助之攻"，使对方无可辩解，这就是韩愈文章的战斗性。再如叙事处：

南霁云之乞救于贺兰也，贺兰嫉巡、远之声威功绩出己上，不肯出师救，爱霁云之勇且壮，不听其语，强留之。具食与乐，延霁云坐。霁云慷慨语曰："云来时，睢阳之人不食月余日矣，云虽欲独食，义不忍！虽食，且不下咽！"因拔所佩刀断一指，血淋漓以示贺兰。一座大惊，皆感激为云泣下。云知贺兰终无为云出师意，即驰去，将出城，抽矢射佛寺浮屠；矢着其上砖半箭，曰："吾归破贼，必灭贺兰，此矢所以志也！"愈贞元中过泗州，船上人犹指以相语。

在这样一段短短的文字中，作者十分成功地描述了南霁云忠义慷慨的行为和突出地刻画了卑鄙自私的贺兰进明的思想，总共不过用了二百字左右，而事情却写得如此紧张真实，感人心胸，足见韩愈的叙事手段是十分高明的。在这篇文章中，作者还贯穿了浓厚的抒情味道，一种对历史人物向往低徊的情绪，在全文中用了很多感叹语，来抒发作者的慨叹，因此使这篇文章更具有感人的力量。这篇文章，可以说是具有充分的散文特色的文章。

韩愈的《祭十二郎文》，尤其是他抒情性散文的代表作：

年月日，季父愈，闻汝丧之七日，乃能衔哀致诚，使建中远具时羞之奠，告汝十二郎之灵：

呜呼！吾少孤，及长，不省所怙，惟兄嫂是依。中年，兄殁南方，吾与汝俱幼，从嫂归葬河阳。既又与汝就食江南，零丁孤苦，未尝一日相离也。吾上有三兄，皆不幸早世。承先人后者，在孙惟汝，在子惟吾，两世一身，形单影只，嫂尝抚汝指吾而言曰："韩氏两世，惟此而已！"汝时犹小，当不复记忆。吾时虽能记忆，亦未知其言之悲也。

吾年十九，始来京城。其后四年而归视汝，又四年，吾往河阳省坟墓，遇汝从嫂丧来葬。又二年，吾佐董丞相于汴州，汝来省吾，止一岁，请归取其孥。明年丞相薨，吾去汴州，汝不果来。是年，吾佐戎徐州，使取汝者始行，吾又罢去，汝又不果来。吾念汝从于东，东亦客也，不可以久，图久远者，莫如西归，将成家而致汝。呜呼！孰谓汝遽去吾而殁乎！吾与汝俱少年，以为虽暂相别，终当久相与处，故舍汝而旅食京师，以求斗斛之禄；诚知其如此，虽万乘之公相，吾不以一日辍汝而就也。

去年，孟东野往，吾书与汝曰：吾年未四十，而视茫茫，而发苍苍，而齿牙动摇。念诸父与诸兄，皆康强而早世，如吾之衰者，其能久存乎？吾不可去，汝不肯来，恐旦暮死而汝抱无涯之戚也！孰谓少者殁而长者存，强者夭而病者全乎！呜呼！其信然邪？其梦邪？其传之非其真邪？信也，吾兄之盛德而夭其嗣乎？汝之纯明而不克蒙其泽乎？少者强者而夭殁，长者衰者而存全乎？未可以为信也。梦也，传之非其真也，东野之书，耿兰之报，何为而在吾侧也？呜呼！其信然矣！吾兄之盛德而夭其嗣矣！汝之纯明宜业其家者，不克蒙其泽矣！所谓天者诚难测，而神者诚难明矣！所谓理者不可推，而寿者不可知矣！虽然，吾自今年来，苍苍者或化而为白矣，动摇者或脱而落矣，毛血日益衰，志气日益微，几何不从汝而死也，死而有知，其几何离；其无知，悲不几时，而不悲者无穷期矣！汝之子始十岁，吾之子始五岁。少而强者不可保，如此孩提者，又可冀其成立邪？呜呼哀哉！呜呼哀哉！

汝去年书云："比得软脚病，往往而剧。"吾曰："是疾也，江南之人，常常有之。"未始以为忧也。呜呼！其竟以此而殒其生乎？抑别有疾而至斯乎？汝之书，六月十七日也，东野云："汝殁以六月二日。"耿兰之报无月日，盖东野之使者，不知问家人以月日；如耿兰之报，不知当言月日。东野与吾书，乃问使者，使者妄称以应之耳，其然乎？其不然乎？今吾使建中祭汝，吊汝之孤，与汝之乳母，彼有食可守以待终丧，则待终丧而取以来；如不能守以终丧，则遂取以来；其余奴婢，并令守汝丧。吾力能改葬，终葬汝于先人之兆，然后惟其所愿。

呜呼！汝病吾不知时，汝殁吾不知日，生不能相养以共居，殁不得抚汝以尽哀，敛不凭其棺，窆不临其穴，吾行负神明而使汝夭，不孝不慈，而不得与汝相养以生，相守以死，一在天之涯，一在地之角，生而影不与吾形相依，死而魂不与吾梦相接，吾实为之，其又何尤！彼苍者天，曷其有极！自今已往，吾其无意于人世矣！当求数顷之田于伊颍之上，以待余

年，教吾子与汝子，幸其成，长吾女与汝女，待其嫁，如此
而已！

　　呜呼！言有穷而情不可终，汝其知也邪？其不知也邪？呜
呼哀哉！尚飨！

全文情事结合，情胜于事。历叙往日辛酸，如泣如诉。无一处非白话，
无一处用典故，而读者无不为其真情所感，遂成千古名文。而韩愈的古
文运动，也就藉着这种感人至深的散文，战胜了六朝以来的骈俪文。

　　韩愈的议论文，具有一种雄辩的气势和无可辩驳的说服力，前面
《张中丞传后序》中提到一段已经显示出这种特色，而他的《五原》特
别是其中的《原毁》，就是具有这种特点。

　　韩愈文章的另一个特点是语言的善于变化，显示这种特点最明显的
是《送孟东野序》。韩文的语言，一般是以散句为主，但也有俳句和偶
句，而且利用了这种句子，往往就能造成豪放的气势。从句子的字数来
看，则有短句、长句、错综复杂、鹘突变化，造成一种平顺流畅而又跳
跃活泼的语言特色，避免了骈体文的死板呆滞。即以《送孟东野序》来
说，由于运用了许多俳句，因此造成一种特殊的气势，例如：

　　大凡物不得其平则鸣：草木之无声，风挠之鸣。水之无
声，风荡之鸣。其跃也，或激之；其趋也，或梗之；其沸也，
或炙之。

在这一小节里，就用了两类俳句。第一类是由两句偶句组成的，即"草
木之无声"以下两个偶句。第二类是用三组偶句组成的，但在句法上，
较上面又有了变化，句子的主要部分，都是用的动词，而且每组中的上
下句都是用三个字组成的。由于句子进行了这样的调配，使得这一节文

章，既有了整齐豪放的气势，又有了参差错落的姿态，因此也就使文章活跃生动起来了。除了上述这种俳句及在俳句中运用短句外，在这篇文章中，还用到很长的句子，例如：

> 杨朱、墨翟、管夷吾、晏婴、老聃、申不害、韩非、慎到、田骈、邹衍、尸佼、孙武、张仪、苏秦之属，皆以其术鸣。

这一句长达三十七字，是散文中罕见的长句，由于句子长，一气读下来，文势很有力，但又由于在这样的长句中作者安排了十四次顿挫，所以使得整个句子，又具有鲜明的节奏，读起来不至于平直呆板。其次，如前面已经引到的《张中丞传后序》以及《与孟东野书》等文章，也充分地体现了这种参差错落，善于变化的语言特点。

韩愈文章还有一个鲜明的特色，是善于根据不同的内容，不同的体裁，使用不同特色的语言。例如他的议论文的语言，都是具有较强的逻辑性和辨析力的，他的叙事文则又很形象化、具体化，句法又注意到参差错落的变化，所以他的叙事文往往能给人以鲜明突出的影像，而他的祭文、送序文、书信，则往往兼具叙事抒情的特色，描述人情事物，尤能婉转详尽。他的一些碑志之类的文章，则较多的运用"诘屈聱牙"的语言，以求古雅，因为这并不是实用的文章。由于他掌握了这些特点，所以他的许多成功的文章，在艺术上都能造成一种比较完美的特色，也就是内容和形式能够得到和谐和统一。

当然我们在探究韩愈文章的语言特色的时候，首先要注意到我们在前面已经论述到的韩愈文章的内容和思想，因为这些语言技巧是为内容服务的，也就是说韩愈文章的具有充沛的力量，首先是他的文章具有一定的现实性和战斗性，如果离开了这个根本问题，那末一切语言的技巧，都变成了形式主义的玩意了。

第三节 韩愈的诗歌

韩愈除散文外，在诗歌上也很有成就。在中唐时代的诗人中，过去向来把韩、孟（孟郊）与元、白并称（但实际上，韩愈诗歌的思想内容和现实意义比起元、白来是比较逊色的）。韩愈的诗歌与元、白不同，他特别致力于诗歌的表现方法和艺术技巧，他的诗，正如他的散文一样，是反对华靡，摒弃庸俗，追求有力的形象与技巧，形成一种独创的特殊风格，他长于铺叙陈述，直书其事，所以前人竟有说他是"以文为诗"的。韩愈是个有名的散文家，所谓"以文为诗"，实际上也是指他的诗的散文化的倾向，所以他的诗平易流畅而自然，例如《山石》：

> 山石荦确行径微，黄昏到寺蝙蝠飞。升堂坐阶新雨足，芭蕉叶大栀子肥。僧言古壁佛画好，以火来照所见稀。铺床拂席置羹饭，疏粝亦足饱我饥。夜深静卧百虫绝，清月出岭光入扉。天明独去无道路，出入高下穷烟霏。山红涧碧纷烂漫，时见松枥皆十围。当流赤足蹋涧石，水声激激风吹衣。人生如此自可乐，岂必局束为人靰。嗟哉吾党二三子，安得至老不更归。

又如《赠刘师服》里的几句：

> 我今牙豁落者多，所存十余皆兀臲。匙抄烂饭稳送之，合口软嚼如牛呞。妻儿恐我生怅望，盘中不饤栗与梨。

571

他的《八月十五夜赠张功曹》，也是这种风格的代表：

> 纤云四卷天无河，清风吹空月舒波。沙平水息声影绝，一杯相属君当歌。君歌声酸辞且苦，不能听终泪如雨。洞庭连天九疑高，蛟龙出没猩鼯号。十生九死到官所，幽居默默如藏逃。下床畏蛇食畏药，海气湿蛰熏腥臊。昨者州前捶大鼓，嗣皇继圣登夔皋。赦书一日行万里，罪从大辟皆除死。迁者追回流者还，涤瑕荡垢清朝班。州家申名使家抑，坎轲只得移荆蛮。判司卑官不堪说，未免捶楚尘埃间。同时辈流多上道，天路幽险难追攀。君歌且休听我歌，我歌今与君殊科。一年明月今宵多，人生由命非由他，有酒不饮奈明何。

此诗作于永贞元年，宋樊汝霖说："张功曹，署也。公与张以贞元二十一年二月二十四日赦自南方，俱徙掾江陵，至是俟命于郴而作是诗。公在江陵《祭郴州李使君》云：'辍行谋于俄顷，见秋月之三觳。逮天书之下降，犹低回以宿留。'此其证也，诗怨而不乱，得《小雅》之风。"清方东树说："一篇古文章法。前叙，中间以正意苦语重语作宾，避实法也……收应起，笔力转换。"可见韩愈诗歌散文化的倾向是诗论家所共识的。但实际上，诗歌散文化的开端，要上溯到杜甫，杜甫的《北征》、《自京赴奉先县咏怀》等诗，都具有这种特点。韩愈的这种诗的散文化的倾向，给后来北宋的诗人以极大的影响。

韩愈诗歌的另一个特色，便是雄伟、奇特、博大的气魄。韩愈在《荐士》诗里称赞孟郊的诗说：

> 横空盘硬语，妥帖力排奡。

又在《赠张秘书》诗里说：

险语破鬼胆，高词媲皇坟。

历来的批评家都拿这几句诗来说明韩诗的风格，这是很确切的。但也有人认为韩诗的风格特色是"奇险"，在韩愈的诗里，这种情况确实是存在的，例如他的《石鼓歌》：

张生手持石鼓文，劝我试作石鼓歌。少陵无人谪仙死，才薄将奈石鼓何。周纲陵迟四海沸，宣王愤起挥天戈。大开明堂受朝贺，诸侯剑佩鸣相磨。搜于岐阳骋雄俊，万里禽兽皆遮罗。镌功勒成告万世，凿石作鼓隳嵯峨。从臣才艺咸第一，拣选撰刻留山阿。雨淋日炙野火燎，鬼物守护烦撝呵。公从何处得纸本，毫发尽备无差讹。辞严义密读难晓，字体不类隶与科。年深岂免有缺画，快剑斫断生蛟鼍。鸾翔凤翥众仙下，珊瑚碧树交枝柯。金绳铁索锁纽壮。古鼎跃水龙腾梭。陋儒编诗不收入，二雅褊迫无委蛇。孔子西行不到秦，掎摭星宿遗羲娥。嗟余好古生苦晚，对此涕泪双滂沱。忆昔初蒙博士征，其年始改称元和。故人从军在右辅，为我度量掘臼科。濯冠沐浴告祭酒，如此至宝存岂多。毡包席裹可立致，十鼓只载数骆驼。荐诸太庙比郜鼎，光价岂止百倍过。圣恩若许留太学，诸生讲解得切磋。观经鸿都尚填咽，坐见举国来奔波。剜苔剔藓露节角，安置妥帖平不颇。大厦深檐与盖覆，经历久远期无佗。中朝大官老于事，讵肯感激徒婩婴。牧童敲火牛砺角，谁复著手为摩挲。日销月铄就埋没，六年西顾空吟哦。羲之俗书趁姿媚，数纸尚可博白鹅。继周八代争战罢，无人收拾理则那。方今太平日无事，柄任儒术崇丘轲。安能以此上论列，愿借辩口如悬河。石鼓之歌止于此，呜呼吾意其蹉跎。

韩愈的《石鼓歌》确是一篇瑰奇雄伟之作，钱仲联先生引恒山评云："韩（愈）《石鼓》诗雄奇怪伟。"《唐宋诗醇》说："典重瑰奇，良足铸之金而磨之石。后半旁皇珍惜，更见怀古情深。"方东树说："诗文以瑰怪玮丽为奇，然非粗犷伧俗，客气矜张，饾饤句字，而气骨轻浮者可貌袭也。如韩（愈）、苏（轼）《石鼓》，自然奇伟。"以上各家，都指出了韩诗雄奇瑰丽的一面。实际上，他的诗常常是奇伟与自然很好地结合起来的，如朱熹就说："况公之诗冲口而出，自然奇伟。"清代赵翼也说：

其实昌黎自有本色，仍在文从字顺中，自然、雄厚、博大，不可捉摸，不专以奇险见长。恐昌黎亦不自知，后人平心读之自见。若徒以奇险求昌黎，转失之矣。

这一段评论，可以说是十分全面而精到的。有人还认为韩愈的诗歌，主要是接受了杜甫诗的影响，这是指杜甫炼字炼句，也即是指杜甫对诗歌的艺术形式方面的苦心经营和诗的散文化的影响，这固然是不可忽视的一点，但实际上韩愈的那种雄伟奇特的气魄和丰富的想象，也同样是接受了李白的影响，只要看韩愈自己对李、杜同样的推崇，也可以体会这一点了。

总之，韩愈不仅是中唐时代杰出的散文家，而且还是一个给后来以极大影响的杰出诗人。但我们在评价韩愈的时候，应该注意到：

韩愈的思想，基本上是代表当时的世俗地主阶级（即当时地主阶级中的当权派）的利益的，因此也有他完全代表封建统治者的一面，例如他在《原道》里说："是故君者，出令者也。臣者，行君之令而致之民者也。民者，出粟米麻丝、作器皿，通货财，以事其上者也。君不出令，则失其所以为君，臣不行君之令而致之民，则失其所以为臣；民不出粟米麻丝，作器皿，通货财，以事其上，则诛。"如果我们忽视这一点，就不能全面地了解韩愈。但是韩愈自己一生的经历，又是经过困顿，受过压抑，对于这个时代的政治，也有一定的不满，尤其是他的《谏迎佛骨表》，极言切谏，几乎惹来杀身之祸。因此在他的文章中，也有不少揭露和批判统治阶级的，对历史上的一些历史人物如张巡、许远也有过有力的赞扬，对中下层阶级出身的知识分子，又表示同情，对当时患害社会民生很深的佛教，曾进行过坚决的有力地斗争，这些方面，对于当时的人民，还都是有益的，因此我们也应该肯定。

韩愈所倡导的古文运动，从文学发展的角度来看，对后世的影响很大，它推翻了六朝以来骈体文的统治地位，创造了一种在当时来讲是进步的文学形式和语言，使以后的散文和传奇小说有巨大的进展，为许多优秀作品的产生，准备了条件。

韩愈本人在创作上，不论是诗歌和散文，都有卓越的成就，他是给后世以深远影响的作家，他对创作事业的态度，是刻苦而严肃的，他谈到创作经验的一些文章，对我们也还有参考价值。

第四节　柳宗元的散文和诗歌

（一）柳宗元的生平

柳宗元，字子厚，生于公元773年（代宗大历八年），卒于公元819年（宪宗元和十四年）。河东（今山西永济县）人。父柳镇，玄宗天宝末年曾任太常博士,肃宗时曾任殿中侍御史,为人刚直。柳宗元少年时就很有才干,《新唐书》本传说他"少精敏绝伦,为文章,卓伟精致,一时辈行推仰"。二十一岁举进士,二十九岁作监察御史。顺宗即位(公元805年),任礼部员外郎。同年8月,顺宗传位宪宗。9月,柳宗元因参加以王叔文为首的政治集团,被贬为邵州刺史,又改为永州司马(永州,即今湖南省零陵县)。直到宪宗元和十年,才迁为柳州刺史。元和十四年,死在柳州,那时他只有四十七岁。

柳宗元的思想基本上是代表中下层知识分子的利益的,对于贵族官僚,表示了强烈的不满。在《封建论》、《铁炉岁志》诸文中,这种思想表现得最显著。柳宗元被贬在外地十四年,可是他能在痛苦的贬谪生活中锻炼自己,丰富了文学内容,提高了文学技巧,使自己成为和韩愈并称的唐代杰出的文学家。

关于保卫道统,复兴儒学,主张文章要宣传儒家的道理,所谓"文者以明道"(《答韦中立论师道书》),"圣人之言,期以明道,学者务求诸道,而遗其辞"(《报崔黯秀才书》)。这些主张,他是与韩愈相同的。但柳宗元的思想也有与韩愈不一致的地方,即韩愈主张排佛,柳宗元却不主张排佛。他在《送僧浩初序》里说:"儒者韩退之与予善,尝病予嗜浮屠言,訾予与浮屠游……浮屠诚有不可斥者,往往与《易》、《论语》合,诚乐之,其于性情奭然,不与孔子异道。"他甚至不赞成韩愈用"夷夏之防"的大帽子来排斥佛教,所以接下去又说:"曰:以其夷也。果不信道而斥焉以夷,则将友恶来、盗跖,而贱季札、由余乎?"柳宗元认为佛教之可信与否,是佛教本身的问题,而不是释迦的国籍问题。柳宗元的看法,显然是有道理的。对佛教的态度,显然他与韩愈是相反的。当然,韩愈的反佛教,也不仅仅是宗教问题,而是涉及佛徒不事生产,全由社会供养,加上皇帝佞佛,直接影响到国计民生问题。所以实际上韩愈是从政治上着眼的,而柳宗元却是从佛教思想着眼的,这是他两人对佛教不同态度的根本原因。柳宗元在古文运动中，是仅次于韩愈的一位重要人物，他的文学成就以及对后来的影响都很大，所以韩愈也推崇他的文章说："雄深雅健，似司马子长，崔、蔡不足多也！"

（二）柳宗元的散文和诗

柳宗元散文的成就，表现在很多方面，而且具有卓绝的造诣和独特的面貌。从内容上看大致可分为三类：说理文、写景文和讽刺文。他的说理文，在辨析事理上，富于怀疑精神，不轻信古人，不盲从古人，能够冷静地、客观地去分析、推理、判断。因此他对客观事物，有着独特的见解，说服力也很强，这方面，他的《封建论》是代表作品。内容主要是辨析封建制（分封子弟）与郡邑制的优劣。他反对前者而赞同后者。他首先指出封建制的形成，是历史发展的必然，不是圣人之意。接着便从历史上申述郡邑制的优点，与封建制的缺点，并着重驳斥了卫护封建制的人的错误理论。对于周代，认为是"先在于制，不在于政"。对于秦代，相反的是"先在于政，不在于制"。同时并从封建统治者的动机上，驳斥了某些人的"夏商周汉封建而延，秦郡邑而促"的错误理论。全文从一开始，提出自己的看法，接着有论证，有驳辩，有分析，有批判，因而具有强烈的说服力，是说理文的典范之作。

他的写景文，山水游记是他的散文中最重要的一部分。他继承了郦道元《水经注》的优良传统。结合他自己的经历和遭遇，写出了精美无比的山水游记。他的特点是在文字上洁净有力，很精细地刻画出山水的鲜明形象，有时写活动的景物时，也能写得十分生动真切，令人神往。例如他的《至小丘西小石潭记》：

　　从小丘西行百二十步，隔篁竹，闻水声，如鸣佩环，心乐之。伐竹取道，下见小潭，水尤清冽。全石以为底，近岸，卷石底以出。为坻，为屿，为嵁，为岩。青树翠蔓，蒙络摇缀，参差披拂。潭中鱼可百许头，皆若空游无所依。日光下澈，影布石上，怡然不动；俶尔远逝，往来翕忽，似与游者相乐。潭西南而望，斗折蛇行，明灭可见。其岸势犬牙差互，不可知其源。坐潭上，四面竹树环合，寂寥无人，凄神寒骨，悄怆幽邃。以其境过清，不可久居，乃记之而去。

这一段文字写潭中游鱼多么真切而生动，写潭的环境，多么幽清。又如《石渠记》：

其侧皆诡石、怪木、奇卉、美箭，可列坐而庥焉。风摇其巅，韵动崖谷。视之既静，其听始远。

这一段写山中幽景，何等清丽。所以明人张岱说："古人记山水手，太上郦道元，其次柳子厚，近时袁中郎。"可见他的山水文字，如何被人推崇了。

柳宗元的传记和寓言文字，表现了对现实强烈的讽刺与抨击。例如他的《捕蛇者说》：

永州之野产异蛇，黑质而白章，触草木，尽死；以啮人，无御之者。然得而腊之以为饵，可以已大风挛踠瘘疠，去死肌，杀三虫。其始，太医以王命聚之，岁赋其二，募有能捕之者，当其租入，永之人争奔走焉。

有蒋氏者，专其利三世矣。问之，则曰："吾祖死于是，吾父死于是，今吾嗣为之十二年，几死者数矣。"言之，貌若甚戚者。

余悲之，且曰："若毒之乎？余将告于莅事者，更若役，复若赋，则何如？"

蒋氏大戚，汪然出涕曰："君将哀而生之乎？则吾斯役之不幸，未若复吾赋不幸之甚也。向吾不为斯役，则久已病矣。自吾氏三世居是乡，积于今，六十岁矣，而乡邻之生日蹙，殚其地之出，竭其庐之入，号呼而转徙，饥渴而顿踣，触风雨，犯寒暑，呼嘘毒疠，往往而死者相藉也。曩与吾祖居者，今其室十无一焉；与吾父居者，今其室十无二三焉；与吾居十二年者，今其室十无四五焉。非死，则徙尔，而吾以捕蛇独存。悍吏之来吾乡，叫嚣乎东西，隳突乎南北，哗然而骇者，虽鸡狗不得宁焉。吾恂恂而起，视其缶，而吾蛇尚存，则弛然而卧。谨食之，时而献焉。退而甘食其土之有，以尽吾齿。盖一岁之犯死者二焉，其余，则熙熙而乐。岂若吾乡邻之旦旦有是哉？今虽死乎此，比吾乡邻之死，则已后矣，又安敢毒耶！"

余闻而愈悲。孔子曰："苛政猛于虎也。"吾尝疑乎是。今以蒋氏观之犹信。呜呼！孰知赋敛之毒，有甚是蛇者乎？故为之说，以俟夫观人风者得焉。

对当时统治者残酷地剥削人民的暴政，提出了严重的抗议。借一个捕蛇者的口，揭露了统治者赋敛之毒，比毒蛇还要可怕，非常沉痛地替人民申诉了痛苦。他讽刺那些贪婪的官吏，说他们"日思高其位，大其禄"，贪得而无厌，"虽其形魁然大者也，其名人也，而智则小虫也，亦足哀夫"（《蝜蝂传》）！这是多么辛辣的讽刺，此外他的寓言如《三戒》、《罴说》等，都是思想性极强的作品。特别是他的《段太尉逸事状》，更是一篇与韩愈的《张中丞传后序》同时驰名的名文：

　　太尉始为泾州刺史时，汾阳王以副元帅居蒲，王子晞为尚书，领行营节度使，寓军邠州，纵士卒无赖。邠人偷嗜暴恶者，卒以货窜名军伍中，则肆志，吏不得问。日群行丐取于市，不嗛，辄奋击折人手足，椎釜鬲瓮盎盈道上，袒臂徐去，至撞杀孕妇人。邠宁节度使白孝德以王故，戚不敢言。

　　太尉自州以状白府，愿计事。至则曰："天子以生人付公理，公见人被暴害，因恬然，且大乱，若何？"孝德曰"愿奉教。"太尉曰："某为泾州甚适，少事，今不忍人无寇暴死，以乱天子边事，公诚以都虞侯命某者，能为公已乱，使公之人不得害。"孝德曰："幸甚！"如太尉请。既署一月，晞军士十七人入市取酒，又以刃刺酒翁，坏酿器，酒流沟中。太尉列卒取十七人，皆断头注槊上，植市门外。晞一营大噪，尽甲。孝德震恐，召太尉曰："将奈何？"太尉曰："无伤也，请辞于军。"孝德使数十人从太尉，太尉尽辞去，解佩刀，选老躄者一人持马，至晞门下。甲者出，太尉笑且入曰："杀一老卒，何甲也？吾戴吾头来矣。"甲者愕。因谕曰："尚书固负若属耶？副元帅固负若属耶？奈何欲以乱败郭氏？为白尚书，出听我言。"晞出，见太尉，太尉曰："副元帅勋塞天地，当务始终。今尚书恣卒为暴，暴且乱，乱天子边，欲谁归罪？罪且及副元帅。今邠人恶子弟以货窜名军籍中，杀害人，如是不止，几日不大乱，大乱由尚书出，人皆曰：尚书倚副元帅不戢士，然则郭氏功名其与存者几何？"言未毕，晞再拜曰："公幸教晞以道，恩甚大，愿奉军以从。"顾叱左右曰："皆解甲，散还火伍中，敢哗者死！"太尉曰："吾未晡食，请假设草具。"既食，曰："吾疾作，愿留宿门下。"命持马者去，旦日来。遂卧军中，晞不解衣，戒候卒击柝卫太尉。旦，俱至孝德所，谢不能，请改过。邠州由是无祸。

先是太尉在泾州，为营田官。泾大将焦令谌，取人田，自占数十顷，给与农，曰："且熟，归我半。"是岁大旱，野无草，农以告谌。谌曰："我知入数而已，不知旱也。"督责益急。且饥死，无以偿，即告太尉。太尉判状辞甚巽，使人求谕谌，谌盛怒，召农者曰："我畏段某耶？何敢言我！"取判铺背上，以大杖击二十，垂死；舆来庭中，太尉大泣曰："乃我困汝。"即自取水洗去血，裂裳衣疮，手注善药，旦夕自哺农者，然后食；取骑马卖，市谷代偿，使勿知。淮西寓军帅尹少荣，刚直士也，入见谌，大骂曰："汝诚人耶？泾州野如赭，人且饥死，而必得谷，又用大杖击无罪者。段公，仁信大人也，而汝不知敬。今段公唯一马，贱卖市谷入汝，汝又取不耻；凡为人，傲天灾、犯大人、击无罪者，又取仁者谷，使主人出无马，汝将何以视天地，尚不愧奴隶耶？"谌虽暴抗，然闻言则大愧流汗，不能食，曰："吾终不可以见段公！"一夕自恨死。

及太尉自泾州以司农征，戒其族，过岐，朱泚幸致货币，慎勿纳。及过，泚固致大绫三百匹，太尉婿韦晤坚拒，不得命。至都，太尉怒曰："果不用吾言！"晤谢曰："处贱，无以拒也。"太尉曰："然终不以在吾第。"以如司农治事堂，栖之梁木上。泚反，太尉终，吏以告泚，泚取视，其故封识具存。

太尉逸事如右。

元和九年月日，永州司马员外置同正员柳宗元，谨上史馆。今之称太尉大节者出入，以为武人一时奋不虑死，以取名天下，不知太尉之所立如是。宗元尝出入岐、周、邠、鄠间，过真定，北上马岭，历亭障堡戍，窃好问老校退卒，能言其

事；太尉为人姁姁，常低首拱手行步，言气卑弱，未尝以色待
物，人视之儒者也。遇不可，必达其志，决非偶然者。会州刺
史崔公来，言信行直，备得太尉遗事，覆校无疑，或恐尚逸
坠，未集太史氏，敢以状私于执事，谨状。

作者用极真实生动的文笔，刻画出一个不畏强暴、爱护人民的英雄形
象，特别是通过段太尉，揭露了地方军阀的残暴虐民，其政治揭露性是
非常尖锐的。柳宗元的这些文章，是富有现实主义精神和强烈的斗争性
的，是古代散文中的瑰宝。

柳宗元的诗，明净简峭，跟他的散文有同样的特色。《田家三首》
真实地反映了农村生活，其中第二首是直接揭露封建官吏的横暴的：

篱落隔烟火，农谈四邻夕。庭际秋虫鸣，疏麻方寂历。蚕
丝尽输税，机杼空倚壁。里胥夜经过，鸡黍事筵席。各言官长
峻，文字多督责。东乡后租期，车毂陷泥泽。公门少推恕，鞭
朴恣狼藉。努力慎经营，肌肤真可惜。迎新在此岁，唯恐踵
前迹。

这首诗的揭露性，可以看作是白居易新乐府的继续。他的《柳州峒氓》，
反映了我国柳州地区边民的风俗，这是很少见的：

郡城南下接通津，异服殊音不可亲。青箬裹盐归峒客，绿
荷包饭趁虚人。鹅毛御腊缝山罽，鸡骨占年拜水神。愁向公庭
问重译，欲投章甫作文身。

他的《登柳州城楼寄漳、汀、封、连四州刺史》：

> 城上高楼接大荒，海天愁思正茫茫。惊风乱飐芙蓉水，密
> 雨斜侵薜荔墙。岭树重遮千里目，江流曲似九回肠。共来百越
> 文身地，犹自音书滞一乡。

这首诗是他初到柳州时写的，漳州刺史是韩泰，汀州刺史是韩晔，封州刺史是陈谏，连州刺史是刘禹锡，他们同属于王叔文政治一派，朝廷原拟内任，后因遭到反对，仍被外放边州。这首诗的中间四句，既是写景，又侧面地写出了宦海中的惊风密雨。全诗是写新到边州，对这几位同放边州的好友的怀念。他的《酬曹侍御过象县见寄》：

> 破额山前碧玉流。骚人遥驻木兰舟。春风无限潇湘意，欲
> 采蘋花不自由。

也是一首怀友抒情的名作。他的《江雪》：

> 千山鸟飞绝，万径人踪灭。孤舟蓑笠翁，独钓寒江雪。

更是一首写景的名作。

　柳宗元因为长期远贬南方，在他的一些诗篇里，表现了新异的边民生活和异乡风情以及他自己遭受迫害的苦痛感情。柳宗元的诗，风格冷峻幽峭，与白居易、韩愈有极大的区别，也就成为他独特的个人风格。

第五节　韩门诸子及唐末的散文

韩门诸子的代表，有李翱、皇甫湜和孙樵等。

李翱，字习之，陇西成纪人。贞元中进士，官至山南东道节度使，检校户部尚书。他在《答皇甫湜书》中自称他的《高愍女碑》和《杨烈妇传》不在班固、蔡邕之下。皇甫湜，字特正，睦州人。元和初进士，仕至工部郎中。孙樵，字可之，又字隐之，关东人，大中间进士，官至职方郎中。他为文极力学习韩愈的奇诡，所以苏轼说："学韩愈而不至者为皇甫湜，学湜而不至者为孙樵。"这些人虽然都是致力于古文的，但他们的成就，都远不如韩愈。

第六节　简短的结论

中唐时代，是一个复杂矛盾的时代。一方面因为安史之乱的影响，社会还呈现着衰颓困苦的现象，政治上也没有得到真正的统一。但另一方面，由于统治阶级对藩镇的割据等暂时执行了让步政策，因此使社会免于战乱，得以休养生息，使得过去受到安史之乱破坏的地区的经济，得以逐渐恢复，而未经安史之乱的地区的经济更能继续有所发展。所以这一时期作为上层建筑的文学，便呈现着极复杂的现象，在诗歌方面，既有盛唐的余风存在，同时更主要的是这个时代苦难的声音，通过元结、白居易、元稹等诗人歌唱了出来，而一部分诗人由于前期诗人的影响，由于自己生活的限制和对诗歌艺术的刻意追求，因此诗歌上那种精雕苦吟之风，也有所发展。

　　在散文方面，由于社会政治、经济的变化发展，魏晋以来的世家大族逐渐失去政治上的重要地位和实力，新兴的中小地主阶层由于科举制的影响，在政治上形成了一种新的力量，再由于商业经济，手工业经济的发展，城市人口日益增加，市民阶层越来越多，他们在文化上的要求自然不同于那些世家大族，由于这些复杂的原因，便产生了韩愈的古文运动，终于扫清了齐梁以来的积习，使文风一变，使清新刚健的古文成为主要的文学形式，同时唐代的传奇小说，也在这个基础上，得以大力发展。

第八章　晚唐诗人

晚唐时期是唐帝国从动乱走向没落的时期。这时，中唐时期的宦官势力已经发展到独占中央政权的局面，皇帝几乎全由宦官拥立，藩镇割据的情况依然存在，新旧党争继续在发展，外来民族则不断入侵，流民、兵变愈来愈多。但统治阶级却仍旧过着荒淫无耻的生活，例如唐懿宗"好音乐宴游，殿前供奉乐工常近五百人，每月宴设不减十馀，水陆皆备，听乐观优，不知厌倦，赐与动及千缗。曲江，昆明、灞浐、南宫、北苑、昭应、咸阳，所欲游幸即行，不待供置，有司常具音乐、饮食、幄帘，诸王立马以备陪从。每行幸，内外诸司扈从者十馀万人，所费不可胜纪"。① 咸通十年（870年）正月，"同昌公主适右拾遗韦保衡，以保衡为起居郎、驸马都尉。公主，郭淑妃之女，上特爱之，倾宫中珍玩以为资送，赐第于广化里，窗户皆饰以杂宝，井栏、药臼、槽匮亦以金银为之，编金缕以为箕筐，赐钱五百万缗，它物称是"。② 统治阶级为了满足他们奢侈淫逸的生活，因此便加紧剥削人民，增加各种苛捐杂

① 《资治通鉴》卷二百五十。
② 《资治通鉴》卷二百五十一。

税，"豪贾大商，积钱以逐轻重，故农人日困"。① 广大劳动农民，不堪统治阶级的残酷剥削压迫，终于走上了反抗的道路，爆发了农民革命运动，使唐帝国走向瓦解。

这时期的诗风，由于社会现实的变化，由于受了孟郊、韩愈、李贺诸人各方面的影响，开始了转变。新乐府运动的精神虽仍然存在，但对于元白诗派的通俗化，遭受到新起诗人的不满。新起的诗人，比较倾心于艺术的技巧与格律，注意词句的雕饰，细密的表情，形成纤巧的倾向。这些诗人以李商隐、杜牧为代表。但黄巢起义前后，诸诗人的作品中，我们还可以看到一些继承白居易新乐府运动的反映现实、反映阶级斗争的作品。

第一节　李商隐与杜牧

（一）李商隐

李商隐，字义山，生于公元813 年（宪宗元和八年），卒于公元858年（宣宗大中十二年），怀州河内（今河南沁阳）人。李商隐的时代，正是牛、李党争的时代。李商隐的文学天才，曾得到令狐楚的赏识，后来又因令狐楚的儿子令狐绹的提拔，得到了进士及第。唐代习俗新进士多与贵族联姻，李商隐也与泾原节度使王茂元的女儿结了婚，由于这个原因，李商隐就卷入了牛、李党争中去，不能摆脱。原来提拔他进士及第的令狐绹，在政治上是属于牛僧儒党（代表新兴地主阶级的势力），而他的丈人王茂元却与李德裕极为要好，是属于李党（代表世族地主贵族阶级的势力）。并且后来李商隐又在桂管观察使郑亚幕下工作，郑亚

---

① 《新唐书》卷五十二《食货志》。

也是李党中人，因此令狐绹十分怨恨李商隐，认为他背恩忘义，在当时背恩忘义是最为人所鄙视的，又遇到后来牛党得势，令狐绹为宰相，掌握用人之权达十年之久，这就使李商隐在政治上毫无生路了。李商隐屡次表明自己的心迹也没有机会得到令狐绹的谅解。李商隐于二十六岁与王茂元的女儿结婚，感情很好，但不幸十二年后，李商隐三十八岁的时候，王氏便去世了，这给李商隐带来了永远不可弥补的痛苦，精神上受到了严重的打击，因此再过七年以后，他便忧郁地死去了。死时还只有四十五岁。

李商隐是晚唐时代诗歌艺术上很有成就的诗人。他一生为党争和恋爱所苦，又因处在末世，因此诗中充满了感伤的情调。他写了很多出色的爱情诗，但他对社会政治和民生疾苦，也并不是毫不关心的，例如他的《贾生》诗：

　　宣室求贤访逐臣。贾生才调更无伦。可怜夜半虚前席，不问苍生问鬼神。

对于统治阶级的所谓"求贤"，讽刺得多么深刻，又如他的《骊山有感》说：

　　骊岫飞泉泛暖香。九龙呵护玉莲房。平明每幸长生殿，不从金舆惟寿王。

《李商隐诗歌集解》按语云："首句写骊山温泉。次句实写温汤建造之华丽，兼喻玄宗之溺于贵妃艳色，然不必泥于'新承恩泽时'。三四句平明帝妃每幸长生殿，他王皆从，独寿王不从金舆。姚谓'刺得严冷'，极是。此正义山本色。味诗意，似作者未必以长生殿为寝殿，否则不当云'平明每幸'，且诸王亦不得'从金舆矣'"。按语说得极是。此诗实是对玄宗荒淫无耻的尖锐讽刺，特不以显语出之耳。对于敬宗之游宴无度，日高犹不视朝，老病之臣候朝有时竟至僵仆，他也作了尖锐的讽刺：

富平少侯

七国三边未到忧。十三身袭富平侯。不收金弹抛林外，却惜银床在井头。彩树转灯珠错落，绣檀回枕玉雕锼。当关不报侵晨客，新得佳人字莫愁。

日　高

镀镮故锦縻轻拖，玉筓不动便门锁。水精眠梦是何人，栏药日高红髲𩭾。飞香上云春诉天，云梯十二门九关。轻身灭影何可望，粉蛾帖死屏风上。

对于当时宦官专政所造成的"甘露之变"，李义山也有诗讽刺：

有 感 二 首

……鬼箓分朝部，军烽照上都。敢云堪恸哭，未免怨洪炉。

……古有清君侧，今非乏老成。素心虽未易，此举太无名。谁瞑衔冤目，宁吞欲绝声。近闻开寿宴，不废用咸英。

重 有 感

　　玉帐牙旗得上游。安危须共主君忧。窦融表已来关右，陶侃军宜次石头。岂有蛟龙愁失水，更无鹰隼与高秋。昼号夜哭兼幽显，早晚星关雪涕收。

以上两题，都是揭露"甘露之变"的。根据这些诗，可见李义山并不像一般人所想象的那样成天只在爱情的苦闷里，他还是相当地关心当时的政治和民生的。特别是他的《行次西郊作一百韵》，是反映唐代政治社会事件的长篇，可与杜甫的《北征》并称。当然在他的诗中成就最大、写得最好、对后世影响最大的还是他的抒情诗和恋爱诗：

无 题

　　相见时难别亦难，东风无力百花残。春蚕到死丝方尽，蜡炬成灰泪始干。晓镜但愁云鬓改，夜吟应觉月光寒。蓬山此去无多路，青鸟殷勤为探看。

诗人对于爱情是多么坚定执着。

无 题 二首之一

　　昨夜星辰昨夜风，画楼西畔桂堂东。身无彩凤双飞翼，心有灵犀一点通。隔座送钩春酒暖，分曹射覆蜡灯红。嗟余听鼓应官去，走马兰台类转蓬。

诗人刻画恋爱的心理多么微妙深刻。

锦　瑟

　　锦瑟无端五十弦。一弦一柱思华年。庄生晓梦迷蝴蝶，望帝春心托杜鹃。沧海月明珠有泪，蓝田日暖玉生烟。此情可待成追忆，只是当时已惘然。

诗人对于自己的爱人的亡故是多么沉痛缠绵。当然对于这首诗，历来众说纷纭，未有定解，这里的解释，亦只是一解，不能以此为定。

常　娥

　　云母屏风烛影深，长河渐落晓星沉，常娥应悔偷灵药，碧海青天夜夜心。

他不但自己陷在爱情中深深地尝到了那种难以言传的滋味，而且也深切地体察到对方的焦灼心情。除了这些爱情诗外，他的一些抒情诗，也是十分出色的：

安 定 城 楼

　　迢递高城百尺楼。绿杨枝外尽汀洲。贾生年少虚垂涕，王粲春来更远游。永忆江湖归白发，欲回天地入扁舟。不知腐鼠成滋味，猜意鹓雏竟未休。

诗人愿功成身退的襟怀多么高洁。

春 日 寄 怀

世间荣落重逡巡，我独丘园坐四春。纵使有花兼有月，可堪无酒又无人。青袍似草年年定，白发如丝日日新。欲逐风波千万里，未知何路到龙津。

诗人怀才不遇，渴望施展自己的抱负的心情多么迫切。

有 感

中路因循我所长。古来才命两相妨。劝君莫强安蛇足，一盏芳醪不得尝。

无 题

来是空言去绝踪。月斜楼上五更钟。梦为远别啼难唤，书被催成墨未浓。蜡照半笼金翡翠，麝熏微度绣芙蓉。刘郎已恨蓬山远，更隔蓬山一万重。

无 题

飒飒东风细雨来。芙蓉塘外有轻雷。金蟾啮锁烧香入，玉虎牵丝汲井迴。贾氏窥帘韩掾少，宓妃留枕魏王才。春心莫共花争发，一寸相思一寸灰。

夕 阳 楼

花明柳暗绕天愁。上尽重城更上楼。欲问孤鸿向何处，不知身世自悠悠。

乐 游 原

向晚意不适，驱车登古原。夕阳无限好，只是近黄昏。

从以上这些诗句中，可以看到诗人对于自己沉沦的身世多么沉痛而又无可奈何，诗人的抒情技巧多么高妙！总之，李商隐是一个具有独特天才的抒情诗人，他的诗，表情深细，格律工整，音韵谐美，他的语言，锤炼得十分精致美丽，然而又能文从字顺，既不生僻，也不流俗，形成了他的独特风格。

但是由于他的身世，由于他所处的时代环境的影响，因此他的诗的格调，比起盛唐诗人的抒情诗来，就迥乎不同了，盛唐诗人是那么雄健豪迈，而李商隐却是那么沉沦忧郁，有时诗的意境是那么隐晦曲折，这是时代和他的身世遭遇加在李商隐诗上的烙印，当然更是他个人性格的反映。

李商隐的这种诗风，给予后来以很大的影响，宋代的西昆体，便是受李商隐影响而产生的。

（二）杜牧

杜牧，字牧之，生于公元803年（唐德宗贞元十九年），卒于公元853年（宣宗大中七年）。京兆万年（陕西西安）人，晋杜预之后。杜氏是魏晋到唐数百年来的高门世族，杜牧的祖父杜佑在唐德宗、顺宗、宪宗三朝做宰相，煊赫一时，后来他的堂兄杜宗又在武宗、懿宗朝作宰相，所以杜牧是出身于高门世族的官僚地主家庭。杜牧二十六岁时（文宗大和二年，公元 828 年），进士及第，制策登科，为弘文馆校书郎，试左武卫兵曹参军。不久即出为江西、宣歙、淮南诸使府幕僚，一度内擢监察御史，旋即移疾，分司东都，后又供职宣歙使府。开成三年（838 年），内擢为左补阙，史馆修撰，转膳部，比部员外郎。武宗会昌初，又外放为黄州刺史。其后又转池州、睦州。宣宗大中初，李德裕失势，杜牧官位稍升，曾为司勋员外郎，史馆修撰，转吏部员外郎，出为湖州刺史，又内擢考功郎中，知制诰，转中书舍人，不久即去世。杜牧性情耿介，不屑于逢迎权贵，《新唐书》本传说"牧刚直有奇节"，所以杜牧虽是宰相之孙，少年科第，凭藉甚好，才华亦高，但是他一生仕宦并不很得意。

杜牧的时代，正是唐帝国日益衰败的时代，他怀着忧国忧民的情怀与经邦济世的抱负，很注意研究国家的兴亡治乱之迹，杜牧对于军事方面，也颇有研究。他对唐敬宗沉溺声色，大治宫室，表示非常不满，著名的《阿房宫赋》，即是讽刺这个现实的。他在《郡斋独酌》这首长诗中说：

> 平生五色线，愿补舜衣裳。弦歌教燕赵，兰芷浴河湟。腥膻一扫洒，凶狠皆披攘。生人但眠食，寿域富农桑。孤吟志在此，自亦笑荒唐。

这几句诗很明显地表白了他的匡时济世，救国救民的志愿。杜牧对于当时衰弱的国势和腐败的政治，表示无限的沉痛和隐忧，因此他曾写过不少伤时感事的诗篇，例如《早雁》诗：

金河秋半虏弦开。云外惊飞四散哀。仙掌月明孤影过，长门灯暗数声来。须知胡骑纷纷在，岂逐春风一一回。莫厌潇湘少人处，水多菰米岸莓苔。

这首诗，借咏雁以怀念北方边塞人民受回鹘侵扰之苦，感情十分真挚，比喻也十分贴切。杜牧对唐代统治阶级的荒淫无耻，不顾人民生死，国家存亡的腐败政治，也进行了尖锐的揭露和讽刺：

过华清宫绝句三首

长安回望绣成堆。山顶千门次第开。一骑红尘妃子笑，无人知是荔枝来。（其一）

新丰绿树起黄埃。数骑渔阳探使回。（原注：帝使中使辅璆琳探禄山反否。璆琳受禄山金。言禄山不反。）霓裳一曲千峰上，舞破中原始下来。（其二）

万国笙歌醉太平。倚天楼殿月分明。云中乱拍禄山舞，风过重峦下笑声。（其三）

这是对唐玄宗晚年昏聩荒淫，穷奢极欲，以致造成安史之乱，为人民带来无穷的灾难的尖锐讽刺。再如：

将赴吴兴登乐游原一绝

清时有味是无能。闲爱孤云静爱僧。欲把一麾江海去，乐游原上望昭陵。

这首诗，通过对有过贞观之治的唐太宗的怀念，表示了他对当时现实政治的不满，杜牧对于劳动人民也表示着深切的同情：

题 村 舍

三树稚桑春未到，扶床乳女午啼饥。潜销暗铄归何处，万指侯家自不知。

诗人真切地写出了劳动人民痛苦的生活，并指出这种痛苦生活，是绝不为"万指侯家"所了解所同情的。他在有名的《杜秋娘诗》和《张好好诗》里，对于妇女和妓女们的痛苦生活，表示了无限的同情。杜牧最有名的作品是那些写景抒情和伤春伤别的绝句：

齐安郡中偶题

两竿落日溪桥上，半缕轻烟柳影中。多少绿荷相倚恨，一时回首背西风。

齐安郡后池绝句

菱透浮萍绿锦池。夏莺千啭弄蔷薇。尽日无人看微雨，鸳鸯相对浴红衣。

泊 秦 淮

烟笼寒水月笼沙。夜泊秦淮近酒家。商女不知亡国恨，隔江犹唱后庭花。

寄扬州韩绰判官

青山隐隐水迢迢。秋尽江南草未凋。二十四桥明月夜，玉人何处教吹箫。

江南春绝句

千里莺啼绿映红。水村山郭酒旗风。南朝四百八十寺，多少楼台烟雨中。

这些诗，含义深婉，情景交融，每首诗都写出了一个完整而优美的景象，宛如一幅图画。而又感今怀古，寄托了作者无穷的深思，使人玩味无尽。杜牧一方面是一位议政论兵，忧国忧民的志士，但同时又是个多情善感，倜傥不羁的才人，因此他也写了不少出色的伤春伤别的诗：

遣 怀

落魄江南载酒行。楚腰肠断掌中轻。十年一觉扬州梦，赢得青楼薄幸名。

赠 别 二 首

娉娉袅袅十三馀。豆蔻梢头二月初。春风十里扬州路，卷上珠帘总不如。(其一)

多情却似总无情。唯觉尊前笑不成。蜡烛有心还惜别，替人垂泪到天明。(其二)

叹 花

自是寻春去校迟。不须惆怅怨芳时。狂风落尽深红色，绿叶成阴子满枝。

金 谷 园

繁华事散逐香尘。流水无情草自春。日暮东风怨啼鸟，落花犹似堕楼人。

杜牧这一类诗，虽然风格潇洒，但他的感情仍然相当真挚温厚，没有轻佻儇薄的缺点，使人只感到他的缠绵怅惘的感情，所以李商隐称赞他说："刻意伤春复伤别，人间惟有杜司勋。"(《杜司勋》) 总体来说，杜牧诗的风格，风神俊秀，在峭健之中又有风华流美的韵致，寓忧国忧民的壮怀伟抱于伤春伤别的绮思柔情之中，因此形成了他的独特的风格。

第二节　聂夷中、皮日休和杜荀鹤

在晚唐时代，和李商隐、杜牧的清俊绮丽、惆怅蕴藉的风格相对的是略后于他们的聂夷中、皮日休和杜荀鹤等人的诗。聂夷中、皮日休、杜荀鹤的时代，正是唐末以黄巢为首的农民大起义的时代，他们的诗，继承了杜甫、白居易等人的现实主义精神，反映了这个时代的阶级矛盾的强烈情绪和社会现实。

聂夷中，字坦之，生于公元 837 年（文宗李昂开成二年），卒年不可考。河东（今山西永济）人。咸通十二年（871 年）三十五岁成进士。他对于劳动人民受到统治阶级的压迫和过着高利贷剥削下的痛苦生活，表示深切同情。如《咏田家》：

> 二月卖新丝，五月粜新谷。医得眼前疮，剜却心头肉。我
> 愿君王心，化作光明烛。不照绮罗筵，只照逃亡屋。

这首诗里，对农民受着统治阶级的残酷剥削而不得不二月卖丝，五月粜谷的过着"剜肉医疮"的痛苦生活，表示着深切的同情，同时也向统治者喊出了农民的呼声。在他的另一首诗《田家》里，也反映着同样的现实：

> 父耕原上田，子劚山下荒。六月禾未秀，官家已修仓。

诗人对于统治阶级压迫劳动人民长期远戍服役的痛苦生活，也通过"闺

怨"一类诗反映了出来。

皮日休，字袭美，生于833年（文宗李昂大和七年），卒年无考。襄阳竟陵（湖北天门）人，他也是进士出身，颇有政治抱负，自号"间气布衣"，他的代表作品是收在郭茂倩《乐府诗集》第一百卷里的《正乐府》十首。郭茂倩叙述皮日休的《正乐府》说：

> 其意以乐府者，盖古圣王采天下之诗，欲以观民风之美恶，而被之管弦，以为训戒。非特以魏、晋之侈丽，梁、陈之浮艳，而谓之乐府也。故取其可悲可惧者著于歌咏，凡十篇，名之曰"正乐府"。

可见这正是继承了白居易新乐府运动的传统精神的作品。鲁迅先生曾称赞过他的文集《皮子文薮》的内容"并没有忘记天下，正是一塌糊涂的泥塘里的光彩和锋芒"。[①]他的诗，如《正乐府》中的《橡媪叹》：

> 山前有熟稻，紫穗袭人香。细获又精舂，粒粒如玉珰。持之纳于官，私室无仓箱。如何一石余，只作五斗量。狡吏不畏刑，贪官不避赃。农时作私债，农毕归官仓。

诗人对于贪官污吏的贪赃枉法，残酷剥削农民的罪行，表示了多么强烈的抗议！他在《农父谣》里说：

> 农父冤辛苦，向我述其情。难将一人农，可备十人征。如

---

① 见鲁迅《南腔北调集》:《小品文的危机》。

何江淮粟，挽漕输咸京。黄河水如电，一半沉与倾。

诗人在诗里指出了当时一人务农，十人远征服役的情况，使农民无力分担，并且揭露了长途运输，劳民伤财的弊政。这些诗，都充分地表达了当时人民的呼声。

皮日休和同时的另一位诗人陆龟蒙相互酬唱，旧时称"皮陆派"。

杜荀鹤，字彦之，生于公元846年（武宗会昌六年），卒于公元904年（哀帝天祐元年，距离唐亡只有两年多了），池州（安徽贵池）人。据说他的母亲是杜牧的"出妾"。他四十多岁成进士，后来做翰林学士，知制诰。他的诗，也像前述两位诗人一样，具有强烈的人民性，对于当时人民的苦难表示了深厚的同情，对统治者对人民的残酷剥削，进行了尖锐的揭露。如：

山 中 寡 妇

夫因兵死守蓬茅。麻苎衣衫鬓发焦。桑柘废来犹纳税，田园荒后尚征苗。时挑野菜和根煮，旋斫生柴带叶烧。任是深山更深处，也应无计避征徭。

诗中着力描写了山中寡妇的饥寒形象，然后说："任是深山更深处，也应无计避征徭。"这就有力地揭露了统治阶级剥削的残酷性。再如：

乱后逢村叟

经乱衰翁居破村。村中何事不伤魂。因供寨木无桑柘，为

点乡兵绝子孙。还似平宁征赋税,未曾州县略安存。至于鸡犬
皆星散,日落前山独倚门。

这首诗,真实地描绘出了兵乱以后农村残破荒凉的凄惨景象,与杜甫的
《无家别》是同一精神。作者不仅深切地同情人民,而且还对鱼肉人民
的统治者——县宰,进行了尖锐的揭露和辛辣的讽刺:

再经胡城县

去岁曾经此县城,县民无口不冤声。今来县宰加朱绂,便
是生灵血染成。

这样尖锐猛烈的抨击,充分表现了诗人的斗争精神。在他的作品中,还
有"举世尽从愁里老,谁人肯向死前休","逢人不说人间事,便是人
间无事人","狡吏不畏刑,贪官不避赃"等反映着当时政治黑暗,社
会纷乱的情绪的诗句。

第三节　简短的结论

晚唐时代的诗风,由于当时政治日益黑暗混乱,党争愈形尖锐,诗
人们对社会前途愈感到悲观失望,同时在诗歌创作上,中唐时代孟郊、
李贺、贾岛等人的苦吟雕琢之风,正在影响着这些处在政治苦闷中的诗
人,也由于他们自身的阶级出身和现实生活的限制,于是便产生了以李
商隐、杜牧为首的清俊绮丽、怅惘温雅,隐奥含蓄,有时也有些哀愁愤
激的诗风,而总的来说,这种诗的格调,虽然仍旧不失他的独特精神,

但毕竟较之前一时期，要软弱衰飒得多了。到了唐末农民大起义的时期，由于阶级斗争的急剧变化，在全国政治气氛中，也打破了前一时期的低沉阴郁的局面，农民革命的浪潮，冲破了诗坛的苦叹哀吟，发出了继承着杜甫、白居易的现实主义精神反映农民的疾苦和呼声的诗篇，这就是以聂夷中、皮日休、杜荀鹤为代表的诗人。

　　这一时期著名的诗人，本来还有温庭筠和韦庄，但他们两位在词的方面成就大，而且韦庄的时代，又略后于上面三个人，所以我们把他们放到后面去谈。

第九章　唐代的传奇

第一节　传奇的发展及其社会基础

　　唐代是中国封建社会富裕繁荣的时代，经过初唐到盛唐一百多年政治比较清明，社会比较安定的时期，唐代社会的生产水平，达到了空前的高度，因此城市的商业和手工业经济，有了很大的发展，城市居民也日益增多。其间虽然经过"安史之乱"的一度破坏，以至唐代统治阶级在政治上从此一蹶不振，在经济上也遭到了严重的创伤，但经过中唐时期的缓和政策，社会经济又得到了恢复，并且生产水平继续有所发展。在城市经济日趋繁荣，市民阶层日益增多的情况下，为了适应城市居民文化娱乐的要求，萌芽的市民文艺便产生了。当时在寺院流行着"俗讲"，同时在民间（后来盛行于宫廷中）流行着"参军戏"，唐代瑰丽的传奇文学，就是在这样的社会基础上，继承了六朝以来的志怪小说的传统而产生发展起来的，唐代的传奇文学，无论从形式或内容来讲，都已经大大地超过了六朝志怪小说，呈现着自己的新的时代面貌，而在形式上，则受"俗讲"的影响更为显著。

第九章　唐代的传奇

　　唐代传奇文学之所以发展得很快，而且有极大的成绩，除了上述这种根本性质的社会经济因素之外，与当时的科举制度，古文运动等也有密切的关系。唐代的举子应试，盛行着一种习俗，叫做"温卷"，即在考试前，应考的人先将自己的诗文投献给当时在文坛上有名的显官或试官，使他在考试前就受到这些人的赏识，以便录取自己。但投卷的人很多，要使自己的卷子能博得这些显官的欣赏，而且节省他们的时间，于是他们便创作传奇小说，因为这种文章，可以见"史才、诗笔、议论"。

　　中唐以后的古文运动，有着蓬勃发展，由韩愈所倡导的这种古文，压倒了六朝以来的骈俪文，取得了文坛的领导地位，举子们为了投其所好，当然都要写古文，而传奇这种文学形式，是最适宜于用古文写的，因为古文的语言活泼新鲜，便于刻画描摹人情物态以及生活中的许多具体事物。可以说古文运动为传奇创作准备了良好的语言条件，而文人们大写传奇以投献显官主司，又有力地支持和推动了古文运动，两者是互为因果，相互影响的。因此，唐代传奇作者的身份，大都是进士。

　　唐代是古典诗歌创作的黄金时代，诗歌是当时文学创作的一种主要形式，可以说当时的文人，特别是著名的文人，是没有不会写诗的。创作上的这种时代特点，也深刻地影响到唐代传奇的内容和风格，使很大一部分传奇具有抒情和诗化的特色。同时在唐代一方面六朝以来的门阀制度在社会上还有很大的势力和深刻的影响，那些山东士族及江左高门还极力矜尚他们的高门望族和坚决维持封建礼法，而另一方面从中小地主出身通过科举制走上政治舞台的这些新进人物，又在破坏着这种传统势力，这种斗争，也深刻地影响到唐代传奇的思想内容，特别显著地表现在妇女们的婚姻问题上。

　　上述这些社会因素，错综复杂地影响着唐代传奇的发展和它的思想内容和艺术特色，形成了它与魏晋南北朝以来的志怪小说迥然不同的独特的艺术风格，并给予后世的文学以极大的影响。

第二节　唐代传奇的代表作品

（一）早期的传奇

唐代传奇最早的作品，要推王度的《古镜记》。王度，太原祁人。大约生于公元581年（隋文帝开皇元年）前后，卒年大约在公元618年前后（唐武德元年），他是隋末大儒王通（文中子）和唐初诗人王绩（无功）的哥哥。旧说以为王度即王凝，其实王凝另有其人，也是他的弟弟，排行在王通之下和王绩之上。[①]大业初王度曾为御史，大业七年，罢职归河东，六月又去长安。八年四月应御史召，这一年的冬天，王度典著局，兼著作郎，奉诏撰国史。九年秋，出兼芮城令，这年冬天天下大饥，他开仓赈济陕东的老百姓。大业十年，他的弟弟王绩自六合丞弃官归，准备遍游山水。十三年五月，他的弟弟王通死，这年六月，王绩回到长安，又与王度相见，这时王度可能仍在官，不久隋亡，王度大约就在这个隋末唐初的变乱时期死去，大约是三十八岁左右。在他的兄弟中，王通是个有名的大儒者，门徒甚多，但他的弟弟王绩却比较倾向于道家思想，王度的道家思想也很明显，所以他与王绩的关系比较亲密。这在《古镜记》里也有反映。《古镜记》里的汾阴侯生也是实有其人的，是个道家者流的阴阳卜筮专家，王度确曾以师礼事过他，这也足以证明王度的道家思想较为显著。

《古镜记》的情节简单而又离奇，主要是说汾阴侯生去世时，送给王度一面古镜，这面古镜能够去妖除魔，治病救人，法力甚大。许多妖魔遇见了它都不得不显原形。黑夜间放在暗室里，可以光芒数丈，但遇

---

① 参见孙望《王度考》，见《学术月刊》1957年第3、4两期。

到日食时，古镜就昏暗无光。到大业十三年七月十五日，古镜就失踪。

这篇传奇从思想内容上来看，主要是反映了隋末唐初这一动乱时期的某些地主官僚知识分子的悲观绝望的思想情绪和道家的出世思想，也侧面地反映出广大人民的苦难，如"今天下向乱，盗贼充斥，欲安之乎"，"时天下大饥，百姓疾病；蒲陕之间，疠疫尤甚"等等的描写。从写作上来看，这篇作品还明显地露出初期创作的缺点来，故事的结构主要是按照年代先后排比着叙述下去，故事与故事之间，根本没有什么内在的联系，完全像一串散开的各不相关的事件。从它所记述的许多神怪故事来看，还可以清楚地看出它与六朝志怪小说的一脉渊源的关系来。

但是《古镜记》在中国小说史上的地位仍然是十分重要的，借着它，我们可以更清楚地看出从六朝志怪小说到唐代传奇的一个过渡形式，而且更重要的是作者将六朝单纯志怪记异的作品，开始用来反映社会现实，这样就使后来的传奇作者获得广阔丰富的创作源泉，同时也使这类的小说具有更大的社会意义。

较《古镜记》更进一步的是《补江总白猿传》，这篇作品不知为何人所作，内容是说梁将欧阳纥略地到长乐地方，深入溪洞。他的妻子随军同行，因为长得漂亮，竟为深山里成妖的白猿于夜半掳去，后来欧阳纥经过一个多月的探寻，方才从深山高峰间的山洞里发现妻子并设计杀了白猿，才把她及其他被掳去的三十多个妇女救出。但欧阳纥的妻子已经怀孕，周岁以后即生一子，形状像猴子，即是唐代的名臣欧阳询。这个情节显然是荒诞不可信的，分明是欧阳询的仇家借此污蔑欧阳询，[1]可见用小说来作为斗争的一种武器，由来已久了。

这篇作品题为《补江总白猿传》，是因为欧阳纥于梁亡以后为陈武帝所杀，他的儿子欧阳询就由江总收养成人。作者因假托江总写的作品

---

[1]　欧阳询的外表很丑陋，参见孟棨《本事诗》。

已失传，所以由他补作的，作者实则是企图借此增强自己这篇文章的
"真实性"，以达到他攻击别人的目的。

这篇作品的写作技巧，比起《古镜记》来，显然是进步得多了。从
结构上看，这篇作品是由一个完整的故事构成的，不像《古镜记》那样
由许多互不相关的事联缀而成，缺乏内在的联系，所以从这一点看，这
篇作品已经基本上具备小说的特点了。从写作的技巧上来看，则对于情
节的描写，较之《古镜记》细致动人得很多，而且相当紧张，具有较强
的吸引力。例如描写失妻一节：

> 夜勒兵环其庐，匿妇密室中，谨闭甚固，而以女奴十余伺
> 守之。尔夕，阴风晦黑，至五更，寂然无闻。守者怠而假寐，
> 忽若有物惊悟者，即已失妻矣。关扃如故，莫知所出。出门山
> 险，咫尺迷闷，不可寻逐。

对于防守的严密、失去的神秘、寻找的困难，写得都还是比较细致
动人的。当然这篇作品的思想内容，尚保留着较多的六朝志怪小说的色
彩，描写的事件和人物缺乏社会生活的基础，但它在唐代传奇小说的发
展上，起过积极的作用，因之它在唐代传奇小说的发展史上，也有重要
的地位。

唐初重要的传奇小说除上述两篇作品外，还有张鷟的《游仙窟》。

张鷟，字文成，深州陆泽人。调露元年（唐高宗李治年号，公元
679 年）中进士。最初他做岐王府的参军和襄乐县尉，后来调为长安
尉，再升迁为鸿胪丞。到了开元初年，御史李全交弹劾他，说他讽刺当
时的政治，因此被贬谪到岭南。从岭南回来后，他还做过司门员外郎，
不久就死了。他的文章很有名，颇得当时人的爱好，甚至外国的新罗
（在今朝鲜东南部）和日本也非常欢迎他的作品，每当有使者来到中国，

都"必出金宝购其文"。他的名字更远传到突厥。这篇《游仙窟》，就是当时流传到日本，到近世才从日本转抄回来的。

《游仙窟》的内容是讲作者本人奉使河源，行到一个"人踪罕及，鸟路才通"的"神仙窟"，投宿在"崔女郎"的家里，遇到两位美艳绝世的女子曰十娘、五嫂。先与十娘吟答，后来十娘、五嫂宴请张鷟，绮罗纷披，丝竹毕陈，十娘与张鷟宴饮欢笑，互相以诗传达心中的爱慕之情，最后十娘留张鷟住宿，临别时两人不胜眷恋哀痛。

这篇小说在写作上显著地保留着受当时"俗讲"的影响，只要看一看敦煌变文中的《伍子胥变文》、《王昭君变文》等，便可了解这种韵散间隔的文体的渊源了。这篇作品绝大部分的语言是用骈俪文写的，这也是在小说创作中别开生面的。后来清代的陈球用骈文写小说《燕山外史》，他自以为是别开生面，其实早在他千年以前，已经有人尝试过了。

这篇小说的内容，是写一桩奇幻的恋爱故事，虽然事情发生得那么离奇，分别得又是那么匆促，但作品中人物的感情还是写得相当真挚动人的，例如：

　　下官不忍相看，忽把十娘手子而别。行至二三里，回头看数人，犹在旧处立。余时渐渐去远，声沉影灭，顾瞻不见，恻怆而去。行到山口，浮舟而过。夜耿耿而不寐，心茕茕而靡托。既怅恨于啼猿，又凄伤于别鹄。饮气吞声，天道人情，有别必怨，有怨必盈。去日一何短，来宵一何长！比目绝对，双凫失伴。日日衣宽，朝朝带缓。口上唇裂，胸间气满。泪脸千行，愁肠寸断。端坐横琴，涕血流襟。千思竞起，百虑交侵。独颦眉而永结，空抱膝而长吟。望神仙兮不可见，普天地兮知余心；思神仙兮不可得，觅十娘兮断知闻；欲闻此兮肠亦乱，更见此兮恼余心。

在封建时代特别是在门阀制度，婚姻的阶级界限森严的唐代，作者对于追求爱情的这种大胆描写，是具有进步意义的。

（二）繁盛期的传奇

传奇到了中唐以后，便作者辈出，盛极一时了。唐代的许多著名的传奇，如：《枕中记》、《柳毅传》、《霍小玉传》、《南柯太守传》、《李娃传》、《长恨歌传》、《莺莺传》等，都是这一时期的作品。

1. 沈既济的《枕中记》和《任氏传》

沈既济，大历时苏州人，他的生卒年大约是750年到800年，曾拜左拾遗史馆修撰。后来贬处州司户参军，以后又入朝为礼部员外郎。写有《建中实录》一书。他的著名的作品是《枕中记》和《任氏传》。

《枕中记》的内容是说一个少年卢生，住宿在邯郸的旅店中，遇到一位旅客道士吕翁，卢生因为得不到功名利禄而在叹息，道士吕翁就给他一个枕头让他睡觉。他在梦中娶了高门的女儿，举进士，官一直做到同中书门下平章事，同僚们妒忌他，诬告他图谋不轨，下狱几死，后来遇救复官，封燕国公，子孙满堂，寿八十余而死。梦中死去，他便醒来，还不到煮熟一锅饭的时候。

这篇作品，是根据干宝《搜神记》中焦湖庙说以玉枕使杨林入梦的故事改写的。① 但原来的故事很简单，仅仅写杨林欲得"好婚"，结果梦中真的得了好婚，生六子，并且做了秘书郎。沈既济将这个情节大大地扩充了，并且赋予了更多的现实意义。作者一方面对当时那些热衷于功名富贵的人作了深刻的讽刺，透露了富贵如梦，不可凭借的思想，另

---

① 见《中国小说史略》第八篇及《唐宋传奇集》卷末《稗边小缀》。杨林入梦事见《太平寰宇记》卷一二六引《搜神记》现行本《搜神记》无此条，《太平广记》卷二八三引此事作《幽明录》。

一方面，也揭露了统治阶级内部斗争的情况。作者描写的虽然是梦境，但实际上却是唐代现实生活的反映。作品最后在卢生梦醒时，吕翁对卢生说："人生之适，亦如是矣。"卢生惨然良久，回答说："夫宠辱之道，穷达之运，得丧之理，死生之情，尽知之矣。此先生所以窒吾欲也。敢不受教。"这几句话，明确地透露了作者写这篇小说的目的。

《任氏传》是写少年郑六在途中遇到一美妇人任氏，相互调笑，遂与欢好，觅室而居。任氏又使郑六买马后转卖给别人，遂获厚利，后来郑六授槐里府果毅尉，带着任氏同往，走到马嵬附近，忽然遇到一只猎狗，任氏便现出狐形坠地逃走，结果被猎狗赶上咬死，郑六哀痛不已。

在这篇作品里，作者对于这位富有人情味的热烈追求爱情和现实生活的狐精任氏，表示了深切的同情和赞扬，她美丽聪明而又纯洁坚贞。不为强暴屈服，她极力使别人因为由于自己的帮助而得到愉快。作者故意选择一个动物然后赋予它这样美丽的外形和优良的品性，这是有深刻含义的，这也就是作者对现实社会的讽刺和批判。作品中也反映了富豪们对穷苦人民的压迫。

这篇作品在写作上也比初期的传奇进步得多了，作者在刻画作品中的人物时，已经能比较鲜明地写出她的个性以及她动人的外形来。

2. 李公佐的《南柯太守传》及其他

李公佐，字颛蒙，陇西人，曾举进士，他的生卒年大约是 770 年（大历五年）到 850 年（大中四年）。他的著名的作品是《南柯太守传》。

《南柯太守传》的内容是讲东平淳于梦，梦中被大槐安国国王招为驸马，出任南柯太守，恩宠日甚，荣耀无比。后来率兵与檀萝国交战失败，公主又死了，他还是作威作福，受到国王的疑忌，最后送他回家，梦便醒来。后来追寻梦中的大槐安国，原来却是大槐树上的一个蚁穴。

这篇传奇的用意虽然略同于《枕中记》，但比前者更富有现实意义，作者成功地刻画了淳于棼的性格，他原是一个酒徒，靠了意外的遭遇，被招赘为大槐安国国王的女婿（驸马），得以升官发财，因此便引用了他的一批酒肉朋友，荣耀显赫，极一时之盛。但后来他主要的政治靠山公主死了，各种谤毁也就随之而来，最后他便被遣回家。这个梦中的经历，实际上就是当时黑暗腐败的社会政治的写照。这篇作品在情节描写和人物刻画上，比《枕中记》也有显著的发展。

李公佐的作品，还有《谢小娥传》和《庐江冯媪传》，也是比较有名的。

3.《莺莺传》、《李娃传》和《霍小玉传》

《莺莺传》的作者是元稹，他的传记已在前面介绍过。这篇作品产生的时代大致是在唐德宗贞元末年，大约公元802到804年之间。作品的内容是讲：贞元中有一个张生，深知礼法，素来端庄矜持。寒微时，游蒲东普救寺，遇见一个美丽多才的女子崔莺莺，两人一见倾心，张生即设法向莺莺表白自己的爱慕之情，莺莺始则拒绝，后来又主动去找张生，往来很密。其后张生赴京考试，没有考取，就留在京城，写信给莺莺以宽其意，莺莺也回了一封十分感人的信，向他表示自己对爱情的永远忠诚。但张生却终于负心而抛弃了他，并发表言论，为自己辩护。但当时知道此事的人，都深为叹息。一年以后，莺莺另嫁，张生另娶，但张生却在抛弃之后，又念念不忘于她，向其夫要求以"外兄"见她，结果为她所拒，张生"怨念之诚，动于颜色"，莺莺知道后，又给他一首诗，表达自己对他始终如一的怀念。过了一二天，张生要离开时，又给了张生一首诗，诗中流露了很深的哀怨的感情，从此他们便永远断绝了关系。

这篇作品里的人物，从宋朝到现在，有许多人进行了考证工作，苏东坡赠张子野的诗中有"诗人老去莺莺在"一句，注解说：张生即张籍。王铚（性之）作《辨传奇莺莺事》，反对这种说法。他考证的结果是：张生即元稹，莺莺是崔鹏的女儿，与元稹为中表（他俩的母亲都是郑济的女儿）。陈寅恪先生也认为张生即元稹自己，但他认为莺莺是出身微贱的娼妓之流的人物。

考证出传奇的作者与作品中人物的关系，是有助于我们进一步理解作品，分析作品的。但却不能因此即认为《莺莺传》即是元稹的自传，作品里的张生，固然是从元稹自己的生活经历的基础上塑造出来的，但张生是一个艺术作品里的典型人物，它有丰富的社会内容，绝不就是元稹自己。

下面我们就谈谈这篇作品里的几个人物：

《莺莺传》里的张生，是一个矛盾的人物，作品一开始写他"内秉坚孤，非礼不可入"，似乎是十分守礼教的人，但到遇见莺莺以后，便不顾什么礼法了，他用尽一切方法去挑动莺莺的爱情，先是以词导之，再则私礼红娘，情急到不能逾旦暮，因此便写情诗，攀树，跳墙，而至于恋爱成功。在他开始恋爱一直到恋爱成功的过程中，他的爱情似乎是十分真诚热烈的，是可爱的足以令人感动的。但到了长安以后，他便一心追求功名富贵，他便又要讲究起礼法来了，因此他又一变初衷地"忘绝"了，不仅"忘绝"，而且还说了一大套荒谬绝伦的话，来掩饰他始乱终弃的罪行。但是当他已经抛弃莺莺而且各有所嫁娶以后，他却又不能忘情，又不怕这个"妖孽"、"尤物"而又要求以外兄之礼再见莺莺了，足见他的言行是多么悖逆。这种始乱终弃，弃而又想再见，重续片刻旧好的行径，充分地暴露了这个负心男子玩弄女性的罪恶行为，从张生身上我们可以看到封建的礼教，封建的功名富贵，与当时人民的真正美好的爱情生活的矛盾。这个人物，与后来《西厢记》里的人物，截然不同。《西厢记》里的张生，是一个有纯洁的爱情，言行一致的人物，是一个正面人物。这是王实甫的不朽功绩，等后面详谈。

张生这个人物的言行之间的矛盾，正反映了作者思想的矛盾。一方面为了富贵功名，不得不遵守礼法，而且把遵守礼法写成为一种美德，而另一方面，又不愿真正做一个封建礼教的实践者，不愿做一个十足的道学先生，恰恰相反，愿做一个"非忘情者"，而且对于攀树、跳墙、投书、约会等事情，也写得津津有味。由于后者，使他写张生与莺莺的恋爱能十分真实生动，但也由于前者，使他对张生的负心行为不能像蒋防对李益一样严格地批判，相反地却为他掩饰、辩解。因此严重地损害了这篇作品的思想性。从这一点上，也可以看出，作者的思想，作者的世界观，对他的创作有多么深刻的影响！

崔莺莺在作品里是个正面人物，她美丽、聪明、有教养、个性温柔优美，对爱情的态度十分严肃，不轻易尝试，也不轻易变心。她的言行是始终如一的，她的再嫁，完全是由于张生的负心，由于事势所迫，而且再嫁以后，仍然是那样关心爱护张生，对于张生的负心行为，一方面是如此哀怨，另方面又从不肯重言责备，她对张生，可以说是表现了最纯洁的爱情。

在莺莺的身上，同样是存在着礼法与爱情的矛盾的。"待月西厢下"的诗，是爱情的流露，但一个像她这样的少女，对爱情的追求，不可能没有任何顾虑和矛盾的。所以当张生由于她的诗句而真的大胆地来追求爱情的时候。特别这时候是当着红娘的面，这使她多么为难啊！结果她终于用一顿严词责备来结束了这个戏剧性的场面，这个具体事件，充分地写出了她长期所受的封建礼教给予她的深刻影响，也写出了她在初恋过程中理智与感情的冲突。这时感情还未能战胜理智——用封建礼教教养出来的理智。但是作者描写得深刻之处更在于写出了这件事给双方面所起的截然不同的作用。这件事无疑对张生是起了暂时的正面作用，使他"于是绝望"，暂时不敢再追求了。但是这件事对莺莺自己，却起了强烈的反作用，使她感到对自己真心相爱的人如此严词责备，弄得他如此狼狈不堪，实在心有所不忍，这种自疚，愈促使她对张生的爱情的发展，时间愈使她这种内心的不安和爱情增强，而对张生的善良、真挚的性格和对自己的热烈的爱情越来越发生强烈的感应和共鸣，在理智和爱情的强烈的矛盾冲突中，终于使她战胜了礼教的束缚，抛开了对红娘的顾虑，争取了红娘的帮助，主动地与张生相会，而且从此永远热烈真挚地爱着张生，这是莺莺的思想和性格的飞跃发展，这是莺莺的性格和灵魂真正美丽之处。莺莺的始终如一地热烈地爱张生，甚至对张生的负心行为虽然哀怨而并不用太尖锐的言语来责备他，依旧对他保留着一定程度的温厚的感情，这一点，正是莺莺性格的更深沉的地方，更有教养，懂礼教的地方，因为封建礼教是提倡"哀而不伤，怨而不怒"的，莺莺的这种性格，正体现着这种教养的作用，因此也更使我们能深刻地认识到封建礼教对人民的心灵、思想、性格的严重歪曲和戕害。

这篇作品就以这种出色的描写，显示着它的现实主义的力量。但这篇作品在艺术形式上，显然还不是传奇达到最成熟的阶段的作品，在形式上，还明显地保留着"史才、诗笔、议论"的痕迹。

这篇作品给后来的影响是很大的，北宋赵德麟的《商调·蝶恋花》鼓子词，金代董解元的《弦索西厢》，元代王实甫的《西厢记》，都是在这篇传奇的基础上产生的。明清以后，也还有各种西厢记的续本，清代以后的各种地方戏里，差不多都有《西厢记》的戏，直到现在《西厢记》还是舞台上百演不衰的好戏，由此可见它给后来影响之深了。

《李娃传》的作者是大诗人白居易的弟弟白行简。他字知退，贞元末年进士及第，累迁司门员外郎主客郎中，宝历二年冬（826 年）病卒。大约是五十一岁。[①] 这篇作品的写作年代大约是元和末年或长庆初年（820 年左右），比《莺莺传》要晚十五六年左右。

《李娃传》的内容是讲荥阳郑生进京考试，在长安遇到娼妓李娃，

---

① 白行简生年不详，据万曼《白居易传》推知白行简生于776 年，则得年五十一岁。

一年之间，弄得"资财仆马荡然"，最后被鸨母设计将他抛弃。因此郑生一怒成病，又被旅店主人抛到"凶肆"中，幸而得到合肆人的怜悯，救活了他，他就在凶肆内当了一名挽歌郎。又因为他唱的挽歌特别哀伤动人，引起东西两个凶肆的主人互相比赛，东肆主人竟因有郑生哀伤动人的挽歌而获胜。在比赛的时候，四方之士，都来观看，巷无居人。这时郑生的父亲刚好因公进京，也来观看，郑生因之被他家老仆发现，带回家去，又被他的父亲毒打几死，抛在外边。凶肆的人又将他救活，但因为伤势太重，周身溃烂，臭不可闻，终于将他抛在路边，郑生靠着过路人抛下的余食，勉强维持着生命，终于能杖策而起，沿途乞食，哀声甚苦。在一个大雪天，郑生乞食到一家，正是李娃的新居，李娃听出了郑生的声音，遂将他救进去，并向鸨母赎身，一心救护郑生，与生另外赁屋而居，调养将及一年，郑生身体复元，在李娃的勉励督促下，即发愤读书，三年以后，一举登科，又应"直言极谏科"考试，策名第一，海内闻名，授成都府参军。遂与李娃同赴任，到剑门，李娃坚辞不去，愿郑生别娶高门。这时恰值郑生之父任成都尹，兼剑南采访使，因此才父子相会，和好如初，李娃亦因郑父之命，与郑生正式结为夫妇，后封汧国夫人，有子四人，皆为大官。

这篇作品，无疑是唐人传奇中的杰作，作品深刻地反映了唐代的社会现实。作者对于妓女李娃的行为，表示了深切的同情和赞扬，她本来是热爱郑生的，只要看她在初见面时，感情就多么激动，当郑生表达了对她的相思之忧以后，她就毫不隐讳地说"我心亦如之"。当郑生为她弄到"财资仆马荡然"的地步以后，鸨母已经越来越冷淡了，而她却是"娃情弥笃"，足见李娃的爱郑生，确实是有真实的爱情的，而不是为了财。但是难能可贵的是当她发现了郑生为了自己竟变成为一个沦落街头，"枯瘠疥厉，殆非人状"的乞食者的时候，她能毫不犹豫地"以绣襦拥而归于西厢"，失声长恸至绝而复苏，并且决心尽自己的一切力量，来恢复郑生的生命和前途，这种行为，出在当时社会里的一个下贱的妓女身上，显得多么不平凡，多么崇高啊！相形之下，我们再看看郑生的父亲的灵魂，多么丑恶，他可以说是在封建礼教和门阀制度下培养出来的一个典型的代表封建统治阶级利益的人物，他的道德、伦理等观念，无不体现了唐代门阀制度下的那些世族地主们的思想。当他看着自己的儿子大有前途，一定能光辉门庭的时候，便毫不吝啬地供应他，而且还"丰尔之给"，等到他发现了自己的儿子已经沦为挽歌郎的时候，他的态度便立刻变了，变得那么冷酷残忍，他此时唯一考虑的是"污辱吾门"的问题，所谓父子骨肉之情，早已抛到九霄云外了。更令人惊心动魄的是他竟亲自动手，将他的儿子狠狠地几乎打死，然后"弃之而去"，而到他一举登科，授成都府参军的时候，他竟会毫不羞愧地说"吾与尔父子如初"。我们不得不感谢作者白行简那支锐利的笔，他对封建统治者的残忍面貌，揭露得多么淋漓尽致而深刻尖锐啊！作者对这个人物的精神境界和残忍行为的尖锐揭露，使我们可以清楚地认识到封建社会的黑暗和罪恶。作品中对那个鸨母，虽然只有寥寥几笔，但却写得十分传神，她那种初见郑生时的虚伪趋奉，到郑生床头金尽后设计抛弃时的阴险狠毒，以及后来郑生饥寒交迫，命如游丝时她的那种冷酷残忍的心肠，等等，几乎都成为后世戏曲小说中此类人物共同的个性特征。作品中对那些社会上的普通人物，也有粗略而真实的描写。

除了人物描写以外，作品在情节结构方面，也完全摆脱了初期传奇的那种志怪记异的痕迹，纯粹是当时社会生活的真实描写，虽然故事的情节是那么波澜曲折，但却仍然是那么合情合理，丝毫也没有迷离惝恍的地方。

作品即以这种真实而生动的描写，显示着他的现实主义的精神。

当然这篇作品在结束时的描写，是缺乏现实基础的，是理想化的情节，但也表现了人们对于这种自由婚姻的赞颂，对于门第限制的反对。

这篇作品是根据民间的"说话"——《一枝花》改写而成的，"李娃"这个崇高的女性形象的朴质（指她的品性道德）坚决、牺牲自己一切以拯救别人等的优良性格，和她爽朗清新的风度，恐怕与这个故事的民间的来源有关。

这个作品，对后来的戏曲影响很大，元石君宝的《李亚仙花酒曲江池》和明薛近衮的《绣襦记》，都是根据这个作品写成的。

《霍小玉传》的作者是蒋防。蒋防，字子征，义兴人，曾做过右拾遗。与诗人李绅同时，他曾在李绅的席上赋《鞲上鹰》诗云："几欲高飞上天去，谁人为解绿丝绦。"为李绅所赏识，荐拔他为翰林学士。但后来因为李绅的事，于长庆四年（824年）贬了官。他的具体生卒年不详。

这篇小说是写李益的故事，李益是与他同时代的著名诗人，死于公元827年，这篇作品的写作年代大概是在827年以后。

这篇小说的内容是写：诗人李益与妓女霍小玉相恋，起初情爱甚厚，一起生活了两年，两年后，李益以书判拔萃登科，授郑县主簿，才与霍小玉分别，临别时还向霍小玉发誓永远爱她，决不负心。岂知到任以后，他家里已经为他与高门卢氏表妹定婚，他非但不反对，还远投亲故，涉历江淮，到处借款以准备聘财，对霍小玉则置之不顾，并且故意欲断其望。但霍小玉却丝毫没有想到他的负心行为，依旧还是一片痴心地等待着他，以致穷得把首饰都卖掉了，人也相思成病了，而李益却还是避不见面。因此长安中知道这件事的，都愤慨于李益的薄幸。后来在一个春天，李益正在崇敬寺玩牡丹，忽然来了一个黄衫侠士，硬把李益劫持了送往霍小玉家里。霍小玉见了李益，含怒凝视，将他痛责一顿，发誓死后必为厉鬼，使他妻妾不安，言毕长恸号哭数声而绝。后来李益与卢氏结婚后，果然得了嫉妒病，怀疑卢氏有外遇，常常加以捶楚，后来终于休妻，以后虽然又娶了三次，也总是这样结局。

第九章　唐代的传奇

　　这篇小说，典型地反映了唐代社会的婚姻悲剧。小说里的悲剧主角霍小玉是一个妓女，出身微贱，而李益却是进士及第并且后来得到书判拔萃登科授郑县主簿的风云人物，于是婚姻的悲剧便在这种贵贱门第的悬殊下发生了，李益为了自己的功名富贵，终于抛弃了深情厚意的霍小玉而与高门卢氏结婚，霍小玉也终于成了负心汉李益的牺牲者。这篇小说，通过这个十分哀感缠绵的悲剧故事，深深地鞭挞了唐代社会的门阀制度的罪恶，深深地批判了忘情负义，自私自利的负心汉李益，为封建社会里无数被糟蹋的女子申诉了自己内心的怨愤。这种由于出身微贱因而必然存在的悲剧命运，霍小玉是知道无法避免的，所以当她初会李益的时候，便预感到了自己不可避免的悲剧命运：

　　　　中宵之夜，玉忽流涕观生曰："妾本倡家，自知非匹。今以色爱，托其仁贤。但虑一旦色衰，恩移情替，使女萝无托，秋扇见捐。极欢之际，不觉悲至。"

　　霍小玉的这个预感，正反映了唐代社会婚姻问题上所存在的普遍性的矛盾，如果这种矛盾不是普遍存在的话，霍小玉是不可能有这种预感的。

　　李益对于霍小玉的这个忧虑，曾发过誓言：

　　　　"平生志愿，今日获从，粉骨碎身，誓不相舍。夫人何发此言。请以素缣，著之盟约"……生素多才思，援笔成章，引谕山河，指诚日月，句句恳切，闻之动人。

　　这里描写李益的初衷不可谓不真，发誓不可谓不诚。以后他书判拔萃登科了，这个悲剧，已经放在眼前，霍小玉更感到命运的可悲，因而在绝

619

望中提出了一个最可怜的要求：

> 　　玉谓生曰："以君才地名声，人多景慕，愿结婚媾，固亦
> 众矣。况堂有严亲，室无冢妇，君之此去，必就佳姻。盟约之
> 言，徒虚语耳。然妾有短愿，欲辄指陈。永委君心，复能听
> 否？"……"妾年始十八，君才二十有二，迨君壮室之秋，犹
> 有八岁。一生欢爱，愿毕此期。然后妙选高门，以谐秦晋，亦
> 未为晚。妾便舍弃人事，剪发披缁，夙昔之愿，於此足矣。"

这个要求是如此可怜，她的命运是如此之可悲，因此使当时的李益听了也不得不"且愧且感，不觉涕流"，并且再一次的发誓说："皎日之誓，死生以之。与卿偕老，犹恐未惬素志，岂敢辄有二三。固请不疑，但端居相待。至八月，必当却到华州，寻使奉迎，相见非远。"尽管这样誓同日月，但悲剧的结局还是没有能丝毫改变，这就深深地揭露了这个悲剧的社会原因，使读者不仅深恨负心者李益，而且进一步触及制造这种悲剧的根本原因——社会制度。这就使这篇作品的思想性达到了相当的高度。

作品对于人物的描写和情节的推进，都相当成功，而且作品具有鲜明的倾向性，对于霍小玉，作者流露出了深刻的同情，对于李益则给予了无情的谴责。作者的这种观点，是与人民对待这件事情的态度是一致的，作者的这种评价，正反映了广大人民对于当时的婚姻制度的抗议。

作品中老玉工的感叹和黄衫客的仗义，增强了这篇传奇的动人的光彩，作者通过这两个人的不同的行动，对这件事情本身进行了评论，老玉工的感叹，透露了人民无限的同情，而黄衫客的强力行动，表达了人民对负心者最有力的惩罚。作者的这种情节设计，是有极大的积极意义的。

这篇作品的强烈的批判性和卓越的描写才能，使得它比前面两篇传奇达到了更高的成就。这篇作品对后世的影响也很大，明代汤显祖的剧作《紫箫记》和《紫钗记》，就是根据这篇作品改写的。

（三）晚期的传奇

传奇文学到了晚唐时期，由于当时的社会矛盾阶级压迫越来越尖锐，社会上贫富悬殊的现象也越加突出，再加由于藩镇割据的局面所造成的争夺政权，互相残杀的事件，也不断发生，而豪强恶霸们对人民的压迫，也产生了锄奸报仇等的反抗行动，因此在这一时期的传奇小说里，歌颂行侠仗义的行为，便成为较为突出的主题，这一时期的作品，浪漫的气息是很浓的，但是从这一时期的作品中，我们也可以看到人民的反抗精神。这一时期的主要作品，有袁郊的《红线传》、杜光庭的《虬髯客传》、薛调的《无双传》、房千里的《杨娼传》、皇甫枚的《飞烟传》等，下面我们讲一讲《红线传》和《虬髯客传》。

1. 《红线传》

《红线传》的作者是袁郊，袁郊是晚唐懿宗咸通时期人，与温庭筠同时，并且曾与温庭筠酬唱，《唐诗纪事六十五》还载有温庭筠寄袁郊的诗句。郊字之乾，蔡州朗山人。

《红线传》的内容是讲：潞州节度使薛嵩与魏博节度使田承嗣有矛盾，田承嗣想合并潞州，薛嵩正在无计可施的时候，他的家奴红线便自告奋勇，单身夜探魏郡，直入田承嗣寝帐，取田承嗣床头金盒以归，"夜漏三时，往返七百里，入危邦，经五六城"，回来时只听得"晓角吟风，一叶坠露"，就像飞的一样。当田承嗣醒来正为失去床头金盒事进行搜捕时，"薛嵩乃发使遗承嗣书曰：'昨夜有客从魏中来，云：自元帅头边获一金盒，不敢留驻，谨却封纳。'"田承嗣读了这封信接收金盒时，大大吃惊，即厚待来使，并遣使与薛嵩通好。两地便免去了一场战争。红线也就辞别薛嵩，不知所终。

在这篇小说里，作者塑造了一位英雄的女性形象，她有超人的智慧和胆力以及高超的武艺，她十分关心人民的疾苦，她的前世，是一位"游学江湖间，读神农药书，而救世人灾患"的"男子"，而现在又是在两个企图相互并吞的藩镇中间，奔走和平，免使人民受战争的威胁，使"两地保其城池，万人全其性命，使乱臣知惧，烈士谋安"的一个侠士。虽然作者塑造的这个人物，是带有鲜明的浪漫色彩，是把这个人物神化了的，但是我们仍然能从这个人物身上，看到处在藩镇割据，战乱频仍的痛苦生活下的人民要求和平生活的强烈愿望的，特别可以看到人民对于以侠义行为和高超武艺来保卫和平英雄人物的歌颂。

这篇小说里所描写的社会情况，即田承嗣与薛嵩的互相矛盾，企图并吞的情况，对于晚唐时期的社会来说，是十分真实而且具有典型意义的。从这篇作品里，可以使我们看到当时社会动乱的面貌。

但是这篇小说思想上的弱点也是比较明显的，它还保留着较深的佛教轮回思想和道教思想，作品里这个被歌颂的女性英雄最后的出路，也仍然是比较消极的，作者还没有能力为这个英雄人物找到一条正确的出路。

这篇作品在描写上过多的浪漫主义色彩，也使得这篇作品的真实性受到较大的影响。

2. 《虬髯客传》

《虬髯客传》的作者是杜光庭。①

这篇小说的内容是描写：隋代末年，李靖去见杨素的时候，侍候杨素的侍女红拂，是一个别具慧眼的英雄，她十分赏识李靖，便乘夜私奔

---

① 这篇小说的作者，说法不一，可参见鲁迅《中国小说史略》第 93 页，及刘开荣《唐代小说研究》第 214 页。

李靖，同归太原。中途在灵石旅舍歇息，遇到一个豁达大度，举止十分豪爽的侠士虬髯客，三人畅谈素志，饮酒的时候，虬髯客在皮囊中取出了"天下负心者"——他的仇人的首级和心肝，用刀切着心肝下酒。以后即约定在太原访"异人"，结果在刘文静处见到了未来的皇帝李世民，后来虬髯客又邀了一位"道士"，第二次到刘文静处访李世民，这个道士见了李世民以后，便肯定他要做皇帝，便劝原想逐鹿中原的虬髯客不必再做无益的打算，因此虬髯客便将全部家财奴仆，赠送给李靖夫妇，自己则带着妻子和一个奴仆，乘马而去，数步，遂不复见。到贞观十年的时候，李靖已为左仆射平章事，虬髯客也杀了扶余国王，自立为王。

这个作品的思想是比较复杂的，他一方面描写了在动乱的时代里企图逐鹿中原的三个英雄人物的形象和他们的活动，但另一方面又描写了其中一个想当皇帝的主要人物虬髯客的知难而退的最后结局。

这篇作品里对虬髯客这位英雄形象的描写是颇为成功的，这个人举止豪迈，豁达大度，从他的言谈和举止所表现出来的这个人的性格和志向，是绝不能用一般常人的尺度去衡量他的。你看他初次遇见红拂时，便"取枕欹卧"，靠着枕头看红拂梳头，这样的举止在那个封建社会里，显得多么突兀啊！当他们三言两语交谈以后，便亲热而信任地相互称呼为兄妹，在饮酒的时候，虬髯客竟突然拿出皮囊里盛着的仇人的心肝来切碎了下酒吃，而且谈笑自如，这种行动，多么惊心动魄，多么不平凡啊！而尤其是当他一见李世民，认为天下必属此人以后，便毫不迟疑地将全部家财奴仆统统赠送给李靖夫妇，自己竟翩然而去，另谋出路，这种举止，又是多么的不可以常人揣度啊！所以这个作品里所描写的虬髯客这个英雄形象的性格是突出的、典型的。他的全部行动先是想做皇帝而后来又毅然地放弃这个企图，表面上看来是矛盾的，但实际上却是统一的，与他的性格一致的。这个人物的性格与他的外形，也十分谐和洽调。

这个作品对红拂的描写虽然比较简单，但却仍然很鲜明突出，能给人们以较深的印象。

这个作品虽然似乎是在写隋末的历史人物，但实际上却反映了唐代末年，社会混乱，群雄并起的动乱面貌。作者对于虬髯客的描写，虽然十分生动飞舞，使他的豪迈的行为显得十分突出，因而也能给人以某种积极的感受和鼓舞，但总的来说，作者的立场，还是从李唐统治者的一面来观察和描写这个动乱的现实的。所以他极力肯定李氏是"真天子"，不可与争。另一方面，又极力描写虬髯客的英雄豪迈，"有龙虎之状"，然后再写他望见李世民而"心死"，自认"此局全输……救无路矣"！因此不战而退，退避到海外去栖身。然后再用作者自己的话加以正面的评论说：

> 乃知真人之兴也，非英雄所冀，况非英雄者乎？人臣之谬思乱者，乃螳臂之拒走轮耳。我皇家垂福万叶，岂虚然哉。

经过这样反复的描写，作者拥推李氏的立场，不是已经十分清楚了吗？①但是，检查一个作品，不仅要看作者的立场动机，更重要的是要看作品的社会客观效果。拿《虬髯客传》来说，由于作者对虬髯客这个人物的英雄性格写得十分飞动突出，对他们三个人的友谊描写得十分质朴真实而可靠，因而在这些方面，却给后来的人们以极大的鼓舞和影响，甚至大家都称他们为"风尘三侠"，画家们还创造了他们三人的画幅，在舞台上，也有这个戏与观众见面，可见这个作品主要的还是以它的侠义方

---

① 徐士年在《略谈唐人小说的思想艺术》一文里对这篇作品的思想的分析，认为作者把侠客与皇帝两者统一起来，表达了人民对皇帝的理想和现实的皇帝之间不可能一致的矛盾云云。窃以为徐说仅得其一面，故作补充分析如上，徐文载 1957 年 5 月《教学与研究》。

面，给后世留下较多的影响。

在晚唐时期，还出现了许多传奇的专集。重要的有牛僧儒的《玄怪录》、李复言的《续玄怪录》、袁郊的《甘泽谣》、裴铏的《传奇》等。

第三节　简短的结论

唐代的传奇，是在魏晋南北朝志怪小说的基础上发展起来的，由于唐代政治、经济、文化各方面的因素，使得传奇文学得到了充分的发展，放出了灿烂的光彩。成为唐代文学中的另一朵奇葩，也是中国小说史上光辉的一页。

唐代小说在内容上基本上摆脱了六朝志怪小说纯粹志怪记异的缺点，而具有相当丰富的现实主义精神，对于社会现实，社会矛盾的反映，也达到了相当深刻的程度，因而出现了不少具有鲜明的现实主义精神的杰作。

在唐代传奇中，也出现了好多个塑造得相当成功的典型人物，人物的性格和形象，都有相当的深度和完整性。作者往往能运用事件的发展和人物的行动、语言等来发展和描写人物的性格特征。在对人物进行描写时，也很细致精到，而且还有不少很精炼的细节描写。

这种种新的写作方法，都是随着这个新发展起来的文学形式而产生的，在此以前的文学中，除司马迁的《史记》，也有类似的描写手法外（当然这两者还是有区别的），在其他作品中，还不多见，在先秦诸子的作品中，虽也有近似的写法，但毕竟距离太远了。

唐代传奇文学给后世的影响是极大的，它提高了小说的内容和表现形式，直接影响到宋代的白话小说和清代的文言小说，如蒲松龄的《聊斋志异》就受着鲜明的影响。

唐代传奇对后世的戏剧的影响也十分巨大，它为戏剧提供了大量的材料，如元人的《柳毅传书》、《西厢记》，明人的《紫钗记》，清人的《长生殿》等，都是取材于唐人传奇的。

第十章 词的兴起

第一节 词的产生与发展

词是一种音乐文学，它最初的时候，是按照乐谱所填的曲词，其目的是用来歌唱的。所以为《花间集》作序的欧阳炯称它为"曲子词"，《碧鸡漫志》的作者王灼也称它为"今曲子"，而宋翔凤在《乐府余论》里面，则明确地说："以文写之则为词，以声度之则为曲。"所以词在最初，并不是一种独立的文学形式，而是附属于音乐的歌词。

词的起源，也像五七言诗起源于民歌一样，词也是来源于民间的，《旧唐书》音乐志说："自开元以来，歌者杂用胡夷里巷之曲。"这"胡夷里巷之曲"，就是指外国流传进来的音乐和本国的民间音乐。原来我国在四世纪（东晋）以后，由于社会的混乱变动和隋唐以后经济的发展，在音乐方面酝酿着巨大的变化。西域音乐伴随着佛教大量的传布进来，与中国音乐长期地接触调和，到唐代中叶而产生了新的音乐。这些音乐常常在上层社会和统治者的宴会上演唱，演唱者自然是那些"歌者"，由于他们"杂用"了"胡夷里巷之曲"，于是便把原先在民间流行，在乐工歌伎口头传唱的这些民间歌词，也逐渐进入到豪门宫廷。由于这种民间曲调的新鲜活泼，自然会引起文人们的爱好，但这种民间歌词，内容自然是不"雅"的，不可能符合上层社会的文人和统治者的胃口，他们就必须要加以改作，加之原来用来配入音乐歌唱的形式整齐的五七言诗，不可能与音节长短变换的曲子密切结合，也必须依据曲子的节奏来改写新词，在这样的发展过程中，词体便形成一种新的韵文形式，逐渐代替了诗歌，负担起音乐文学的任务，而到最后，它自己也发展成为一种独立的新的文学形式了。

词的发展，是在城市经济繁荣发展的基础上发展起来的。因为词是配合歌舞用的，歌舞者当然是乐工歌伎，乐工歌伎们的活跃，是以城市经济的繁荣为前提的，总之词的发展，是与豪门富商和市民阶层的需要分不开的。唐代经过了"安史之乱"，社会遭到了很大的破坏，但到中唐以后，经济又呈现出繁荣的现象，而且有所发展，词在这时期也逐渐兴盛起来，到晚唐而出现专业的词人，这不能看作是一个偶然的现象，这是与当时的城市经济的繁荣，有密切的关系的。

现存最早的民间词，要算是在敦煌发现的一百六十多首敦煌曲子词，这些作品，除了少数几首可以考出作者的姓名以外，绝大多数都是无名氏的民间作品。其中有小令，有长调，有大曲。有的保存着民间文艺的素朴的原始形态，有的是经过文人整理编选过的。这些作品，代表着一个很长的时期，最早的作品，大概还在白居易以前。

敦煌曲子词大部分是风格朴素，清新自然，感情真挚深厚，有着强烈的反抗性的，总之，它保留着民歌的那些鲜明特色。例如：

菩萨蛮

枕前发尽千般愿，要休且待青山烂。水面秤锤浮，直待黄河彻

底枯。　　白日参辰现，北斗回南面。休即未能休，且待三更
见日头。

望　江　南

天上月，遥望似一团银，夜久更阑风渐紧，为奴吹散月边云，
照见负心人。

鹊　踏　枝

叵耐灵鹊多满（谩）语，送喜何曾有凭据？几度飞来活捉取，
锁上金笼休共语。　　比拟好心来送喜，谁知锁我在金笼里。
欲他征夫早归来，腾身却放我向青云里。

敦煌的曲子词，还具有丰富的社会内容，它反映了城市经济的生活面
貌，对妓女、商人、豪富、歌妓、旅客等人的思想感情，都有真实深刻
的描写，战争的痛苦，沦陷区人民的爱国思想等等，在这些作品里，也
都有鲜明的表现。

第二节　温庭筠和韦庄（附论《花间集》）

文人作词的开始，也许可以追溯得比较早一些，如隋炀帝与王冑所
作的《纪辽东》，唐初长孙无忌的《新曲》，沈佺期的《回波乐》等等，
固然可以看作是长短句的萌芽，但还不能算作是严格的词。李白的《菩
萨蛮》、《忆秦娥》二首，也不可信，比较可靠的文人词的开始，是八

629

世纪下半期文人们的一些作品，如张志和（730—810）的《渔父词》五首。戴叔伦（732—789）的《调笑令》一首，韦应物（736—830？）的《调笑令》二首等，今各举一首于后：

渔 父 词

张志和

西塞山前白鹭飞。桃花流水鳜鱼肥。青箬笠，绿蓑衣，斜风细雨不须归。

调 笑 令

戴叔伦

边草，边草。边草尽来兵老。山南山北雪晴，千里万里月明。明月，明月。胡笳一声愁绝。

调 笑 令

韦应物

河汉，河汉。晓挂秋城漫漫。愁人起望相思，塞北江南别离。离别，离别。河汉虽同路绝。

文人词的创作，到九世纪前期刘禹锡（772—842）和白居易（772—846）的时代，便有了较大的发展，创作日益增加，词调逐渐增多，刘、白二人的创作虽然主要还是诗，但他们已较以前的人更多地注意到词的创作，作品也较前人为多，今各举一首《忆江南》为例，先举白居易：

江南好，风景旧曾谙。日出江花红胜火，春来江水绿如蓝。能不忆江南。

次举刘禹锡：

春去也，多谢洛城人。弱柳从风疑举袂，丛兰挹露似沾巾。独坐亦含颦。

从刘禹锡《忆江南》词的注："和乐天春词，依忆江南曲拍为句。"这句话来看，这时词体已经比较固定，文人们也明确地在依曲填词了，这是词的发展的明证。

（一）温庭筠

大量填词，以词为专业创作的第一人，是后于刘、白四十来年出生的晚唐时期的温庭筠。

温庭筠，字飞卿，生于公元 812 年（唐宪宗元和七年），卒于公元 870 年（唐懿宗咸通十一年）左右，得年约五十九岁。山西太原人，他是宰相温彦博的后代，但到他时，家庭已经衰落了。他辞章敏捷，与李商隐齐名，当时号称"温李"，又与段成式、李商隐合称为"三才"。他精通音律，能逐弦吹之音，《唐才子传》说他"善鼓琴吹笛，云有弦即弹，有孔即吹，不必爨桐与柯亭也"。他又喜欢写"侧艳之词"，喜欢与歌儿伎女们来往，生活比较浪漫，所以《旧唐书·文苑传》说他"士行尘杂，不修边幅"，因而为统治者所鄙薄，但更重要的是他"好讥呵权贵，多犯忌讳"，即使是对当时权高势重的宰相令狐绹，他也曾毫不客气地加以讥评,① 因此他一生没有得意过,只是做了一个国子助教,潦倒而死。

温庭筠的著作很多,② 但可惜大部分已遗失了,现在流传的只有诗集九卷,《乾巽子》、《采茶录》各一卷（残）,文若干篇。他的《握兰》、《金荃》两集,也已失传。他的最重要的词作,现在仅有《花间集》里所保存的六十六首,他的全部词作一定还要多得多,但即以这六十六首词来说,他也已经是一个前无古人的词人了。

因为他精于音律,生活浪漫,喜欢与歌儿伎女们往来,熟悉他们的生活和心理,所以他的词也都是描写她们的生活和思想感情的,并且写得十分精致和华丽,例如:

菩 萨 蛮

小山重叠金明灭,鬓云欲度香腮雪。懒起画蛾眉,弄妆梳洗迟。　　照花前后镜,花面交相映。新帖绣罗襦,双双金鹧鸪。

玉楼明月长相忆,柳丝袅娜春无力。门外草萋萋,送君闻马嘶。　　画罗金翡翠,香烛销成泪。花落子规啼,绿窗残梦迷。

更 漏 子

柳丝长,春雨细,花外漏声迢递。惊塞雁,起城乌,画屏金鹧

---

① 参见《云溪友议》七,《唐诗纪事》五四,《南部新书》庚等书。
② 参见夏承焘《唐宋词人年谱·温飞卿系年》。

鸪。　　香雾薄，透重幕，惆怅谢家池阁。红烛背，绣帘垂，
梦长君不知。

在这些词里，作者用十分精细华丽的语言，雕镂着她们的形象，刻画着
她们的思想感情，辞藻很秾丽，感情很真挚，而表现得又很含蓄。从这
些词里，可以看出与当时以华丽、雕琢见长的李商隐、杜牧的诗风相同
的地方。近代文艺批评家王国维用"画屏金鹧鸪"这句词来说明温词的
风格，对于上述这些词来说，是恰如其分的。

　　但是，温庭筠的词，除了上述这种浓丽的作品外，也还有一些风格
疏朗的作品，例如《更漏子》下阕：

梧桐树，三更雨，不道离情正苦。一叶叶，一声声，空阶滴
到明。

梦　江　南

千万恨，恨极在天涯。山月不知心里事，水风空落眼前花。摇
曳碧云斜。
梳洗罢，独倚望江楼。过尽千帆皆不是，斜晖脉脉水悠悠，肠
断白苹洲。

在现存温庭筠的词中，还可以看到一些具有民间歌词特色的作品，
例如：

新添声杨柳枝

一尺深红胜曲尘。天生旧物不如新。合欢核桃终堪恨，里许原
来别有仁。

井底点灯深烛伊。共郎长行莫围棋。玲珑骰子安红豆，入骨相
思知不知。

这首词的形式，还是七言绝句的形式，这首词不载《花间集》，见于清
顾嗣立注《温飞卿集外诗》，这首作品原还不能算作是词，但在这首作
品中，作者用了民间歌词里惯用的谐音字，如"仁"字谐"人"，"围
棋"谐"违期"等，足证温庭筠对民间歌词是颇注意学习的。

总的来说，温庭筠的词，主要是写妓女的感情、生活和男女间的离
愁别恨的。词的风格凝重秾丽，造语精致，描写细腻而含蓄。

词的内容过于狭窄和风格的过于秾丽雕琢，是他的缺点，但这是次
要的一方面，他的主要方面，是在于使原来还没有与诗严格分界的过渡
状态的词，取得了独立的艺术形式和艺术生命力，开始使词走上独立发
展的道路，这对于词的发展来讲，是一个极重要的贡献。

（二）《花间集》和韦庄

唐末以黄巢为首的农民革命，虽然被唐统治者镇压下去了，但是腐
朽的唐皇朝，也终于无法避免分崩离析的没落命运，由于地方军阀们的
互相混战，拥兵割据，最后终于形成了五代十国的分裂局面。当时中原
地带因为受到兵火的摧残，社会生产受到严重的破坏，因而经济衰落，
而南方的西蜀和南唐等地，因为生活比较安定，经济日益繁荣，逐渐成
为经济、文化的中心，而原来在中原地区新兴起来的词，也在这两个地

方很快发展起来了。

　　主要收集着蜀中词人的作品的是结集于后蜀广政三年（940 年）的《花间集》。《花间集》里一共收集了十八位作家，五百多首词。这些作家，并不完全是西蜀人。可是词的风格基本上是一致的，集中作品选得最多而且放在第一位的是温庭筠，而集中选收的词的风格大致也是与温词相似。

　　这些作品，形式短小，题材狭窄，它的内容主要是描写女人和歌舞，反映着当时社会经济的繁荣和统治阶级和上层社会的享乐生活。例如牛峤的《菩萨蛮》：

　　玉楼冰簟鸳鸯锦。粉融香汗流山枕。帘外辘轳声，敛眉含笑惊。　　柳阴烟漠漠。低鬓蝉钗落。须作一生拚。尽君今日欢。

张泌的《浣溪沙》：

　　晚逐香车入凤城。东风斜揭绣帘轻。慢回娇眼笑盈盈。　　消息未通何计是，便须伴醉且随行。依稀闻道太狂生。

牛希济的《浣溪沙》：

　　相见休言有泪珠。酒阑重得叙欢娱。凤屏鸳枕宿金铺。　　兰麝细香闻喘息，绮罗纤缕见肌肤。此时还恨薄情无。

顾敻的《甘州子》：

一炉龙麝锦帷傍。屏掩映，烛荧煌。禁楼刁斗夜初长。罗荐绣
鸳鸯。山枕上，私语口脂香。

　　这些作品都感染着温词的风格，但在内容上，却显然比温词要差，上述
这些词，在精细的雕琢和华丽的辞藻掩盖下，实际上都是些赤裸裸的色
情的描写，仿佛是齐梁宫体诗的复活，内容是很不健康的。

　　在《花间集》里能够保持着自己的独立的风格而且有清新健康的内
容的是韦庄的词。

　　韦庄①，字端己，生于公元 836 年（唐文宗开成元年），卒于公元
910 年（蜀高祖武成三年），京兆杜陵人。是唐诗人韦应物之后。他是
著名的《秦妇吟》一诗的作者，他身经了黄巢领导的农民起义，在
《秦妇吟》一诗中，也部分地反映了唐末农民起义时的社会情况（但对
农民起义军有歪曲和诬蔑），他于五十九岁（894 年，唐昭宗乾宁元年）
中进士，晚年流寓于西蜀，唐亡后曾劝王建称帝，为蜀定开国制度，任
宰相。

　　他因曾经丧乱，并且远离家乡，虽然是言情之作，也颇有一些感
慨，词的风格则清丽秀雅，缠绵深致，迥非《花间集》其他作者可比。
例如：

菩 萨 蛮 二首

红楼别夜堪惆怅。香灯半卷流苏帐。残月出门时。美人和泪
辞。　　琵琶金翠羽。弦上黄莺语。劝我早归家。绿窗人
似花。

———————

① 参阅夏承焘《唐宋词人年谱·韦端己年谱》。

人人尽说江南好。游人只合江南老。春水碧于天。画船听雨眠。　　炉边人似月。皓腕凝双雪。未老莫还乡。还乡须断肠。

荷 叶 杯

记得那年花下。深夜。初识谢娘时。水堂西面画帘垂。携手暗相期。　　惆怅晓莺残月。相别。从此隔音尘。如今俱是异乡人。相见更无因。

女 冠 子

四月十七。正是去年今日。别君时，忍泪佯低面。含羞半敛眉。　　不知魂已断，空有梦相随。除却天边月，没人知。

从上述这些词，可以看出韦庄的词，具有真实的生活内容和浓厚的怀念故乡的情绪，语言则质朴而真挚，具有较强的感染力。从他的《荷叶杯》、《女冠子》等词来看，他已运用了白描的手法，显示了词风的新发展，因而给予后人以很大的影响。

第三节　南唐词人李煜

李煜，字重光，初名从嘉。生于烈祖（李升）升元元年（937 年，后晋天福二年），他的祖父李升，徐州人，原为徐温养子，冒姓徐，名知诰，即位后改姓李。李煜是中主李璟的第六个儿子，美风仪，有才华，经籍文学都很擅长，并且工书善画。十八岁那年，他与周氏娥皇结婚，周氏是一位能歌善舞，妙知音律的女子，李煜对她很满意。李煜即位以前，以尚书令知政事居于东宫，曾开崇文馆，召集有才的学士共同讨论文学经籍。李煜二十五岁时（961 年，宋太祖建隆二年），嗣位于金陵。在此以前，南唐国小势弱，早已称臣于后周，宋灭周后，南唐的局势更加危险，李煜即位的时候，也正是国势日益危殆的时候。据史载后主为人比较宽厚。乾德二年（964 年），他的妻子大周后死，后三年，又立小周后（大周后昭惠之妹）为继室。他处在强敌压境的情况下，在政治上却并没有什么办法，日日沉湎于歌舞丝竹之中，生活十分奢侈浪费。据《五国故事》所载："尝于宫中以销金红罗幂其壁，以白银钉玳瑁而押之，又以绿钿刷隔眼，糊以红罗，种梅花于其外……每七夕延巧，必命红白罗百匹以为月宫天河之状。一夕而罢，乃散之。"《清异录》说："李后主每春盛时，梁栋窗壁柱栱阶砌，并作隔筒密插杂花，榜曰锦洞天。""李煜伪长秋周氏，居柔仪殿，有主香宫女。其焚香之器曰把子莲、三云凤、折腰狮子、小三神、卍字金、凤口罂、玉太古、容华鼎、凡数十种，金玉为之。"《默记》中又载："小说载江南大将获李后主宠宦者，见灯辄闭目，云烟气。易以蜡烛，亦闭目云：'烟气愈甚。'曰：'宫中未尝点烛邪？'云：'宫中本阁至夜则悬大宝珠，光照一室如日中也。'"从这些记载来看，可见他奢侈到何等程度了。

他又迷信佛教，不理政事，京城中寺院林立，僧徒甚众，在宋兵围城的时候，他竟还想求佛力保护，城破之时，他还在静居寺中听和尚讲《楞严圆觉经》，可见他是如何的佞佛了。开宝（宋太祖年号）八年（975年），金陵城陷，李煜肉袒出降，被俘到汴京（开封），宋封他为"违命侯"。太平兴国（宋太宗年号）三年（978 年）被害，年四十二岁。

李煜的词，现存四十多首，其中还有一些是别人的作品，大体可以确定是李煜的词只有三十二首。① 这些词，大体可以分为两类，一类是被俘以前的作品，一类是被俘以后的作品，这两类词，有显著的区别，被俘以前的词，多半还是写一些宫廷生活和男女之间的欢乐生活，其风格也还是比较艳丽的，感情也不如后期的词来的真挚深切。例如：

浣　溪　沙

红日已高三丈透。金炉次第添香兽。红锦地衣随步皱。　　佳人舞点金钗溜。酒恶时拈花蕊嗅。别殿遥闻箫鼓奏。

菩　萨　蛮

铜簧韵脆锵寒竹。新闻慢奏移纤玉。眼色暗相钩。秋波横欲流。　　雨云深绣户。未便谐衷素。宴罢又成空。魂迷春梦中。

菩　萨　蛮

花明月黯笼轻雾。今宵好向郎边去。刬袜步香阶。手提金缕鞋。　　画堂南畔见。一向偎人颤。奴为出来难。教君恣意怜。

一　斛　珠

晓妆初过。沈檀轻注些儿箇。向人微露丁香颗。一曲清歌，暂

---

① 　毛星：《关于李煜的词》，《文学研究集刊》第三册。

引樱桃破。　　罗袖裹残殷色可。杯深旋被香醪涴。绣床斜凭娇无那。烂嚼红绒，笑向檀郎唾。

像这一类的词，内容实际上还是宫体诗的内容，色彩也是华艳的，不过就是从这些词里，也可以看出李煜描写手段之高明来了。如他的《一斛珠》、《菩萨蛮》（花明月暗笼轻雾）描写的形象是活泼生动、栩栩如生的。

　　李煜还有一类描写离愁别恨的词，很难确定它的写作时期，但这些词比起前一类来，那是好得多了。例如：

相　见　欢

无言独上西楼。月如钩。寂寞梧桐深院，锁清秋。　　剪不断。理还乱。是离愁。别是一般滋味在心头。

清　平　乐

别来春半。触目愁肠断。砌下落梅如雪乱。拂了一身还满。
　　雁来音信无凭。路遥归梦难成。离恨却如春草，更行更远还生。

这两首词，在风格上，已显然不同于前面那些词，语言十分精练朴素而自然，内容则不再是宫廷生活而是人们所共有的那种离愁别恨了。
　　李煜最动人的一些作品，是他亡国以后当俘虏时写的作品。例如：

浪 淘 沙 令

帘外雨潺潺。春意阑珊。罗衾不耐五更寒。梦里不知身是客，一晌贪欢。　　独自莫凭阑。无限江山。别时容易见时难。流水落花春去也，天上人间。

虞 美 人

春花秋月何时了。往事知多少。小楼昨夜又东风。故国不堪回首月明中。　　雕阑玉砌依然在，只是朱颜改。问君能有几多愁。恰似一江春水向东流。

相 见 欢

林花谢了春红。太匆匆。无奈朝来寒雨晚来风。　　胭脂泪。留人醉。几时重。自是人生长恨水长东。

这些都是李煜后期的优秀的作品。

从上述这些作品来看，李煜词的内容是很狭窄的，几乎没有超出他作为一个偏安一隅的南唐小国国君的个人狭窄的生活圈子以外，无论他的喜乐还是哀愁，都是从自身出发的同时也还停留在自己的这个圈子以内，可以说李煜没有一首词，是描写他自己以外的人们的哀愁的。因此他的词在思想意义上是不应该给予过高的评价的，但他的作品写得确实十分动人，他的语言既清新自然而又平易，而且他的语言，有很大的概括力和共用性，正是这种语言的概括力和共用性，使得他的词，常能受到人们的欢迎和共用。

从词的艺术性方面来说，我们应该承认李煜的词是有极高的艺术性的。他的词的艺术特色，大致有这样几点：一、他使用的语言，十分清新朴素而且流畅自然，拿他后期的一些主要作品来与《花间集》里的温庭筠、韦庄诸人的词来比，那是显然不同的，一个是金碧辉煌，珠彩满头，一个是淡妆素服，平易自然，即使是李煜前期描写宫廷生活的作品，也还是比《花间集》里的作品平淡自然得多，他的词的语言，可以说绝大部分都是一看即懂，不必苦心思索的，由于这个特点，使得他的词容易为人接受，容易感动人。二、是他使用的语言，十分精练，而且具有极大的概括力。李煜以前的词人的语言，并不是不精练，例如温庭筠的语言，也是雕琢得十分精练的，但是，他的精练，却是雕琢的精练，不是自然的精练，即是说他在精练之中，显出了雕琢，而李煜却是在自然之中显出了精练，例如他的名句：

> 问君能有几多愁，恰似一江春水向东流。(《虞美人》)
> 流水落花春去也，天上人间。(《浪淘沙》)
> 自是人生长恨水长东。(《相见欢》)

这些精练的词句，所包含的内容多么丰富啊，拿来与温庭筠的一些词句作比较，就可以清楚地看出温庭筠的词句，虽然精练，但内容是多么贫乏了。三、李煜还极善于用极精练而自然的语言，来描写人物的动态，往往只消几句话，人物的形象便栩栩如生地出现在纸上了。例如：

> 绣床斜凭娇无那，烂嚼红绒，笑向檀郎唾。(《一斛珠》)

将一个女子的娇态，写得多么传神啊！又如《菩萨蛮》：

花明月暗笼轻雾。今宵好向郎边去。刬袜步香阶。手提金缕
鞋。　　　画堂南畔见。一向偎人颤。奴为出来难。教君恣
意怜。

这首《菩萨蛮》，一共只有四十四个字，却把一个女子在月夜出来赴约
的那种形象和心理，写得多么逼真，而且"花明月暗笼轻雾"这七个
字，一开始就把赴约时的环境写得十分清楚，增加了这首词的气氛，使
这样的环境和时候，与这样的活动，这样的心理，配合得十分和谐。
四、李煜的另外一些词，也即是他的一些最为动人的词，则又采取了另
一种表现方法，例如他的《虞美人》（春花秋月何时了），《浪淘沙》
（帘外雨潺潺）等词，虽然没有描写出一个具体的形象，但我们读着他
的词，恰像听着一个人在低低地哀诉似的，而随之这个人的形象，也在
我们的想象中跃动了。李煜还喜欢运用比喻，来表达内心的思想感情，
使得自己本来的一些抽象的别人不易理解的感情，容易具体化，容易为
人所捉摸，容易打动别人的心。例如：

问君能有几多愁，恰似一江春水向东流。
自是人生长恨水长东。

本来他内心的愁、恨是抽象的东西，别人难以捉摸，难以感触的，但却
由于用"一江春水向东流"来形容它，就使得他内心的无限愁恨，一下
即为人们所理解，所感触到了，而且往往还能引起别人的共鸣，使别人
也用同样的比喻来抒写自己内心的愁恨，也正是由于这样，使得他的词
格外为人们爱读。
　　这些，都是李煜词艺术上突出的地方，是我们需要很好地接受的

遗产。

　　词，经过温庭筠、韦庄而到李煜，在李煜的创造下，使这种文学形式有了很大的发展，使它开始改变了温韦的华丽雕琢、繁缛堆砌的风气，而用它来直抒胸臆，直接地倾吐自己的心怀。这一点，对后来的词人，影响是极大的。

第四节　李璟和冯延巳

　　南唐的词人，除李煜以外，李煜的父亲李璟（916—961），也流传了几首出色的作品，例如：

摊破浣溪沙

　　菡萏香销翠叶残。西风愁起绿波间。还与韶光共憔悴，不堪看。　　细雨梦回鸡塞远，小楼吹彻玉笙寒。多少泪珠无限恨，倚阑干。

摊破浣溪沙

　　手卷真珠上玉钩。依前春恨锁重楼。风里落花谁是主，思悠悠。　　青鸟不传云外信，丁香空结雨中愁。回首渌波三峡暮，接天流。

　　从他的词里，我们可以看到他已经摆脱了"花间派"秾丽华艳的影响，用委婉哀怨的调子，倾吐着自己的忧愁，词的风格清新婉约，可以看出是李煜词的先驱。

　　冯延巳，字正中，生于公元 903 年（唐昭宗天复三年），卒于公元
960 年（宋太祖建隆元年），江苏广陵人。他是南唐的宰相，并且是五
代词人中的重要作家。他的词集名《阳春集》，收词一百十九首，但其
中杂入别人的作品，大概属于他的作品，约有百首左右，这百首左右
词，在当时的词人中，已经是最丰富的了。

　　他的词，色彩比较淡泊明朗，表情比较细致。例如：

鹊　踏　枝 三首

谁道闲情抛掷久。每到春来，惆怅还依旧。日日花前常病酒。
不辞镜里朱颜瘦。　　河畔青芜堤上柳。为问新愁，何事年年
有。独立小桥风满袖。平林新月人归后。

萧索清秋珠泪坠。枕簟微凉，展转浑无寐。残酒欲醒中夜起。
月明如练天如水。　　阶下寒声啼络纬。庭树金风，悄悄重门
闭。可惜旧欢携手地。思量一夕成憔悴。

几日行云何处去。忘却归来，不道春将暮。百草千花寒食路。
香车系在谁家树。　　泪眼倚楼频独语，双燕飞来，陌上相逢
否。撩乱春愁如柳絮。悠悠梦里无寻处。

用清新委婉的词语，描写缠绵真挚的离情别绪，写得委婉曲折、细腻深
入，能给人以一种深刻的感受，这是他的词的特色，他的词的风格，同
样可以看作是从《花间集》到李煜的一座桥梁，冯延巳的词，不但影响

着当时的人（如李煜），而且深刻地影响着北宋前期的晏殊、欧阳修等。他们三个人的词也有好多首混在一起，不易分辨。刘熙载说"冯正中词，晏同叔（殊）得其俊，欧阳永叔（修）得其深"，这段话，一方面说明"俊"、"深"是冯词的特色，另方面也说明晏、欧两人受到冯词的影响的深刻。

第五节　简短的结论

词，也像五七言诗一样，最初来源于民间，民间的词，现在还有一部分保留在《敦煌曲子词集》里，这些词的风格比较朴素，表现手法也比较直接，内容颇为广泛，但其中描写男女爱情的词，占了很大的比重。从敦煌的民间词，可以证明词的最早的风格是朴素明朗的。但词成为一种独立的文学形式，是经过很长一段时间酝酿的，社会经济的繁荣，都市商业经济的发展，是促使词得以发展的根本原因。

词，从民间文艺过渡到文人创作的过程中，晚唐时期的温庭筠，是一个重要的人物，由于他的大力创作，使得词取得了独立的地位和艺术价值，同时也使原来民间词的质朴风格变得繁丽秾重，给后来的创作以极大的影响。在后蜀广政三年（940 年）结集的词选集《花间集》里，可以看到温词影响之深。

五代十国时期的词，以西蜀、南唐两地最为发达，西蜀的词人，以流寓该地的韦庄的词成就最大，韦词虽然也收在《花间集》里，但他却具有自己清新委婉的独特的风格，这种风格，开始标志着词风的转变。

南唐的词，以李煜的成就最高，但在李煜以前的李璟和冯延巳，也是重要的词人，尤其是冯延巳是当时创作最丰富的作家，而且风格清新婉约，缠绵深致，进一步的改变了《花间集》的风习，给予当时及后人以很大的影响。

　　词，从中晚唐发展到南唐的李煜，使词达到了空前的高度，不论是内容或形式，不论是艺术风格或表现手法，李煜都给词以空前的发展，他也成为唐末五代时期的最卓越的词人。

本 编 附 论

　　这一时期，是我国中古时期文学的光辉灿烂的时期，由于唐代社会政治经济的繁荣和发展，由于国力的高涨，中外文化的交流，使得在前一时期产生的一些新的文学形式，在这一时期都得到了辉煌的发展。

　　唐代的诗歌，不仅在中国文学史上，就是在世界文学史上，也有很重要的地位。上千位诗人的各种不同调子的歌唱，使这一时期的诗歌具有五色缤纷、丰富多彩的面貌，尤其是李白、杜甫、白居易诸大诗人的丰富的创作，和深刻的现实性和人民性以及他们卓越的艺术成就，突出地标志了这一时期的政治经济文化的总成就，他们的诗歌，是从深厚的人民生活的土壤里成长起来的，是我国古典文学的瑰宝。

　　适应着社会的发展和需要，散文在这一时期也有了很大的发展，而且这一时期散文的发展，是在斗争中成长和发展的，韩柳所领导的古文运动，是一场激烈的斗争，这个运动，促使散文有了创造性的发展和巨大的成绩，在文学史上有很大的进步意义。

　　在古文运动的发展过程中，唐代的另一种艺术瑰宝——传奇文学，显示了自己绚烂的色彩和深刻的社会内容。唐代的传奇文学是继承了魏晋的志怪小说而发展的，但它却脱去了志怪小说的面目，在现实社会生活的基础上，酝酿成长了自己独立的艺术形式，在我国小说史上放出了异彩。

在中晚唐时期产生和发展起来的词，虽然在这时还只是一种新起的文学，但它在民间创作的阶段，已经留下了颇为可观的成绩，再经过温庭筠、韦庄、冯延巳、李煜诸人的创作，便奠定了词的发展基础，特别是李煜的优秀的艺术，在词史上起了很大的推动作用。

第五编　宋元文学

绪　论

（一）历史背景

公元960年，后周的军官赵匡胤，发动了兵变，夺取了后周的政权，建立起宋朝，建都在开封，先后平定了独立于南方及山西的各小国，重新统一了中国。但当时外来民族的压力甚大，宋代的统治者一贯实行对内防守对外退让的政策，而辽、金的势力，先后愈来愈甚地压迫中国，终于在宋代建立一百六十七年以后，北宋的都城开封为金人攻破，长江以北全部沦陷，以宋高宗赵构为首的统治集团，便南渡建都临安（杭州），偏安于江南，过着昏天黑地的生活，但这种可耻的逃跑政策，并没有得到侵略者的退让，相反，偏安一隅的南宋，经过了一百五十二年的屈辱苟安的岁月以后，终于为新兴的强大的蒙古民族所灭亡了。从公元1279年起，中国便陷于少数民族政权统治之下，历时八十九年，到公元1368年，元帝国才在强大的农民起义军的攻击下灭亡。

从宋初到元末，一共经历了四个世纪的时间。农业在宋初虽得到恢复和发展，但由于统治者的残酷剥削和外来民族统治者的压迫，农民常不免流亡，及受着庄园主的剥削。元蒙统治的时候，北中国的农业受到了极大的破坏，但这一时期工商业的繁荣，却超过了前代（唐代），主要表现在：

（一）手工业作坊与手工业市镇的出现和增多。例如北宋军器监中作坊已分：火药作、青窑作、猛火油作、金作、火作（火箭、火炮、火蒺藜等）、大小木作、大小炉作（冶锻）、皮作、麻作、窑子作十部。铸钱的工序已分三部：先是沙模作，次是磨钱作，最后是整排作。除此之外，当时汴京的饼店也分按剂、卓花、入炉等部门，而从西晋即开始制造的中国有名的特产——瓷器，在北宋也有了很大的进步，著名的瓷业市镇景德镇，便是北宋真宗时建置的。手工业、农业的发展，必然会促使商业和城市的繁荣，当时开封、成都、兴元（陕西南郑县）、广州、泉州、明州、杭州等城市都是商业发达的都市。南宋时由于政治中心的南移，首都临安便迅速发展成为一个拥有庞大户口的城市，其他城市，也有相当的发展。

（二）与商业经济同时发展的便是商人的增多和大商人的出现，南宋时杭州珠子市珠宝商的买卖，经常以万计，他们拥有十几万贯以至几百万贯的资本，贩卖各种商品，一些大商人仗着经济势力，还可买得官爵，或交接当时权贵。

（三）货币的发展。唐代每年铸钱只数十万贯，北宋每年已达到五六百万贯，金银在社会上已流通，并且开始有了纸币——称为"交子"和"钱引"，宋代更扩大唐代"飞钱"（亦称"便换"，即是汇票一类的东西）的办法，设立了"便钱务"，又设置"交子务"。

（四）行会的出现与发展。唐代后期，手工业工匠已有行会，商人也有行会，入宋以后，行会制度得到了进一步的巩固。

商业和手工业的发展以及城市的繁荣，必然使城市居民增多和力量壮大。

在政治方面，宋代是一个高度的中央集权的政权，一切军权、财权、政权，都集中在最高的封建统治者手里，形成了官与职分离，将与兵分离的特殊局面，宋代的科举制度，进士科在各科中仍占最重要的地位。录取名额，则比唐代增加了几十倍，并且改用糊名（弥封）誊录（卷子由别人代写，试官不能认笔迹）等方法，这样只要文章合格，不论什么家世的人都能录取。这样封建统治者便能更有效地来选拔效忠于他的人才，因此来自中间阶层的善良、正直士人，也得到了较多的参加政权的机会。

元人入主中原以后，农业虽然受到了极大的破坏，但手工业却仍有很大的发展，特别是商业，因为他们征服了西域诸国和西夏，并向遥远的西方前进，吞没了整个中央亚细亚以及俄罗斯和东欧的许多国家，客观上便扫清了一切国境的封锁，并设立了驿站，这样就使欧亚交通畅通无阻，这种情况，刺激着商业的发展和文化的传播。但元代统治者对汉人，却实行了十分残酷的统治，把人分为四等：蒙古人最贵、色目人（西域等地人）次之、汉人又次之、南人（南方汉人）最贱。

这一时期残酷的阶级压迫和尖锐的民族矛盾，激起了广大人民强烈的反抗，显示了人民群众的伟大力量。在北宋初年，已经爆发过农民起义，到北宋的后期，随着阶级矛盾的尖锐和民族矛盾的严重，农民的起义运动，也发展得更为壮大。北宋后期和南宋时代，爱国主义和民族意识，在外来民族的侵略下，有了极大的高涨，这时的阶级斗争，往往能与民族斗争密切地结合起来。

除了这些武装斗争的农民群众以外，当时日益壮大的市民阶层，也显示了自己的力量，他们也不断地向统治者展开斗争，他们的斗争，与农民的起义运动，也有一定的联系。

以上是这四个世纪中政治、经济方面的一个概述，在这个基础上，文学也有了极大的变化与发展。

(二) 文学概况

从中唐时代开始的一种新的文学形式——词，经过晚唐和五代十国时期的酝酿创作，到宋初已成为宋代的一种主要文学形式。经历了北宋和南宋三百年左右的发展，产生了不少杰出的词人，其中如北宋的欧阳修、王安石、柳永、苏东坡、周邦彦、李清照，南宋的爱国词人辛稼轩、陆游以及姜白石等。

诗歌方面，由于晚唐李商隐、杜牧、温庭筠等人的影响，在宋初产生了以杨亿、刘筠为首的"西昆体"，他们专求声韵辞藻，讲究形式的美，这种诗风曾盛极一时。与此同时，在散文方面，中唐韩、柳古文运动的影响，到了晚唐五代，也因为唯美诗文的兴起，逐渐为人们所遗忘，到宋初，依旧是骈俪文风行，但随着社会矛盾的发展，产生了政治改革的主张和朋党的斗争。科举制度，又使更多的中间阶层的代表人物，参与了政治，加之在佛、道影响下产生的新儒学——理学，在当时的哲学思想上占了主要的地位，由于这些因素，因此便促进了宋初的诗文革新运动，而中唐时代韩柳古文运动的影响，又重新发生了积极的作用，韩愈的文集，由于宋代古文运动的领袖欧阳修的宣传提倡，遂成为大家共同的范本，达到"天下学者非韩不学"的盛况。而古文运动的深刻与普遍的程度，也较韩愈的时代为显著。在这个运动中，诗风也有了变化，杜甫、白居易的现实主义精神，在王禹偁、苏舜钦、梅尧臣诸人的提倡下，重复抬头，而大诗人欧阳修又起来支持苏、梅，鼓吹诗歌的散文化，于是才彻底纠正了西昆体的柔靡作风，开始了宋诗的新面目。苏轼的出现，使宋诗达到了高峰，黄庭坚则以自己独创的诗派，给后人以极深远的影响。

中国文学史上的短篇白话小说，也是在这一时期开始产生的，这就是当时说话人的"话本"，说话技艺的发展和话本的不断创造，是与当时日益繁荣的城市经济和日益增大的市民阶层有密切关系的，因此在这些作品中，生动地反映了当时的市民阶层的生活和思想感情。

这一时期，也是中国戏剧的发展和繁荣时期。其中较早的是"南戏"，约产生于12世纪初期。元代则是戏剧创作十分繁荣的时代，出现了伟大的剧作家关汉卿和王实甫，以及马致远、白朴等人。

在元代还有一种文学形式，便是"散曲"，它是以词与各种民歌为基础发展而成的。元代的散曲都是北曲，其中主要的作家有张可久、张养浩、刘致、睢景臣、乔吉等。

总体来看，我们可以这样说：市民文学的繁荣，是宋元文学的新成就，这种成就，概括地说，主要就表现在：一、这个时代的文学反映了新的意识。最突出的是对于封建道德的漠视，大胆地描绘婚姻自由，男女关系，而对于下层的妇女，则表示同情与赞扬。二、写新的题材。有很多作品写了在封建统治、剥削与少数民族政权统治、剥削下的不同阶级或阶层的悲惨遭遇和不屈的反抗的题材，对市民生活的反映，在这一时期的作品里，也有极大的比重。三、新的文学样式和新的文学语言。话本是典型的市民文学，戏剧、散曲也是这个时期反映新的内容的新的文学样式。一般说，这些作品所运用的语言，都是比较朴素，新颖，富有生活气息的，大都是能为广大人民所使用、理解的活语言。四、商人、手工业者、农民起义军的英雄都有空前的鲜明的形象，正面的形象。五、有许多作品运用了新的表现手法。

市民文学在这个时期中所以能够那样的繁荣，这是和前面所谈的这个时期的历史特征有着密切的关系的。因为工商业发展了，市民阶层壮大了，市民文学便成为这个时期的历史的产物。

第一章　北宋的古文运动与诗词的革新

第一节　欧阳修与古文运动

欧阳修①，字永叔，生于公元1007年（宋太祖景德四年），卒于公元1072年（宋神宗熙宁五年），江西庐陵（今吉安县南）人。四岁丧父，家贫，以荻画地学书。二十四岁中进士，开始做官。他为人忠直，敢于直言，无所畏避，因此为谗者所忌，屡遭贬斥。三十岁时，范仲淹以言事被贬，欧阳修力为抗争，并致书谏官高若讷，责他身为谏官，只知趋奉，不肯支持正义，反而落井下石，谤毁范仲淹，因而斥其不知人间有羞耻事，欧阳修因此被贬为夷陵令，后又因事谪官滁州。召还后，累官翰林学士，参知政事。他在政治上赞成范仲淹等理财练兵以图强的主张，后来熙宁中王安石实行新法，他不赞同，力求辞官，六十五岁，以太子少师之职退休，卒谥文忠。

他是北宋初年的一个伟大作家，诗、词、散文他都有卓越的成就，

_____

①　本传见《宋史》卷三百十九，列传第七十八。

特别是散文方面，他与梅尧臣、尹师鲁等极力倡导古文运动，提倡韩愈的文章，以复兴儒学为其内容，所以他亲自校订昌黎文集传布天下。欧阳修的时代，正是宋代经过六十来年的和平统一因而生产渐渐恢复发展，经济日益繁荣的时代，各方面都需要一种平易畅达的文体，来表达自己的思想和要求。而同时，自晚唐和宋初重新复兴起来的那种六朝的骈俪文，专门"缀风月，弄花草，淫巧侈丽，浮华篆组"（石介《怪说》），作风愈来愈坏，愈来愈不能担负起反映现实，交换思想的责任。因此，经过欧阳修等人的大力提倡古文运动，这种华丽纤巧的文风，才根本改变，而与此同时，在诗歌创作中，也纠正了"西昆体"的影响，建立了平易流畅、便于说理、叙事的诗歌风格。在这次诗文的革新运动中，欧阳修是一个领袖人物，所以后来人们把他比作唐代的韩愈，但实际上他的文学成就以及给后世的影响都比韩愈来得深刻。苏轼曾评论他说："欧阳子论大道似韩愈，论事似陆贽，记事似司马迁，诗赋似李白。"从这个评论中，也可以看出他的成就之高、影响之大了。

欧阳修不仅是个诗、词、文章的大作家，而且是史学家和考古学家，他曾与宋祁同修《新唐书》，并且撰《新五代史》。在考古学方面，他搜集三代以来的金石，著成《集古录》一千卷。

（一）欧阳修的散文

欧阳修的散文，继承并发展了韩愈在散文创作上的成就，奠定了宋代散文的基础，他的散文，在语言上更较韩愈平易流畅，无论在议论、叙事、抒情各方面，他都有卓越的成就。议论和叙事方面，则他的《朋党论》、《与高司谏书》、《泷冈阡表》都是优秀的作品，他的《醉翁亭记》和《秋声赋》，则是优美的抒情散文。

下面先看他的《与高司谏书》：

修顿首再拜白司谏足下。某年十七时，家随州，见天圣二年进士及第榜，始识足下姓名。是时予年少，未与人接，又居远方，但闻今宋舍人兄弟，与叶道卿、郑天休数人者，以文学大有名，号称得人。而足下厕其间，独无卓卓可道说者，予固疑足下不知何如人也。其后更十一年，予再至京师，足下已为御史里行，然犹未暇一识足下之面。但时时于予友尹师鲁问足下之贤否，而师鲁说足下正直有学问，君子人也。予犹疑之。夫正直者不可屈曲，有学问者必能辨是非。以不可屈之节，有能辨是非之明，又为言事之官，而俯仰默默，无异众人，是果贤者耶？此不得使予之不疑也。自足下为谏官来，始得相识，侃然正色，论前世事，历历可听，褒贬是非，无一谬说。噫！持此辩以示人，孰不爱之，虽予亦疑足下真君子也。是予自闻足下之名及相识，凡十有四年而三疑之。今者推其实迹而较之，然后决知足下非君子也。

前日范希文贬官后，与足下相见于安道家，足下诋诮希文为人。予始闻之，疑是戏言，及见师鲁，亦说足下深非希文所为，然后其疑遂决。希文平生刚正，好学通古今，其立朝有本末，天下所共知。今又以言事触宰相得罪，足下既不能为辨其非辜，又畏有识者之责己，遂随而诋之，以为当黜，是可怪也！夫人之性，刚果懦软，禀之于天，不可勉强。虽圣人亦不以不能责人之必能。今足下家有老母，身惜官位，惧饥寒而顾利禄，不敢一忤宰相以近刑祸，此乃庸人之常情；不过作一不才谏官尔。虽朝廷君子，亦将闵足下之不能，而不责以必能也。今乃不然，反昂然自得，了无愧畏，便毁其贤，以为当黜，庶乎饰己不言之过。夫力所不敢为，乃愚者之不逮，以智文其过，此君子之贼也。且希文果不贤邪？自三四年来，从大理寺丞至前行员外郎作待制日，日备顾问，今班行中无与比者。是天子骤用不贤之人。夫使天子待不贤以为贤，是聪明有所未尽。足下身为司谏，乃耳目之官，当其骤用时，何不一为天子辨其不贤，反默默然无一语；待其自败，然后随而非之？若果贤耶？则今日天子与宰相以忤意逐贤人，足下不得不言，是则足下以希文为贤，亦不免责；以为不贤，亦不免责，大抵罪在默默尔。

昔汉杀萧望之与王章，计其当时之议，必不肯明言杀贤者也。必以石显、王凤为忠臣，望之与章为不贤而被罪也。今足下视石显、王凤果忠耶？望之与章果不贤耶？当时亦有谏臣，必不肯自言畏祸而不谏，亦必曰当诛而不足谏也。今足下视之果当诛耶？是直可欺当时之人，而不可欺后世也。今足下又欲欺今人而不惧后世之不可欺耶？况今之人未可欺也！

伏以今皇帝即位已来，进用谏臣，容纳言论，如曹修古、刘越虽殁，犹被褒称。今希文与孔道辅，皆自谏诤擢用。足下幸生此时，遇纳谏之圣主如此，犹不敢一言，何也？前日又闻御史台牓朝堂，戒百官不得越职言事，是可言者，惟谏臣尔。若足下又遂不言，是天下无得言者也。足下在其位而不言，便当去之。无妨他人之堪其任者也！

昨日安道贬官，师鲁待罪，足下犹能以面目见士大夫，出入朝中称谏官，是足下不复知人间有羞耻事尔。所可惜者，圣朝有事，谏官不言，而使他人言之。书在史册，他日为朝廷羞者，足下也。春秋之法，责贤者备。今某区区犹望足下之能一言者，不忍便绝足下，而不以贤者责也。若犹以为希文不贤而当逐，则予今所言如此，乃是朋邪之人尔。愿足下直携此书于朝，使正予罪而诛之。使天下皆释然知希文之当逐，亦谏臣之一效也。

前日足下在安道家，召予往论希文之事。时坐有他客，不能尽所怀。故辄布区区，伏维幸察不宣。修再拜。

此文作于宋景佑三年（1036 年），吕夷简为相，当时以范仲淹为首的一批朝臣主张改革，而以吕为首握重权的一派反对改革，范仲淹因上书言事，主张改革批评朝政的得失而被加以"越职言事，引用朋党"的罪名被贬官饶州。高若讷职在谏官，理应切谏，但高为趋奉当朝，非但不谏，还毁谤范仲淹，因此激起欧阳修的愤慨，写信痛诋高若讷，欧阳修也因此被贬官夷陵。

从文章来说，这篇文章，笔锋犀利，说理透彻，而抑扬顿挫，嬉笑怒骂，皆成文章，正是显示出欧阳修所代表的古文的表现力，此文也就成为欧阳修所倡导的古文运动的代表作。与此同类的文章，还有《上范司谏书》、《与尹师鲁书》。《上范司谏书》是促范仲淹上书谏诤的，故《书》中说：

若天下之失得、生民之利害、社稷之大计，惟所见闻，而不系职司者，独宰相可行之，谏官可言之尔。故士学古怀道者，仕于时，不得为宰相，必为谏官，谏官虽卑，与宰相等。天子曰"不可"，宰相曰"可"。天子曰"然"，宰相曰"不然"。坐乎庙堂之上，与天子相可否者，宰相也。天子曰"是"，谏官曰"非"；天子曰"必行"，谏官曰"必不可行"；立殿陛之前，与天子争是非者，谏官也。宰相尊，行其道；谏官卑，行其言。言行，道亦行也。

《与尹师鲁书》是欧阳修因以书痛斥高若讷后被贬官夷陵时写的，故

《书》中有云：

> 当与高（若讷）书时，盖已知其非君子，发于极愤而切
> 责之，非以朋友待之也。其所为何足惊骇，路中来，颇有人以
> "罪出不测"见吊者，此皆不知修心也。

这些书信是当时政治斗争的实录，同时也是当时古文运动的实绩。读欧
阳修的这些说理文章，何其明快晓畅，且思想犀利，逻辑性强，使对方
无可辩驳。所以北宋以欧阳修为首的古文运动既是韩愈古文运动的继
承，更是韩愈古文运动的深化和前进，因为欧阳修的古文，更比韩愈晓
畅明白，口语化多了。再看他的《醉翁亭记》：

> 环滁皆山也。其西南诸峰，林壑尤美。望之蔚然而深秀
> 者，琅琊也。山行六七里，渐闻水声潺潺而泻出于两峰之间
> 者，酿泉也。峰回路转，有亭翼然临于泉上者，醉翁亭也。作
> 亭者谁？山之僧智仙也。名之者谁？太守自谓也。太守与客来
> 饮于此，饮少辄醉，而年又最高，故自号曰醉翁也。醉翁之意
> 不在酒，在乎山水之间也。山水之乐，得之心而寓之酒也。
> 若夫日出而林霏开，云归而岩穴暝，晦明变化者，山间之
> 朝暮也。野芳发而幽香，佳木秀而繁阴，风霜高洁，水落而石
> 出者，山间之四时也。朝而往，暮而归，四时之景不同，而乐
> 亦无穷也。
> 至于负者歌于途，行者休于树，前者呼，后者应，伛偻提
> 携，往来而不绝者，滁人游也。临溪而渔，溪深而鱼肥。酿泉
> 为酒，泉香而酒洌；山肴野蔌，杂然而前陈者，太守宴也。宴
> 酣之乐，非丝非竹，射者中，弈者胜，觥筹交错，坐起而喧哗

者，众宾欢也。苍颜白发，颓然乎其间者，太守醉也。

　　已而夕阳在山，人影散乱，太守归而宾客从也。树林阴
翳，鸣声上下，游人去而禽鸟乐也。然而禽鸟知山林之乐，而
不知人之乐；人知从太守游而乐，而不知太守之乐其乐也。醉
能同其乐，醒能述其文者，太守也。太守谓谁？庐陵欧阳
修也。

这篇文章，在艺术上尤有鲜明的特色。本文自开首"环滁皆山也"起，
先从滁州周围讲起，逐步将描写的范围缩小，从"环滁"说到"西南
诸峰"，从"西南诸峰"说到"琅琊山"，从"琅琊山"说到山中之
"泉"，从"泉"说到泉上之亭。这篇文章题为"醉翁亭记"，顾名思义
亭是全文的主题，作者使用逐步收缩的方法，使主题突出起来。但作者
本意并不在说亭，而是要说人，故即顺手点明作亭之人和命名之人，很
自然地便从亭说到了人。"太守自谓"一句，轻轻一笔，巧妙地把亭和
人结合了起来，使以后文章，虽然着力写人而不觉其越出范围。

　　"太守与客来饮与此"几句，一方面解释了"醉翁"两字的意义，
但更重要的，却在这里生出了另外一段文章，即"得之心而寓之酒"的
山水之乐的描写。文章又从"亭"逐渐扩大，向着时间和空间扩大，时
间方面，有朝暮、四季之景，空间方面则有男女老少往来不绝的滁人之
游和坐起喧哗的太守之宴。这段文字，具体地描写了山水之乐，反映了
劳动人民在封建社会比较安定时期的和平生活，也是北宋统一将近百年
间社会逐渐繁荣安定的一个侧面描写。

　　文章写到这里，场面又已相当扩大了，作者却巧妙地从上文所说的
"朝而往，暮而归"一句话，在众宾喧哗，其乐正浓的时候，极力收缩，
从"已而夕阳在山"句以下，便层层收缩，"太守归而宾客从"一句，
收缩了太守宴饮游乐的场面，同时又在这一句中突出了"太守"，以与

前面提到的四次"太守"和两次"醉翁"相对照，唤起人们的注意。"游人去而禽鸟乐"一句，又收缩了滁人之游的场面。至此则前面所展现出来的画面，又已经层层卷迭起来了。但文章如仅止于此，则不过是一篇山水游记而已，还未把作者最重要的意思说出来，因此作者又信手从"禽鸟乐也"一句生出一番议论，说明禽鸟、游人各有所乐，而太守之乐，又与众不同，而是乐众人之有此乐，这里作者隐隐地透露了他的"与民同乐"的思想，以显示他的政治抱负和胸襟。如此，则这个太守究竟是谁，读者自然很关心，必须知道的了，因此最后以"太守谓谁，庐陵欧阳修也"一语作结，便显得十分必要，必不可少的了。而这最后一句又遥遥与中间"名之者谁，太守自谓也"一句相互映对，使亭与太守，太守与亭之间的关系，十分密切。

这篇文章，全文用了二十个"也"字作为句子的结束语，而在上句往往用"者"字作提顿，或者竟用问词，如"名之者谁?"，造成一问一答的语调特点，而每用一"也"字，即十分饱满明确地叙述完一层意思，不留任何迟疑不决之处给读者。如此，则每经一"也"字，文意即转深一层，真像引导读者游九转八曲之深山幽谷，时时路转峰回，越转越深，到最后却转出一片和平愉快的欢乐景象，使人赏心悦目。全文因为用了二十个"也"字，语调十分圆熟流畅，如幽谷悬泉，虽然千回百转，但却轻快俊爽，毫无滞涩之感，使人读起来不得不一气到底，读完为止。

这篇文章的语言初看上去十分整齐，细读起来，则又很参差错落，十分灵活。总之，这篇文章的语言，于整齐之中有参差，而于参差之中，又有整齐。使人感到文章有一种自然流畅之美和俊爽的风格。与文章兴酣淋漓的内容，十分协调，十分统一。

这篇文章，通过滁人、太守等兴酣淋漓、往来不绝地游琅琊山醉翁亭的描写，一方面反映出北宋时代相对安定时期人民的和平安乐的生活面貌，另一方面，通过对这种现实生活的描写，实际上是宣扬了他的"不为苛意，不为繁碎"，"不见治迹，不求声誉，宽简而不扰"的施政政策，主张与民方便。这种主张，对于当时的人民来说，是有好处的。

作者在《秋声赋》里，表达了他对现实的感叹，对那些争名逐利的人暗暗地进行了讽刺。抒情的特色，较之醉翁亭记更加显著。这篇文章特别值得注意的是，文章的题目虽仍是称"赋"，但实际上已经是散文化了，可以说是一篇纯正的散文。欧阳修时代的赋已经散文化到这种程度，那么下面我们再看苏轼的前、后《赤壁赋》，就完全可以明白赋体散文化的进程了。这篇《秋声赋》有很浓厚的抒情特色，所以，在散文中有更多的抒情的成分，这也是欧阳修的发展。

（二）欧阳修的诗歌

在诗歌方面，欧阳修力矫晚唐宋初西昆之弊，以平易畅达的语言为诗，才开宋代诗风。所以袁桷说："欧阳子出，悉除其偏（指宋初流行的西昆体）而振挈之，豪宕悦愉悲慨之语，各得其职。"（《书鲍仲华诗后》）张綖也说："六一翁恐其流靡不返，故以优游坦夷之辞，矫而变之，其功不可少。"（《西昆酬唱集序》）欧阳修在诗歌改革上，一方面是力扫西昆体，另方面是力主诗歌语言的朴素、通俗、自然、流畅，也使诗歌趋于散文化和议论化，所以，欧阳修和他的同时代人梅尧臣、苏舜钦、石延年、尹师鲁等，共同开创了宋诗的新面目。例如他的《食糟民》：

> 田家种糯官酿酒，榷利秋毫升与斗。酒沽得钱糟不弃，大屋经年堆欲朽。酒醅瀺灂如沸汤，东风来吹酒瓮香。累累罂与瓶，惟恐不得尝。官沽味醲村酒薄，日饮官酒诚可乐。不见田中种糯人，釜无糜粥度冬春。还来就官买糟食，官吏散糟以为

德。嗟彼官吏者，其职称长民。衣食不蚕耕，所学义与仁。仁当养人义适宜，言可闻达力可施。上不能宽国之利，下不能饱尔之饥。我饮酒，尔食糟。尔虽不我责，我责何由逃。

就是他的诗歌风格。因为诗歌在北宋初年，承继五代余风，产生了以杨亿、刘筠、钱惟演等人为代表的"西昆体"，他们专门追求辞藻，讲究对仗声律，使用隐蔽的典故，使诗歌远远地脱离了现实而钻向形式主义唯美派的牛角尖里去。这种倾向，曾为王禹偁、梅尧臣等人极力反对，但直到欧阳修出来，以他磅礴的才气，参加了战斗，才把"西昆体"的恶劣风气扭转过来，开始了宋代诗歌的新面目。《石林诗话》说："欧阳文忠公诗，始矫昆体，专以气格为主，故言多平易流畅。"

欧阳修的诗歌面貌是多姿多彩的，例如他被贬夷陵时的《戏答元珍》：

> 春风疑不到天涯。二月山城未见花。残雪压枝犹有橘，冻雷惊笋欲抽芽。夜闻归雁生乡思，病入新年感物华。曾是洛阳花下客，野芳虽晚不须嗟。

这首诗，反映了他坦荡旷达的胸怀，虽然自己是在贬中，却依然平易自然，略无忧戚之感。他还有酷似李太白的诗的《太白戏圣俞》：

> 开元无事二十年。五兵不用太白闲。太白之精下人间，李白高歌蜀道难。蜀道之难难於上青天。李白落笔生云烟。千奇万险不可攀，却视蜀道犹平川。宫娃扶来白已醉，醉里诗成醒不记，忽然乘兴登名山。龙咆虎啸松风寒。山头婆娑弄明月，九域尘土悲人寰。吹笙饮酒紫阳家。紫阳真人驾云车。空山流

水空流花。飘然已去凌青霞。下看区区郊与岛。萤飞露湿吟
秋草。

这首诗，完全是李白的风格，所以朱权《江西诗话》说："文忠公天分
既高，而于古人无所不熟，故能具体百氏，自成一家。或曰学昌黎，或
曰学太白，或曰不甚喜杜，或曰有国初唐人风气，能变文格而不能变诗
格，皆非知公也。公诗字字珠玑，篇篇锦绣，如昔人所论杜诗，无可拣
汰，亦无可称贺。"可见欧阳修诗歌的丰富多彩面目是人所共认的。

（三）欧阳修的词

欧阳修在散文、诗歌方面，都是一个革新运动的领袖，但他在词的
创作上，却是一个花间派的继承者，他的词，还显著地保留着花间派婉
转缠绵的特色，特别与南唐的冯延巳、李煜等人为接近，所以他的词既
能婉转缠绵又能温柔自然，不像《花间集》的温庭筠那样繁缛浓艳。
例如：

踏 莎 行

候馆梅残，溪桥柳细。草薰风暖摇征辔。离愁渐远渐无穷，迢
迢不断如春水。　　寸寸柔肠，盈盈粉泪。楼高莫近危栏倚。
平芜尽处是春山，行人更在春山外。

蝶 恋 花

庭院深深深几许，杨柳堆烟，帘幕无重数。玉勒雕鞍游冶处，
楼高不见章台路。　　雨横风狂三月暮，门掩黄昏，无计留春

住。泪眼问花花不语，乱红飞过秋千去。

以上两首词，可以代表欧阳修的词的风格。但从这两首词，也可看出他的词，与温、晏的秾丽已有明显的区别了，所以冯煦在《宋六十一家词选·例言》里说："宋至文忠公始复古，天下翕然师尊之，风尚为之一变。即以词言，亦疏隽开子瞻，深婉开少游。"冯煦的话是有见地的。

总起来说，欧阳修是北宋初期的一个伟大作家，在诗歌和散文上，他都有杰出的成就和巨大的影响，由于他适应着当时社会的需要，极力提倡古文运动，因此使得后来的散文创作有了极大的进展，在他自己的一部分诗歌和散文里，也比较鲜明地反映了当时的社会现实和社会矛盾，流露了某些政治改革的要求和同情人民的思想。在词的创作上，他是一个优秀的花间派的继承者，但同时又开拓了词的清新铺叙的新方向，虽然当时这种倾向还不够明显，未为大家注意，但这种变异发展的趋势，已经实际存在了。

继承花间集的影响除欧阳修外，还有晏殊和晏几道。

晏殊，字同叔，江西临川人，生于公元991年（宋太宗淳化二年），比欧阳修大十六岁。七岁能属文，以神童召见，赐进士出身，仁宗时历居显宦要职，拜集贤殿学士，同中书门下平章事，兼枢密使。卒于公元1055年（仁宗至和二年），享年六十五岁，死后，仁宗曾往亲奠，并为罢朝二日，赠谥元献。

他的词，风格温柔娴雅，有一种舒缓闲适和轻愁淡怨的情态，他的词的思想内容是比较狭隘贫乏的，而且也同样有比较深的感伤情调，这是与他的阶级地位和社会生活有密切关系的。例如：

浣　溪　沙

一曲新词酒一杯。去年天气旧亭台。夕阳西下几时回。　　无可奈何花落去，似曾相识燕归来。小园香径独徘徊。

踏　莎　行

小径红稀，芳郊绿遍，高台树色阴阴见。春风不解禁杨花，蒙蒙乱扑行人面。　　翠叶藏莺，朱帘隔燕。炉香静逐游丝转。一场愁梦酒醒时，斜阳却照深深院。

晏几道，字叔原，号小山，是晏殊的第七子，生卒年无可考。他的父亲虽然很显赫，但他却是一个地位很低的小官。他的个性比较真挚，所以黄山谷在《小山集序》里说：

> 余尝论：叔原固人英也；其痴处亦自绝。人爱叔原者，皆慍而问其旨："仕宦连蹇，而不能一傍贵人之门，是一痴也。论文自有体，不肯作一新进语，此又一痴也。费资千百万，家人寒饥，而面有孺子之色，此又一痴也。人百负之而不恨，已信之终不疑其欺已，此又一痴也。"乃共以为然。

小山的词，与他的父亲是同一风格，不过在感情上要更加恳挚些，造语上要更加精致工巧些。但思想内容，也是同样贫乏单调，带有很深的消极感伤情绪。例如：

临 江 仙

梦后楼台高锁，酒醒帘幕低垂。去年春恨却来时，落花人独立，微雨燕双飞。　　记得小苹初见，两重心字罗衣。琵琶弦上说相思。当时明月在，曾照彩云归。

鹧 鸪 天

彩袖殷勤捧玉钟，当年拚却醉颜红。舞低杨柳楼心月，歌尽桃花扇底风。　　从别后，忆相逢，几回魂梦与君同。今宵剩把银釭照，犹恐相逢是梦中。

在欧阳修以及晏氏父子的词中，我们可以感到有一种温柔精秀的风格和低徊凄婉的情绪，他们的词的抒情方式，比起《花间集》的温韦诸人来，是更直接更显露，因此实际上他们的风格，是更接近南唐的冯延巳和李煜的。《花间集》的影响所以能在北宋初年的晏、欧诸人身上得到深刻的反映，这不是一件偶然的事，这是有当时的社会经济基础为根据的。北宋自建国后，到宋仁宗时代，已经经过了六十来年的和平发展的时期，社会经济日益繁荣，城市经济日益发达，歌楼舞榭，茶坊酒肆也日益增多，士大夫阶级们的生活也十分优裕安闲，在这样的社会经济基础上，结合着他们个人的豪华逸乐的剥削生活，自然就容易接受花间派的影响，写出这种思想内容消极感伤，风格温柔婉曼的作品来。只要看一看与他们同一时期的词人柳永、范仲淹等人的与他们迥然不同的词风，就可以体会到不同的生活遭遇和经历，在文学创作上的不同的影响了。

晏、欧诸人的词，实际上是北宋前期士大夫阶级们的生活思想和心理状态的反映，因此它虽然艺术上有较高的成就，但内容毕竟是比较狭窄的，而且具有较浓厚的感伤情绪的，这一点，我们也应该注意到。

第二节　词风的转变与柳永

（一）柳永

柳永，原名三变，后改名永，字耆卿。生卒年已无法考定，但知他在公元 1034 年（宋仁宗景祐元年）曾中进士。不过他登第的时候，已近晚年，最近据唐圭璋先生的考证，他的生年，约在公元 987 年（宋太宗雍熙四年），登第时年四十七岁，卒年可能在公元 1053 年（仁宗皇祐五年），享年大概是六十六岁左右。在当时的词人中，他年岁最大，他比张先长三岁，比晏殊长四岁，比欧阳修长二十岁。他是福建崇安县五里夫人，他的少年光阴是在当时繁华的东京开封度过的，他的生活很浪漫，大部分光阴是在歌楼酒肆中度过的，交往的朋友，也都是些"狂朋怪侣"以及歌女舞伎。他自己曾在《戚氏》词里说："帝里风光好，当年少日，暮宴朝欢。况有狂朋怪侣，遇当歌对酒竟留连。"这一段话，正说明了他少年时期的生活。因为他过着这种生活，所以便熟悉下层群众特别是歌儿舞女的思想感情，他又精通音律，善于填词，所以"教坊乐工，每得新腔，必求永为辞，始行于世"。而他的词也就能盛传于当时的社会上和下层群众中，甚至流传到国外，所谓"有井水处，皆歌柳词"，人民群众对他的词是如此爱好，但统治者却认为他"无行"，因为他填过一首著名的《鹤冲天》词：

黄金榜上，偶失龙头望。明代暂遗贤，如何向。未遂风云便，争不恣狂荡。何须论得丧。才子词人，自是白衣卿相。　　烟花巷陌，依约丹青屏障。幸有意中人，堪寻访。且恁偎红倚翠，风流事，平生畅。青春都一饷。忍把浮名，换了浅斟低唱。

这首词里，"忍把浮名，换了浅斟低唱"几句，使宋仁宗很不满意，在他进士考试时，竟没有把他录取，说："且去浅斟低唱，何要浮名？"柳永遭此打击后，生活益发放荡，自称为"奉圣旨填词柳三变"，他后来也曾去拜访过当时的名臣晏殊，但没有能得到晏殊的提拔，直到以后他把名字改了，才算及第。但及第以后，他的地位也仍很低，只不过做职位卑微的地方官而已，据知道他曾做过睦州推官，定海晓峰场盐官以及其他一些地方官，后来又做屯田员外郎，所以世称柳屯田。他的生活虽然放荡，但据一些方志的记载，还称他"名宦柳耆卿"。元冯福京《大德昌国州图志》卷六，还载着柳永的一首描写盐民的痛苦生活的《鬻海歌》，诗中对盐民们的痛苦生活了解得很真切，而且为盐民们申诉了痛苦，揭露了地主、官僚奸商们对盐民们的剥削，所以后来清代的朱绪说作者"洞悉民瘼，实仁人之言"，从这首诗里，是可以看出他对人民的深厚同情的。但可惜关于他的事迹，记载下来的实在太少太零星了，连一篇比较完整的传记都没有，这一点，也足证他在当时的不得志了。他终于潦倒而终，死后，全仗一些歌妓们为他营葬，葬在润州（镇江），歌妓们每到春天，都到他的墓上吊奠，竟成为风俗，称为"吊柳七"，可见人们对他的感情的深厚了。他的事迹，在后来的话本里有《柳耆卿诗酒玩江楼记》、《众名妓春风吊柳七》，戏文和杂剧都有《柳耆卿诗酒玩江楼》，杂剧还有《钱大尹智宠谢天香》、《风流冢》，院本还有《变柳七》，都是写的柳永的故事。他的词，给后来的词的影响更大。

　　根据上面所述，即可知柳永的时代是与晏、欧同时，或者略早于晏、欧。现存柳永的词集《乐章集》分上、中、下、续四卷，共收词约二百首左右，其中十分之七八都是慢词，据柳永生活的时代来看，则这些慢词创作的时代，至少是与晏、欧大量创作小令是同一个时候，甚至还可能比他们的时代早些。再据《宋艳卷五引张舜民画墁录》中晏殊批评柳永的"彩线慵拈伴伊坐"这件事来看，这句词是柳永《定风波》词下片中的一句，《定风波》共九十九字，可以算作长调，所以这件事也证明当晏殊写作小令的时候，也就是柳永大力创作长调的时候，从这里可以说明两个问题：一、北宋前期的词坛上，是小令和慢词同时发展的，并不是过去所说的先有小令，慢词是后起的，同时从晏、欧与柳永词的不同风格来看，还可看出晏、欧的小令，如前所述是继承花间、南唐的词风，而柳永的慢词，却是受敦煌民间词的影响。二、柳永是大量创作慢词，用词这种新的文学形式比较广泛的描写社会生活的第一个人，而他的创作过程，也是与花间派的一个尖锐的斗争过程，后来慢词占到优势，证明在这斗争过程中，柳永所开创的词风得到了胜利。

柳永词的内容，大致可以分为三类。第一类是描写都市歌儿舞女及一般的男女生活的，这一类作品，语言十分俚俗，风格也很朴素，内容则反映了与晏、欧诸人的思想感情截然不同的另一种思想感情——属于中下层市民群众的思想感情。例如《迷仙引》：

才过笄年，初绾云鬟，便学歌舞。席上尊前，王孙随分相许。算等闲，酬一笑，便千金慵觑。常只恐容易，韶华偷换，光阴虚度。　　已受君恩顾，好与花为主。万里丹霄，何妨携手同归去。永弃却烟花伴侣，免教人见妾，朝云暮雨。

殢 人 娇

当日相逢，便有怜才深意。歌筵罢、偶同鸳被。别来光景，看看经岁。昨夜里方把旧欢重继。　　晓月将沉，征骖已鞴。愁肠乱又还分袂。良辰好景，恨浮名牵系。无分得与你恣情浓睡。

昼 夜 乐 下片

一场寂寞凭谁诉。算前言总轻负。早知恁地难拚，悔不当初留住。其奈风流端正外，更别有系人心处。一日不思量，也攒眉千度。

凤 栖 梧 下片

拟把疏狂图一醉，对酒当歌，强乐还无味。衣带渐宽终不悔，为伊消得人憔悴。

从上面所引的这些词来看，词中所表现的男女之间的感情，已经与晏、欧词里所表现的感情大不相同，显得直率、真挚，大胆地倾吐自己的心愿，诉说自己的相思。比起"泪眼问花花不语"或者"落花风雨更伤春，不如怜取眼前人"式的颓废感伤的感情，要健壮有力得多了。但这一类词，在当时上层阶级们的眼睛里看来，恰恰相反，是"词语尘下"是"俚语"甚至是"野狐涎之毒"。

他的第二类作品，是描写当时都市的繁华富庶，祖国山川的雄壮秀丽的。例如，他描写当时的首都开封的新春道：

迎 新 春

　　嶰管变青律，帝里阳和新布。晴景回轻煦。庆嘉节、当三五。列华灯、千门万户。遍九陌、罗绮香风微度。十里然绛树。鳌山耸、喧天箫鼓。　　渐天如水，素月当午。香径里、绝缨掷果无数。更阑烛影花阴下，少年人、往往奇遇。太平时、朝野多欢民康阜。随分良聚。堪对此景，争忍独醒归去。

他描写当时杭州的繁华道：

望 海 潮

　　东南形胜，三吴都会，钱塘自古繁华。烟柳画桥，风帘翠幕，参差十万人家。云树绕堤沙。怒涛卷霜雪，天堑无涯。市列珠玑，户盈罗绮，竞豪奢。　　重湖叠巘清嘉，有三秋桂子，十里荷花。羌管弄晴，菱歌泛夜，嬉嬉钓叟莲娃。千骑拥高牙。乘醉听箫鼓，吟赏烟霞。异日图将好景，归去凤池夸。

上面两首词，是典型的反映北宋承平时期富庶繁华的社会面貌的。当时范镇曾说："仁宗四十二年太平，镇在翰苑十余载，不能出一语歌咏，乃于耆卿词见之。"（祝穆《方舆胜览》卷十一）。后一首词，据宋罗大经《鹤林玉露》卷十三说，后来竟引起金主亮侵略的野心，其瑰丽动人，便可想而知了。再如他的《夜半乐》，则简直是一幅广阔的山水图画，其中千岩万壑，怒涛樵风，商旅布帆以及烟村酒店，渔人浣女，败荷衰柳，穿插点缀其间，热闹异常：

夜 半 乐

冻云黯淡天气，扁舟一叶，乘兴离江渚。渡万壑千岩，越溪深处，怒涛渐息，樵风乍起。更闻商旅相呼，片帆高举。泛画鹢、翩翩过南浦。　　望中酒旆闪闪，一簇烟村，数行霜树。残日下、渔人鸣榔归去。败荷零落，衰杨掩映，岸边两两三三，浣纱游女，避行客，含羞笑相语。　　到此因念，绣阁轻抛，浪萍难驻。叹后约丁宁竟何据。惨离怀、空恨岁晚归期阻。凝泪眼、杳杳神京路。断鸿声远长天暮。

这样阔大的境界，在过去所有的词人的作品里，是从未曾有的，即是敦煌曲子中的一些长调，也没有这种广阔的境界和这样巨大的篇幅。这样的作品在此时出现，它一方面反映了当时社会繁荣富庶和安定的面貌，另一方面，也反映了从唐末五代十国以来的分裂局面重新得到统一后，人民对于这样壮丽伟大而又广阔的祖国山川的自豪感。

柳永的第三类作品，便是描写他的羁旅行役的哀愁和个人身世悲凉的作品，这一部分作品，是他写得最好、最富于社会意义的作品。例如：

雨 霖 铃

寒蝉凄切。对长亭晚，骤雨初歇。都门帐饮无绪，留恋处、兰舟催发。执手相看泪眼，竟无语凝噎。念去去、千里烟波，暮霭沉沉楚天阔。　　多情自古伤离别，更那堪、冷落清秋节。

今宵酒醒何处，杨柳岸、晓风残月。此去经年，应是良辰好景虚设。便纵有千种风情，更与何人说。

八 声 甘 州

对潇潇暮雨洒江天，一番洗清秋。渐霜风凄紧，关河冷落，残照当楼。是处红衰翠减，苒苒物华休。惟有长江水，无语东流。　　不忍登高临远，望故乡渺邈，归思难收。叹年来踪迹，何事苦淹留。想佳人、妆楼颙望，误几回、天际识归舟。争知我、倚阑干处，正恁凝愁。

玉 蝴 蝶

望处雨收云断，凭阑悄悄，目送秋光。晚景萧疏，堪动宋玉悲凉。水风轻、苹花渐老，月露冷、梧叶飘黄。遣情伤。故人何在，烟水茫茫。　　难忘。文期酒会，几孤风月，屡变星霜。海阔山遥，未知何处是潇湘。念双燕、难凭远信，指暮天、空识归航。黯相望。断鸿声里，立尽斜阳。

忆 帝 京

薄衾小枕天气。乍觉别离滋味。展转数寒更，起了还重睡。毕竟不成眠，一夜长如岁。　　也拟待却回征辔。又争奈、已成行计。万种思量，多方开解，只恁寂寞厌厌地。系我一生心，负你千行泪。

如果说从第二类作品中，反映了封建社会相对安定时期的繁荣富庶的面目，那么这第三类作品即反映了更深刻的东西，即封建社会即使在那样繁荣富庶的情况下，也仍旧还有多少人在身受羁旅行役的痛苦，有多少青年男女，在过着"系我一生心，负你千行泪"的黯然销魂的生活，如果再看看他在《鬻海歌》里所写的社会情况，则能更清楚地看出这个表面上欢乐繁华的社会，骨子里仍然是到处充满着悲凉的情绪和残酷的剥削与压迫的。

柳永词的艺术特色，与晏、欧诸人截然不同，晏、欧诸人，默守花间南唐的传统，讲究蕴藉含蓄，低徊缠绵，所以他们都用小令，语言则十分精致含蓄。柳永却一反其道，长于铺叙描写，长于直抒胸臆，长于说得淋漓透彻，而且长于描写市民群众男女间离别的愁恨和行役的痛苦，更长于用白描的手法，因此语言朴素真挚，感情更深厚悲惋。因为他的词的内容深广，所以就必须用长调。

词到了柳永的手里，他继承并发展了敦煌民间词的具有现实主义精神的传统，虽然在晏、欧诸人所代表的花间派词风的压迫下，他仍旧坚持了自己的创作路线，因此终于使得慢词得到了胜利和更大的发展。为词的发展奠定了良好的基础。

柳永对于词的贡献是大的，以后的许多著名词人，如苏轼、黄庭坚、秦观、贺铸、周邦彦等，都接受了他的影响。

（二）张先

还有一个与柳永同一时期的比较有成就的词人是张先。

张先，字子野，生于公元990年（宋太宗淳化元年），卒于1078年（宋神宗元丰元年），浙江吴兴人，四十一岁登进士第，历官宿州掾，知吴江县，做都官郎中时，年已七十二岁，晚年优游乡里，寿八十九岁。他是一个风流放荡的词人，到了八十岁以外的高龄，依然"视听尚精强，犹有声妓"，可见他年轻时期的一斑了。不过他与柳永的风流放荡是不同的，他在政治上虽未做过什么高官，但还能得到当时在政治上文坛上最有地位的晏殊、欧阳修的赏识重视，给他"倒屣相迎"的隆遇，不像柳永一样被晏殊当面奚落一场。所以他还是有相当社会地位的人，因此他实际上也还是以官僚阶级的身份，蓄养歌妓，如同晏、欧诸人一般而已。

他的词还是小令居多，有一种轻盈的风格，比起晏、欧蕴藉缠绵的风格来，他的风格要略略浅露一些，但又不同于柳永那样的淋漓酣畅，感情没有柳永那样炽烈深厚。例如《一丛花令》：

伤高怀远几时穷。无物似情浓。离愁正引千丝乱，更东陌、飞絮濛濛。嘶骑渐遥，征尘不断，何处认郎踪。　　双鸳池沼水溶溶，南北小桡通。梯横画阁黄昏后，又还是、斜月帘栊。沉恨细思，不如桃杏，犹解嫁东风。

天 仙 子

水调数声持酒听。午醉醒来愁未醒。送春春去几时回，临晚镜。伤流景。往事后期空记省。　　沙上并禽池上暝。云破月来花弄影。重重帘幕密遮灯，风不定。人初静。明日落红应满径。

菩 萨 蛮

牡丹含露真珠颗，美人折向帘前过。含笑问檀郎，花强妾貌强。　　檀郎故相恼，刚道花枝好。花若胜如奴，花还解语无。

这些词的思想内容，仍然没有超出晏、欧的范围，仍然只是他们那种士大夫阶级的"一曲新词酒一杯"，"午醉醒来愁未醒"的生活的写照和思想感情的流露。但在语言上，晏、欧比较自然，张先则比较精巧，例如"不如桃杏，犹解嫁东风"，"云破月来花弄影"等已显出雕琢的功夫了。但张先除了上述这些词外，也写了一部分慢词，例如《破阵乐》（钱塘）：

> 四堂互映，双门并丽，龙阁开府。郡美东南第一，望故苑、楼台霏雾。垂柳池塘，流泉巷陌，吴歌处处。近黄昏，渐更宜良夜，簇簇繁星灯烛，长衢如昼，暝色韶光，几许粉面，飞甍朱户。　　和煦。雁齿桥红，裙腰草绿，云际寺、林下路。酒熟梨花宾客醉，但觉满山箫鼓。尽朋游、同民乐，芳菲有主。自此归从泥诏，去指沙堤，南屏水石，西湖风月，好作千骑行春，画图写取。

这首词里，也可以看出他极力运用铺叙的手法，描写繁华的都市钱塘，但其手段，则不如柳永的《望海潮》写得挥洒自如，概括尽净，张词未免显得有些臃肿生涩。所以张先的词，主要还是小令写得较好。他还有"三影"的名句，即"娇柔懒起，帘幕卷花影"（《归朝欢》），"柔柳摇摇，坠轻絮无影"（《剪牡丹》），以及上面所引过的"云破月来花弄影"，所以当时人称他为"张三影"。

过去以及目前的词学家们都认为张先"上结晏欧之局，下开苏秦之先"①，是一个承先启后的作家。我们觉得这样的看法还值得商榷，因

---

① 此说自《白雨斋词话》起，到吴梅《词学通论》，直到最近宛敏灏先生发表在《语文教学》1957 年第 10 期上的《北宋两位承先启后的词人——张先和贺铸》一文，都是这样主张。

为：一、张先的时代略早于晏、欧，他不是"承"继晏、欧，而是先于晏、欧，至少也是与晏、欧同时。二、大量创作慢词，给后来以很大影响的是柳永，而柳永的时代可能比张先略早几年，至少也是同时，因此"启后"（也即是使词风转变）的重要人物主要是柳永，其次才是张先。所以我们以为北宋前期的词坛情况，是复杂多样的，是不同风格不同创作倾向同时并存而且相互竞争的，不是结束或基本上结束了一种风格或一种创作倾向再有第二种风格或创作倾向的发展的。张先对词体的发展是有作用的，但不应把他看作词体发展和词风转变中的关键人物。

第三节　王安石

王安石，字介甫，号半山，生于公元 1021 年（宋真宗赵恒天禧五年），卒于公元 1086 年（宋哲宗元祐元年），江西临川人。他是一位大政治家，在二十岁以前，因父亲是个州县官，时常调任，故他也跟着游历了很多地方，广泛地接触了社会现实，了解了各地人民的痛苦和要求，因此使他产生了社会改革的思想。他在青年时期，即博览群书，十分好学，而且能把书本上的道理，与社会现实联系起来，甚至"农夫女工，无所不问"，企图从这里学到将来经时济世的学问。他二十二岁中进士，便开始做州府的幕僚及地方官，他对于地方的政事十分认真，进行了不少改革工作，因此他的才能逐渐为最高统治者所注意，当时的宰相文彦博和社会声望很高的欧阳修，都曾推荐过他。1060 年，王安石从江东被召入朝，这时他在外路州县任地方官已有十六七年，积累了丰富的工作经验，对于社会改革，更有深刻的认识，因此他即向宋仁宗上了万言书，提出了三项原则性的改革意见，但并未引起仁宗的任何注意。宋神宗接位以后，当时国库空虚，财政十分困难，由于庞大的官僚统治机构，以及宋皇朝对官僚地主阶级的纵容让步，听任他们残酷地剥削农民的结果，当时的阶级矛盾已日益尖锐，而国防危机也日益严重，政治的改革，已经十分的迫切，因此神宗就任用王安石为相，进行社会改革，施行新法。新法的主要内容，就是财政和军事两方面的改革，其主要精神，便是一方面发展生产，改革弊政，一方面，限制大地主大商人阶级的利益，在军事方面，则是实行保甲、保马、置将法，使"兵知其将，将练其兵"。新法实行的目的，是为了富国强兵，安定社会秩序，缓和农民阶级与官僚地主阶级之间的冲突，但是新法实行的结果，由于大地主阶级们的利益受到了一定程度的限制，便纷纷起来反对，形成了当时尖锐的政治斗争，王安石在这个斗争中表现了他的卓越的识力和坚定不移的精神，因而也无数次地击败了反对派，使新法得以推行下去，但终于因为反对派的势力过分强大，推行新法的一些人中又有一些人背叛了王安石，特别是宋神宗赵顼的动摇不定，使王安石在实际上失去了有力的支持，因而到了 1076 年（神宗熙宁九年）10 月，王安石终于不得不离开政府，回到江宁去过退休的生活。

（一）王安石的散文

王安石是一个伟大的政治家，也是一个重要的文学家，他在文学创作方面，也具有革新的主张，他对于欧阳修等人所反对的"西昆体"，固然十分深恶痛绝，曾说："杨（亿）、刘（筠）以文词染当世，学者迷其端原，靡靡然穷日力以摹之，粉墨青朱，颠错庞杂，……其属词借事，不可考据也。方此时，自守不污者少矣。"（《张刑部诗序》）即对于晏殊的词，他也曾不客气地进行了尖锐的批评，说："宰相为此可乎？"（曾慥《类说》卷十七《东轩杂记》"放郑声不若远佞人"）他对文学的见解是："所谓文者，务为有补于世而已矣。所谓辞者，犹器之有刻镂绘画也。诚使巧且华，不必适用；诚使适用，亦不必巧且华。要之以适用为本。"(《上人书》)。文章要适用，这就是他对文章的看法和评论的准则，他自己的文章，便是充分地体现了这种精神的。他的代表作品，如《本朝百年无事札子》，分析北宋前期的政治得失，十分深刻，对当时政治的批评，尤为尖锐。例如：

> 然本朝累世因循末俗之弊，而无亲友群臣之议。人君朝夕与处，不过宦官女子，出而视事，又不过有司之细故，未尝如古大有为之君，与学士大夫讨论先王之法以措之天下也。一切因任自然之理势，而精神之运有所不加，名实之间有所不察。君子非不见贵，然小人亦得厕其间。正论非不见容，然邪说亦有时而用。……故虽俭约而民不富，虽忧勤而国不强。赖非夷狄昌炽之时，又无尧、汤水旱之变，故天下无事，过于百年。虽曰人事，亦天助也。

这一段文字，对于当时墨守成规，苟且偷安，暮气沉沉的政治情况，批评得多么尖锐，"虽曰人事，亦天助也"，这种尖锐的近乎讽刺式的批评，充分地显示了他的坚定不移的斗争精神。他的著名的《答司马谏议书》，同样地表现了这种坚定不移的斗争精神。

> 某启：昨日蒙教，窃以为与君实游处相好之日久，而议事每不合，所操之术多异故也。虽欲强聒，终必不蒙见察，故略上报，不复一一自辨。重念蒙君实视遇厚，于反覆不宜卤莽，故今具道所以，冀君实或见恕也。
> 盖儒者所争，尤在名实，名实已明，而天下之理得矣。今君实所以见教者，以为侵官、生事、征利、拒谏，以致天下怨谤也。某则以为受命于人主，议法度而修之于朝廷，以授之于

有司，不为侵官；举先王之政，以兴利除弊，不为生事；为天下理财，不为征利；辟邪说，难壬人，不为拒谏。至于怨诽之多，则固前知其如此也。人习于苟且非一日，士大夫多以不恤国事、同俗自媚于众为善，上乃欲变此，而某不量敌之众寡，欲出力助上以抗之，则众何为而不汹汹然？盘庚之迁，胥怨者民也，非特朝廷士大夫而已。盘庚不为怨者故改其度，度义而后动，是而不见可悔故也。如君实责我以在位久，未能助上大有为，以膏泽斯民，则某知罪矣；如曰今日当一切不事事，守前所为而已，则非某之所敢知。

无由会晤，不任区区向往之至。

这封答司马光的信，说明他的见解多么精辟，意志多么坚定，对于别人的攻击，非但毫不惊惶动摇，而且早已预见其必然，这足见其识力之高，意志之坚了。其次如他的《答曾子固书》、《游褒禅山记》、《祭欧阳文忠公文》等，也都是他的优秀作品。

游褒禅山记

　　褒禅山亦谓之华山，唐浮图慧褒始舍于其址，而卒葬之，以故其后名之曰褒禅。今所谓慧空禅院者，褒之庐冢也。距其院东五里，所谓华山洞者，以其乃华山之阳名之也。距洞百余步，有碑仆道，其文漫灭，独其为文犹可识，曰"花山"。今言华，如华实之华者，盖音谬也。其下平旷，有泉侧出，而记游者甚众，所谓前洞也。由山以上五六里，有穴窈然，入之甚寒，问其深，则其好游者不能穷也，谓之后洞。余与四人拥火以入，入之愈深，其进愈难，而其见愈奇。有怠而欲出者，曰:"不出,火且尽。"遂与之俱出。盖余所至,比好游者尚不能十一,然视其左右,来而记之者已少,盖其又深,则其至又加少矣!方是时,余之力尚足以入,火尚足以明也。既其出,则或咎其欲出者,而余亦悔其随之,而不得极夫游之乐也。

于是余有叹焉。古人之观于天地山川草木虫鱼鸟兽,往往有得,以其求思之深而无不在也。夫夷以近则游者众,险以远则至者少,而世之奇伟瑰怪非常之观,常在于险远,而人之所罕至焉。故非有志者,不能至也;有志矣,不随以止也,然力不足者,亦不能至也。有志与力,而又不随以怠,至于幽暗昏惑,而无物以相之,亦不能至也。然力足以至焉,于人为可讥,而在己为有悔,尽吾志也而不能至者,可以无悔矣。其孰能讥之乎,此余之所得也。余于仆碑,又以悲夫古书之不存,后世之谬其传,而莫能名者,何可胜道也哉。此所以学者不可以不深思而慎取之也。

四人者,庐陵萧君圭君玉,长乐王回深父,余弟安国平父,安上纯父。至和元年七月某日,临川王某记。

他的散文长于辨析,语言精辟简练,逻辑性很强,故有极大的说服力,尤其是他具有十分丰富的历史知识,对当时的社会情况又了解得最为透彻,因此他的政论文章,便能简练有力,切中要害,读起来令人感到字字精湛,不可动摇,而他的一些叙事、抒情文章,则又回荡盘旋,发人深省。所以谢枋得评他的文章说:"笔力简而健。"吕璜说:"古来博洽而不为积学所累者,莫如王介甫。渠作文,直不屑用前人一字,此其所以高。其削尽肤庸,一气转折处,最当玩。"从这些评论里,也足证他散文成就之高了。

（二）王安石的诗

王安石的诗，写得也很出色，是当时的一位著名诗人。他曾经反对过"西昆体"，也曾批评过晏殊的那种内容十分狭隘，风格比较纤丽的词。所以在他自己的诗里，有鲜明的政治内容，风格也朴素自然，并且喜欢在诗里发表议论，例如他的《河北民》：

> 河北民，生近二边长苦辛。家家养子学耕织，输与官家事夷狄。今年大旱千里赤，州县仍催给河役。老小相依来就南，南人丰年自无食。悲愁天地白日昏，路傍过者无颜色。汝生不及贞观中，斗粟数钱无兵戎。

这首诗，真实地反映了河北边民的深重苦难。最后两句是议论也是刺世。再如他的《明妃曲》：

> 明妃初出汉宫时，泪湿春风鬓脚垂。低徊顾影无颜色，尚得君王不自持。归来却怪丹青手，入眼平生几曾有。意态由来画不成，当时枉杀毛延寿。一去心知更不归，可怜着尽汉宫衣。寄声欲问塞南事，只有年年鸿雁飞。家人万里传消息，好在毡城莫相忆。君不见，咫尺长门闭阿娇，人生失意无南北。

在这首诗里，诗人便发表了他的独特见解：毛延寿不足怪，因为"意态由来画不成"，那么责任不在毛延寿而在统治者自己了。人们都以为昭君远嫁匈奴是不幸的事，他却说家人劝她"好在毡城莫相忆"，因为不去匈奴也未必就得意，陈皇后便是例子，所以"人生失意无南北"，诗人在这首诗里，一反前人的意思，使这首诗的意义深刻和扩大了不少。

再如他的七律《葛溪驿》：

> 缺月昏昏漏未央。一灯明灭照秋床。病身最觉风露早，归
> 梦不知山水长。坐感岁时歌慷慨，起看天地色凄凉。鸣蝉更乱
> 行人耳，正抱疏桐叶半黄。

此诗是在江西弋阳葛溪驿写的，病身两句，体察入微，坐感两句，慷慨悲凉，使人有身荷天下之重之感。再如他的七律《示长安君》：

> 少年离别意非轻。老去相逢亦怆情。草草杯盘供笑语，昏
> 昏灯火话平生。自怜湖海三年隔，又作尘沙万里行。欲问后期
> 何日是，寄书应见雁南征。

长安君，是他的大妹妹，名文淑。嫁工部侍郎张奎，封长安县君，故称长安君。此是宋仁宗嘉祐五年王安石使辽前所作，诗叙手足之情，真挚朴诚，感人至深。再如他的五律《贾生》：

> 汉有洛阳子，少年明是非。所论多感慨，自信肯依违。死
> 者若可作，今人谁与归。应须蹈东海，不但涕沾衣。

在这首诗里，作者借汉代的贾谊深深地表示了对当时政治的不满，朝廷的不明是非，末两句是愤极之辞。再如他的《桃源行》、《详定试卷》、《君难托》、《秃山》等诗，都是具有比较深刻的政治内容的。诗人在《杜甫画像》一诗中，对于伟大诗人杜甫的无限钦佩，也表现了诗人自己关怀人民的那种伟大胸怀。除了这一类具有丰富的政治内容的诗以外，他的抒情写景小诗，在当时就是很著名的。例如：

出 郊

川原一片绿交加。绿树冥冥不见花。风日有情无处着,初回光景到桑麻。

江 上

江上漾西风。江花脱晚红。离情被横笛,吹过乱山东。

梅 花

墙角数枝梅。凌寒独自开。遥知不是雪,为有暗香来。

泊 船 瓜 洲

京口瓜洲一水间。钟山只隔数重山。春风又绿江南岸,明月何时照我还。

以上这些诗,都是情景交融的好诗。

(三) 王安石的词

王安石虽然不常填词,现今流传的词,也仅仅二十四首,都收在《疆村丛书》、《临川先生歌曲》中,但如他的《桂枝香》:

登临送目，正故国晚秋，天气初肃。千里澄江似练，翠峰如簇。归帆去棹残阳里，背西风，酒旗斜矗。彩舟云淡，星河鹭起，画图难足。　　念往昔、繁华竞逐，叹门外楼头，悲恨相续。千古凭高，对此漫嗟荣辱。六朝旧事随流水，但寒烟、芳草凝绿。至今商女，时时犹唱，后庭遗曲。

意境阔大，俯仰古今，感慨万端，格调十分清壮悲凉。被推为金陵怀古中的"绝唱"，连苏东坡也十分欣赏。再如他的《菩萨蛮》：

数家茅屋闲临水。单衫短帽垂杨里。今日是何朝，看予度石桥。　　梢梢新月偃，午醉醒来晚。何物最关情，黄鹂三两声。

《浣溪沙》：

百亩中庭半是苔。门前白道水萦回。爱闲能有几人来。　　小院回廊春寂寂，山桃溪杏两三栽。为谁零落为谁开。

这一类词，又表现着诗人平淡自然的胸襟和宁静淡泊的生活。

　　王安石，不仅是宋代的大政治家，还是宋代的文学大家，他的文章诗词，都是第一流的，无论是政治或文学，对后世的影响都很大。

第四节　简短的结论

　　北宋前期文坛上的情况是很复杂的。一方面由于晚唐李商隐的影响，在宋初的诗坛上风靡着以杨亿、刘筠、钱惟演等人为代表的"西昆体"，他们讲究典故、对仗、韵律、辞藻，把空虚的心灵用美丽的辞藻掩盖起来。在散文方面，也流行着六朝唐初的骈体文。但这种情况，逐渐遭到柳开、石介、王禹偁、梅尧臣等人的极力反对，经过以上诸人的努力，特别是欧阳修对古文运动的积极领导和坚持斗争，终于扭转了上面那种情况，在诗和文两方面，都开始建立了宋代诗文自己的面貌，摆脱了前一时期的不良影响，使诗文都找到了正确发展的道路和取得了极大的成绩。在当时的词坛上，也同样是复杂和矛盾的。一方面，由晏氏父子及欧阳修等人为代表继承着"花间"和南唐词风的作家们，占据着词坛的领导地位，在大力地创作他们那种清俊绰约、清愁淡怨、醉梦流连的小令，而且大部分上层社会的人物，都以他们的这种词为标准，但另一方面，过着潦倒放浪的生活常与歌儿舞女们来往的柳永，接受着敦煌民间词的影响，也在大力的创作着他那种或是声情阔大、悲凉激越，或是情致深切、淋漓痛快的慢词，无论是内容或风格上，与晏、欧的词，都成为鲜明的对照。而同一时期另一个词人张先，在那种灯红酒绿、浅斟低唱的生活里，尽力雕琢着词语，描写着他那种生活和思想感情，有时也用长调描写繁华的都市。除了以上这些人差不多是同声地歌唱着以外，还有被西夏人称为"腹中有数万甲兵"的范仲淹，也在发出苍凉悲壮的"千嶂里，长烟落日孤城闭……人不寐，将军白发征夫泪"的歌声。在这样复杂多彩的情况下，以晏、欧为代表的那种词风，与柳永的那种词风展开了尖锐的斗争，尽管晏、欧的社会地位，统治力量都占了优势，但在广大群众的爱好传唱支持下，柳永所代表的那种创作倾向，毕竟取得了胜利，因此宋词也就走进了新的境界。

第二章　苏　轼

第一节　苏轼的生平及其思想

苏轼，字子瞻，别号东坡居士，生于公元 1036 年（宋仁宗景祐三年），卒于公元 1101 年（宋徽宗建中靖国元年）7 月。四川眉州眉山（今四川省眉山县）人。父苏洵，字明允，号老泉，少年时不愿读书，到了二十七岁，方才发愤读书，终于成为一个懂得政治、军事的散文家。母程氏，是一个颇有学问见识的妇女，她亲自负责对苏轼的教育，曾以历史上的优秀人物来教育苏轼。《宋史》本传①说："程氏读东汉范滂传，慨然太息，轼请曰：轼若为滂，母许之乎？程氏曰：汝能为滂，吾顾不能为滂母耶？"苏轼的弟弟叫苏辙，比苏轼小三岁，也是一个著名的散文家，他们兄弟俩终生十分友爱。后世的人们把他们父子三人合称为"三苏"。

苏轼幼年即很聪明勤学，他在二十岁以前，一直是生活在自己那个

---

① 苏轼本传见《宋史》卷三百三十八。

和乐而且有着浓厚的文学气息的家庭里，接受着优良的家庭教学和熏陶，渐渐地他成为一个怀有巨大政治抱负的文学青年。他热情豪放，胸襟开朗。他的文学天才很高，十岁时已能写很好的文章，二十岁左右就博通经史，并爱读贾谊、陆贽的文章，能够畅论古今治乱，写文章能够"日数千言"。后来他读到《庄子》，曾叹息说："吾昔有见，口未能言，今见是书，得吾心矣。"（《宋史》本传）可见他在这时，已深受儒家道家的思想影响，这些思想，影响到他后来对生活、对政治的基本态度，也深刻地影响到他的作品的风格。

仁宗嘉祐二年（1057 年），苏轼二十二岁，他同他的弟弟考取进士。以他的天才，曾得到了当时的主考官，当世的文坛领袖欧阳修的激赏。欧阳修在给梅圣俞的信里说：

> 读轼书，不觉汗出，快哉快哉！老夫当避此人放出一头地。

这是何等的激赏啊！但这时刚遇母丧，即回家丁忧，后来除服后，曾任凤翔判官，但不久他的父亲又去世，他的妻子王氏也在前一年亡故，苏轼只能悲痛地护柩归蜀。等到他除服归京时，当时政治上已发生了重大的变化，英宗已死，神宗已即位。为了解决当时国内外日趋尖锐的阶级矛盾和民族矛盾，宋神宗即任命王安石为宰相，坚决进行政治改革，实行新法。在这个政治改革运动中，苏轼的态度是保守的，他曾上书神宗，洋洋数千言，力诋青苗、免役、均输诸法，并批评神宗"求治太急，听言太广，进人太锐"，希望他"镇以安静，待物之来，然后应之"，"以简易为法，以清净为心"。苏轼的这些看法，显然是受了儒家、道家思想的局限，这种主张是消极的、保守的。但是他也怀着"致君尧舜上"的抱负，他也渴望做到"天下不诉而无冤，不竭而得其所欲"。

在他遭贬后担任各地地方官时的政治实践中，也很关切人民的疾苦，曾在徐州救治黄河水灾，在杭州整治西湖，又为杭州人民请求减免上供米三分之一，这些都是对于人民有益的。

苏轼的一生，差不多是在新旧党争的政治斗争中痛苦的度过的。因为他反对王安石的新法，在三十六岁的那年，即被贬到杭州，三年以后，又调到密州（今山东诸城县），后来又调到徐州、湖州，在湖州时，因乌台诗案，被逮下狱。在狱四个多月，这时，苏轼四十四岁，公元1075年（宋神宗元丰二年）。出狱后，调任黄州（今湖北黄冈县）团练副使，生活很艰苦，他在《答秦太虚书》里说："初到黄，廪入既绝，人口不少，私甚忧之，但痛自节俭，日用不得过百五十。每月朔，便取四千五百钱，断为三十块，挂屋梁上，平旦，用画叉挑取一块，即藏去叉，仍以大竹筒别贮用不尽者，以待宾客。"后来友人马正卿为他请得营地数十亩，躬耕自治，因此开始自号东坡居士。他的名作前后《赤壁赋》及《念奴娇·赤壁怀古》词，都是在这时写成的。公元1085年，神宗殁，哲宗即位，政治上因之发生了大变化，司马光执政，尽废新法，苏轼也被内调，任礼部员外郎、中书舍人、翰林学士等职。但又因为他不同意司马光对新法的全部否定，与司马光发生了争执，不久又被外调到杭州，这是东坡第二次到杭州，距第一次来杭州已经十六年了。后来又被内调，但不久，宣仁太后崩，政局又发生变化，新党重新执政，苏轼又被远贬到惠州（今广东惠阳县），这时他已经是五十九岁的老人了。三年以后，当东坡六十三岁时，又被贬到更远更荒僻的琼州（今海南岛）。这一段经历，是东坡最艰苦的时候，当他去琼州时，以衰老之身，万里投荒，自分必死，故曾说："某垂老投荒，无复生还之望。昨与长子迈诀，已处置后事矣。今到海南，首当做棺，次便做墓。乃留手疏与诸子，死则葬于海外。"到海南后，他给友人的信说："岭南天气卑湿，地气蒸溽，而海南为甚。夏秋之交，物无不腐坏者……九月二十七日，秋霖雨不止，顾视帏帐，有白蚁升余，皆已腐烂，感叹不已。"可见他的生活艰苦到何等程度了。直到 1100 年，才逢大赦内移。第二年（徽宗建中靖国元年）7 月，这一长期度着坎坷生活的老诗人，就在常州（今江苏武进县）结束了他的一生。

这样颠沛的一生，对苏轼的创作起了决定性的影响，使他能比较深刻地了解社会面貌，接近人民，丰富了生活，扩大了胸襟，使他在文学上能够创造出光辉的成绩来。苏轼在我国文学史上是少有的全能的作家，他不仅在散文、诗、词的创作上有杰出的成就，而且还擅长书法、绘画，并达到了最高的水平。他对音乐，也有一定的造诣。

第二节　苏轼的散文

苏轼是继欧阳修以后北宋时代的杰出的散文家，他有意识地继承欧阳修的文学事业的，在苏轼的周围，曾形成了一个文人的团体，当时秦观、黄庭坚、晁补之、张耒等人，还被称为"苏门四学士"，他们对后来的文学起着极大的影响。

苏轼无疑是北宋时代一个最伟大的散文家，他不仅能注意散文的实用价值，而且更能重视文学作品的艺术价值，他常喜欢把文章比作"精金美玉"或"金玉珠贝"，[1] 这就比起初期从事古文运动的作家仅仅把文章作为"载道之具"，要进步得多了。苏轼的散文，深受《孟子》、《庄子》、《战国策》等书的影响，明快锋利，气势磅礴，说理透辟，具有强烈的说服力和感染力。因为他十分熟悉古代的历史和政治，所以他的一些散文，又具有丰富的历史内容，然而他又能不为这些历史典故所

---

[1]　见《答谢民师书》及《答刘沔书》。

围,仍能发挥他的丰富的想象力和创造力。

例如他到汴京应礼部试,在《刑赏忠厚之至论》里说:"当尧之时,皋陶为士,将杀人。皋陶曰'杀之'三,尧曰'宥之'三。"用以说明法官要严格执法而人主要宽厚爱人。录取后,他去谒见欧阳修,欧阳修问他见于何书,他说:"何须出处。"[①] 可见他是多么富有创造精神,富有想象力而不为书史所束缚啊!因为苏轼长于议论,说理透辟而生动具体,所以南宋的政论家叶适曾称他为"古今议论之杰"。但他的叙事、写景、抒情文章,更为精美,他自己曾说:"某生平所快意事,惟作文章,意之所到,则笔力曲折,无不尽意。自谓世间乐事,无逾此者。"又说:"作文如行云流水,初无定质,但常行于所当行,止于所不可不止。"这几句话,说明他在艺术上已到了得心应手,十分圆熟的地步,同时这几句话,也说出了写文章的一个带有原则性的道理,给予后人以很大的启发。

苏轼的文章,大致可分为二类:一类是评议古人,史事,时政的作品。如《决壅蔽》揭露了当时的政治弊端,并提出积极性建议,如《潮州韩文公庙碑》:

　　匹夫而为百世师,一言而为天下法,是皆有以参天地之化,关盛衰之运。其生也有自来,其逝也有所为。故申、吕自岳降,傅说为列星,古今所传,不可诬也。

　　孟子曰:"我善养吾浩然之气。"是气也,寓于寻常之中,而塞乎天地之间。卒然遇之,则王公失其贵,晋、楚失其富,良、平失其智,贲、育失其勇,仪、秦失其辩。是孰使之然哉?其必有不依形而立,不恃力而行,不待生而存,不随死而

---

① 见陆游《老学庵笔记》。

亡者矣。故在天为星辰，在地为河岳，幽则为鬼神，而明则复为人。此理之常，无足怪者。

自东汉以来，道丧文弊，异端并起，历唐贞观、开元之盛，辅以房、杜、姚、宋而不能救。独韩文公起布衣，谈笑而麾之，天下靡然从公，复归于正，盖三百年于此矣。文起八代之衰，道济天下之溺。忠犯人主之怒，而勇夺三军之帅。此岂非参天地，关盛衰，浩然而独存者乎？

盖尝论天人之辨，以谓人无所不至，惟天不容伪。智可以欺王公，不可以欺豚鱼；力可以得天下，不可以得匹夫匹妇之心。故公之精诚，能开衡山之云，而不能回宪宗之惑；能驯鳄鱼之暴，而不能弭皇甫镈、李逢吉之谤；能信于南海之民，庙食百世，而不能使其身一日安之于朝廷之上。盖公之所能者，天也；其所不能者，人也。

这是这篇文章的前半段，文章开头两句，就具有雷霆万钧之势，拔山扛鼎之力。接下来可说字字精劲，句句有力，一气而下，势不可当。文章对于韩愈在政治上的贡献，在古文运动中所作的斗争和所取得的成就，都作了高度的赞扬，对于韩愈的遭遇，则表示十分理解和同情。苏轼有不少政论文章，都具有这种势不可挡，充塞宇宙之势，故人称"韩潮苏海"，韩愈的文章如潮涌，苏轼的文章如大海。这个比喻是很切合其人的。

他的抒情性的表现生活感受的散文，则《前赤壁赋》、《后赤壁赋》等都是名作。现先看《前赤壁赋》：

壬戌之秋，七月既望，苏子与客泛舟游于赤壁之下。清风徐来，水波不兴。举酒属客，诵明月之诗，歌窈窕之章。少焉，月出于东山之上，徘徊于斗牛之间。白露横江，水光接天。纵一苇之所如，凌万顷之茫然。浩浩乎如冯虚御风，而不知其所止，飘飘乎如遗世独立，羽化而登仙。

于是饮酒乐甚，扣舷而歌之。歌曰："桂棹兮兰桨，击空明兮溯流光。渺渺兮予怀，望美人兮天一方。"客有吹洞箫者，倚歌而和之。其声呜呜然，如怨如慕，如泣如诉，余音袅袅，不绝如缕，舞幽壑之潜蛟，泣孤舟之嫠妇。

苏子愀然，正襟危坐，而问客曰："何为其然也？"

客曰："'月明星稀，乌鹊南飞。'此非曹孟德之诗乎？西望夏口，东望武昌，山川相缪，郁乎苍苍，此非孟德之困于周郎者乎？方其破荆州，下江陵，顺流而东也，舳舻千里，旌旗蔽空，酾酒临江，横槊赋诗，固一世之雄也，而今安在哉！况吾与子渔樵于江渚之上，侣鱼虾而友麋鹿，驾一叶之扁舟，举匏樽以相属。寄蜉蝣于天地，渺沧海之一粟。哀吾生之须臾，羡长江之无穷。挟飞仙以遨游，抱明月而长终。知不可乎骤得，托遗响于悲风。"

苏子曰："客亦知夫水与月乎？逝者如斯，而未尝往也；盈虚者如彼，而卒莫消长也。盖将自其变者而观之，则天地曾不能以一瞬。自其不变者而观之，则物与我皆无尽也，而又何羡乎？且夫天地之间，物各有主。苟非吾之所有，虽一毫而莫取。惟江上之清风，与山间之明月，耳得之而为声，目遇之而成色，取之无禁，用之不竭。是造物者之无尽藏也，而吾与子之所共适。"

客喜而笑，洗盏更酌。肴核既尽，杯盘狼藉。相与枕藉乎舟中，不知东方之既白。

《前赤壁赋》写于 1082 年（宋神宗元丰五年）7 月，这时，苏轼因政争失败，被贬为黄州团练副使已三年。在这篇作品中，作者抒发了他在政治斗争失败后抑郁的心情和旷达的胸怀。文章开头，作者用诗一样精练的语言，描写了月夜泛舟时的美丽景色和诗人在此景色中得到的快感，然而这江山胜景，正是传说中古代周郎建功立业，施展他的政治抱负的地方，如今却成为自己失意谪居之所，这不能不引起诗人俯仰身世之感，于是不得不使诗人忧从中来，文章也就随着转入到客人悲凉的箫声和无可奈何的感叹。这一转折，便使文章的思想内容深化了一步。如果说第一段是诗人刚接触到客观的景色时所得到的一时的快感，只是客观的环境与作者心情初步的融合，那么第二段便是客观环境与作者心情进一步的融合，在这里，表现了作者内心的矛盾，也表现了作者的政治抱负和人生态度，通过这种心情的流露，作者才初步显示了自己的个性和修养。可是苏轼的胸怀是十分旷达的，他虽然有很深的儒者的思想，但他还深受老、庄及佛学的影响，因此他常常能在困厄的环境中得到精神上的解放，尽管这种解放是超现实的，是消极逃避的，它的哲学观点是唯心的，但苏轼却确实曾用这种哲学观点和人生态度，取得了自己精神上的解放。本文的最后一段，便是这种矛盾心情的解放，因而使作者仍旧转到乐观开朗的心情，也使文章具有肯定现实的积极意义。

再看《后赤壁赋》：

后 赤 壁 赋

是岁十月之望，步自雪堂，将归于临皋。二客从予过黄泥之坂，霜露既降，木叶尽脱，人影在地，仰见明月，顾而乐之，行歌相答。已而叹曰："有客无酒，有酒无肴，月白风清，如此良夜何？"客曰："今者薄暮，举网得鱼，巨口细鳞，状似松江之鲈。顾安所得酒乎?"归而谋诸妇。妇曰:"我有斗酒,藏之久矣,以待子不时之需。"

于是携酒与鱼,复游于赤壁之下。江流有声,断岸千尺,山高月小,水落石出。曾日月之几何,而江山不可复识矣。予乃摄衣而上,履巉岩,披蒙茸,踞虎豹,登虬龙,攀栖鹘之危巢,俯冯夷之幽宫。盖二客不能从焉。划然长啸,草木震动,山鸣谷应,风起水涌。予亦悄然而悲,肃然而恐,凛乎其不可留也。反而登舟,放乎中流,听其所止而休焉。时夜将半,四顾寂寥。适有孤鹤,横江东来,翅如车轮,玄裳缟衣,戛然长鸣,掠予舟而西也。

须臾客去,予亦就睡。梦一道士,羽衣蹁跹,过临皋之下,揖予而言曰:"赤壁之游乐乎?"问其姓名,俯而不答。"呜呼噫嘻!我知之矣。畴昔之夜,飞鸣而过我者,非子也耶?"道士顾笑,予亦惊寤。开户视之,不见其处。

《后赤壁赋》是同年十月写的,在《前赤壁赋》中,还保留着赋的对话体的传统写法,但在《后赤壁赋》里,则连这种手法都摒弃了,作者完全用散文的方法来描写,在这篇作品中,充分地表现了作者叙事、写景、抒情的巨大才能,笔墨十分圆熟精炼,开头一段写主客因夜行见月色甚好而思酒肴、思出游,既而又写酒肴的意外获得,文字十分简洁生动,表现生活人情却又十分真切曲折。中间写景,与《前赤壁赋》完全不同,"江流有声,断岸千尺,山高月小,水落石出"几句,已将初冬水涸时赤壁的又一番景色概括无遗,结束时作者用孤鹤横空、道士翩跹等幻想的笔墨,表达了自己高旷寥廓的胸襟。

前后赤壁赋同一个主题,可是在作者笔下,却没有一笔重复,这一点,充分显示了作者优秀的写作才能。同时也可以看出赋到了苏轼笔下，便完全成为散文了。再如他的《文与可画筼筜谷偃竹记》：

竹之始生，一寸之萌耳，而节叶具焉，自蜩腹蛇蚹，以至于剑拔十寻者，生而有之也。今画者乃节节而为之，叶叶而累之，岂复有竹乎？故画竹必先得成竹于胸中，执笔熟视，乃见其所欲画者，急起从之，振笔直遂，以追其所见，如兔起鹘落，少纵则逝矣。与可之教予如此。予不能然也，而心识其所以然。夫既心识其所以然，而不能然者，内外不一，心手不相应，不学之过也。故凡有见于中，而操之不熟者，平居自视了然，而临事忽焉丧之，岂独竹乎？子由为《墨竹赋》以遗与可曰："庖丁，解牛者也，而养生者取之；轮扁，斫轮者也，而读书者与之。今夫夫子之托于斯竹也，而予以为有道者则非耶？"子由未尝画也，故得其意而已。若予者，岂独得其意，并得其法。

与可画竹，初不自贵重，四方之人持缣素而请者，足相蹑于其门。与可厌之，投诸地而骂曰："吾将以为袜！"士大夫传之，以为口实。及与可自洋州还，而余为徐州。与可以书遗余曰："近语士大夫：'吾墨竹一派，近在彭城，可往求之。'袜材当萃于子矣。"书尾复写一诗，其略云："拟将一段鹅溪绢，扫取寒梢万尺长。"予谓与可："竹长万尺，当用绢二百五十四，知公倦于笔砚，愿得此绢而已！"与可无以答，则曰："吾言妄矣！世岂有万尺竹哉？"余因而实之，答其诗曰："世间亦有千寻竹，月落庭空影许长。"与可笑曰："苏子辩矣，然二百五十四绢，吾将买田而归老焉！"因以所画筼筜谷偃竹遗予，曰："此竹数尺耳，而有万尺之势。"筼筜谷在洋州，与可尝令予作洋州三十咏，筼筜谷其一也。予诗云："汉川修竹贱如蓬，斧斤何曾赦箨龙。料得清贫馋太守，渭滨千亩在胸中。"与可是日与其妻游谷中，烧笋晚食，发函得诗，失笑喷饭满案。

元丰二年正月二十日，与可没于陈州。是岁七月七日，予在湖州，曝书画，见此竹，废卷而哭失声。

昔曹孟德祭桥公文，有车过腹痛之语。而予亦载与可畴昔戏笑之言者，以见与可于予亲厚无间如此也。

这是一篇绝妙的散文，集议论、记事、抒情于一体，且嬉笑与伤痛并列，诗歌与散叙谐和。真是笔无滞碍，心多灵气之文。

再看他的小品文《记承天寺夜游》：

元丰六年十月十二日夜，解衣欲睡，月色入户，欣然起行。念无与为乐者，遂至承天寺，寻张怀民。怀民亦未寝，相与步于中庭。庭下如积水空明，水中藻荇交横，盖竹柏影也。何夜无月？何处无竹柏？但少闲人如吾两人耳。

这篇文章只有寥寥八十余字，却写得如此有情致，把叙事、抒情、写景融为一体，读后令人难忘。

他的其他小品文如《游沙湖》、《书杨朴事》等，同样表现了他高超的描写才能，明净流畅的语言风格和独特的个性修养。这些小品文，一方面是继承《世说新语》、《水经注》、《洛阳伽蓝记》等的优良传统，但更重要的，是在作者高度的艺术修养下的优秀的创造。这些小品文，给后来的影响很大。

第三节　苏轼的诗

苏轼是北宋时代的一位伟大的诗人，也是我国文学史上的一位伟大诗人。他的一生经历了从宋仁宗到徽宗的五个朝代。这六十多年的时间，正是北宋的封建王朝由盛而衰的转变时期。苏轼是一位具有广博的历史文化知识和深厚的文学艺术修养的天才作家，在他的一生中，又遭到过多次的贬谪，长期流寓在外，因而使他能比较深刻的观察到社会现实和人民的疾苦，较多的接近人民。苏轼同时又是一位兴趣广泛，胸襟开阔，感情醇厚，生活的意志十分坚强的人，所以尽管他在政治上遭受到打击，生活上遇到了无数的难以忍受的困难，但他总以乐观、旷达、积极的态度接受了他的政敌给予他的打击，而且始终没有失去他的乐观、旷达、热爱生活的态度。以上这些情况，在他的全部诗篇里（约四千首），都有深刻的反映。苏轼一方面继承了前代作家们优秀的遗产，继承了韩愈、欧阳修等诗歌散文的创作特色，另一方面，又凭着他优越的文化艺术修养，丰富广阔的生活经历和杰出的创作才能，对诗歌创作，作出了杰出的成绩。沈德潜评论苏轼说："苏子瞻胸有洪炉，金银铅锡，皆归熔铸。其笔之超旷，等于天马脱羁，飞仙游戏，穷极变幻，而适如意中所欲出，韩文公后，又开辟一境界也。"（《说诗晬语》）赵翼也说："以文为诗，自昌黎始，至东坡益大放厥词，别开生面，成一代之大观。……大概才思横溢，触处生春，胸中书卷繁富，又足以供其左抽右旋，无不如意。尤其不可及者，天生健笔一枝，爽如哀梨，快如并剪，有必达之隐，无难显之情，此所以继李、杜后为一大家也。"（《瓯北诗话》）这些评语，虽然不可能代替我们今天对这位诗人的全面评价，但他们一致指出他的艺术创作的特点和杰出的成就，这一点，还是确切的。

北宋自开国到仁宗时代，已历百年，社会比较安定，经济文化也有空前的繁荣发展。但是社会矛盾也随着逐渐尖锐，广大的劳动人民在官僚地主阶级和高利贷者的剥削压迫下，日益破产，如果再遇到天灾，就根本无法生活，苏轼在熙宁五年（苏轼三十七岁）写的《吴中田妇叹》一诗，就深刻地反映了这种社会矛盾。这首诗说：

> 今年粳稻熟苦迟，庶见霜风来几时。霜风来时雨如泻，耙头出菌镰生衣。眼枯泪尽雨不尽，忍见黄穗卧青泥。茅苫一月垄上宿，天晴获稻随车归。汗流肩赪载入市，价贱乞与如糠秕。卖牛纳税拆屋炊，虑浅不及明年饥。官今要钱不要米，西北万里招羌儿。龚黄满朝人更苦，不如却作河伯妇。

这首诗无情地揭露了统治者残酷地压迫剥削农民，揭露了当时的虐政比天灾更厉害，最后两句，对当时的统治者进行了尖锐的讽刺和为人民喊出了"不如却作河伯妇"的民不聊生的痛苦呼声。诗人在后一年写的绝句《山村》五首，也是深刻地反映当时人民的痛苦，统治者政策对人民的患害的，其中三首说：

> 烟雨濛濛鸡犬声。有生何处不安生。但令黄犊无人佩，布谷何劳也劝耕。

> 老翁七十自腰镰。惭愧春山笋蕨甜。岂是闻韶解忘味，迩来三月食无盐。

> 杖藜裹饭去匆匆。过眼青钱转手空。赢得儿童语音好，一

年强半在城中。

作者曾因为这几首诗而入狱，并且被贬谪到黄州，因为在这几首诗里，讥讽了朝廷所实行的新法。当然，当时以王安石为首所推行的新法，是统治阶级内部的一种比较进步的政治改良运动，对社会和人民是有一定好处的，苏轼在政治上反对新法的推行，表现了他保守的政治态度。新法的推行，我们用历史的观点、从总的方面来说是进步的，但这并不等于说，统治者在推行新法的过程中，没有任何毛病，没有给人民带来新的困难，相反正是因为封建统治者的政治集团与人民的利益是根本矛盾的，再加上当时在下面推行新法的人并不赞成新法，并不赞成政治的改良，而且还有反对新法，有意歪曲新法的人在执行新法，因此在新法的推行过程中，反而给人民带来新的困难，也更使新法遭到了失败，这都是当时的事实。从这个角度看，东坡的这几首诗，表面上看好像只是反对新法，而实质上，这几首诗也仍然是真实地反映了当时封建统治政权与人民之间的尖锐复杂的矛盾的。

苏轼虽然曾因写了这些诗而遭到政治上的打击迫害，但他并没有就因此停笔，逃避现实，他在《陈季常所蓄朱陈村嫁娶图》诗里又说：

我是朱陈旧使君。劝耕曾入杏花村。而今风物那堪画，县吏催钱夜打门。

特别是他晚年时期写的《荔支叹》：

十里一置飞尘灰，五里一堠兵火催。颠坑仆谷相枕藉，知是荔支龙眼来。飞车跨山鹘横海，风枝露叶如新采。宫中美人一破颜，惊尘溅血流千载。永元荔支来交州，天宝岁贡取之浯。至今欲食林甫肉,无人举筯醉伯游。我愿天公怜赤子,莫生尤物为疮痏。雨顺风调百谷登,民不饥寒为上瑞。君不见,武夷溪边粟粒芽,前丁后蔡相笼加。争新买宠各出意,今年斗品充官茶。吾君所乏岂此物,致养口体何陋耶。洛阳相君忠孝家,可怜亦进姚黄花。

这首诗,作者用历史题材联系到现实的政治生活,对当时"争新买宠"的丁谓、蔡襄、钱惟演等人,进行了无情的讽刺,丁、蔡、钱三人都是与东坡同时同朝的人物,作者毫不顾忌的指名讽刺,可见他关心政治,关心人民的生活的精神,是到老不衰的。

如前所说,苏轼是一个具有坚强的性格,坚强的生活意志的人,他虽然在政治上受到了多次的打击,生活上遇到了异常的困难的时候,也没有改变它的乐观,旷达,热爱生活的性格。当他被贬到了杭州,他却说:

六月二十七日望湖楼醉书

未成小隐聊中隐,可得长闲胜暂闲。我本无家更安往,故乡无此好湖山。

当他被贬到惠州以后,却依旧是:

纵　笔

白头萧散满霜风。小阁藤床寄病容。报道先生春睡美,道人轻打五更钟。

第二章　苏　轼

当他被贬到更远的边荒之地海南岛时，却依旧乐观地说：

> 平生学道真实意，岂与穷达俱存亡。天其以我为箕子，要
> 使此意留要荒。他年谁作舆地志，海南万里真吾乡。（《吾谪
> 海南，子由雷州；被命即行，了不相知。至梧乃闻尚在藤也。
> 旦夕当追及，作此诗示之》）

> 九死南荒吾不恨，兹游奇绝冠平生。（《六月二十日夜渡
> 海》）

> 日啖荔支三百颗，不辞长作岭南人。（《食荔支》）

这些生活上的折磨，丝毫也没有能使他丧失生活的信心和兴趣，尤其是
那首《行琼儋间，肩舆坐睡，梦中得句云"千山动鳞甲，万谷酣笙
钟"，觉而遇清风急雨，戏作此数句》，更显出了他的豪放乐观的精神：

> 四州环一岛，百洞蟠其中。我行西北隅，如度月半弓。登
> 高望中原，但见积水空。此生当安归，四顾真途穷。眇观大瀛
> 海，坐咏谈天翁。茫茫太仓中，一米谁雌雄。幽怀忽破散，咏
> 啸来天风，千山动鳞甲，万谷酣笙钟。安知非群仙，钧天宴未
> 终。喜我归有期，举酒属青童。急雨岂无意，催诗走群龙。梦
> 云忽变色，笑电亦改容。应怪东坡老，颜衰语徒工。久矣此妙
> 声，不闻蓬莱宫。

在这首诗里，诗人虽然没有忘却故乡之思，但是他却从当前的雨景中，

异想天开地联想到群仙为他的"归有期"而欢宴，急雨原不过是为了向他"催诗"，当他诗成的时候，"梦云"、"笑电"都不得不为之"变色"、"改容"，惊叹这样的好诗连蓬莱仙宫里，也久已绝响了。诗人的想象多么丰富，诗人的意兴多么飞动啊！这样的诗，不可能不使我们联想到唐代的天才诗人——李白。确实，从诗歌的风格来说，那种离奇奔放，挥洒自如的特色，东坡确实是有接近于李白的一面的。再看他的《游金山寺》：

> 我家江水初发源，宦游直送江入海。闻道潮头一丈高，天寒尚有沙痕在。中泠南畔石盘陀，古来出没随涛波。试登绝顶望乡国，江南江北青山多。羁愁畏晚寻归楫，山僧苦留看落日。微风万顷靴文细，断霞半空鱼尾赤。是时江月初生魄，二更月落天深黑。江心似有炬火明，飞焰照山栖鸟惊。怅然归卧心莫识，非鬼非人竟何物。江山如此不归山，江神见怪惊我顽。我谢江神岂得已，有田不归如江水。

东坡于熙宁四年（1071 年）十一月自京（开封）赴杭州任通判，路过镇江，宿金山寺，作此诗。此诗一气奔泻，恰如江流之汹涌，诗情借长江之发源，叙自身随江之出宦，今重见江水，乡思顿炽，发誓归山。其中"微风万顷靴文细，断霞半空鱼尾赤"两句，以小喻大，细微逼真，为世所称。而全诗随意挥洒，意到笔随，不加点染，具见东坡学富才大，胸如江海。此诗看似平易，而实思深句奇，处处自问自道而又自解，故于平易中又自生波澜，令人读之而不厌。再看他的《和子由渑池怀旧》：

> 人生到处知何似，应似飞鸿踏雪泥。泥上偶然留指爪，鸿

飞那复计东西。老僧已死成新塔，坏壁无由见旧题。往日崎岖
还记否，路长人困蹇驴嘶。

这首诗，前四句命意旷达，因之"雪泥鸿爪"也成为古人对人生的妙
譬，但后四句又恳切真挚，前后八句结合在一起，又是一首在思想艺术
上非常完整统一的律诗，这首诗的思想主题就是追怀往事，慨叹人生之
飘忽无定。再如《辛丑十一月十九日，既与子由别于郑州西门之外，马
上赋诗一篇寄之》：

> 不饮胡为醉兀兀，此心已逐归鞍发。归人犹自念庭闱，今
> 我何以慰寂寞。登高回首坡垅隔，惟见乌帽出复没。苦寒念尔
> 衣裘薄，独骑瘦马踏残月。路人行歌居人乐，僮仆怪我苦凄
> 恻。亦知人生要有别，但恐岁月去飘忽。寒灯相对记畴昔，夜
> 雨何时听萧瑟。君知此意不可忘，慎勿苦爱高官职。

这首诗，首四句写诗人与他的弟弟子由临别时黯然销魂的心情，次四句
写他怅然回望的情景，再次四句写他在路上独自凄恻的心情，末四句写
他在深夜寒灯相对，追念往昔的情景。此诗感情十分真挚沉重，感人力
量至深。

前面我们提到东坡的诗，继承了韩愈议论化的特色的，这一类诗，
如前面所举的《吴中田妇叹》、《荔支叹》等都是，下面再举一首《孙
莘老求墨妙亭诗》：

> 兰亭茧纸入昭陵，世间遗迹犹龙腾。颜公变法出新意，细
> 筋入骨如秋鹰。徐家父子亦秀绝，字外出力中藏棱。峄山传刻
> 典刑在，千载笔法留阳冰。杜陵评书贵瘦硬，此论未公吾不

凭。短长肥瘦各有态，玉环飞燕谁敢憎。吴兴太守真好古，购
买断缺挥缣缯。龟跌入座螭隐壁，空斋昼静闻登登。奇踪散出
走吴越，胜事传说夸友朋。书来乞诗要自写，为把栗尾书溪
藤。后来视今犹视昔，过眼百世如风灯。他年刘郎忆贺监，还
道同时须服膺。

在这首短短的诗里，诗人用艺术家独到的眼光评论了王羲之以下的好多
位杰出的书法家，批评了杜甫的"书贵瘦硬"的说法，提出了他的
"短长肥瘦各有态，玉环飞燕谁敢憎"的独到见解，这首诗，充分表现
了诗人高度的艺术修养和高超的写诗才能。

除了上述这类作品外，苏轼还善于写风格流利生动的绝句，例如：

六月二十七日望湖楼醉书

黑云翻墨未遮山。白雨跳珠乱入船。卷地风来忽吹散，望
湖楼下水如天。

饮湖上初晴后雨

水光潋滟晴方好，山色空濛雨亦奇。欲把西湖比西子，淡
妆浓抹总相宜。

惠崇春江晚景

竹外桃花三两枝。春江水暖鸭先知。蒌蒿满地芦芽短，正是河豚欲
上时。

第二章　苏　轼

书李世南所画秋景

　　野水参差落涨痕。疏林欹倒出霜根。扁舟一棹归何处，家在江南黄叶村。

在这些诗里，突出地显示着诗人熔铸语言的才能，这些诗，可以说每一句都是精练生动而又形象鲜明的。例如第一首写云、写雨、写风、写水，都是那么生动准确，仿佛使人感到乌云压顶，暴雨初至那样的应接不暇。第三首把江南早春时的典型景色概括得十分精当，特别是"春江水暖鸭先知"这一句，足见诗人对客观事物的观察，不仅是表面的景象，而且是十分深刻的，因此这一首诗，也就成为无数画家最喜欢用的题画诗。第四首诗，则是通过画面上的秋景，概括地写出了江南的秋色、萧疏的树林、清浅的河水，中间点缀着一叶扁舟，在向着远处一抹红树中的竹篱茅舍摇去，这是一幅多么清幽美丽的景色！第二首写西湖景色，作者更采用了不同的手法，如果如实的描写西湖的景色，最多也只能写出一个时间的一两种景色，如《望湖楼醉书》那样。可是这首诗作者第一句写了晴景，第二句写了雨景以后，马上就转入比喻，拿出一个绝世的美人西施来和西湖相比，最后方才将一句总结性的话说出来，而这句话也就成为西湖的定评。

　　东坡诗的内容是十分广阔丰富的，他所触及的一切，都能融之入诗，都能成为他诗歌的好题材，我们很少看到诗人们描写农民的劳动工具——水车，可是东坡却写道：

无锡道中赋水车

　　翻翻联联衔尾鸦。荦荦确确蜕骨蛇。分畴翠浪走云阵，刺
水绿针插稻芽。洞庭五月欲飞沙，鼍鸣窟中如打衙。天公不见
老翁泣，唤取阿香推雷车。

如果没有看过江南水车的人，是很难说出这首诗写得正确与否的，但只
要看过江南水车在戽水时的情景的人，便无论如何会惊叹于东坡观察的
精密，想象的丰富，描写的正确了。所以《唐宋诗醇》评说："只是体
物着题，触处灵通，别成奇光异彩。'想当施手时，巨刃摩天扬'，此之
谓也。赋物得此神力罕匹。"
　　我们也很少见到过诗人们以平等友爱的态度，来描写我们的兄弟民
族的，可是东坡却写道：

被酒独行，遍至子云，威，徽，先觉四黎之舍

　　半醒半醉问诸黎。棘刺藤梢步步迷。但寻牛矢觅归路，家
在牛栏西复西。
　　总角黎家三四童。口吹葱叶送迎翁。莫作天涯万里意，溪
边自有舞雩风。

诗人对于海南岛的黎族人民多么亲切，黎族的儿童对于这位老诗人也是
多么亲热，这种生活和感情，多么简朴而淳厚。
　　苏轼是一位语言大师，他的诗歌语言，是十分清新、精炼而又形象
化的，例如：

大瓢贮月归春瓮，小勺分江入夜瓶。(《汲江煎茶》)

岭上晴云披絮帽，树头初日挂铜钲。(《新城道中》其一)

多么清新而又形象生动！

蹄间三丈是徐行，不信天山有坑谷。(《戏书李伯时画御马好头赤》)

气概多么雄健！

野阔牛羊同雁鹜，天长草树接云霄。(《题宝鸡县斯飞阁》)

境界多么旷达辽阔！

水枕能令山俯仰，风船解与月徘徊。(《六月二十七日望湖楼醉书》)

情韵多么流荡生动！

三过门间老病死，一弹指顷去来今。(《过永乐文长老已卒》)

造语多么工整精致！

长江绕郭知鱼美，好竹连山觉笋香。（《初到黄州》）

联想多么敏锐！

欲把西湖比西子，淡妆浓抹总相宜。（《饮湖上初晴后雨》）

不识庐山真面目，只缘身在此山中。（《题西林壁》）

造语多么平易近人而又精警！

天外黑风吹海立，浙东飞雨过江来。（《有美堂暴雨》）

风格多么俊爽雄健！

总之，苏轼是北宋时代的一位伟大诗人，在他的诗篇里，深刻地反映了当时的社会矛盾，人民的生活，同时也鲜明地呈现了诗人自己的独特的修养和个性。在诗歌艺术上，诗人又以清健雄浑而又潇洒真挚的艺术风格以及流利清新的语言，幽默乐观的情趣，显示了自己的独特的风采。

第四节　苏轼的词

在苏轼以前的北宋词坛上，流行着两种不同风格的词，一种是以二晏及欧阳修为代表的继承花间南唐的词风的婉约派，另一种是以柳永为代表的语言比较通俗，内容主要是反映市民阶层的生活和思想感情的词。一般地说，柳词的思想内容较之二晏及欧阳修要广阔得多，就其一些脍炙人口的代表作品来说，风格也比晏、欧要凝重，沉郁和率真。然而北宋的词，到了东坡手里，却发生了更大的变化，不论在思想内容和艺术成就上，都大大地超越了前人。南宋的胡寅在《题酒边词》里说：

> 词曲者，古乐府之末造也。……文章豪放之士，鲜不寄意于此者，随亦自扫其迹，曰谑浪游戏而已也。唐人为之最工者。柳耆卿后出，掩众制而尽其妙，好之者以为不可复加。及眉山苏氏，一洗绮罗香泽之态，摆脱绸缪宛转之度，使人登高望远，举首高歌，而逸怀浩气，超然乎尘垢之外。于是《花间》为皂隶，而柳氏为舆台矣。

清《四库全书·东坡词提要》说：

> 词自晚唐、五代以来。以清切婉丽为宗，至柳永而一变，如诗家之有白居易；至苏轼而又一变，如诗家之有韩愈。

以上这些话，都一致指出词到了东坡手里，无论是内容和艺术上，都有了巨大发展。苏轼在词的创作上的贡献，首先是扩大了词的意境，充实了词的内容。在苏轼以前的一些词人，如继承花间余风的那些作家，他们的词的内容大都是描写儿女之情或伤春伤别的生活内容和思想感情的，可是苏轼的词，却"一洗绮罗香泽之态"，用他那种豪放而又沉郁的声调，高唱着"大江东去"的激越的调子。先看他的《念奴娇·赤壁怀古》：

大江东去，浪淘尽，千古风流人物。故垒西边，人道是，三国
周郎赤壁。乱石穿空，惊涛拍岸，卷起千堆雪。江山如画，一
时多少豪杰。　　遥想公瑾当年，小乔初嫁了，雄姿英发。羽
扇纶巾，谈笑间，强虏灰飞烟灭。故国神游，多情应笑我，早
生华发。人间如梦，一樽还酹江月。

苏轼在他的这首《念奴娇·赤壁怀古》词里，出色地描写了祖国雄伟壮
丽的山河，表达了自己对历史上的许多建功立业的英雄人物的无限向
往，抒发了自己怀才不遇，有志无成的无限感慨。他的《水调歌头》
（丙辰中秋，欢饮达旦，大醉，作此篇，兼怀子由）：

明月几时有，把酒问青天。不知天上宫阙，今夕是何年？我欲
乘风归去，又恐琼楼玉宇，高处不胜寒。起舞弄清影，何似在
人间。　　转朱阁，低绮户，照无眠。不应有恨，何事长向别
时圆。人有悲欢离合，月有阴晴圆缺，此事古难全。但愿人长
久，千里共婵娟。

他在这首词里表达了对现实社会的不满，表达了他想要摆脱这个社会而
又留恋热爱现实人生的矛盾复杂的思想。他的《临江仙》（夜饮东坡醉
复醒）里，更吐露着他渴望摆脱羁绊，回到自己一向所憧憬的自由天地
的愿望；他的《贺新郎》（乳燕飞华屋），寄意深远，高标自洁；他在
《江城子》（十年生死两茫茫）里，对去世已经十年的妻子的悼念。感
情是多么真挚深厚，其间隐含着多少身世沧桑的感伤；他在《浣溪沙》
（徐州石潭谢雨道上作）里，对农村和平生活的描写，多么亲切动人。
总之，词到了苏轼的手里，内容得到了空前的扩大，一切怀古、抒情、
纪游、说理、咏物等的题材，他都可以用词来表现，实际上他把词作为

诗歌的一种新形式来运用、来创造的。与他在诗歌中表现的豪放洒脱的风格一样，在他的词里，也突出地表现了这一点，前面提到的脍炙人口的《念奴娇·赤壁怀古》词便是一例，下面这首《江城子·密州出猎》，也是他的豪放风格的代表作品：

老夫聊发少年狂。左牵黄。右擎苍。锦帽貂裘，千骑卷平冈。为报倾城随太守，亲射虎，看孙郎。 酒酣胸胆尚开张。鬓微霜。又何妨。持节云中，何日遣冯唐。会挽雕弓如满月，西北望，射天狼。

在这首词里，作者表达了自己愿建功立业，为国杀敌的英雄豪迈意志，与这种思想内容相适应的是这首词的风格，也十分雄健豪放。这种豪放的风格，是从温庭筠以来，直到晏、欧、柳永所没有的。苏词的这种广阔的思想内容和豪放的风格，使得自晚唐以来的柔靡婉转的词风为之"一变"，使词摆脱了依附于曲子而存在的束缚，取得了自己广阔发展的前途，这是词的发展史上的一大进步。

像他的诗一样，苏轼在词里，也呈现了那种乐观、旷达和坚强的个性，虽然受到了那么多的打击，可是他的生活意兴仍然还是那么浓，还是那么坦然、旷达：

定 风 波

三月七日，沙湖道中遇雨。雨具先去，同行皆狼狈，
余独不觉，已而遂晴，故作此词。
莫听穿林打叶声。何妨吟啸且徐行。竹杖芒鞋轻胜马，谁怕，一蓑烟雨任平生。 料峭春风吹酒醒，微冷，山头斜照却相

迎。回首向来萧瑟处，归去，也无风雨也无晴。

"谁怕，一蓑烟雨任平生"这两句词，正是诗人乐观、坚强而坦率的人生态度的写照。尽管如此，诗人对于这个纷扰的现实社会，和复杂的政治斗争，也仍然是感到厌倦的：

临 江 仙

夜饮东坡醒复醉。归来仿佛三更。家童鼻息已雷鸣。敲门都不应，倚杖听江声。　　长恨此身非我有，何时忘却营营。夜阑风静縠纹平。小舟从此逝，江海寄余生。

然而这种厌倦，并不是厌世，诗人并没有失去生活的意志和信心，只是对于险恶的政治斗争感到厌恶而已。诗人这种苦闷地心情，还表现在下面这首《卜算子》词里：

卜 算 子

缺月挂疏桐，漏断人初静。时见幽人独往来，缥缈孤鸿影。　　惊起却回头，有恨无人省。拣尽寒枝不肯栖，寂寞沙洲冷。

"惊起却回头，有恨无人省"，诗人所处的政治环境是多么困难！对于这首词，"黄鲁直跋云：东坡道人在黄州时作，语言高妙，似非吃烟火食人语。非胸中有万卷书，笔下无一点尘俗气，孰能至是。"东坡当时的政治环境是很险恶的，"拣尽寒枝不肯栖"两句，已隐约见其意。对这种苦闷，诗人是这样来解脱的：

满 庭 芳

蜗角虚名，蝇头微利，算来著甚干忙。事皆前定，谁弱又谁
强。且趁闲身未老，尽放我、些子疏狂。百年里，浑教是醉，
三万六千场。　　思量。能几许，忧愁风雨，一半相妨。又何
须，抵死说短论长。幸对清风皓月，苔茵展，云幕高张。江南
好，千钟美酒，一曲满庭芳。

"事皆前定"，"百年里，浑教是醉，三万六千场"。这种解脱，是消极
的甚至是颓废的，这种思想，是与他思想中的佛学、老庄哲学有密切关
系的，但这种思想，与他在政治上所受的遭遇，是相表里的。

从上述这许多词里，我们可以看到东坡的复杂而又鲜明的个性，这
是东坡以前的词人所没有能达到的。① 这是东坡的艺术造诣的鲜明标志，
同时与词脱离了音乐的束缚走上独立发展的道路这一点也有密切的
关系。

苏轼的词，除了前面概括的提到了的那些怀古抒情之作以外，还有
一些作品是直接反映人民的生活的，如《浣溪沙》五首，"小序"说：
徐门石潭谢雨，道上作五首。潭在城东二十里，常与泗水增减，清浊相
应。"词云：

照日深红暖见鱼。连溪绿暗晚藏乌。黄童白叟聚睢盱。
麋鹿逢人虽未惯，猿猱闻鼓不须呼。归家说与采桑姑。

---

① 柳永的词，已经具有比较鲜明的个性，但还未能像东坡这样表现得复杂完整。

旋抹红妆看使君。三三五五棘篱门。相挨踏破蒨罗裙。

　　老幼扶携收麦社,乌鸢翔舞赛神村。道逢醉叟卧黄昏。

麻叶层层檾叶光。谁家煮茧一村香。隔篱娇语络丝娘。

　　垂白杖藜抬醉眼,捋青捣麨软饥肠。问言豆叶几时黄。

簌簌衣巾落枣花。村南村北响缲车。牛衣古柳卖黄瓜。

　　酒困路长惟欲睡,日高人渴漫思茶。敲门试问野人家。

软草平莎过雨新。轻沙走马路无尘。何时收拾耦耕身。

　　日暖桑麻光似泼,风来蒿艾气如薰。使君元是此中人。

在这一组词里,作者反映了农村中和平生活的景象,在这村子里,黄童白叟们正在看耍把戏,少女们则抹着红妆,在篱门口看这位下乡来的"使君",有的人在收麦,有的人在煮茧,有的人在缲丝,这位诗人在口渴思茶的时候,也向乡民们敲门求饮,从这里也可以看到诗人与劳动人民的亲切的关系。在这组词里,诗人出色地描写了农村美丽的景色,使人感到大自然的美丽,和充满着浓郁的生活气息。

苏轼还写过一些优秀的咏物词,例如《水龙吟》(次韵章质夫杨花词):

似花还似非花,也无人惜从教坠。抛家傍路,思量却是,无情有思。萦损柔肠,困酣娇眼,欲开还闭。梦随风万里,寻郎去处,又还被、莺呼起。　　不恨此花飞尽,恨西园、落红难缀。晓来雨过,遗踪何在,一池萍碎。春色三分,二分尘土,一分流水。细看来，不是杨花点点，是离人泪。

这首词，从题材来看，作者是咏杨花，可是作者却没有落入一般的咏物诗、词的公式化的写作俗套，（章质夫的《杨花词》，便是如此），他没有满足于表面现象的描写，没有满足于表面的真实。他掌握了杨花易于飘零这个特点，便巧妙地将它与现实社会里的不幸的妇女的命运联系了起来，赋予了那种哀怨的思想感情，从这里我们可以看到诗人对妇女的同情，对生活观察的细密，同时也可以看到诗人创作上的典型化的手法。因之，这首词，实质上已越过了咏物词的范围而具有更高的意义了。

前面说过，东坡的词，使得晚唐五代以来花间南唐的柔靡风气为之一变，这是东坡的杰出成就，但这并不是说东坡的词与花间南唐的词风毫不相干，事实并不是这样，东坡有一些词，也仍然具有花间作风的痕迹的。例如：

浣　溪　沙

道字娇讹语未成。未应春阁梦多情。朝来何事绿鬟倾。

彩索身轻长趁燕，红窗睡重不闻莺。困人天气近清明。

菩　萨　蛮

玉镮坠耳黄金饰。轻衫罩体香罗碧。缓步困春醪。春融脸上桃。　　花钿从委地。谁与郎为意。长爱月华清。此时憎月明。

这些作品，说明了这样一位杰出的作家，并不是凭空产生的，他曾受过前人积极的影响，也受过消极的影响，但最后，诗人却抛弃了这些消极的东西，建立了自己独特的风格，并使当代的词风为之一变，而且给后世以深刻的影响。

苏轼在词的创作上的成就是巨大的，他扩大了词的内容，使词这种文学形式能较过去更广泛的反映现实生活，同时也大力扭转了当时的轻柔婉转的词风，开创了豪放派的词。他极力使词成为一种独立的文学形式而少受或不受音乐的束缚，因此使词取得了更为广阔的前途。苏轼是北宋词坛上的一位伟大的作家。

第五节　苏轼的成就和地位

苏轼的散文、诗、词具有共同的特点，这就是他的放任自然的写作态度，广阔的题材与意境。丰富的联想与风趣、"挥洒自如"、"曲折无不尽意"的表现能力，以及清新雄健的风格。

苏轼的成就，体现着北宋文学的进一步发展。苏轼十分重视文章的艺术价值，认为"文章如精金美玉，自有定价"。这种看法，较之韩愈的"文以载道"文道合一的主张，又前进了一步，为文学摆脱儒家道德教条的束缚，取得独立发展的前途建立了自己的理论。

苏轼的诗，更加发展了宋初诗人欧阳修、梅尧臣等的诗歌散文化、议论化的特色，在艺术上，由于他丰富的生活内容和高度的艺术修养，使他的诗歌艺术，也达到了新的高度，建立了他清新雄健的诗歌风格，纠正了过去某些诗歌的浅率枯燥、晦涩生硬的缺点。

在词的方面，他扩大了词的内容意境，使词反映现实生活的功能空前提高。他使词脱离音乐的束缚而取得独立发展的前途，他建立了轻健雄浑的豪放风格，改变了五代以来柔靡纤弱的词风，提高了词的艺术价值。

苏轼是继欧阳修以后，较欧阳修更为杰出的文坛领导者，他平时很注意培养后辈，因此当时许多作家都团结在他的周围。例如前面提到的"苏门四学士"及文与可、孔文仲、唐庚、孔平仲、张舜民、参寥子诸人，都受他的影响，接受他的领导。因而他继承了欧阳修的地位，成了当时文坛的领袖。

苏轼对后代的影响是极其巨大的，除了散文、诗、词以外，他的书法及绘画，也卓然成家，给后代以极大的影响。苏轼是我国文学史上的一位具有广阔的才能并在各方面（散文、诗、词、书法、绘画）都创造了杰出的成就的伟大作家。

第六节 简短的结论

苏轼的出现，使宋代的诗、词、散文，都达到了新的高度，他的作品，集中地反映了北宋时代社会经济、政治、文化的高涨，和日益尖锐的社会矛盾。在这社会阶级矛盾日益尖锐，统治阶级日益腐败，对于现实政治日益感到无能为力的时候，诗歌艺术又开始向注重格律、音节、造语、用典等方面发展。以黄庭坚为首的江西诗派，便逐渐开其端绪，在词的创作上，则秦观、贺铸，也显示了这种逐渐走向格律化的倾向。

第三章　黄庭坚、秦观与贺铸

第一节　黄庭坚

黄庭坚是与苏轼齐名的诗人，他字鲁直，洪州分宁（今江西修水县）人。生于公元 1045 年（宋仁宗庆历五年），卒于公元 1105 年（徽宗崇宁四年）。他出生于士大夫的家庭，从小就读书很广博，他在文学方面，也是具有多方面才能的人。他还是当代著名的书法家，也是优秀的鉴赏家。仁宗时，他以进士登第，后来做北京国子监教授，在这一段时间里，他曾将自己的诗寄给当时在作徐州太守的大诗人苏轼，得到了苏轼的和诗和赞赏，从此这两位诗人便产生了亲密的友谊。黄庭坚的政治态度，是与苏轼一致的，所以也就决定了黄庭坚与苏轼同样的命运，在他的一生中，曾遭到多次的贬谪，最后还是死在宜州（今广西宜山）贬所的。

（一）黄庭坚的诗

在诗歌创作上，他是最推崇杜甫的，他曾说："老杜作诗，退之作文，无一字无来处，盖后人读书少，故谓韩、杜自作此语耳。古之能为文章者，真能陶冶万物，虽取古人之陈言入于翰墨，如灵丹一粒，点铁成金也。"① 他虽然极力推崇杜甫，但在这一段话里，我们可以看出他更推崇的是杜甫文字锤炼的技巧，他刻苦的向杜甫学习，钻研杜甫晚年的诗律，"荟萃百家之长"，达到了很高的成就，形成了一个创作流派——江西诗派。他自己的诗歌创作，在艺术上也有他独创的风格，在当时就受到重视，成为江西诗派的领袖，且与东坡并称为"苏黄"，但实际上东坡的才气、成就和影响都比他大，就是黄庭坚自己也多次表示东坡才大，自称："我诗如曹郐，浅陋不成邦。公如大国楚，吞五湖三江。"当然，这又是黄庭坚的过分自谦，但黄庭坚对东坡确是终生衷心钦佩的，他自己也确实是一位卓然大家，他在诗歌上也有卓越的成就，留下了许多优秀的作品。例如：

老杜浣花溪图引

拾遗流落锦官城。故人作尹眼为青。碧鸡坊西结茅屋，百花潭水濯冠缨。故衣未补新衣绽，空蟠胸中书万卷。探道欲度羲皇前，论诗未觉国风远。干戈峥嵘暗宇县，杜陵韦曲无鸡犬。老妻稚子具眼前，弟妹飘零不相见。此公乐易真可人，园翁溪友肯卜邻。邻家有酒邀皆去，得意鱼鸟来相亲。浣花酒船散车骑，野墙无主看桃李。宗文守家宗武扶，落日寒驴驮醉起。愿闻解鞍脱兜鍪，老儒不用千户侯。中原未得平安报，醉里眉攒万国愁。生绡铺墙粉墨落，平生忠义今寂寞。儿呼不苏

① 《豫章黄先生文集》卷十九《答洪驹父书》。

驴失脚，犹恐醒来有新作。常使诗人拜画图，煎胶续弦千
古无。

这首诗，概括地描写了诗人杜甫流落在成都时期的艰难寂寞的生活。对
杜甫表示了深刻的同情，诗中描写诗人杜甫的生活、形象，以及他关心
国事的心情，都十分生动真切，语言方面虽然具有黄诗锤炼雕琢的特
色，但仍旧能做到流利畅达。黄庭坚有一批五古、七古和杂古，都写得
突兀傲岸，为世所重。五古如《宿旧彭泽怀陶令》、《赣上食莲有感》、
《次韵张询斋中晚春》，七古如《次韵子瞻和子由观韩幹马因论伯时画
天马》、《听宋宗儒摘阮歌》、《武昌松风阁》、《次韵子瞻题郭熙画秋
山》、《书磨崖碑后》，杂古如《送王郎》等，都是他的代表作品。现先
举七古两首：

次韵子瞻题郭熙画秋山

　　黄州逐客未赐环，江南江北饱看山。玉堂卧对郭熙画，发
兴已在青林间。郭熙官画但荒远，短纸曲折开秋晚。江村烟外
雨脚明，归雁行边余叠巘。坐思黄柑洞庭霜，恨身不如雁随
阳。熙今头白有眼力，尚能弄笔映窗光。画取江南好风日，慰
此将老镜中发。但熙肯画宽作程，十日五日一水石。

前四句写东坡在翰林院看郭熙的山水画，因而想起被贬黄州时看到的山
水。中四句写郭熙的画，兼及郭熙白头尚能作画。末四句希望郭熙能为
"画取江南好风日"，如果能画，则不计时日。一首诗，写尽与画相关的
前前后后，而诗句精练和谐，一气流转。再看另一首七古：

书磨崖碑后

　　春风吹船著浯溪，扶藜上读中兴碑。平生半世看墨本，摩挲石刻鬓成丝。明皇不作苞桑计，颠倒四海由禄儿。九庙不守乘舆西，百官已作乌择栖。抚军监国太子事，何乃趣取大物为。事有至难天幸尔，上皇局蹐还京师。内间张后色可否，外间李父颐指挥。南内凄凉几苟活，高将军去事尤危。臣结舂陵二三策，臣甫杜鹃再拜诗。安知忠臣痛至骨，世上但赏琼琚词。同来野僧六七辈，亦有文士相追随。断崖苍藓对立久，冻雨为洗前朝悲。

此诗是题刻在湖南永州浯溪的《大唐中兴颂》摩崖石刻，碑文是诗人元结所作，书法是颜真卿所写，内容是说安史之乱和肃宗的中兴。诗的开头是写作者去看摩崖石刻，中间大段是议论玄宗、肃宗的政治，最后是收结，写同去之人。此诗从字面看，全是写的前朝，与当时无关，但作者由此生感，冻雨洗悲，略抒弦外之音，在人自悟。此诗深沉感慨，流转畅顺，一气而下，有低回苍凉之感。他的五言古诗《子瞻诗句妙一世，乃云效庭坚体，盖退之戏效孟郊、樊宗师之比，以文滑稽耳，恐后生不解，故次韵道之》，子瞻送孟容诗云："我家峨嵋阴，与子同一邦。"即此韵：

　　我诗如曹邻，浅陋不成邦。公如大国楚，吞五湖三江。赤壁风月笛，玉堂云雾窗。句法提一律，坚城受我降。枯松倒涧壑，波涛所舂撞。万牛挽不前，公乃独力扛。诸人方嗤点，渠非晁张双。但怀相识察，床下拜老庞。小儿未可知，客或许敦庞。诚堪婿阿巽，买红缠酒缸。

这首诗里有很多句法都是很拗口生硬的，例如"吞五湖三江"，是上一下四的句法，读起来很拗口，再如"赤壁风月笛，玉堂云雾窗"这一联全是名词，没有一个虚词，造成特别挺硬的感觉，再如"渠非晁张双"、"但怀相识察"这类的句子，无论是句法或音节上，都有一种瘦硬的特色，这种语言的特色，就是黄庭坚的独特风格。黄庭坚的律诗，也写得极为精严，如他悼念东坡的这首诗：

> 湖口人李正臣蓄异石九峰，东坡先生名曰壶中九华，并为作诗。后八年，自海外归过湖口，石已为好事者所取，乃和前篇以为笑实。建中靖国元年四月十六日。明年当崇宁之元，五月二十日，庭坚系舟湖口。李正臣执此诗来，石既不可复见，东坡亦下世矣。感叹不足，因次前韵
>
> 有人夜半持山去，顿觉浮岚暖翠空。试问安排华屋处，何如零落乱云中。能回赵璧人安在，已入南柯梦不通。赖有霜钟难席卷，袖椎来听响玲珑。

这首诗，初读似乎很平淡，但仔细体会，会感到作者把自己的沉痛深哀，都寄托在这无声的悲哀之中，诗的长题，追怀往昔，使人有痛定思痛之感。再有他的《寄黄几复》：

> 我居北海君南海，寄雁传书谢不能。桃李春风一杯酒，江湖夜雨十年灯。持家但有四立壁，治病不蕲三折肱。想得读书

头已白，隔溪猿哭瘴溪藤。

这首诗里，表达了诗人对于黄几复的真挚深厚的友情，中间两联对仗十分工巧，但仍能自然流畅。末两句想象黄几复寂寞孤独的读书生活，充满着诗人对他的温暖的感情。黄庭坚还有一些写得很好的小诗：

雨中登岳阳楼望君山

投荒万死鬓毛斑。生出瞿塘滟滪关。未到江南先一笑，岳阳楼上对君山。

满川风雨独凭栏，绾结湘娥十二鬟。可惜不当湖水面，银山堆里看青山。

题郑防画夹

惠崇烟雨归雁，坐我潇湘洞庭。欲唤扁舟归去，故人言是丹青。

以上这些小诗，都是极具优美的艺术意境的，语言也都流畅、精炼而形象。

　　黄庭坚诗的缺点，是反映的社会内容较为贫乏。从上面介绍的一些诗，也可以看出他的诗的内容是比较狭隘的，特别是他生活在北宋后期社会矛盾日益尖锐，统治阶级生活日益荒淫，对人民的剥削更加残酷的时代里，却很少对统治阶级进行尖锐的揭露和讽刺，对当时社会现实的描写也不够深广，这就使他的诗歌，不可能很好地反映这个时代。由于他对诗歌技巧的钻研和提倡，因此使后来的诗歌，逐渐向技巧形式方面发展，给后来的诗歌创作带来了一些消极的影响。

(二) 黄庭坚的词

黄庭坚在词的创作上，也有一定的成绩。他的词受苏轼、柳永的影响较深，所以有的词写得十分通俗，例如：

沁 园 春

把我身心，为伊烦恼，算天便知。恨一回相见，百方做计，未能偎倚，早觅东西。镜里拈花，水中捉月，觑著无由得近伊。添憔悴，镇花销翠减，玉瘦香肌。　　奴儿又有行期。你去即无妨，我共谁。向眼前常见，心犹未足，怎生禁得，真个分离。地角天涯，我随君去。掘井为盟无改移。君须是，做些儿相度，莫待临时。

这一类词，显然是受柳永的影响。除了这一类浅俗的词外，有些词也写得很精美，例如：

水 调 歌 头

瑶草一何碧，春入武陵溪。溪上桃花无数，花上有黄鹂。我欲穿花寻路，直入白云深处，浩气展虹霓。只恐花深里，红露湿人衣。　　坐玉石，倚玉枕，拂金徽。谪仙何处，无人伴我白螺杯。我为灵芝仙草，不为朱唇丹脸，长啸亦何为。醉舞下山去，明月逐人归。

这首词描写作者的一次游兴，意境很深幽，表达了诗人豪逸超旷的胸襟。再如他的《清平乐》，也是一首精美的作品：

> 春归何处，寂寞无行路。若有人知春去处，唤取归来同住。
> 春无踪迹谁知，除非问取黄鹂。百啭无人能解，因风飞过蔷薇。

这首词，抒写了诗人在暮春季节里的一种惜春的心情，一般的惜春诗词，总会带有一种惆怅伤感的情绪，可是这首词的感情，却特别开朗洒脱，丝毫也没有伤感情绪。以上这一类词，是比较接近于苏轼的。

第二节　秦观与贺铸

秦观，字少游，扬州高邮人。生于公元 1049 年（宋仁宗皇祐元年），卒于公元 1100 年（哲宗元符三年），他很早就有文名，曾得到苏轼、王安石的赏识，并且被称为苏门四学士之一。他的一生也是很不得志的，在政治上遭到了当权派章惇等的打击，先后被贬杭州、郴州、横州、雷州等处，最后死在藤州。

在宋词的发展过程中，宋初的晏、欧，是继承南唐的余风，柳永则广泛地描写现实生活，吸收俗语入词，大力创作长调供给歌伎乐工们演唱，使得词的风格和内容，都起了极大的变化，到了苏轼，又使词的思想内容和艺术境界提高了一步，但却逐渐离开曲子的束缚，成为一种独立的文学形式，在风格上也开创了豪放派。秦观出于苏轼之门，在创作上虽曾受过苏轼的某些影响，但他却能多方面的融合各家的长处，建立起自己的幽深婉约而精细的风格，使词逐渐走向格律化。他的著名的词，如：

满 庭 芳

山抹微云，天连衰草，画角声断谯门。暂停征棹，聊共引离尊。多少蓬莱旧事，空回首、烟霭纷纷。斜阳外，寒鸦万点，流水绕孤村。　　销魂。当此际，香囊暗解，罗带轻分。谩赢得、青楼薄倖名存。此去何时见也，襟袖上、空惹啼痕。伤情处，高城望断，灯火已黄昏。

望 海 潮

梅英疏淡，冰澌溶泄，东风暗换年华。金谷俊游，铜驼巷陌，新晴细履平沙。长记误随车。正絮翻蝶舞，芳思交加。柳下桃蹊，乱分春色到人家。　　西园夜饮鸣笳。有华灯碍月，飞盖妨花。兰苑未空，行人渐老，重来是事堪嗟。烟暝酒旗斜。但倚楼极目，时见栖鸦。无奈归心，暗随流水到天涯。

踏 莎 行

郴州旅舍作

雾失楼台，月迷津渡，桃源望断无寻处。可堪孤馆闭春寒，杜鹃声里斜阳暮。　　驿寄梅花，鱼传尺素。砌成此恨无重数。郴江幸自绕郴山，为谁流下潇湘去。

读他这许多词，可以感到他的词，意境比较幽深细密，而且含有浓厚的凄惋伤感的情绪，这是与他长期过着天涯戍谪的生活有关的，我们今天读他的词，还要注意他词里的感伤情调的社会根源，正确地分析和认识它。

贺铸，字方回，河南卫州（今河南汲县）人。生于公元 1052 年（宋仁宗皇祐四年），卒于公元 1125 年（宣和七年）。他出身于贵族家庭，个性比较豪迈刚直。在程俱给他做的墓志里说："方回豪爽精悍，书无所不读，哆口竦眉目，面铁色，与人语不少降色词，喜面刺人过，遇贵势不肯为从谀，然为吏极谨细，在筦库，常手自会计……；冶戎器，坚利为诸路第一；为巡检日夜行所部，岁裁一再过家，盗不得发，摄临城令，三月决滞狱数百……；监两郡，狡吏不得措其私，盖仕无大小不苟，要使人不能欺．'"程俱又在贺方回诗序中说："方回少时，侠气盖一座，驰马走狗，饮酒如长鲸，然遇空无有时，俛首北窗下，作牛毛小楷，雌黄不去手，反如寒苦一书生；方回仪观甚伟，如羽人剑客，然戏为长短句，皆雍容妙丽，极幽闲思怨之情。"《宋史》本传说他"长七尺，眉目耸拔，面铁色"。陆游也说他"方回状貌奇丑，色青黑而有英气，俗谓之贺鬼头"。从上面这些记载里，可以看出他的个性是比较突出的，具有一种豪迈英俊的游侠气概，他虽然是贵族子弟，但因为他落拓不羁，个性耿直，不肯诡谀权贵，所以始终没有得志。他那种豪放的性格，抑郁不得志的遭遇，在他的词里，也有很真切的表现：

六 州 歌 头

少年侠气，交结五都雄。肝胆洞，毛发耸。立谈中。死生同。一诺千金重。推翘勇。矜豪纵。轻盖拥。联飞鞚。斗城东。轰饮酒垆，春色浮寒瓮。吸海垂虹。闲呼鹰嗾犬，白羽摘雕弓。狡穴俄空。乐匆匆。　似黄粱梦。辞丹凤。明月共。漾孤篷。官冗从。怀倥偬。落尘笼。簿书丛。鹖弁如云众。供粗用。忽奇功。笳鼓动。渔阳弄。思悲翁。不请长缨，系取天骄种。剑吼西风。恨登山临水，手寄七弦桐。目送归鸿。

行 路 难

小梅花

缚虎手。悬河口。车如鸡栖马如狗。白纶巾。扑黄尘。不知我辈，可是蓬蒿人。衰兰送客咸阳道。天若有情天亦老。作雷颠。不论钱。谁问旗亭，美酒斗十千。　酌大斗。更为寿。青鬓常青古无有。笑嫣然。舞翩然。当垆秦女，十五语如弦。遗音能记秋风曲。事去千年犹恨促。揽流光。系扶桑。争奈愁来，一日却为长。

这两首词，都可以看出贺铸的豪放的性格，第一首《六州歌头》的上半阕，是回忆少年时的豪侠生活，那种一诺千金、生死立谈、轰饮酒垆，呼鹰逐兔的生活，写得十分生动。下半阕便转入壮志未酬、抑郁不得志的悲哀，但情意还是豪放而洒脱的。第二首《行路难》主要是表达他郁郁不得志的悲哀，在豪放中，又有更深的沉郁的情调。他这一类作品，对后来辛稼轩的豪放而沉郁的风格，是有一定影响的。

除了上述这种豪放沉郁的作品外，他还有"盛丽如游金、张之堂，而妖冶如揽嫱、施之袪"的作品：

薄　倖

艳真多态。更的的、频回眄睐。便认得、琴心相许，与写宜男双带。记画堂、斜月朦胧，轻鬟微笑娇无奈。便翡翠屏开，芙蓉帐掩，与把香罗偷解。　　自过了收灯后，都不见、踏青挑菜。几回凭双燕，丁宁深意，往来翻恨重帘碍。约何时再。正春浓酒暖，人闲昼永无聊赖。厌厌睡起，犹有花梢日在。

青玉案

凌波不过横塘路。但目送、芳尘去。锦瑟华年谁与度。月桥花院，琐窗朱户。只有春知处。　　飞云冉冉蘅皋暮。彩笔新题断肠句。若问闲情都几许。一川烟草，满城风絮，梅子黄时雨。

上面这类词，感情十分浓郁，词藻又很精美华丽，与前面一类词大不相同，从这里我们也可以看出他的复杂的性格来。关于这一点，张耒在给他的词作叙的时候，也已经指出来了，他说："余友贺方回，博学业文，而乐府之词，高绝一世，……夫其盛丽如游金、张之堂，而妖冶如揽嫱、施之袪，幽洁如屈、宋，悲壮如苏、李。"他还特别喜欢使用前人的陈句入词，他自己也说："吾笔端驱使李商隐、温庭筠，常奔命不暇。"（《浩然斋词话》）例如：

晚 云 高

秋尽江南叶未凋。晚云高。青山隐隐水迢迢。接亭皋。

二十四桥明月夜，弼兰桡。玉人何处教吹箫。可怜宵。

这一首词，竟全部采用了杜牧的《寄扬州韩绰判官》的那首绝句的原文，这样的例子在他的词里还有很多，这里就不再多举了。这种喜欢隐括前人诗句入词的创作方法，与他同时代的诗人周邦彦，也常运用。但这种写作方法，只能作为游戏笔墨，不能作为一种创作方法。

贺方回的词，在艺术上有较高的成就，黄庭坚把他与秦观并称，曾有诗云："少游醉卧古藤下，谁与愁眉唱一杯。解道江南断肠句，只今唯有贺方回。"在思想内容上，虽然那些抒写个人的抑郁牢骚的作品，也具有一定的社会内容，那些描写男女爱情的作品，感情也还真挚，但总起来说，内容究竟还是比较贫乏。

第三节　简短的结论

黄庭坚在北宋的诗坛上是仅次于苏轼的一大家，当代以至后世都"苏黄"并称。他崇拜杜甫，特别是精研杜甫晚年的格律，他又特别精研诗歌的用字和音节、句法，形成他自己瘦硬而又挺拔的效果，成为江西诗派的开创人物。

秦观也是苏门四学士之一，但他的词风幽深精细而又婉约，与东坡的豪放各异其趣而成为北宋词坛上特出的一家。

贺铸的词，豪放与婉丽并存，幽恒与悲壮同作，风格多样，斑驳陆离，为北宋词坛放一异彩。

第四章 南渡前后的作家

第一节 周邦彦

周邦彦，字美成，号清真居士，浙江钱塘人，生于公元 1056 年（宋仁宗至和三年），卒于公元 1121 年（宣和三年）。周邦彦的时代，正当北宋由盛而衰的时代，他青年时期，疏隽少检，放浪不羁，曾在苏州住过一个时期，元丰二年（1079 年），北游汴京，在太学读书，后来因献《汴都赋》，升太学正。后出任庐州教授，知溧水县。徽宗时提举大晟府（国立音乐机构），后来又出知顺昌府，又徙处州。方腊起义时还到杭州，又迁往扬州居住，死时六十六岁。

周邦彦是一个精通音律的人，他任大晟府后，大力整理了旧乐，也创制了不少新调。他创制的新声有：《浪淘沙慢》、《拜星月慢》、《浣溪沙慢》、《粉蝶儿慢》、《长相思慢》、《早梅花引》、《华胥引》、《蕙兰芳引》、《荔枝香近》、《隔浦莲近》、《红林檎近》、《花犯》、《侧犯》、《玲珑四犯》等。他所制的词调，音律非常严格，四库提要说："邦彦妙解声律，为词家之冠，所制诸调，不独音之平仄宜遵，即仄字中上、去、入三声亦不容相混。所谓分寸节度，深契微芒。故千里和词，字字奉为标准。"可见周邦彦对于音律之精了。

北宋词人柳永，是大力创作慢词的第一人，但他的语言比较通俗，以后词到了苏东坡手里，又得到了极大的发展，但也就逐渐不受音律的约束，走上独立发展的道路，后来又经过秦观、贺方回等人的努力，使词逐渐走上格律化。到了周邦彦的手里，于是便集其大成，建立了严格的词律，使后来讲究格律的人，都奉他为正宗。他的词，长于铺叙描写，语言富丽精工，但内容较单薄，题材也很狭窄，较多的是描写恋爱和写景咏物的作品。例如：

瑞 龙 吟

章台路。还见褪粉梅梢，试花桃树。愔愔坊陌人家，定巢燕子，归来旧处。　黯凝伫。因念个人痴小，乍窥门户。侵晨浅约宫黄，障风映袖，盈盈笑语。　前度刘郎重到，访邻寻里，同时歌舞。惟有旧家秋娘，声价如故。吟笺赋笔，犹记燕台句。知谁伴、名园露饮，东城闲步。事与孤鸿去。探春尽是，伤离意绪。官柳低金缕。归骑晚、纤纤池塘飞雨。断肠院落，一帘风絮。

这首词是刻画他因探望与自己相熟的歌妓不遇而伤感的情绪。情节很简单，但却刻画得很曲折。先说"章台路"点明地点，然后再说明季节，然后再说到"坊陌人家"，似乎已经说到主题了，但他忽然却又说"定巢燕子，归来旧处"，从燕子的归来，暗暗地映衬着自己这次重来。接下去又写他回忆初见她时的情景，宛然如在目前，可是这位"前度刘郎重到"的时候，而她却已经不见了。因此使他归来时，落得满怀伤离的意绪。末句"断肠院落，一帘风絮"，则更点染了这种寂寥失望的情绪。再如：

兰 陵 王

柳阴直。烟里丝丝弄碧。隋堤上、曾见几番，拂水飘绵送行色。登临望故国。谁识。京华倦客。长亭路、年去岁来，应折柔条过千尺。　　闲寻旧踪迹。又酒趁哀弦，灯照离席。梨花榆火催寒食。愁一箭风快，半篙波暖，回头迢递便数驿。望人在天北。　　凄恻。恨堆积。渐别浦萦回，津堠岑寂。斜阳冉冉春无极。念月榭携手，露桥闻笛。沉思前事，似梦里、泪暗滴。

这首词，抒写了他客中羁旅的愁思，从杨柳而想起昔日的离别，而感到目前的孤单，因而"登临望故国"，怀念故乡了。写到这里，作者的旅愁已经尽情地倾吐了，但作者的笔又转过来写眼前的景色，而眼前的景色又是一幅离别的图画，更使他凄恻。最后又写到别后的伤感。

从上面这两首词，我们可以看到周邦彦的词，是写得十分工细曲折的，意境比较隐晦含蓄，造句则十分精工细致。

再举两首他的小词：

浣 沙 溪 黄钟 第三

楼上晴天碧四垂。楼前芳草接天涯。劝君莫上最高梯。

新笋已成堂下竹，落花都上燕巢泥。忍听林表杜鹃啼。

玉 楼 春 大石 第四

桃溪不作从容住。秋藕绝来无续处。当时相候赤栏桥，今日独寻黄叶路。　　烟中列岫青无数。雁背夕阳红欲暮。人如风后入江云，情似雨余粘地絮。

这两首小词，已经是他的词中意境比较开阔的了。

周邦彦还喜欢融化前人的诗句入词，同时他不仅创制了很多长调，还善于写一些小词，艺术成就也是颇高的，上举两首小词，就可见其大概。再如：

六 丑 中吕
蔷薇谢后作

正单衣试酒，怅客里、光阴虚掷。愿春暂留，春归如过翼。一去无迹。为问花何在，夜来风雨，葬楚宫倾国。钗钿堕处遗香泽。乱点桃蹊，轻翻柳陌。多情为谁追惜。但蜂媒蝶使，时叩窗槅。　　东园岑寂。渐蒙笼暗碧。静遶珍丛底，成叹息。长条故惹行客。似牵衣待话，别情无极。残英小、强簪巾帻。终不似一朵，钗头颤袅，向人敧侧。漂流处、莫趁潮汐。恐断红、尚有相思字，何由见得。

这首词，黄蓼园在《蓼园词选》里说："自叹年老远宦，意境落寞，借花起兴。此下是花、是自己，已比兴无端，指与物化，奇情四溢，不可方物，人巧极而天公生矣！结处意尤缠绵无已，耐人寻绎。"这首词题下作"蔷薇谢后作",可见是咏物,黄蓼园说作者"借花起兴",以花自比,这是有道理的。总之,作者见花之飘零,遂生感慨,而笔致缠绵,摇荡飘逸,所以词极工而又极有情致。

然而周邦彦生活的时代,正是北宋一代由盛而衰的时代,阶级矛盾和民族矛盾都已经日益尖锐,统治阶级的政治愈来愈腐败。人民的生活也更加困难,农民革命运动正在到处爆发,周邦彦为生活所限,对此没有反映,这是他的缺点。但他提举大晟乐府,对词的音律审订,作了重要的贡献,因为在此之前,词一直在变化发展中,长调自柳永始,到东坡有了更大的发展,但他们的词都还未有严格的定律,所以李清照说东坡的词"曲子缚不住者"。这就是说还无严格的格律。张炎在《词源》里说:"自隋、唐以来,声诗间为长短句,至唐人则有《尊前》、《花间集》。迄于崇宁,立大晟府,命周美成诸人讨论古音,审定古调,沦落之后,少得存者。由此八十四调之声稍传。而美成诸人又复增演慢曲、引、近,或移宫换羽,为三犯、四犯之曲,按月律为之,其曲遂繁。"可见周邦彦等人在词律上认真做了一番审订、制作、定型、传播的工作,完成了自唐以来词的格律化、官定化。从此,词就有了共同遵循的格律,也就有了词的格律派出现。南宋的姜夔、史达祖、吴文英、王沂孙、张炎、周密诸人,就是遵循着这一路子。周邦彦死于靖康之难以前,所以他更不可能看到北宋亡国之惨了。

第二节 李清照

李清照,字易安居士,山东济南人,她生于元丰七年(1084年),

卒于绍兴二十一年（1151 年）。① 她的父亲李格非是礼部员外郎，母亲是王状元拱辰的孙女，两人"皆工文章"，李家藏书亦很富，李清照从小就受到了家庭的学术和文学气氛的熏陶。十八岁的时候，李清照与太学生赵明诚结婚。赵明诚，字德父，山东诸城人，他的父亲赵挺之，是当时一个有名的政治家，当时做吏部侍郎，后来还做过丞相。赵明诚爱好金石书画，是一位优秀的金石考古学者，与李清照志趣十分相投。所以结婚后他们生活得十分和洽，二十多年中，两人一直沉浸在书画古董的搜求和诗词唱和的艺术创作中。李清照在《金石录后序》里曾真实地记录了他们的这一段生活：

> 余建中辛巳，始归赵氏。……赵、李族寒，素贫俭。每朔望谒告出，质衣取半千钱，步入相国寺，市碑文果实归，相对展玩咀嚼，自谓葛天氏之民也。……连守两郡，竭其俸入以事铅椠。每获一书，即同共勘校，整集签题。得书、画、彝、鼎，亦摩玩舒卷，指摘疵病，夜尽一烛为率。故能纸札精致，字画完整，冠诸收书家。余性偶强记，每饭罢，坐归来堂烹茶，指堆积书史，言某事在某书某卷第几页第几行，以中否角胜负，为饮茶先后。中，即举杯大笑，至茶倾覆怀中，反不得饮而起。

李清照前期的生活，大都是这样安定，和洽融乐的生活，最多也只是因为赵明诚的外出读书或做官，给她添上一点点离愁和寂寞而已。1126 年的靖康事变，外来民族的入侵，整个国家的动荡和乱离，打破了李清照

---

① 关于李清照的生卒年争论甚多，此从最近黄盛璋的《李清照事迹考》一文的意见。这篇文章发表在《文学研究》1957 年第 3 期，考订李易安事甚精详。可参阅。

的平静而幸福的生活，开始经受着她从未经受过的颠沛流离的逃难生活，建炎三年（1129 年）她丈夫在南京又忽然患疟疾死去，这对李清照更是沉重的打击，他们几十年辛苦搜求考订的许多文物书画，也大部分散失了，于是剩下李清照孤独的一个人飘流、奔波在台州、温州、越州、杭州之间，晚年又曾飘流到金华，住了一个时期，最后李清照便在乱离飘流中死去了。①

李清照前后期的生活发生了巨大的变化，这种时代和个人生活遭遇的变化，也影响了她的词的思想内容和艺术风格。

李清照前期的词，由于她生活在一个和洽融乐的家庭里，很少接触社会现实，感情上更没有受到什么挫折，所以词的思想内容，也表现着一种活泼愉快的情绪。如：

如 梦 令 二首

常记溪亭日暮。沉醉不知归路。兴尽晚回舟，误入藕花深处。
争渡，争渡，惊起一滩鸥鹭。

昨夜雨疏风骤。浓睡不消残酒。试问卷帘人，却道海棠依旧。
知否，知否，应是绿肥红瘦。

前一首词，诗人描写自己出游晚归时所遇到的一幅美丽的景色，这首词的前半阕，诗人只是以寻常直叙的笔墨，忆述自己某次出游沉醉尽兴晚归的事实，语意比较平淡，而且似乎是逐步收缩，然而第四句突然一

---

① 关于李清照生平事迹，可看俞正燮《癸巳类稿》里的《易安居士事辑》及李清照自己写的《金石录后序》。近人黄盛璋写的《李清照事迹考》，颇为详密，可参考，文载《文学研究》1957 年第 3 期。

转，转出一片藕花深处的清幽境界来，可是这时的诗人已经无心欣赏这清幽的景色了，因为已经兴尽沉醉，而且又是日暮误路，所以这时诗人正在发愁如何找渡口回去的时候，却又惊起了一滩鸥鹭，使这幽美的景色，显得更加清幽美丽，充满着水乡的野趣。愈是诗人已经饱赏了自然景色兴尽而归的时候，似乎这动人的幽景愈是一处处迫人而来，这种意外的收获，不能不使诗人留下深刻的印象，所以当诗人回忆起这次的出游时，那种鲜明的景色和欢快的情绪，立刻又活动起来了。

第二首词描写着诗人对春光无限留恋爱惜的心情，结语略略吐露了一点因为时节变换而引起的诗人的惆怅的心情。另一类是描写离情别绪的，如《一剪梅》：

红藕香残玉簟秋。轻解罗裳，独上兰舟。云中谁寄锦书来，雁字回时，月满西楼。　　花自飘零水自流。一种相思，两处闲愁。此情无计可消除，才下眉头，却上心头。

醉 花 阴

薄雾浓云愁永昼。瑞脑销金兽。佳节又重阳，玉枕纱厨，半夜凉初透。　　东篱把酒黄昏后，有暗香盈袖。莫道不销魂，帘卷西风，人比黄花瘦。

前一首词刻画诗人的离情别绪，十分细腻深刻。"此情无计可消除，才下眉头，却上心头。"比起范仲淹的"都感此事，眉间心上，无计相回避"更显得深刻细致而有力。第二首词诗人用憔悴的黄花来形容因相思而消瘦的自己的形象，造语显得十分清新而又形象鲜明，具有艺术魅力。

以上这些词，都反映了她的前期生活和思想感情，这种思想感情，是她自己个人的生活氛围所造成的，虽仍能为人们所理解，但与当时社会充满着矛盾斗争和普通人民的生活是有根本差别的。

李清照后期的词，风格上虽然仍旧保留着前期词的某些特色，但由于她的生活遭遇的急剧的变化，整个国家民族的动荡危急，她的词的风格也显得缠绵深沉，思想内容也显得哀婉凄苦了。如：

永 遇 乐

落日镕金，暮云合璧，人在何处。染柳烟浓，吹梅笛怨，春意知几许。元宵佳节，融和天气，次第岂无风雨。来相召、香车宝马，谢他酒朋诗侣。　　中州盛日，闺门多暇，记得偏重三五。铺翠冠儿，捻金雪柳，簇带争济楚。如今憔悴，风鬟霜鬓，怕见夜间出去。不如向、帘儿底下，听人笑语。

这首词，诗人一面回忆着过去承平时期欢乐的生活情景，一面感伤于眼前的乱离岁月，思想感情十分伤感，从这首词里，反映了诗人对于故国的怀念，对于国事的忧心，这首词，曾深深地感动了一百多年以后的词人刘辰翁，他在《永遇乐》的叙言里说："余自乙亥上元诵李易安《永遇乐》，为之涕下。今三年矣，每闻此词，辄不自堪。遂依其声，又托之易安自喻。虽辞情不及，而悲苦过之。"读了这段小叙，我们也可更深刻地了解这首词的思想意义了。

还有下面这一类词，更深刻地表现了李清照内心深沉的哀愁：

武 陵 春

风住尘香花已尽，日晚倦梳头。物是人非事事休，欲语泪先

745

流。　　闻说双溪春尚好，也拟泛轻舟。只恐双溪舴艋舟，载
不动，许多愁。

声 声 慢

寻寻觅觅，冷冷清清，凄凄惨惨戚戚。乍暖还寒时候，最难将
息。三杯两盏淡酒，怎敌他、晚来风急。雁过也，正伤心，却
是旧时相识。　　满地黄花堆积。憔悴损，如今有谁堪摘。守
着窗儿，独自怎生得黑。梧桐更兼细雨，到黄昏、点点滴滴。
这次第，怎一个愁字了得。

在这些词里，诗人深刻地抒发了自己内心的哀愁，而这些哀愁，是与当
时的民族矛盾，个人的飘泊生涯，乱离悲惨的社会现实，有密切的关系
的，因此她的这一类词的思想意义，就超过了她前期的词。

　　李清照词的艺术特色，是她善于描写景物，而且能把主观的感情与
客观的景物密切地结合起来，使情景交融，使作者主观的感情通过客观
环境的烘托而更加突出，如上面所举的《武陵春》、《声声慢》等词都
是如此。下面这首词，更清楚地表现了这种特点：

添字丑奴儿

窗前谁种芭蕉树，阴满中庭。阴满中庭。叶叶心心、舒卷有馀
情。　　伤心枕上三更雨，点滴霖霪。点滴霖霪。愁损北人，
不惯起来听。

李清照还有一首《渔家傲》，完全是另一种风格：

天接云涛连晓雾。星河欲转千帆舞。仿佛梦魂归帝所。闻天语。殷勤问我归何处。　　我报路长嗟日暮。学诗谩有惊人句。九万里风鹏正举。风休住。蓬舟吹取三山去。

黄升《花庵词选》题作"记梦"，这未必有依据，但就词而论，这是李清照词的特殊风格，其中明显可以看出屈原和庄子的影响，词的意象阔大，风格豪放，而内涵则深隐，可以引人精思。我认为这首词，可能是李清照晚年所作，否则不可能只有一首词传世，而且词的内容，与她南渡以后身世时局和社会有关。

李清照词的语言，清新洒脱，善于融化口语，如"试灯没意思，踏雪没心情"、"怕见夜间出去，不如向帘儿底下，听人笑语"等，并且善于运用迭字，如《声声慢》词。

李清照是北宋到南宋的过渡人物，她的前后两个时期的词，也在一定程度上反映了社会的急剧转变的情况，对后来的词，也起着积极影响，她是我国古代女作家中最为优秀、影响最大的作家之一。

第三节　陆　游

（一）陆游的生平

陆游，字务观，号放翁，越州山阴（今浙江绍兴）人。生于宋徽宗宣和七年（1125 年），卒于宋宁宗嘉定三年（1210 年）。他的祖父陆佃是北宋大政治家王安石的学生，少年时居贫苦学，后来成为北宋有名的经学家、史学家和诗人。徽宗时，官至尚书左丞（宰相的次官）。他的父亲陆宰，北宋末年，官至直秘阁，淮南路计度转运副使，是一个具有爱国思想的知识分子，同时还是一个著名的藏书家。陆游从小就生长在这样一个富有学术和文学空气的仕宦家庭里。陆游的时代，正是民族矛盾十分尖锐的时代，由于宋代统治者腐败无能，苟且偷安，所以招来了敌人的长驱进攻，陆游出生后的第二年，北宋的都城开封即告沦陷，赵佶父子同时被俘，宋代的统治者们被迫南迁，造成了举国人民的大灾难，陆游一出生就迎接了这个多难的岁月。他在父母的保护下，从河南逃归了山阴。在他的家庭里是充满着慷慨悲歌的爱国主义思想的。当时的许多具有爱国思想的士大夫，常常在他的家里与他的父亲陆宰议论国事，有时竟至痛哭流涕，连饭都不吃，这些人的慷慨激昂的爱国思想，给这位未来的爱国诗人以很深的爱国主义的思想教育。因此使这位诗人在二十岁的时候，便立下了"上马击狂胡，下马草军书"的英雄志愿，使他一开始就关切着祖国和人民的灾难。

陆游在二十九岁的时候（绍兴二十三年，1153年），参加了两浙区的考试，主考官陈之茂断然拒绝了卖国贼秦桧要他录取他的孙子秦埙第一名的命令，取陆游为第一名，因此触怒了秦桧，在明年全国性的礼部考试时，秦桧竟公开黜落了陆游，从此陆游便避居乡里，致力于诗歌写作，研读兵书，学习剑法，准备为国雪耻。

公元1155年（绍兴二十五年）秦桧死，后两年，陆游三十三岁，才出任福州宁德县的一个主簿小官，1162年，又改任枢密院编修官，参加修撰国史等工作。这时民族矛盾更加尖锐了，1161年，金主完颜亮又兴兵南侵，大军直逼长江，情况十分紧急，赵构（宋高宗）为人民的抗战要求所迫，不得不勉强抗战，由于后方人民以及当时一部分爱国将领的奋起抵抗，金兵不久即败退。1162年，孝宗（赵眘）即位，当时朝中的抗战派略略抬头，陆游即更加抓紧时机，积极的提出了有关军政方面的许多建议。但不久，投降派又占了上风，陆游便以"交结台谏，鼓唱是非，力说张浚用兵"的罪名，受到了罢职的处分，不得不抱着满腔激烈悲愤的情绪，再度回乡闲居。

1169 年（孝宗乾道五年），陆游出任夔州（今四川省奉节县）通判（知府的次官），溯江而上，到了四川、陕南，又回到成都，一直到 1178 年，才自四川东归，前后又是十年。这十年的生活，对陆游的创作十分重要，他以自己"流迁"的遭遇，体验了被放逐的爱国诗人屈原的心情，在夔州又访问了爱国诗人杜甫流寓的故居，对于杜甫当年的遭遇和爱国思想，发出了深刻的共鸣。他在四川宣抚使王炎的幕下的时候，看到了汉中地势的雄伟，物产的丰富，民俗的豪壮，曾激起了他以陇右为恢复的根据地的理想。他还经常身穿戎衣，过着军旅生活。有时在大散关头，远望着沦陷在敌人手里的古城长安，在幕府里，也看到沦陷区人民冒着生命危险送来的情报。这许多丰富多彩的生活，使得这位诗人的胸襟大大开阔，对于人民和祖国有了更强的信念，因此在他的诗歌里表现得激昂慷慨的声音也更为响亮，充满着带有理想的积极乐观的浪漫主义的情调。他自号为"放翁"也是在这个时期。

1178 年，召回临安。不久又罢职归里。1186 年到 1189 年，又被派任知严州事，军器少监，礼部郎中兼实录院检讨官（修撰国史）等职，他又抓紧时机，向孝宗进了许多恢复中原的建议，但最后他却又以"嘲咏风月"的罪名罢职回家。从 1189 年底被罢斥到 1210 年去世为止，这二十年间，除中间有一年（1202—1203）曾到临安修撰国史外，其余都是在山阴三山故居度过的。

他晚年的生活很苦，有时甚至到"食且不继"的地步，然而他报国的信念却始终如一，他一则说"一闻战鼓意气生，犹能为国平燕赵"（《老马行》），再则说"白发萧萧卧泽中，只凭天地鉴孤忠。……壮心未与年俱老，死去犹能作鬼雄。"（《书愤》）他也常常参加田间的劳动，关怀人民的疾苦。他特别勤奋于诗歌的创作，他在这最后的二十年里，还创作了七千多首诗，他现存的诗有九千三百多首，中年以前的诗，有好多都失散了，他是我国文学史上产量最丰富的一位诗人。他在八十六岁临终的时候，还写下了这样一首富于爱国主义思想的诗：

示　儿

死去元知万事空。但悲不见九州同。王师北定中原日，家祭无忘告乃翁。

（二）陆游的诗

陆游的诗，早年曾受过曾几、吕居仁等江西诗派的影响，作诗务求工巧，但后来生活丰富了，一面接触了祖国雄奇瑰丽的山水，一面又深入到战士中间，了解了战斗的情况，经历过军旅的生活，特别是对当时复杂的政治斗争和统治阶级苟且偷安，出卖祖国人民的妥协投降政策，有了进一步认识，对广大人民的战斗意识和恢复愿望，对沦陷区人民的灾难和迫切要求解放的心情有了进一步了解以后，陆游的诗的内容和风格，便有了很大的变化，到后来，陆游自己也清楚地意识到了这一点：

示　子　遹

我初学诗日，但欲工藻绘。中年始少悟，渐若窥宏大。……汝果欲学诗，工夫在诗外。

在这首诗里，诗人明确地说明了他早年作诗是专意在"藻绘"，到了中年以后，由于生活的丰富，影响到他的诗歌内容和风格的变化，逐渐做到了"宏大"。诗人在《九月一日夜读诗稿有感，走笔作歌》这首诗里，还深刻地写出了他中年入蜀以后丰富的生活对他诗歌创作的影响：

> 我昔学诗未有得，残余未免从人乞。力屏气馁心自知，妄取虚名有惭色。四十从戎驻南郑，酣宴军中夜连日。打球筑场一千步，阅马列厩三万匹。华灯纵博声满楼，宝钗艳舞光照席。琵琶弦急冰雹乱，羯鼓手匀风雨疾。诗家三昧忽见前，屈贾在眼元历历。天机云锦用在我，翦裁妙处非刀尺。世间才杰固不乏，秋毫未合天地隔。放翁老死何足论，广陵散绝还堪惜。

在陆游的全部诗篇里，最最突出也是最为优秀的是他的爱国主义的诗篇，对国事的无比忧愤，对统治者的深刻揭露和讽刺，对沦陷区人民的深切关怀，对国家和民族的胜利信心，对人民群众的抗敌要求的支持，这一切，都成为他的诗歌的思想内容：

送芮国器司业

> 往岁淮边虏未归。诸生合疏论危机。人材衰靡方当虑，士气峥嵘未可非。万事不如公论久，诸贤莫与众心违。还朝此段宜先及，岂独遗经赖发挥。

在这首诗里，诗人积极支持了在 1164 年爆发的爱国学生运动，要求当时的统治者不要摧残士气，应该大力奖励有抗敌意志的人才，而且十分郑重地警告当时朝廷的当权派，"万事不如公论久，诸贤莫与众心违"，要他们注意广大人民的具有历史性的公论，而不要违背群众的抗战要求。陆游的这些意见，在当时是具有深刻的积极意义的。诗人对于当时统治阶级妥协投降的政策，曾经进行了尖锐的讽刺和批判：

关　山　月

　　和戎诏下十五年。将军不战空临边。朱门沉沉按歌舞，厩
马肥死弓断弦。戍楼刁斗催落月，三十从军今白发。笛里谁知
壮士心？沙头空照征人骨。中原干戈古亦闻，岂有逆胡传子
孙。遗民忍死望恢复，几处今宵垂泪痕。

　　这首诗揭露了在妥协投降的政策下，南宋的统治阶级过着荒淫无耻的生
活，而边界上的战士们，则空有一片报国之心而没有机会战斗，坐等着年
华老大，作者在诗中更真切地表达了沦陷区人民忍死盼望恢复的迫切要
求。这首诗里所表达的作者的感情是沉痛而愤慨的，对统治者的揭露也是
尖锐的。诗人除了这种正面的揭露和讽刺外，还运用了侧面的讽刺：

　　五月十一日，夜且半，梦从大驾亲征，尽复
汉、唐故地。见城邑人物繁丽，云：西凉府也。喜
甚，马上作长句，未终篇而觉，乃足成之

　　天宝胡兵陷两京。北庭安西无汉营。五百年间置不问，圣
主下诏初亲征。熊罴百万从銮驾，故地不劳传檄下。筑城绝塞
进新图，排仗行宫宣大赦。冈峦极目汉山川，文书初用淳熙
年。驾前六军错锦绣，秋风鼓角声满天。苜蓿峰前尽亭幛，平
安火在交河上。凉州女儿满高楼，梳头已学京都样。

　　这首诗是描写诗人的一个梦境，诗人梦中的境界是多么理想，多么痛快
啊！皇帝是英明有为的，军队是精锐的，军威十分壮盛，因此五百年来

沦陷的西凉边城，不劳传檄便已经收复，国威远及边境，边境的人民过着太平安乐的生活。这样的梦境，与当时的现实，恰恰成了鲜明的对照。诗人在这首诗里，一方面讽刺了当时腐败黑暗的现实，一方面表达了对祖国复兴的强烈愿望。面对着这样黑暗的政治，诗人还表达了自己深情的悲愤情绪：

书　愤

早岁那知世事艰。中原北望气如山。楼船夜雪瓜洲渡，铁马秋风大散关。塞上长城空自许，镜中衰鬓已先斑。出师一表真名世，千载谁堪伯仲间。

夜归偶怀故人独孤景略

买醉村场夜半归。西山月落照柴扉。刘琨死后无奇士，独听荒鸡泪满衣。

诗人空怀着满怀的壮志，以塞上长城自许，企图恢复祖国的山河，但是客观的现实，腐败的统治集团的妥协投降势力，使得诗人难以为力，终于只能怀着满腔悲愤情绪老去，徒然对于闻鸡起舞的刘琨和出师北伐的诸葛亮无限向往而已！

陆游对于当时的投降派的揭露讽刺，也是十分尖锐的：

追 感 往 事

诸公可叹善谋身。误国当时岂一秦。不望夷吾出江左，新

753

亭对泣亦无人。

醉　歌

战马死槽枥。公卿守和约。穷边指淮淝，异域视京洛。

夜读范至能《揽辔录》，言中原父老见使者
多挥涕。感其事，作绝句

公卿有党排宗泽，帷幄无人用岳飞。遗老不应知此恨，亦
逢汉节解沾衣。

陆游在一部分诗里，对于沦陷区人民盼望恢复的心情和他们的痛苦生活，表现得也很深刻感人：

秋夜将晓出篱门迎凉有感

三万里河东入海，五千仞岳上摩天。遗民泪尽胡尘里，南
望王师又一年。

追忆征西幕中旧事

忆昨王师戍陇回。遗民日夜望行台。不论夹道壶浆满，洛
笋河鲂次第来。（其一）

关辅遗民意可伤。蜡封三寸绢书黄。亦知虏法如秦酷，列
圣恩深不忍忘。（其二）

强烈的爱国主义思想和对祖国复兴的信心，始终贯穿在陆游的诗篇里，陆游将自己的创作，与当时的政治斗争，民族矛盾紧紧地结合了起来，用他的诗歌，为政治服务，深刻地表达了广大人民的要求。他临死前的一首诗《示儿》（见前引），可以说是集中地表现了广大人民对祖国复兴的信心。

陆游对于劳动人民的痛苦生活，也是十分关怀，了解的也是很深切的：

农　家　叹

　　有山皆种麦，有水皆种秔。牛领疮见骨，叱叱犹夜耕。竭力事本业，所愿乐太平。门前谁剥啄，县吏征租声。一身入县庭，日夜穷笞搒。人孰不惮死，自计无由生。还家欲具说，恐伤父母情。老人傥得食，妻子鸿毛轻。

诗人在这首诗里，对统治阶级残酷地剥削农民的罪恶，作了深刻的揭露，农民们终年劳动所得，全被统治者剥削完了，还要"日夜穷笞搒"地被压榨，弄得广大的人民无法生活，这是何等残酷悲惨的现实。诗人因为能接近人民，参加劳动，所以也能经常听到劳动人民对统治者愤恨怨苦之声，《记老农语》这首诗，就是一例：

　　霜清枫叶照溪赤。风起寒鸦半天黑。鱼陂车水人竭作，麦垄翻泥牛尽力。碓舂玉粒恰输租，篮挈黄鸡还作贷。归来糠粞常不餍，终岁辛勤亦何得。虽然君恩乌可忘，为农力耕自其职。百钱布被可过冬，但愿时清无盗贼。

这首诗在结束时说"但愿时清无盗贼"，诗人恰好从反面提示了读者。特别是诗中对劳动人民终年劳动而不得温饱的悲惨生活，揭露得十分真实和深刻，也充分显露了作者对人民的同情。揭露地主和统治阶级对农民的残酷剥削最尖锐最透彻的还有下面这首诗：

书　叹

　　齐民困衣食。如疲马思秣。我欲达其情，疏远畏强聒。有司或苛取，兼并亦豪夺。正如横江网，一举孰能脱。政本在养民，此论岂迂阔。我今虽退休，尝缀廷议末。明恩殊未报，敢自同衣褐。吾君不可负，愿治甚饥渴。

"横江网"这一比喻，对于封建社会里的地主官僚阶级对劳动人民的残酷剥削，形容得多么生动和真切。

在陆游的诗篇里，对于历史人物的凭吊，也是渗透着时代的灾难和自己的身世苍凉之感的，这里可以举下面三首诗为例：

游锦屏山谒少陵祠堂

　　城中飞阁连危亭。处处轩窗临锦屏。涉江亲到锦屏上，却望城郭如丹青。虚堂奉祠子杜子，眉宇高寒照江水。古来磨灭知几人，此老至今元不死。山川寂寞客子迷，草木摇落壮士悲。文章垂世自一事，忠义凛凛令人思。夜归沙头雨如注，北风吹船横半渡。亦知此老愤未平，万窍争号泄悲怒。

龙兴寺吊少陵先生寓居

中原草草失承平。戍火胡尘到两京。扈跸老臣身万里，天寒来此听江声。

楚　城

江上荒城猿鸟悲。隔江便是屈原祠。一千五百年间事，只有滩声似旧时。

屈原和杜甫，都是我国历史上著名的爱国诗人，他们都身经着祖国的丧乱，他们都具有忧国忧民的爱国家爱人民的思想，可是他们都未被当时的统治阶级所重视，这两位爱国诗人的遭遇，不禁引起了诗人的共鸣，为他们也是为自己发出了深深的感叹。

在陆游的诗里，还具有比较显著的豪放浪漫的气息：

醉　歌

我饮江楼上，阑干四面空。手把白玉船，身游水精宫。方我吸酒时，江山入胸中。肺肝生崔嵬，吐出为长虹。欲吐辄复吞，颇畏惊儿童。乾坤大如许，无处著此翁。何当呼青鸾，更驾万里风。

在这首诗里，诗人的想象十分奇妙丰富，充分地表现了诗人雄伟的气魄，和对那些醉生梦死，不顾国家和人民的安危的庸俗官僚（儿童）的蔑视。在这类诗里，我们仿佛看到了诗人李白的豪放洒脱的丰采。

除了上述这些具有深刻的爱国主义思想和政治意义的诗篇外，陆游还善于用绝句这种诗歌形式，来描写他日常生活中的种种感触：

剑门道中遇微雨

衣上征尘杂酒痕。远游无处不消魂。此身合是诗人未，细雨骑驴入剑门。

这首诗是描写诗人"细雨骑驴入剑门"时的感触，诗中表达了诗人对于满身征尘酒痕，为国奔波的远游生活的欣慰心情。

小雨极凉，舟中熟睡至夕

舟中一雨扫飞蝇。半脱纶巾卧翠藤。清梦初回窗日晚，数声柔舻下巴陵。

这首诗是描写诗人乘舟下巴陵时在舟中平静闲适的心情。

小　园　其一

小园烟草接邻家。桑柘阴阴一径斜。卧读陶诗未终卷，又乘微雨去锄瓜。

小　园 其三

村南村北鹁鸪声。水刺新秧漫漫平。行遍天涯千万里，却
从邻父学春耕。

舍　北　晚　眺

红树青林带暮烟。并桥常有卖鱼船。樊川诗句营丘画，尽
在先生拄杖边。

这三首诗，都是描写他在山阴故乡村居时的田园生活，诗中表示了诗人
对田园生活的乐趣。最后，诗人也用诗篇，悼念了他的前妻唐氏，表达
了他对唐氏真挚的爱情和深刻的怀念：

沈　园 二首

城上斜阳画角哀。沈园非复旧池台。伤心桥下春波绿，曾
是惊鸿照影来。

梦断香消四十年。沈园柳老不吹绵。此身行作稽山土，犹
吊遗踪一泫然。

陆游，是我国历史上的一位杰出的爱国诗人，他继承了屈原和杜甫
的爱国主义精神，用诗歌揭露了当时误国权臣的卖国罪行，也用诗歌深
刻地反映了当时人民的痛苦生活，陆游的爱国主义精神，较之屈原和杜

甫,是又有了新的发展的,这就是因为诗人不仅用诗歌来反映了时代最主要的矛盾,而且是他曾亲身参加过抗敌的军旅生活,因此使他的诗篇里所反映的爱国主义思想,更来得淋漓酣畅,能更深刻和饱满地概括当时人民的爱国主义精神,梁启超在《读陆放翁集》二首里写道:

> 诗界千年靡靡风。兵魂消尽国魂空。集中什九从军乐,亘古男儿一放翁。

> 辜负胸中十万兵。百无聊赖以诗鸣。谁怜爱国千行泪,说到胡尘意不平。

梁启超这两首诗,极力推崇陆游的爱国主义思想,还是有积极意义的。他高度赞扬了陆游的爱国主义思想,也是对陆游的公正评价。

陆游的诗,除了受屈原、杜甫的影响外,也受过岑参、李白等人的影响,这就是他那种雄健豪放的风格、节奏以及丰富的想象,他晚期有一部分描写田园生活的清新闲适的诗,显然也是受过陶渊明的影响的。当然对陆游的诗歌创作起着决定性的作用的,是他丰富的政治斗争生活和饱满的爱国主义精神。

(三) 陆游的词

除了诗歌以外,陆游对词的创作,也是有一定的成就的,虽然他并没有以专力来从事词的创作,因而无论在数量和质量上,较之他的诗,要次要一些。但在他的词里,也仍然表现了当时的民族矛盾和其他各方面的生活的。例如:

夜 游 宫

记梦，寄师伯浑

雪晓清笳乱起。梦游处，不知何地。铁骑无声望似水。想关河，雁门西，青海际。　　睡觉寒灯里。漏声断，月斜窗纸。自许封侯在万里。有谁知，鬓虽残，心未死。

谢 池 春

壮岁从戎，曾是气吞残虏。阵云高、狼烽夜举。朱颜青鬓，拥雕戈西戍。笑儒冠、自来多误。　　功名梦断，却泛扁舟吴楚。漫悲歌、伤怀吊古。烟波无际，望秦关何处。叹流年、又成虚度。

诉 衷 情

当年万里觅封侯。匹马戍梁州。关河梦断何处，尘暗旧貂裘。　　胡未灭，鬓先秋。泪空流。此生谁料，心在天山，身老沧州。

这三首词，都是诗人晚年回忆中年时期的战斗生活，像他的诗篇一样，依旧充满着强烈的爱国思想和悲愤情绪。陆游也曾用词，抒写了他对前妻唐氏的真挚爱情和深刻的悼念：

钗 头 凤

红酥手。黄滕酒。满城春色宫墙柳。东风恶。欢情薄。一怀愁

绪，几年离索。错、错、错。　　春如旧。人空瘦。泪痕红浥
鲛绡透。桃花落。闲池阁。山盟虽在，锦书难托。莫、
莫、莫。

在这首词里，充满着诗人对于过去的爱情的怀念和痛惜的心情。除此以外，陆游还有一些描写恬静朴素的退休生活以及妇女哀怨的词，这里我们就不再详细叙述了。总之，陆游是南宋时期一位伟大的爱国主义诗人，他的诗篇光芒万丈，永远照耀着史册，他给后人以无尽的影响。

第四节　简短的结论

南渡前后，是民族矛盾和阶级矛盾最为尖锐的时期，统治阶级为了维持其荒淫腐败的生活，便加紧对劳动人民的剥削。徽宗时期的政治，已经腐败到极点，广大的农民纷纷起来革命。虽然暂时被统治阶级的军队扑灭了，但这个事实已表明北宋的社会矛盾已到了十分尖锐的地步，北宋统治者的基础已经动摇了。但由于这一时期的民族矛盾特别严重，敌人的铁骑已经踏破了祖国的山河，北宋的首都汴梁终于沦陷，宋朝的政权南移，形成了南北对峙暂时和平的局面，实际上是以南宋投降派的卖国屈辱和北方大片土地和人民沦于少数民族政权统治的灾难为代价的。

南宋统治者们的丧权辱国的妥协投降政策，使北方人民遭受了无穷的灾难，也更加激起了全国人民坚决抗敌的爱国主义思想。这种强烈的爱国主义精神，成为这一时期文学创作的最大特色。

上面所介绍的这几位作家的作品，正是反映了这一历史转变时期的社会现实。以周邦彦为首的这些大晟词人们的创作，讲究严格的格律，

讲究用典，讲究精密细致的语言雕琢，可是内容却比较贫乏，远离了当时民族危亡的社会现实，虽然在词律的订定上有所贡献，在政治上则是当时统治阶级腐败没落的侧面反映。李清照后期的作品，则已通过抒写她个人的身世哀愁，透露出时代的灾难声音来。陆游的创作，则集中地深刻地表现了这一时期广大人民强烈的爱国主义思想情绪。

第五章　辛弃疾

第一节　辛弃疾的生平

辛弃疾，字幼安，号稼轩，山东济南人。生于宋高宗绍兴十年（公元1140年），卒于宋宁宗开禧三年（公元1207年）。他出生于一个官僚地主的家庭里，他的祖父辛赞，曾做过朝散大夫，陇西郡开国郎，亳州谯县令，并知开封府等比较显要的官职。在辛弃疾出生前十三年，北宋惨遭了"靖康之变"，在辛弃疾出生的后一年，抗敌的民族英雄岳飞被卖国贼秦桧用计杀害，南宋政府并与金人订立了丧权辱国的"绍兴和约"。诗人辛弃疾，正是生活在民族矛盾最最尖锐的时候。当他出生的时候，他的故乡早已沦陷在金人手里。他的祖父辛赞时常带着他登高望远，指点山川形势用兵攻守的道理，希望他将来能为祖国的复兴事业奋斗。辛弃疾在二十岁前后，曾受他祖父的嘱咐，两次到燕京去刺探敌人的虚实。1161年，金主亮迁都开封，并大举南侵，这时陷区的人民便纷纷乘机起义，辛弃疾这时已二十二岁，当时即组织了两千多人的一支队伍起义，并率众投归当时一个势力最大的农民起义军领袖耿京的部下。

耿京即派他为掌书记，帮助计划军事。这时起义军中的一个和尚叫义端的（是由辛弃疾介绍到起义军中来的），忽然偷窃了耿京的"天平军节度使，节制山东河北忠义军"的印信逃跑了（这印是由辛弃疾掌管的），辛弃疾立即追上去拿住义端，斩首回报耿京。

1162 年，辛弃疾与贾瑞奉命到建康去谒见高宗赵构（赵构刚从杭州到建康来劳军），使他们的起义军与政府军队取得联络，不意在他完成了使命北归的途中，耿京却已被叛徒张安国杀死，二十万忠义军全已溃散。辛弃疾痛恨张安国的叛逆罪行，立即率领五十人直冲五万人的金营，将张安国捉住，劫回都督行府（在建康），斩首示众。从此，辛弃疾便留在南方了。

辛弃疾的南来，是为了实现他抗敌的愿望，是为了更好地为恢复失地而奋斗，当然他希望能做一些实际有补于军事政治的重要工作。可是南宋的统治者们却只求苟且偷安，并不想恢复故土，尽管辛弃疾在这期间曾向统治者进过《论阻江为险，须借两淮疏》，《议练兵守淮疏》以及著名的《美芹十论》和《九议》等具有卓越的见解的建议，详细周密的分析了敌我双方的军事政治形势和恢复失地的政治，军事路线，显示了他的卓越的军事、政治天才，可是统治者却始终没有采纳他的建议，对于这样一位杰出的人材，也没有予以重用。他在南归以后的四十五年中，有二十五年左右，一直是在做着湖南、湖北、江西、福建、浙江等处的地方官，朝廷的军事、政治实际大权，他始终没有能参与，相反在这四十五年中，却有二十年左右，被统治者以种种罪名，将他罢黜家居，过着投闲置散的生活，使这样一位英雄人物，不得发挥其雄才大略。他在做地方官的时候，也曾表现了他政治、军事、经济各方面的卓越才能，可是统治者唯恐他能做出成绩来，又常常不使他在一地有较长的施政时间，经常将他调动。以致使他终于没有能很好地伸展自己的抱负，最后不得不赍志以殁。

他的许多充满着爱国主义精神和愤郁悲壮的情调的词，便是在上述这种生活基础上产生的。

第二节　辛弃疾的词

辛弃疾的词，现存六百二十六首，[①] 他是词人中创作最丰富、质量最高的一个作家。他生活在民族矛盾最尖锐的南宋时代。他具有强烈的爱国主义精神，怀着恢复祖国的雄才大略，从沦陷区跑到了长江以南，可是南宋腐败的统治者却不能任用这样一位杰出的英雄人物，或者是故意不让他到抗敌前方去工作，把他调任地方的官长，甚或让他去平定人民的反抗，或者是竟使他投闲置散，生命虚度。他二十三岁南归以前在沦陷区里与敌人如火如荼的斗争生活，在南归以后的四十五年中竟未能有一天重过，眼看着当时腐败的政治，风雨飘摇的国势，不能不使这位英雄人物大声疾呼。发出愤郁慷慨的呼声来。刘克庄评论他的词说："公所作，大声镗鞳，小声铿鍧，横绝六合，扫空万古，自有苍生以来所无。其秾纤绵密者，亦不在小晏、秦郎之下。"[②] 刘克庄指出了他的作品的慷慨激昂和秾纤绵密的风格。最最能代表辛稼轩的特色，反映出时代精神来的，便是他的那些"横绝六合，扫空万古"具有慷慨愤郁的情怀和强烈的爱国主义思想的词。

辛弃疾的个性是豪迈雄健的，可是自从南归以后，却处处使他遭到压抑，处处不让他舒展自己的抱负，我们看下面这首词：

---

① 见邓广铭《稼轩词编年笺注》。
② 见《后村先生大全集》卷九十八《辛稼轩集序》，此据《稼轩词编年笺注》卷八附录。

第五章　辛弃疾

水龙吟

登建康赏心亭

楚天千里清秋，水随天去秋无际。遥岑远目，献愁供恨，玉簪
螺髻。落日楼头，断鸿声里，江南游子。把吴钩看了，栏干拍
遍，无人会、登临意。　　休说鲈鱼堪脍，尽西风、季鹰归
未。求田问舍，怕应羞见，刘郎才气。可惜流年，忧愁风雨，
树犹如此。倩何人唤取，红巾翠袖，揾英雄泪。

这首词是辛弃疾二十九岁时在建康府通判任上写的，[①] 词中深深地抒发
了诗人被闲置的苦闷，面对着祖国残破的江山，空抱着满怀壮志，却是
英雄无用武之地，只能在忧愁风雨中虚度岁月，这怎么能不使他苦闷愤
慨的掉下英雄泪来呢！这种苦闷的心情，他在乾道八年（1172）三十三
岁在滁州任上写的《木兰花慢》（滁州送范倅），也表现得很显著：

老来情味减，对别酒，怯流年。况屈指中秋，十分好月，不照
人圆。无情水，都不管，共西风、只管送归船。秋晚莼鲈江
上，夜深儿女灯前。　　征衫。便好去朝天。玉殿正思贤。想
夜半承明，留教视草，却遣筹边。长安故人问我，道愁肠、殢
酒只依然。目断秋宵落雁，醉来时响空弦。

诗人想象着被皇帝召去草拟文书，筹边立功，因而产生了无限的欣慰，

---

①　辛弃疾在二十九岁至三十岁任建康府通判，此词约作于此时，邓广铭《稼轩词编
年笺注》列入淳熙元年作者三十五岁重到建康时作，今姑从前说。

但这只是空想，自己的实际生活，却仍是过着"愁肠、殢酒只依然。目断秋宵落雁，醉来时响空弦"的清闲苦闷的生活，"醉来时响空弦"，诗人要求战斗的迫切心情，和投闲置散的现实之间的矛盾，写得多么真切生动！

1175 年左右诗人在江西造口写的《菩萨蛮》（书江西造口壁），则深刻地表达了诗人对于国事的忧虑：

> 郁孤台下清江水。中间多少行人泪。西北望长安。可怜无数山。　　青山遮不住。毕竟东流去。江晚正愁余。山深闻鹧鸪。①

诗人用深微婉曲的语言，表达了自己对祖国沦陷地区的无限怀念，也抒发了自己空怀报国之心而无法实现的焦灼和苦闷。用深微婉曲的语言，表达诗人对国家民族的深刻忧虑的作品，要算是这首脍炙人口的《摸鱼儿》为最有代表性：

> 淳熙己亥，自湖北漕移湖南，同官王正之置酒小山亭，为赋。
>
> 更能消、几番风雨。匆匆春又归去。惜春长怕花开早，何况落红无数。春且住。见说道、天涯芳草无归路。怨春不语。算只有殷勤，画檐蛛网，尽日惹飞絮。　　长门事，准拟佳期又误。蛾眉曾有人妒。千金纵买相如赋，脉脉此情谁诉。君莫舞。君不见、玉环飞燕皆尘土。闲愁最苦。休去倚危栏，斜阳

---

① 对这首词的解释，历来都据罗大经《鹤林玉露》之说，说词意追忆金人追隆祐太后之事，近人邓广铭列举史实予以辩证，证明无此事实。故从邓说。

正在，烟柳断肠处。

这首词从表面上看来，只是描写一些春愁和宫怨，但实际上这首词却具有深刻的爱国主义思想，诗人将风雨、落红、飞絮等暮春的景色，来比喻当时岌岌可危的国家局势。词的下半部分则从诗人自己遭忌，小人得志，说到国家前途的危蹙，诗人忧国忧民的感情是十分强烈的，但当时他的处境却很困难，他在同年写的《论盗贼札子》中说："臣生平则刚拙自信，年来不为众人所容，顾恐言未脱口而祸不旋踵。"[①] 在这样困难的处境下，使他不得不采取委婉曲折的表达方式，因此也就形成了这首词的艺术特色，即通过缠绵哀怨的语言表达出作者对祖国强烈的忧愤，梁启超在《艺蘅馆词选》中说这首词"回肠荡气，至于此极，前无古人，后无来者"，正是指的这一点。

辛弃疾除了这种"回肠荡气"的作品外，还写了许多慷慨激昂，格调响亮的作品，例如《贺新郎·同父见和，再用韵答之》：

老大那堪说。似而今、元龙臭味，孟公瓜葛。我病君来高歌饮，惊散楼头飞雪。笑富贵、千钧如发。硬语盘空谁来听，记当时、只有西窗月。重进酒，换鸣瑟。　　事无两样人心别。问渠侬、神州毕竟，几番离合。汗血盐车无人顾，千里空收骏骨。正目断、关河路绝。我最怜君中宵舞，道男儿、到死心如铁。看试手，补天裂。

---

① 见邓广铭《辛稼轩诗文钞存》第51页。古典文学出版社1957年5月版。

贺 新 郎

别茂嘉十二弟

鹈鴂、杜鹃实两种，见《离骚补注》。

绿树听鹈鴂。更那堪、鹧鸪声住，杜鹃声切。啼到春归无寻处，苦恨芳菲都歇。算未抵，人间离别。马上琵琶关塞黑，更长门、翠辇辞金阙。看燕燕、送归妾。　　将军百战身名裂。向河梁、回头万里，故人长绝。易水萧萧西风冷，满座衣冠似雪。正壮士、悲歌未彻。啼鸟还知如许恨，料不啼清泪长啼血。谁共我，醉明月。

这两首词，第一首是与他的友人陈亮赠答的作品。陈亮是当时的一位著名的爱国文人，因为他批评统治者的语言激烈，曾被统治者诬害入狱过。他是辛弃疾的好友，从这首词里我们可以看到两人真挚的友谊和强烈的爱国思想，末句说："男儿到死心如铁！看试手，补天裂"强烈的爱国情绪和挽回危局的壮志，说得十分激昂奋发。第二首是送他的茂嘉十二弟的。词中列举了古代几件悲壮激烈或愤怨不平的有关离别的故事，通过这些历史故事，表达了诗人心中的愤郁不平。因为内容充满着悲壮愤郁的情绪，所以这首词的格调也特别悲壮响亮。

诗人回忆早年战斗生活的几首词，则尤其充满着激昂慷慨的战斗情绪：

第五章　辛弃疾

破阵子

为陈同甫赋壮词以寄之

醉里挑灯看剑，梦回吹角连营。八百里分麾下炙，五十弦翻塞外声。沙场秋点兵。　　马作的卢飞快，弓如霹雳弦惊。了却君王天下事，赢得生前身后名。可怜白发生。

鹧鸪天

有客慨然谈功名，因追念少年时事，戏作

壮岁旌旗拥万夫。锦襜突骑渡江初。燕兵夜娖银胡䩮，汉箭朝飞金仆姑。　　追往事，叹今吾。春风不染白髭须。却将万字平戎策，换得东家种树书。

在这两首词里，我们可以看到这位英雄少年豪迈的形象，同时也可以听到他的壮志未遂，英雄老去的叹息。

辛弃疾对于那些历史上的英雄人物，也是无限向往的，例如廉颇、李广、孙权等都曾引起诗人的咏叹：

南乡子

登京口北固亭有怀

何处望神州。满眼风光北固楼。千古兴亡多少事，悠悠，不尽长江滚滚流。　　年少万兜鍪。坐断东南战未休。天下英雄谁敌手。曹刘。生子当如孙仲谋。

永 遇 乐
京口北固亭怀古

千古江山，英雄无觅，孙仲谋处。舞榭歌台，风流总被，雨打风吹去。斜阳草树，寻常巷陌，人道寄奴曾住。想当年，金戈铁马，气吞万里如虎。　　元嘉草草，封狼居胥，赢得仓皇北顾。四十三年，望中犹记，烽火扬州路。可堪回首，佛狸祠下，一片神鸦社鼓。凭谁问，廉颇老矣，尚能饭否。

这两首词，是诗人晚年重到镇江时登北固亭的怀古之作，词中对古代的英雄如廉颇、孙权、刘裕等表示了无限的向往。同时，诗人也回忆了四十三年前扬州一带的战乱生活。如今早已沦陷在敌人手里，"佛狸祠下，一片神鸦社鼓"，敌人的气焰多么猖獗！这怎么能不使这位垂老的英雄发生无限的感慨呢！

在闲居期间，辛弃疾也写了不少描写田园生活的词，反映了纯朴的农村生活：

清 平 乐
村居

茅檐低小。溪上青青草。醉里吴音相媚好。白发谁家翁媪。
大儿锄豆溪东，中儿正织鸡笼。最喜小儿无赖，溪头卧剥莲蓬。

丑奴儿近

博山道中效李易安体

千峰云起，骤雨一霎儿价。更远树斜阳，风景怎生图画。青旗
卖酒，山那畔、别有人家。只消山水光中，无事过这一夏。
午醉醒时，松窗竹户，万千潇洒。野鸟飞来，又是一般闲暇。
却怪白鸥，觑着人、欲下未下。旧盟都在，新来莫是，别有
说话。

西 江 月

夜行黄沙道中

明月别枝惊鹊，清风半夜鸣蝉。稻花香里说丰年，听取蛙声一
片。　　七八个星天外，两三点雨山前。旧时茅店社林边，路
转溪桥忽见。

从这些词里，我们看到了农村生活的图画，有农家的老翁、老妇，有正
在劳动的青年，有天真无邪的小儿。农村的环境则是远树斜阳，青旗卖
酒，一幅竹篱茅舍的自然景色，秋天则更是一片蛙声，稻花香气扑鼻。
诗人对于这种农村生活是有感情的、熟悉的。

辛弃疾词的风格是比较多样的，除了上述这些词外，还写过一些描
写男女爱情的词，如：

祝英台近

晚春

宝钗分，桃叶渡。烟柳暗南浦。怕上层楼，十日九风雨。断肠片片飞红，都无人管，更谁劝、啼莺声住。　　鬓边觑。试把花卜归期，才簪又重数。罗帐灯昏，哽咽梦中语。是他春带愁来，春归何处，却不解、带将愁去。

青玉案

元夕

东风夜放花千树。更吹落、星如雨。宝马雕车香满路。凤箫声动，玉壶光转，一夜鱼龙舞。　　蛾儿雪柳黄金缕。笑语盈盈暗香去。众里寻他千百度。蓦然回首，那人却在，灯火阑珊处。

这些写爱情的词，风格虽然比较秾丽，但感情却很真挚，意境也较高，不同于一般剪红刻翠的词作。

第三节　简短的结论

辛弃疾的词，是南宋爱国主义词的杰出代表，是当时广大人民强烈的爱国主义思想的集中表现，从他的词里，也可以看到南宋统治阶级的腐败和政治的黑暗。辛弃疾的词的内容是广阔的，有热烈的战斗生活，有闲散的退居生活，有慷慨激昂的呼声，有忧愤深切的叹息，有真挚的友谊，有绮丽的爱情，有山光水色的自然风景，有竹篱茅舍的田园生活，在他的词里，还有许多生气勃勃的历史人物。

这样丰富的内容，形成了辛弃疾的词的复杂风格，有的雄健奔放，有的闲散自然，有的忧愤抑郁，回肠荡气，有的细腻婉转，明媚清新。

这样丰富的内容，也使得他的词在形式上要求更多的解放。苏东坡的词，由于内容的广阔丰富，已经突破了曲子的束缚，使词走上独立发展的道路，形成词的诗化的倾向，为词的创作开辟了广阔的前途。词到了辛弃疾的手里，更加发展了这种倾向，更多的突破了原有的束缚，不仅是诗化，而且是散文化了。例如："故将军饮罢夜归来，长亭解雕鞍。恨灞陵醉尉，匆匆未识，桃李无言。"（《八声甘州》（夜读《李广传》，不能寐，因念晁楚老、杨民瞻约同居山间，戏用李广事，赋以寄之）"贤愚相去，算其间能几。差以毫厘缪千里。细思量义利，舜跖之分，孳孳者，等是鸡鸣而起。味甘终易坏，岁晚还知，君子之交淡如水。一饷聚飞蚊，其响如雷，深自觉、咋非今是。羡安乐窝中泰和汤，更剧饮，无过半醺而已。"（《洞仙歌》（丁卯八月病中作）这一类词，都是具有鲜明的散文化的倾向的。

综上所述，我们可见辛弃疾的词，不仅创作很丰富，而且成就是杰出的，刘克庄所说的："横绝六合，扫空万古，自有苍生以来所无。"彭孙遹在《金粟词话》说："稼轩之词，胸有万卷，笔无点尘，激昂排宕，不可一世。"陈廷焯《白雨斋词话》说："辛稼轩，词中之龙也，气魄极雄大，意境却极沉郁。"这些话是有根据的，不是谬赞。

辛弃疾词里的强烈的爱国主义思想和反抗侵略的战斗意志，对当时及后来的影响是很深的，与他同时的陈亮、刘过，及后来的刘克庄、刘辰翁、文天祥、汪元量等都是受他深刻的影响的。

第六章 姜夔与格律派词人

第一节 姜 夔

姜夔，字尧章，别号白石道人，江西鄱阳人。约生于宋高宗绍兴二十五年（1155 年）前后卒于宋宁宗嘉定十四年（1221 年）前后。[①] 在他十四岁的前后，他的父亲便死了，以后他便长期在外面作客，过着"十年心事只凄凉"的生活。他爱好书法、音乐和文学，他一生没有做官，一直飘泊在江湖上，过着清苦淡泊的寄居生活，因为他很早就有文名，所以他的交游很广，当时的一些著名文人，如：尤袤、朱熹、楼钥、叶适、杨万里以及大词人辛弃疾等都是他的朋友。姜白石的一生，虽然过着他清苦寂寞，穷困潦倒的生活，但他却始终没有能跳出没落的士大夫阶级的生活圈子，因而也没有能接近人民，扩大他的生活，同时在政治上他也没有找到过出路，也缺乏像辛弃疾那样实际的政治才能和

---

① 参阅夏承焘《唐宋词人年谱：姜白石系年》。1955 年 11 月上海古典文学出版社出版。

强烈的从政愿望。所以他毕生一直过着飘泊孤独的清苦生活，他一直追求着把他的幽冷孤独的心情，用最精致的语言表达出来，他特别重视词的格律，他继承了周邦彦在词律上的成就而又加以深化，他喜欢自度曲（自制曲调），至今他传下来的词集还带有旁谱，这在宋人词集中是唯一的一种。由于他精研格律，重视词的音律的谐和，要求能合乐演唱，他自己的词也常付之吟唱，他有"小红低唱我吹箫"之句，因之就形成了他的独特的艺术风格，成为整个宋词中除柳（永）、苏（轼）辛（弃疾）以外的另一派，而且一直影响到七百年以后的清代浙派词。在他的词里，反映了当时的社会现实，像那首有名的《扬州慢》：

> 淳熙丙申至日，予过维扬。夜雪初霁，荠麦弥望。入其城，则四顾萧条，寒水自碧，暮色渐起，戍角悲吟。予怀怆然，感慨今昔，因自度此曲。千岩老人以为有"黍离"之悲也。

淮左名都，竹西佳处，解鞍少驻初程。过春风十里，尽荠麦青青。自胡马窥江去后，废池乔木，犹厌言兵。渐黄昏、清角吹寒，都在空城。　　杜郎俊赏，算而今、重到须惊。纵豆蔻词工，青楼梦好，难赋深情。二十四桥仍在，波心荡、冷月无声。念桥边红药，年年知为谁生。

这首词，深刻地反映了当时江淮一带经过兵灾以后长期未能恢复的凄凉荒芜的景象。再如他在光宗绍熙年间客游合肥时作的《凄凉犯》及其小序说：

> 合肥巷陌皆种柳，秋风夕起骚骚然。予客居阖户，时闻马嘶，出城四顾，则荒烟野草，不胜凄黯，乃著此

777

解。……

绿杨巷陌。秋风起、边城一片离索。马嘶渐远，人归甚处，戍
楼吹角。情怀正恶。更衰草、寒烟淡薄。似当时、将军部曲。
迤逦度沙漠。　追念西湖上，小舫携歌，晚花行乐。旧游在
否，想如今、翠凋红落。漫写羊裙，等新雁、来时系着。怕匆
匆、不肯寄与误后约。

诗人对当时国境日蹙，江淮腹地，变为国防"边城"的危局，抒发了深
深地感叹。以上这些词，虽然也反映了当时荒凉残破的社会现实，但毕
竟只是消极低沉的哀叹，比起辛弃疾等人充满着强烈的爱国主义精神和
战斗情绪的作品来，就低沉得多了。

除了上述这些词外，下面这些词，也都是能表现姜白石的特色的：

点 绛 唇

丁未冬过吴松作

燕雁无心，太湖西畔随云去。数峰清苦。商略黄昏雨。
第四桥边，拟共天随住。今何许。凭阑怀古。残柳参差舞。

长 亭 怨 慢

余颇喜自制曲，初率意为长短句，然后协以律，故前
后阕多不同。桓大司马云："昔年种柳，依依汉南；今看摇
落，凄怆江潭。树犹如此，人何以堪。"此语予深爱之。
渐吹尽、枝头香絮。是处人家，绿深门户。远浦萦回，暮帆零
乱向何许。阅人多矣，谁得似、长亭树。树若有情时，不会

得、青青如此。　　日暮。望高城不见，只见乱山无数。韦郎去也，怎忘得、玉环分付。第一是、早早归来，怕红萼、无人为主。算空有并刀，难剪离愁千缕。

杏 花 天 影

丙午之冬，发沔口，丁未正月二日，道金陵。北望淮楚，风日清淑，小舟挂席，容与波上。

绿丝低拂鸳鸯浦。想桃叶、当时唤渡。又将愁眼与春风，待去。倚兰桡、更少驻。　　金陵路。莺吟燕舞。算潮水、知人最苦。满汀芳草不成归，日暮。更移舟、向甚处。

疏 影

苔枝缀玉。有翠禽小小，枝上同宿。客里相逢，篱角黄昏，无言自倚修竹。昭君不惯胡沙远，但暗忆、江南江北。想佩环、月夜归来，化作此花幽独。　　犹记深宫旧事，那人正睡里，飞近蛾绿。莫似春风，不管盈盈，早与安排金屋。还教一片随波去，又却怨、玉龙哀曲。等恁时、重觅幽香，已入小窗横幅。

从上述这些词，可以看到姜白石的艺术特色，这些词的音节都很和谐婉转，词的语言都很精练，经过了苦心的锤炼，但这些词的内容，都比较幽深而狭窄，但在他的有些作品里，也仍然反映了当时的社会面貌和战乱给人民造成的灾难，如他的《扬州慢》、《长亭怨慢》（渐吹尽）、《淡黄柳》（空城晓角）等。

姜白石的词，反映了当时尖锐的民族矛盾中的一部分失意的知识分子的情绪，他们忧心国事，也不满现实，可是他们却消极颓唐，不能大声疾呼，他们始终是低沉的叹息。这恰恰形成了与辛弃疾等人豪放派的词的鲜明对照（无论是思想内容或是艺术风格上）。使词继承和发展了由周邦彦等人所建立起来的注重格律形式的道路。但也不可否认，由姜白石继承了周邦彦的影响而建立起来的这种注重格律和词句的雕琢，音节的婉转和谐，感情的细密低沉，用典的含蓄隐僻的作风，却深刻地影响了后来歌词的创作，形成了这一派词的特色，也使词的格律趋向于更加完善，在这一过程中，史达祖、吴文英是这方面的代表，而周密、王沂孙与张炎也是直接继承姜白石的，不过，他们的词的含意虽然很隐晦，但还是有现实意义的。

第二节　史达祖

史达祖，生卒年不详，字邦卿，号梅溪，汴（河南开封）人，曾为韩侂胄堂吏，韩被杀，史亦被坐受黥刑，死于贬所，有《梅溪词》传世。韩是主战派，曾起用辛弃疾，反对理学，任用叶适等人，抗金之势大盛，韩初期北伐曾获胜，后因吴曦叛变，战事遂受挫。史达祖为韩堂吏时，"奉行文字，拟帖撰旨，俱出其手"（叶绍翁《四朝见闻录》）。则辛弃疾被韩起用，史达祖应知其事，亦当与韩、辛同样主张北伐。以往选家只重他的咏物词，把他与姜夔、吴文英等并称，也有称他为南宋第一词人的，[①] 这当然是夸大之辞，但也可见他影响之大。

现先看他的咏物词《双双燕·咏燕》：

---

① 彭孙遹《金粟词话》。

过春社了，度帘幕中间，去年尘冷。差池欲住，试入旧巢相
并。还相雕梁藻井。又软语、商量不定。飘然快拂花梢，翠尾
分开红影。　　芳径。芹泥雨润。爱贴地争飞，竞夸轻俊。红
楼归晚，看足柳昏花暝。应自栖香正稳。便忘了、天涯芳信。
愁损翠黛双蛾，日日画阑独凭。

这首词咏春燕可说是工极细极，而且动态传神，所以王士祯《花草蒙
拾》说它：“咏物至此，人巧极天工错矣。”此词历代为选家所取。再
如他的《绮罗香·咏春雨》：

做冷欺花，将烟困柳，千里偷催春暮。尽日冥迷，愁里欲飞还
住。惊粉重、蝶宿西园，喜泥润、燕归南浦。最妨他、佳约风
流，钿车不到杜陵路。　　沉沉江上望极，还被春潮晚急，难
寻官渡。隐约遥峰，和泪谢娘眉妩。临断岸、新绿生时，是落
红、带愁流处。记当日、门掩梨花，剪灯深夜语。

这首词纯用白描的手法，写春雨缠绵的气氛，读下去，无论是花、柳、
蝶、燕，色色都在春雨迷濛中，连渡口都迷茫了，出游更不行了，只能
剪灯夜话了。词写得畅通而有情致，所以连上面一首，被称为咏物的绝
唱。历来都评它没有寄托，其实这也是一种框框，客观写物能如此生动
逼真，不也是一种美、一种艺术吗？为什么一定要有寄托才算合乎要求
呢，应该让艺术呈现多彩的面目。

　　以往人们只知道史达祖的咏物词，但实际上他是韩侂胄的堂吏，与
辛弃疾等共同主张抗金，他还曾奉命出使金邦，在沦陷区有过实际的了
解和感受，后韩侂胄因败被冤杀，他也因此受冤而死。他的词风受姜白

石的影响，词风也清空，但另一面他还受辛弃疾的影响，因为他的抗金思想也不可能不有所反映的，所以他还有辛派的词，如《满江红·九月二十一日出京怀古》：

> 缓辔西风，叹三宿、迟迟行客。桑梓外、锄耰渐入，柳坊花陌。双阙远腾龙凤影，九门空锁鸳鸾翼。更无人撅笛傍宫墙，苔花碧。　　天相汉、民怀国。天厌虏，臣离德。趁建瓴一举，并收鳌极。老子岂无经世术，诗人不预平戎策。办一襟风月看升平，吟春色。

宋宁宗开禧元年（1205 年），宋遣使李壁为贺金主生辰正使入金，史达祖奉命"随行觇国"① 观察金人的实际情况。金章宗完颜璟生辰是九月一日，事毕返程，史达祖于 9 月中经已经沦陷的北宋都城汴京（今河南开封市），9 月 21 日离开汴京时写此词，史达祖是汴京人，所以他离开汴京，除了故国之思外，还有桑梓之叹，首两句就是写迟迟其行，不忍离开故乡。下两句是写自己昔日熟悉的街坊现在已变为耕田。再下三句是说遥望京城的宫阙，再也没有昔日的繁华了。下片是说形势对宋有利，一举收回失地的时机到了，自己一定会看到这最后的胜利。"老子"两句，是说自己虽有经世之术，但不过个诗人，无施展之途。此两句明显有报国无门的慨叹和牢骚。这首词，十分明确地抒发了他的抗金复国思想。再看他的《满江红·中秋夜潮》：

> 万水归阴，故潮信、盈虚因月。偏只到、凉秋半破，斗成双绝。有物揩磨金镜净，何人拿攫银河决。想子胥、今夜见嫦

---

① 叶绍翁《四朝见闻录》。

娥，沉冤雪。　　　光直下，蛟龙穴。声直上，蟾蜍窟。对望中
天地，洞然如刷。激气已能驱粉黛，举杯便可吞吴越。待明
朝、说似与儿曹，心应折。

这首词，词面上是写钱塘江的怒潮，词的实际意思是在"想子胥、今夜
见嫦娥，沉冤雪"，发泄自己一腔幽愤冤郁之气，事实上抗金派韩侂胄
被杀和自己的受鞫，都是冤狱，所以借用伍子胥的故事来隐喻韩侂胄和
自己的蒙冤，借用钱塘江的怒潮来形容自己胸中激荡的愤郁，最后能使
"望中天地，洞然如刷"，把冤案洗刷干净。但诗人并未忘记国家，"激
气已能驱粉黛，举杯便可吞吴越"两句是说如怒潮这样汹涌激荡之气，
可以驱除"粉黛"（投降、怯懦）不敢与敌对阵之懦气。相传诸葛亮曾
以巾帻妇女之服送司马懿，讽刺司马懿如妇人不敢出战。词人说，这样
汹涌激荡的怒潮，可以把怯敌的粉黛之气冲刷掉，然后"举杯便可吞吴
越"，这里的"吴越"是指金人，便可一举把金人荡平。

　　这首词，词意激越，格调郁勃而奔放，大有辛词气势豪壮，慷慨激
昂的风格。所以楼敬思说史达祖："集中又有留别社友《龙吟曲》。'楚
江南，每为神州未复，阑干静，慵登眺。'新亭之泣，未必不胜于兰亭
之集也。"（《词林纪事》卷十三）史达祖的词内容扩大（史达祖还有爱
情词、悼亡词等等），风格多样，他既有受姜白石影响的一面，又有受
辛弃疾影响的一面，但无论是哪一面，都熔铸成他自己的风格，无丝毫
与别人的重复。史达祖的词，历来评价都是很高的，概括来说，可以用
张镃为他写的序文中的八个字来总结，这就是："瑰奇警迈，清新
闲婉。"

第三节　吴文英

吴文英（1207？—1269？），字君特，号梦窗，晚年又号觉翁，四明（今浙江宁波）人。一生没有做过官，但交游甚广，二十岁左右游德清，三十岁左右在苏州为仓台幕僚①，此后一直居住在苏州、杭州一带，行踪未出江浙两省，晚年困顿而卒，年六十岁左右。他有《梦窗甲乙丙丁稿》，共词三百五十首左右，为南宋作品最多的词人之一。

尹焕在《梦窗词》序里说："求词于吾宋者，前有清真，后有梦窗，此非焕之言，四海之公论也。"（黄升《花庵词选》引尹序），对他评价很高。但张炎却说："梦窗词如七宝楼台，眩人眼目，碎拆下来，不成片段"（《词源》）张炎的话其实是不公平也不合理的，一个完整的艺术品，怎么可以拆碎呢？但是张炎的话对后世却影响很大。不过，《四库全书提要》倒说："词家之有文英，如诗家之有李商隐。"可见《四库全书》对他的评价还是很高的。平心而论，吴文英是南宋后期的大家，他的词足以与姜白石、辛弃疾并称。他虽受周邦彦的影响，虽然同样注重词的音律和技巧，却能独树一帜，开辟出自己的新天地。现在先看他的《八声甘州·陪庾幕诸公游灵岩》：

> 渺空烟四远，是何年、青天坠长星。幻苍厓云树，名娃金屋，残霸宫城。箭径酸风射眼，腻水染花腥。时靸双鸳响，廊叶秋声。　　宫里吴王沉醉，倩五湖倦客，独钓醒醒。问苍波无语，华发奈山青。水涵空、阑干高处，送乱鸦、斜日落渔汀。

---

① 详见夏承焘《唐宋词人年谱》第460、461页：《吴梦窗系年》。1955年11月上海古典文学出版社出版。

连呼酒，上琴台去，秋与云平。

这是一首登临吊古之作，灵岩山在苏州之西，作者三十岁左右曾在苏州为仓台幕僚，居吴达十年之久，熟悉吴地的历史掌故。这首词词面上是吊古，骨子里是伤今。因为当时南宋已是摇摇欲坠之势了，吴文英死后十年左右南宋也就灭亡了。词的开头三句，是说灵岩像是天上掉下来的一颗巨星，拔地耸起。以下即说吴王夫差因宠爱西施，在灵岩山建馆娃宫等事。下片是说吴王终于沉醉在声色里了，只有范蠡才是独醒者，但他已避祸远遁。"问苍波无语"以下数句，大有屈原搔首问天的意思（别本作"问苍天"），国势如此危急，可向何人说呢？即使上最高处（琴台在灵岩之顶），苍天也听不见，自然让他愁恨满怀，"秋与云平"了。"秋"也就是"愁"，作者另一首《唐多令》的名句就是"何处合成愁，离人心上秋"。"秋与云平"，也就是作者对家国的愁恨充塞于天地之间了。

从这首词（当然不止这一首），可以看到吴文英当时对国势的忧愤。再看他的《唐多令》：

何处合成愁。离人心上秋。纵芭蕉、不雨也飕飕。都道晚凉天气好，有明月，怕登楼。　　年事梦中休。花空烟水流。燕辞归、客尚淹留。垂柳不萦裙带住，漫长是，系行舟。

这是一首伤别的词，词意显朗，但开头两句就精警夺人。张炎称赞此词说："此词疏快，却不质实。"周尔墉说："玉田赏之，是矣，然是极研炼出之者。看似俊快，其实深美。"（周批《绝妙好词笺》卷四）"深美"两字，说到了吴词的关键处。下面再看他的《莺啼序》：

残寒正欺病酒，掩沉香绣户。燕来晚、飞入西城，似说春事迟
暮。画船载、清明过却，晴烟冉冉吴宫树。念羁情游荡，随风
化为轻絮。　　十载西湖，傍柳系马，趁娇尘软雾。溯红渐、
招入仙溪，锦儿偷寄幽素。倚银屏、春宽梦窄，断红湿、歌纨
金缕。暝隄空，轻把斜阳，总还鸥鹭。　　幽兰渐老，杜若还
生，水乡尚寄旅。别后访、六桥无信，事往花委，瘗玉埋香，
几番风雨。长波妒盼，遥山羞黛，渔灯分影春江宿，记当时、
短楫桃根渡。青楼仿佛，临分败壁题诗，泪墨惨淡尘土。
危亭望极，草色天涯，叹鬓侵半苎。暗点检、离痕欢唾，尚染
鲛绡，亸凤迷归，破鸾慵舞。殷勤待写，书中长恨，蓝霞辽海
沉过雁，漫相思、弹入哀筝柱。伤心千里江南，怨曲重招，断
魂在否。

《莺啼序》是词中最长的词调，全文二百四十字，此词创始于梦窗，梦
窗集中共有此调三首。《宋六十名家词》又题作"春晚感怀"。"感怀"，
意即悼亡。夏承焘说"其时春，其地杭州者，则悼杭州亡妾。"全词分
四段，第一段从"残寒正欺病酒"说起，写他伤春病酒，闭户不出，后
又感到"春事迟暮"，勉强再作湖上游，所见则是一片萧条迟暮的景象。
从词面上看是伤春、病酒，而实际上是悼亡妾，而且不仅是悼亡妾，亦
寓伤时感事之意。第二段回叙十载西湖旧事，包括他与亡妾的相逢和热
恋，现在则是人去隄空，"轻把斜阳，总还鸥鹭"。第三段写别后旅况，
以及"访六桥无信"，只是"花委""香埋"的一片惨象，更使他苦忆
旧时的种种情景。第四段是悼亡。"漫相思，弹入哀筝柱。伤心千里江
南，怨曲重招，断魂在否。"这里既是悼亡，亦是伤时。

　　这首词最能代表吴文英词的特点。思路大幅度的跳跃和情节前后的
回环重复交叉，而用词又极精工密丽。因为他的思路的跳跃性，与常规

的写法不同，所以张炎就说他的词"碎拆下来，不成片段"。实际上他的词思深而辞丽，是与以往的词人有很大的不同的。陈廷焯《白雨斋词话》评点这首词"全章精粹，空绝千古"，可见陈廷焯是理解了吴文英的词的独特之处了。

总之，吴文英是南宋独树一帜，可与姜白石、辛弃疾并立的大家。

第四节　王沂孙、周密

王沂孙（1240？—1290？），字圣与，号碧山，又号中仙，会稽（今浙江绍兴）人。他的生卒年说法很多，今只是酌取一种说法，[①] 不能作为定论。按以上的生卒年推算，则宋亡时他三十九岁，入元十一年即卒。他又号玉笥山人或玉笥村民，据元《延祐四明志》说："至元中，王沂孙庆元路学正。"但时间不长，也有人说他"入元不仕"。他与周密、张炎等人往来甚多。有《碧山乐府》（又名《花外集》），存词六十余首。

王沂孙处在宋末元初，身经国家之灭亡，元人之专制统治，经历了国亡家破的痛苦，又不能明写亡国之痛，所以他只好托物寄意，借此来抒发他的亡国之恨。他的词表面平淡，实际上却深隐亡国之痛。下面读他的《眉妩·新月》：

渐新痕悬柳，澹彩穿花，依约破初暝。便有团圆意，深深拜，相逢谁在香径。画眉未稳。料素娥、犹带离恨。最堪爱、一曲

---

① 陶尔夫、刘敬圻《南宋词史》引黄贤俊《王碧山四考》（《词学第六辑》）的看法。

银钩小，宝帘挂秋冷。　　千古盈亏休问，叹慢磨玉斧，难补金镜。太液池犹在，凄凉处、何人重赋清景。故山夜永。试待他、窥户端正。看云外山河，还老尽、桂花影。

这首词，作者借新月来抒发国家山河破碎、难以重圆的亡国之痛。开头三句写新月初出如钩，"便有团圆意"之句借写拜月的风俗，隐写亡国之恨，"相逢谁在香径"已无人出来拜月了，写当时时势的惨伤。因为是新月，所以说它"画眉未稳"，未稳，未妥，没有画好。连带就说"犹带离恨"，这一句很自然地融入国家的破亡，人民的流离。"最堪爱"三句，再回写新月。"最堪爱"，也就是"最堪怜"，可怜一钩新月，不圆的月，孤零零地挂在冰冷的秋空里。下片开头三句是伤心破镜不能重圆，也就是已破碎的山河眼前很难重复。"太液池犹在"三句用典使词意更为明显，据陈师道《后山诗话》载："太祖（赵匡胤）夜幸后池，对新月置酒。问'当值学士为谁?'曰'卢多逊'。召使赋诗，请韵。曰：'些子儿'。其诗云：'太液池边看月时。好风吹动万年枝。谁家玉匣开金镜，露出清光些子儿。'"这里直接用宋太祖的故事，作者怀念故国的词意明显至极。"故山夜永"三句是写作者仍盼有月圆之时，"窥户端正"是指月圆，也寓祖国的恢复。因为月是能重圆的。末两句意思一转，却说：但是眼前的现实，却是"看云外山河，还老尽桂花影"，故国山河还在沦陷中，"老尽桂花影"，还看不到希望。

这首词，作于宋亡前还是宋亡后，有争论。从词意来看，似作于宋亡后更切。再看他的《齐天乐·蝉》：

一襟余恨宫魂断，年年翠阴庭树。乍咽凉柯，还移暗叶，重把离愁深诉。西窗过雨。怪瑶佩流空，玉筝调柱。镜暗妆残，为谁娇鬓尚如许。　　铜仙铅泪似洗，叹携盘去远，难贮零露。

病翼惊秋，枯形阅世，消得斜阳几度。馀音更苦。甚独抱清
高，顿成凄楚。谩想薰风，柳丝千万缕。

这首词，开头五句用典直接写蝉，一下就把蝉与宫廷后妃连结了起来。
据马缟《中华古今注》："昔齐后忿而死，尸变为蝉，登庭树嘒唳而鸣，
王悔恨。故世名蝉为齐女焉。""西窗过雨"以下五句，"西窗过雨"是
指一场国破家亡的剧变，是以下四句的总领，"瑶佩"两句是写蝉鸣，
"镜暗"两句是写蝉翼。崔豹《古今注》载魏文帝宫人莫琼树"制蝉
鬓，缥缈如蝉。"再次把蝉与宫廷连结起来，总的意思是说，一场"过
雨"以后，蝉的青春已没有了，也就是象征国家的宫廷被毁了。下片起
三句就直接写国破，宗器重宝均被迁夺，字面的关联是说，承露盘已被
拆走，则蝉再也无露可饮了，也就无可生存了。"病翼"三句直接说蝉
（也象征国家）已面临危亡。"余音"两句写亡国之痛，"余音"哀音
也。声音凄楚。"独抱"句是说当初盛时。最后两句有不堪回首之意。
这首词，结合当时的历史背景来读，无论是用典造句，可说是句句
贴切。

历史上，对王沂孙的评价一直是很高的。张炎说他："能文工词，
琢语峭拔，有白石意度。"（张炎《山中白云》卷一《琐窗寒》词小序）
清周济说："中仙最多故国之感，故着力不多，天分高绝，所谓意能尊
体也。"（《介存斋论词杂著》）陈廷焯说："碧山词，观其全体，固自高
绝，即于一字一句间求之，亦无不工雅。琼枝寸寸玉，旃檀片片香，吾
于词见碧山矣。"以上所引，可见历来对他评价之高，他的确可以说是
姜白石一派劲旅。

周密（1232—1298?），字公谨，号草窗，又号蘋洲、萧斋、四水潜
夫、弁阳老人，祖籍济南，流寓吴兴（今浙江湖州）。宋末任义乌令，

宋亡后不仕，移居杭州。他的年龄，不可确考，约活到七十六岁，宋亡时他四十七岁，入元后又二十九年。他勤于著述，有《齐东野语》、《武林旧事》、《浩然斋雅谈》、《癸辛杂识》、《云烟过眼录》等多种著作。以前对他的评价，把他与吴梦窗（文英）并称，称为"二窗"，但实际上他比吴文英要略逊一筹。周密前期的词（在宋时期）多潇洒飘逸、洒脱不羁之作，入元后词中寄寓亡国之恨，但词意深隐，这是当时政治环境使然。周密还精通音律，所以他作为清真、白石的后继，既有音律上的精工，又有他自己的个性和时代环境所赋予的特色。现把他前后期的词，各举一首为例，《曲游春》：

> 禁苑东风外，飏暖丝晴絮，春思如织。燕约莺期，恼芳情偏在，翠深红隙。漠漠香尘隔。沸十里、乱弦丛笛。看画船、尽入西泠，闲却半湖春色。　　柳陌。新烟凝碧。映帘底宫眉，堤上游勒。轻暝笼寒，怕梨云梦冷，杏香愁幂。歌管酬寒食。奈蝶怨、良宵岑寂。正满湖、碎月摇花，怎生去得。

这首词是他前期的代表作，词的内容是写西湖的春游，词前有小序，是和同时词人施岳（中山）的韵，词中上片末句"闲却半湖春色"，博得施的击节，因而他自己也很得意。从词本身来看，只是写西湖春游的热闹，从词的选字造句来说，确实极见匠心，不仅是施岳称赏的那句，就是下片"满湖碎月摇花"也可说是佳句。但这首词除了精致地描写西湖的春游外，作者别无寄托。这首词是在南宋末期写的，当时国势殆危，而作者却游兴极浓，还以描红刻彩为胜，不能不令人感到遗憾。但这首词客观上却反映了南宋朝野的醉生梦死，文恬武嬉，这当然不是作者的主观意图，也与作者本人无关了。再看他在宋亡以后写的《一萼红·登蓬莱阁有感》：

步深幽。正云黄天淡，雪意未全休。鉴曲寒沙，茂林烟草，俯仰千古悠悠。岁华晚、漂零渐远，谁念我、同载五湖舟。磴古松斜，厓阴苔老，一片清愁。　　回首天涯归梦，几魂飞西浦，泪洒东州。故国山川，故园心眼，还似王粲登楼。最怜他、秦鬟妆镜，好江山、何事此时游。为唤狂吟老监，共赋销忧。

周密遭遇了国亡家破的剧变，他一直以遗民终老。他的思想也有了剧变，词里反映了他的这种变化。这首词，也是写"游"，但与国亡前的"游"却大不一样了。在这首词里，他再也无从前那种游兴了，贯穿于词的上下片的是凄凉、飘零，是"磴古松斜，厓阴苔老"。特别是到了下片，竟直接写出"故国山川，故园心眼"，"好江山、何事此时游"。对故国的眷念已是脱口说出，与前举的《曲游春》说："正满湖碎月摇花，怎生去得"就完全不一样了。陈廷焯在《白雨斋词话》里说："苍茫感慨，情见乎词，当为草窗集中压卷，虽使美成、白石为之，亦无以过。"周济则在《周评绝妙好词笺》里说："草窗词美在缜密，如此章稍空阔，愈益佳妙。"对周密词的评价，各家多有不同，但周密不仅词工，"镂冰刻楮，精妙绝伦"，也还有反映国亡家破的一面，所以他不失为南宋的重要词人。

第五节　张炎、蒋捷

张炎（1248—1322?），字叔夏，号玉田，又号乐笑翁。先世籍凤翔府成纪（今甘肃天水），寓居临安（今浙江杭州市）。他的曾祖张镃是著名词人，与姜白石相唱和。张炎出生在官僚家庭，年轻时生活优裕，但元军攻破临安前，他的祖父张濡被元军所杀。父张枢精音律，与周密等唱和，临安城破后不知下落。张炎的妻子家产被籍没入官，他自己得以脱逃。至元二十七年（1290）秋，张炎以书画人才被召至大都（今北京），次年便失意南归。① 张炎通书画，精音律，有《山中白云词》，还著有《词源》。这是关于词的理论著作，书中论述了词的起源，词与音乐的关系，词的鉴赏等等，这本书至今还是研究词史、词学的重要著作。

张炎的词，由于家学渊源，继姜白石之后，主张清空、疏雅等，到国亡以后，他的词风开始转变，逐渐倾向于豪放派，但也只是微度的变化。不过他用词来"备写其身世盛衰之感"（《四库全书总目提要》），因而他的词也有了有关家国兴亡的时代内容，从而明显地与前期词风不同了。先看他的《高阳台·西湖春感》：

> 接叶巢莺，平波卷絮，断桥斜日归船。能几番游，看花又是明年。东风且伴蔷薇住，到蔷薇、春已堪怜。更凄然、万绿西泠，一抹荒烟。　　当年燕子知何处，但苔深韦曲，草暗斜川。见说新愁，如今也到鸥边。无心再续笙歌梦，掩重门、浅醉闲眠。莫开帘，怕见飞花，怕听啼鹃。

这首词作者题下自注是"西湖春感"，则这首词既写"西湖"，又写"春"，又写"感"。而且在词中更为重要的是"感"。起三句，直写暮春景色，第三句六字而三层内涵，一是"断桥"，断桥本是西湖的名迹，但一个"断"字让你触景生情，联想到国破家亡，有"国破山河在，

---

① 参见邱鸣皋《关于张炎的考索》，《文学遗产》1984 年第 1 期。

城春草木深"之意。下接"斜日"，日已西斜，本来是指自然景色，但此处却让你联想到日薄西山，联想到国祚已断。"归船"与上四字连在一起，显得意兴萧索。接下去两句，暗藏着春去不可回，要看花也只有明年了的意思。"能几番游"自问而自答（自答已不用写出），感伤和渺茫的情绪溢于纸上。"东风"两句，更是无力回春的哀叹。"更凄然"两句，进一步写春去后的凄清萧条，一片荒冷之景。这些描写，是写西湖、写春，更包含着家国沦亡的哀伤。下片连接上片意思，又放开一层讲，"当年"三句，与上片不同，上片是实写，下片起句是想象，是问，由眼前景物想到当年燕子，想到韦曲、斜川当年游乐之地。词题明写"西湖春感"，故此处的韦曲、斜川都是借指临安附近繁华或游乐之地，是意想中之事，但事实也必然如此，临安都已凄凉荒芜了，那么何论其他地方！下两句更是奇思，但思路清晰，从"当年燕子"想到"鸥"鸟，鸥的特点是"闲"，故往往称为"闲鸥"，但词人却说连闲鸥都在忧愁了，那么天下还有无愁之物吗！"无心"两句是承上而下，鸥鸟都在忧愁，何况自己，故此两句只写表面的行动，而这个行动，实际上是因为愁。末三句重在一个"怕"字，因为眼见的一切都让他忧愁，故用"莫开帘"三字结住，"怕"字两句是讲"莫开帘"的缘故。此词写得蕴藉含蓄而回肠荡气，凄凉悲惋不已。"一片伤心画不成"，国破家亡之悲尽寓其中，既有张炎早期的婉约，更有亡国后的哀痛。此词论者以为是南宋初亡时的作品，结合词的内容可以相信。陈廷焯说："《高阳台》凄凉幽怨，郁之致，厚之致。"在《云韶集》又说："情景兼到，一片身世之感。'东风'二句，虽是激迫之词，然音节却婉约，惹甚闲愁，不如掩门一醉高卧也。"陈评说"身世之感"甚当，然"惹甚"两句未切，张炎此时已不是"惹甚闲愁"，而是触目伤心，两个"怕"字已情见乎词。麦孺博说此词"亡国之音哀以思。"（《艺衡馆词选》）此论可取。再看他的《壶中天》（夜渡古黄河与沈尧道、曾子敬同赋）：

扬舲万里，笑当年底事，中分南北。须信平生无梦到，却向而
今游历。老柳官河，斜阳古道，风定波犹直。野人惊问，泛槎
何处狂客。　　迎面落叶萧萧，水流沙共远，都无行迹。衰草
凄迷秋更绿，惟有闲鸥独立。浪挟天浮，山邀云去，银浦横空
碧。扣舷歌断，海蟾飞上孤白。

这首词是元世祖至元二十七年（1290）秋天张炎被征召赴大都渡黄河所
作。此词已明显向辛派词风变化，词的构思以铺叙描写渡古黄河所见，
词意显豁。起三句就对历史提出了质问，"中分南北"四字，是历史的
祸根，当年就不应该中分而应该渡河北伐，统一祖国。一个"笑"字，
从字面来看是轻的，但从意义来看是重的，是对投降派的批判，因为这
一中分，导致了今天的国亡家破。"须信"两句是伤心语，意谓自己做
梦也想不到今天被征召到黄河的这一边来。"老柳"三句，写黄河古道，
北国风光，荒凉苍浑，非南方所能见也。"风定波犹直"，写黄河之壮阔
天险，犹无风三尺浪也。接下去两句，是说不仅自己想不到，连黄河边
的"野人"（老百姓）也想不到会有南方的人来，这后一句写足了当时
南北相隔敌对的形势。下片起三句，写一派荒凉萧瑟，"水流沙共远"，
即"黄河远上白云间"之意，写黄河的壮阔无际。下两句是写如此广阔
的天地，却萧条无人，"惟有闲鸥独立"句，更见沦陷后北国之残破。
"浪挟天浮"三句，气势磅礴，意象壮伟，为玉田词中豪雄而又精练之
语，"银浦横空碧"，写月光下的黄河无边的空旷，无比的雄伟，亦暗寓
如此天险，竟然不守的叹恨之意。所以下面紧接着"扣舷"两句，词异
而意连，作者扣舷而歌，当然是歌身世之悲，家国之痛。末句"海蟾飞
上孤白"，写孤光无际，尽是祖国山河，笔力雄厚，语意郁勃，作者特
用一个"孤"字，显出一片凄冷之景。相对来说，这首词，比起上一首

来，更显得张炎词风的向辛词转变。所以俞陛云说："此为集中杰作，豪气横溢，可与放翁、稼轩争席。写渡河风景逼真，起句有南渡时神州分裂之感。'闲鸥独立'句谓匹夫志不可夺。夏闰庵云：'非特苍凉悲壮，且确是渡河而非渡江。'下阕虽写景，而'衰草''闲鸥'句兼以书感，名句足敌白石。"俞评可谓对玉田词的真赏。

关于此次北行，张炎还有一首《甘州》，小序说："辛卯（1291 年）岁，沈尧道同余北归，各处杭、越。逾岁，尧道来问寂寞，语笑数日，又复别去。赋此曲，并寄赵学舟。"

> 记玉关、踏雪事清游，寒气脆貂裘。傍枯林古道，长河饮马，此意悠悠。短梦依然江表，老泪洒西州。一字无题处，落叶都愁。　　载取白云归去，问谁留楚佩，弄影中洲。折芦花赠远，零落一身秋。向寻常、野桥流水，待招来、不是旧沙鸥。空怀感，有斜阳处，却怕登楼。

这是他从大都回来后的第二年所作，词意更显豁，词风更豪放，词语更俊逸。开头四句，回忆北游，笔意奔放。"短梦"两句，突然转折而郁勃凄伤。"一字"两句，伤心至极语。下片说到眼前故人，依依惜别，"折芦花"两句是俊语，亦深情语，词句似从天外飞来，雅极俊极，自当传诵千古。末数语，一片凄凉伤心，"却怕登楼"，是不堪看，不忍看也。俞陛云《唐五代两宋词选释》评此词说："上阕'短梦'以下四句能用重笔，力透纸背，为《白云词》中所罕有。'折芦花'二句传诵词苑，咸推名句。"

张炎由北方归来后，饱看了南北亡国之惨，词义更富家国之痛，他的《思佳客·题周草窗〈武林旧事〉》更见他的惨痛之深：

梦里蔎腾说梦华。莺莺燕燕已天涯。蕉中覆处应无鹿，汉上从
来不见花。　　今古事，古今嗟。西湖流水响琵琶。铜驼烟雨
栖芳草，休向江南问故家。

词题周密《武林旧事》，此书是宋亡后回忆杭州（临安）的旧事，实是
寄托作者亡国之痛。此词首句的"梦华"，实是指孟元老的《东京梦华
录》。孟元老于北宋亡后著《东京梦华录》以记汴京的繁华，藉抒亡国
之痛，这与周密的《武林旧事》意义相同，故作者说"梦里蔎腾说梦
华"，但这个"梦华"，有两层意思，一是指《梦华录》，二是指临安昔
日的繁华。如今都已成空，所以说临安的繁华也是梦中繁华。所以此词
第一句就是极其惨伤的事，第二句也是说昔日的莺燕都已天涯无迹了。
第三句是用《列子》的故事，说郑人得鹿而藏，恐人知，以蕉叶覆之，
后郑忘其藏处，以为原本是梦。此处用其典而变其意，以为原来就是一
场梦，是空的。这是痛极之语，故将有作无。下句是说汉上从来也没有
什么花，花，指繁华。南宋末徐君宝妻为元兵所掳，有《满庭芳》词，
开头说："汉上繁华，江南人物，犹余宣政风流。绿窗朱户，十里烂银
钩。一旦刀兵齐举，旌旗拥百万貔貅。长驱入，歌楼舞榭，风卷落花
愁。"（上片）张炎此句，实际上是隐括此意，都是痛极恨极之语。下
片词义更明，"铜驼"一句，已明写国破家亡之意。末句是一切都不堪
说了！这首词实有痛定思痛，不堪回首之悲。事实上，张炎自己最后也
是无家可归，沦落而终。

张炎的词，在元代一直被湮没，明初陶宗仪有手抄本，到清初始有
刻本，且形成了"家白石而户玉田"（朱彝尊《曹溶静惕堂词序》）的
盛况，直到民国时期，对玉田词的评价，一直未衰。

蒋捷（1245？—1310？），字圣与，号竹山，阳羡（今江苏宜兴）

人，度宗咸淳十年（1274 年）南宋末科进士，五年后南宋亡。宋亡后隐居故乡竹山，终身不仕，为宋遗民，经常往来于吴越间。蒋捷是宋末四大词人，与周密、王沂孙、张炎并称，但与他们并无来往，他的词风与他们也截然不同，他风格多样，豪放与婉约并存，贯穿于其间的是亡国之痛和身世之悲，如《贺新郎·兵后寓吴》：

> 深阁帘垂绣。记家人、软语灯边，笑涡红透。万叠城头哀怨角，吹落霜花满袖。影厮伴、东奔西走。望断乡关知何处，羡寒鸦、到著黄昏后。一点点，归杨柳。　　相看只有山如旧。叹浮云、本是无心，也成苍狗。明日枯荷包冷饭，又过前头小阜。趁未发、且尝村酒。醉探枵囊毛锥在，问邻翁、要写牛经否。翁不应，但摇首。

词题说"兵后寓吴"，则是于元兵破临安以后词人逃到苏州。起三句写兵前的全家安定团圆的生活。"万叠"三句，写突然兵祸，自己孤身逃亡。"望断乡关"数句，写自己飘泊无家。下片写自身以外的周围情景，一切都变了，只有青山不变。"叹浮云"三句作者刺世之笔，浮云本来就是变幻不定的，"无心"是贬词，说它不坚定，所以很快就变成苍狗了，一句话，骂尽满朝新贵。"明日"以下数句，写自己衣食不周，"枯荷包冷饭"的流浪生活。"醉探"以下数句，写自己想找一个抄书换饭吃的地方都没有。

　　这首词，真实地描写了词人不仕新朝，宁可过着流浪无依的生活。"叹浮云"三句，确是刺世之笔，亦见作者品节之高。再看他的《沁园春·为老人书南堂壁》：

> 老子平生，辛勤几年，始有此庐。也学那陶潜，篱栽些菊，依

他杜甫，园种些蔬。除了雕梁，肯容紫燕，谁管门前长者车。怪近日，把一庭明月，却借伊渠。　　鬓边白发纷如，又何苦，招贤约客欤。但夏榻宵眠，面风鼓枕，冬檐昼短，背日观书。若有人寻，只教僮道，这屋主人今自居。休羡彼，有摇金宝辔，织翠华裾。

这首词可以说是明白如话，无须疏解，但有几点要说明一下，一是词题说"为老人书南堂壁"，我认为这个"老人"就是他自己。这首词也就是自况。二是"除了雕梁，肯容紫燕"两句是说除了燕子可以容它来外，其余人一概不准来，哪怕是"门前长者车"（达官贵人的车）也不例外。"把一庭明月，却借伊渠"两句是隐喻，是说山河换主了，月亮都被人借走了，是亡国之痛的隐喻。结尾"休羡彼"两句是指不羡慕这些新贵，自甘幽居寂寞。蒋捷字竹山，实际上这个竹山，也就是指阳羡，阳羡一边是水，另一边是山，而阳羡的山满山都是翠竹，至今仍然如此。所以竹山也是阳羡的地理特色，蒋捷词里提到的荆溪（《梅花引·荆溪阻雪》），也是阳羡的别名，因为阳羡另一边有很广阔的水面。这首词开头说"老子平生，辛勤几年，始有此庐"，这个"庐"，是真，也可以是假设，况且即使是一二间草屋，也可称庐，所谓"茅庐"，所以这首词实际是词人的自写，以显其清贫和高风亮节。李调元说这首词"甚有奇气"，词人正是为了发抒他胸中磊落不平的"奇气"，才用此假托之词。

蒋捷的词风格是多样的，再看他的《一剪梅·舟过吴江》：

一片春愁待酒浇。江上舟摇，楼上帘招。秋娘渡与泰娘桥。风又飘飘，雨又萧萧。　　何日归家洗客袍。银字笙调，心字香烧。流光容易把人抛。红了樱桃。绿了芭蕉。

这是一首小词，它的风格与前面的两首完全不同，用词也俊雅，但实际贯串于词里的思想仍是亡国之痛和飘泊的生涯。末三句构思新颖，为传诵名句，而流光飞逝，显示了词人内心的焦急。焦急什么，不必说明也就可想而知了。

蒋捷的词，《四库全书总目提要》说："其词练字精深，调音谐畅，为倚声家之榘矱。"况周颐说："蒋竹山词极秾丽，其人则抱节终身。"（《蕙风词话》）

蒋捷可以说是南宋末年最后的一位词人。

第六节　简短的结论

南宋的统治者们，为了保持他们的统治地位坚决执行着对侵略者的妥协投降政策，他们对内则尽力摧残抗敌的力量，压抑主张抗战的人才，使得许多有志之士，不能伸展自己的怀抱，使得南宋的国势，越来越危蹙，政治也越来越黑暗腐败。辛弃疾的词，集中而深刻地反映了这一时期的社会现实，深刻而尖锐的揭露了当时统治的黑暗腐败，民族危机的严重，深深地抒发了诗人对于祖国前途的忧虑，辛弃疾的创作，使南宋的爱国主义词达到了最高的成就，也使词的创作，达到了新的高峰，给了后世以深刻的影响。

与辛弃疾同时的词人和音乐家姜夔，则由于他生活道路的狭窄，过着长期的飘泊寄居的生活，虽然在一定程度上他也关心着国事，但他毕竟离开实际斗争太远了，又由于他精于音律，过分地注意了词的音乐性，因此他的作品虽然音节和婉，词句雕琢的很精致，但内容毕竟比较单薄，姜夔的词，是受周邦彦的词的影响的，但他又以自己精心的创作，深刻地影响着后人，后来史达祖、吴文英等人的创作，都是受他的影响的。词到了宋末，由于民族矛盾的空前激烈尖锐，又出现了不少爱国主义的词，他们继承着辛弃疾等人的战斗传统，真实地反映了这个时代的矛盾，但随着南宋王朝的没落，词也毕竟逐渐衰落了。

第七章　南渡前后的另一批爱国词人

北宋后期，政治腐败，徽宗荒于政事，任用蔡京、童贯等专权误国，加紧搜刮人民，镇压农民起义。而虎踞于北边的金国，屡屡南侵，宋皇朝已成风雨飘摇之势，徽宗不图抗敌卫国，却将皇位传于儿子赵桓（即钦宗）以逃避灾难。赵桓接位后，改元靖康（1126 年）。金人却趁机长驱直入，打破开封，俘虏徽、钦二帝并皇室家臣三千余人，抢掠了大批子女玉帛珍宝，史称"靖康之难"。徽宗的另一个儿子赵构在第二年五月称帝于河南商丘，后移扬州，改元建炎，称高宗，是为南宋。他为避金人，长期游动于江浙一带，直到十年后（1138 年）才迁到杭州，称临安。他的国策，依然是妥协投降，向金人纳款称臣称侄，这是历史上最为屈辱黑暗的一段。

自北宋后期到南宋，朝野抗金救国的呼声一直不断，在词坛上同样响彻着响亮的爱国之声。以下，依次叙述这一批爱国词人。

第一节　张元幹

张元幹（1091—?），字仲宗，福建长乐人，自号芦川居士，芦川老隐，真隐山人，靖康之难时，他三十六岁，南渡后，秦桧当国，他弃官而去，《四库全书总目提要·芦川词》说："绍兴八年十一月，待制胡铨谪新州，元幹作《贺新郎》以送，坐是除名（按除名事在绍兴十二年，此处误——冯）。又李纲疏谏和议，亦在是年十一月。纲斯时已提举洞霄宫矣。元幹又有寄词一阕。今观此集，即以此二阕压卷，盖有深意。其词慷慨悲凉，数百年后，尚想其抑塞磊落之气。然其他作，则多清丽婉转，与秦观、周邦彦可以肩随。"张元幹的词，前后期截然不同，而以南渡为界，南渡前词格清丽，多言情之作，南渡后则以悲愤为主，其词激昂慷慨，如《石州慢·己酉秋吴兴舟中》：

雨急云飞，惊散暮鸦，微弄凉月。谁家疏柳低迷，几点流萤明灭。夜帆风驶，满湖烟水苍茫，菰蒲零乱秋声咽。梦断酒醒时，倚危樯清绝。　　心折。长庚光怒，群盗纵横，逆胡猖獗。欲挽天河，一洗中原膏血。两宫何处，塞垣只隔长江，唾壶空击悲歌缺。万里想龙沙，泣孤臣吴越。

这首词作于"己酉秋"，即南宋建炎三年（1129 年），也即靖康之变的第四年。这年春天，金兵又南侵，高宗从扬州狼狈逃跑，江以北全部失守。词的下半阕有泣血之哀，有碎壶之愤。"两宫何处，塞垣只隔长江"，不管被掳的两宫，不管祖国的山河人民，长江竟成为边界了，愤郁之情，锥心之痛，跃然纸上。再如《贺新郎·寄李伯纪丞相》：

曳杖危楼去。斗垂天、沧波万顷，月流烟渚。扫尽浮云风不定，未放扁舟夜渡。宿雁落、寒芦深处。怅望关河空吊影，正人间、鼻息鸣鼍鼓。谁伴我，醉中舞。　　十年一梦扬州路。倚高寒、愁生故国，气吞骄虏。要斩楼兰三尺剑，遗恨琵琶旧

语。谩暗涩、铜华尘土。唤取谪仙平章看，过苕溪、尚许垂纶

否。风浩荡，欲飞举。

李伯纪，即李纲，字伯纪。是南宋坚持抗金的名臣，建炎元年做过宰
相，此时已罢职居福建长乐。宋高宗绍兴八年（1138 年），宋金和议
成，在秦桧、王伦的导演下，高宗向金人拜表称臣，李纲上表反对，张
元幹即寄此词表示支持。词意抑郁孤愤，"十年一梦扬州路"数句，回
忆建炎元年在扬州李纲为相，图谋恢复。后金人南侵，宋高宗仓皇逃
走，扬州遂被金兵焚掠，词中"愁生故国，气吞骄虏，要斩楼兰"，而
终于只能"遗恨琵琶旧语"，可见作者满腔悲愤、忠义郁结之情。再如
《贺新郎·送胡邦衡待制赴新州》：

梦绕神州路。怅秋风、连营画角，故宫离黍。底事昆仑倾砥
柱。九地黄流乱注。聚万落、千村狐兔。天意从来高难问，况
人情、老易悲难诉。更南浦、送君去。　　凉生岸柳催残暑。
耿斜河、疏星淡月，断云微度。万里江山知何处。回首对床夜
语。雁不到、书成谁与。目尽青天怀今古，肯儿曹、恩怨相尔
汝。举大白，听金缕。

关于这首词，王明清《挥麈后录》卷十有一段记载："绍兴戊午（绍兴
八年，1138 年），秦会之（桧）再入相，遣王正道（伦）为计议使，以
修和盟。十一月，枢密院编修官胡铨邦衡上书（书略），请斩王伦、秦
桧、孙近三人之头。疏入，责为昭州盐仓，而改送吏部，与合入差遣，
注福州签判。盖上初无深怒之意也。至壬戌岁（绍兴十二年，1142
年），慈宁归养，秦讽台臣，论其前言弗效，诏除名勒停，送新州编管。
张仲宗元幹寓居三山，以长短句送其行。"曾噩《芦川词序》也说：

"绍兴议和，今端明胡公铨上书，请剑欲斩议者，得罪权臣，窜谪岭海。平生亲党避嫌畏祸，唯恐去之不速，公作长短句送之……"这首词的背景就是因为胡铨上书请斩投降派秦桧、王伦、孙近之首，因而被贬新州（今广东新兴），亲友都不敢去送他，张元幹却写这首《贺新郎》词送他。《宋史·胡铨传》说诗人王庭珪因作诗送胡铨，被判充军。张元幹后来也被除名。

这首词悲凉慷慨，有拔剑斫地之愤，有抑塞牢落之悲，极度地抒发了当时主战派被压抑被迫害，回天无力之恨。

第二节　陈与义

陈与义（1090—1138），字去非，洛阳人。绍兴中，历中书舍人，拜翰林学士，参知政事，因病罢，出知湖州，绍兴八年卒，年四十九，有《无住词》，他留下的词不多，下举其《临江仙·夜登小阁忆洛中旧游》：

> 忆昔午桥桥上饮，坐中多是豪英。长沟流月去无声。杏花疏影里，吹笛到天明。　　二十余年如一梦，此身虽在堪惊。闲登小阁看新晴。古今多少事，渔唱起三更。

此词用上下片对比的手法，来写今昔之变。上片写汴京沦落以前洛阳的繁华和人物的兴高采烈，下片写眼前现实，"二十余年如一梦"，是写汴京的繁华竟如一梦，次句是写自己经过战乱，艰难而侥幸地到了现在。这两句是对一场国破家亡的战争的叹惋，有痛定思痛之意。下三句，词面上看是比较消极，但实际上反映了对投降派大权在握，无可奈何的叹恨。"闲登小阁看新晴"，语有含蓄，显含刺意。《苕溪渔隐丛话》说这首词"清婉奇丽"，只是从词面上看，《四库全书总目提要》说他超过黄庭坚，"可摩坡仙（苏轼）之垒"，足见陈与义历来为人之推重了。

第三节　张孝祥

张孝祥（1132—1169），字安国，历阳乌江（今安徽和县）人。绍兴二十四年廷试第一，历任中书舍人，直学士院，后任建康留守，力赞张浚北伐，遭到主和派的打击，以病卒，年仅三十八岁。

张孝祥的词，慷慨悲壮，长歌激越，汤衡在《于湖词序》里说："自仇池（苏轼）仙去，能继其轨者非公其谁哉！"又说："文章有以天才胜，有以人力胜……于湖先生天人也……是以天才胜者也。"如他的《水调歌头·闻采石战胜》：

> 雪洗虏尘静，风约楚云留。何人为写悲壮，吹角古城楼。湖海平生豪气，关塞如今风景，剪烛看吴钩。剩喜燃犀处，骇浪与天浮。　　忆当年，周与谢，富春秋。小乔初嫁，香囊未解，勋业故优游。赤壁矶头落照，肥水桥边衰草，渺渺唤人愁。我欲乘风去，击楫誓中流。

这首词的小序说"闻采石战胜"。可知是写于绍兴三十一年（1161年）冬天，此年冬虞允文击败金主完颜亮于采石矶。此词上片写采石矶之战的胜利，下片写应该趁壮年建功立业。但是词写得参差错落，别有思致，如开头说"雪洗虏尘静"，意思是说洗刷了胡人的战尘，一句话概括了一场采石之战，而且说得洒脱不凡，接下去忽而说自己，忽而说采石之战，词句错落，构思精奇。下片引历史人物作比，抒发了自己建功立业的思想，也依然是错落交叉，别有思致。再看他的《六州歌头》：

> 长淮望断，关塞莽然平。征尘暗，霜风劲，悄边声。黯销凝。追想当年事，殆天数，非人力，洙泗上，弦歌地，亦膻腥。隔水毡乡，落日牛羊下，区脱纵横。看名王宵猎，骑火一川明。笳鼓悲鸣。遣人惊。　念腰间箭，匣中剑，空埃蠹，竟何成。时易失，心徒壮，岁将零。渺神京。干羽方怀远，静烽燧，且休兵。冠盖使，纷驰骛，若为情。闻道中原遗老，常南望、翠葆霓旌。使行人到此，忠愤气填膺。有泪如倾。

《历代诗余》卷——七引《朝野遗记》说："张孝祥紫微雅词，汤衡称其平昔未尝著稿，笔酣兴健，顷刻即成，却无一字无来处。一日在建康留守席上作《六州歌头》，张魏公读之，罢席而入。"张德瀛《词证》卷五说："所谓拔地参天，句句欲活者。"陈廷焯《白雨斋词话》卷六说："淋漓痛快，笔饱墨酣，读之令人起舞。"这些评赞，都是符合这首词的实际的，而且此词音节响亮，词意显豁，读之令人自然感动。再看他的《念奴娇·过洞庭》：

> 洞庭青草，近中秋、更无一点风色。玉鉴琼田三万顷，著我扁舟一叶。素月分辉，明河共影，表里俱澄澈。悠然心会，妙处难与君说。　应念岭表经年，孤光自照，肝胆皆冰雪。短发萧骚襟袖冷，稳泛沧溟空阔。尽吸西江，细斟北斗，万象为宾客。扣舷独啸，不知今夕何夕。

这是一首较之前两首更为卓绝的词，这首词作于宋孝宗乾道二年（1166

年），时张孝祥被谗落职，自桂林北归，过洞庭湖。魏了翁说："洞庭所赋，在集中最为杰特。方其吸江斟斗，宾客万象时，讵知世间有紫微青琐哉！"（《鹤山集》跋此词真迹）查礼《铜鼓书堂词话》说："此皆神来之句，非思议所能及。"王闿运《湘绮楼评词》说："飘飘有凌云之气，觉东坡《水调》犹有尘心。"此词出语构思之奇，可称古今绝唱，而且词意显豁，磊落洒脱，可见其"表里澄澈""肝胆冰雪"的高致，以上三家之评，皆赏赞有当，无一虚语。

张孝祥与辛弃疾是同时代人，比辛弃疾早八岁，可以说是开辛词的先河。

第四节 陈 亮

陈亮（1143—1194），字同甫，婺州永康（今浙江省永康县）人。才气超迈，喜谈兵，议论风生，下笔数千言立就，著《酌古论》。隆光初，与金人约和，天下欣然幸得苏息，独亮持不可，上《中兴五论》，不报，退修于家，学者多归之。后更名同。陈亮一生坚持抗战，三次上书，均未得用，三次入狱，皆获救。光宗策进士，亮以君道师道对，御笔擢为第一，授金书建康军判官厅公事，未至官，卒。（据《宋史》本传约写）只活了五十一岁。

陈亮才气纵横，坚持抗战，刘熙载《艺概》说："陈同甫与稼轩为友，其人才相若，词亦相似。"下面看他的《水调歌头·送章德茂大卿使虏》：

不见南师久，漫说北群空。当场只手，毕竟还我万夫雄。自笑堂堂汉使，得似洋洋河水，依旧只流东。且复穹庐拜，会向藁街逢。　　尧之都，舜之壤，禹之封。于中应有，一个半个耻臣戎。万里腥膻如许，千古英灵安在，磅礴几时通。胡运何须问，赫日自当中。

此词小序说"送章德茂大卿使虏"，按《金史·交聘表》："金世宗大定二十六年（南宋孝宗淳熙十三年，1186 年）三月己卯朔，宋试户尚书章森、容州观察使吴曦等贺万春节。"章森，即章德茂。则此词当作于淳熙十三年。向金人去拜贺万春节，是一种屈辱的事，作者是怀着满腔郁愤的情绪写这首词的，词义是说眼前虽然去拜贺，但总有一天，会把他们悬首藁街，堂堂中华，依然"赫日当中"的。词意郁愤而慷慨，怀着誓必恢复河山的坚定信念，有大气磅礴，一泻千里之势。所以陈廷焯在《白雨斋词话》里说："精警奇肆，几于握拳透爪，可作中兴露布读。"再看他的《念奴娇·登多景楼》：

危楼还望，叹此意、今古几人曾会。鬼设神施，浑认作、天限南疆北界。一水横陈，连岗三面，做出争雄势。六朝何事，只成门户私计。　　因笑王谢诸人，登高怀远，也学英雄涕。凭却长江，管不到、河洛腥膻无际。正好长驱，不须反顾，寻取中流誓。小儿破贼，势成宁问疆埸。

多景楼在镇江北固山甘露寺内，北向下临长江。这首词借长江的天然形势，说："正好长驱，不须反顾，寻取中流誓。"表示了他坚持北伐的一贯主张，词的内容，与他的《上孝宗皇帝第一书》、《戊申再上孝宗皇帝书》是完全一致的。陈亮词的特点是豪放，气势逼人，但有时不免粗犷，这一点他自己也说："至于堂堂之阵，正正之旗，风雨云雷交发而并至，龙蛇虎豹变色而出没，推倒一世之智勇，开拓万古之心胸。如世俗所谓粗块大脔，饱有余而文不足者，自谓差有一日之长。"(《又甲辰秋书》)他的好友辛弃疾也说："同父之才，落笔千言，俊丽雄伟，珠明玉坚。人方窘步，我则沛然。"(《祭陈同甫》)陈廷焯说："陈同甫豪气纵横，稼轩几为所挫。而《龙川词》一卷，合者寥寥，则去稼轩远矣。"这是说陈亮的词气笔势豪纵，但以词律而论，不如稼轩。这些都是对陈亮的客观评价，但在南渡后思想萎靡之际，陈亮能始终作此慷慨驱敌之论，使人如闻虎啸龙吟，不能不为之精神一振。

第五节　刘　过

刘过（1154—1206）事迹不详，《昆山县志》载其传略云："刘过，字改之，号龙洲，庐陵人也。尚气节，喜饮酒，高视一世，恒以功名自期，长于谈兵，为文章豪放英特，如登多景楼诗，有'中原在望莫登楼'之句，又有'斗酒彘肩，风雨渡江，岂不快哉'等词，至今脍炙人口。陈亮、陆游、辛弃疾，皆折节请友。尝抗疏请光宗过宫。屡与时宰陈恢复方略，谓中原可一战而取。词极剀切。时故人潘友文宰昆山，延改之。过雅志欲航海，因客其所，遂娶妇而家焉。既死无子，友文与主簿赵希㦁共出私钱买地马鞍山东葬之，并祠于东斋之侧。陈止安志其墓。"

刘过的词，以豪放见称，吕大中说他"诗满天下，身霸骚坛，死虽穷而名不穷。"(《宋诗人刘君墓碑》)王世贞说："词至稼轩而变，其源实自苏长公，至刘改之诸公极矣。"（《艺苑卮言》）现举他的《贺新郎》：

弹铗西来路。记匆匆、经行数日，几番风雨。梦里寻秋秋不见，秋在平芜远树。雁信落、家山何处。万里西风吹客鬓，把菱花、自笑人如许。留不住，少年去。　　男儿事业无凭据。记当年、击筑悲歌，酒酣箕踞。腰下光芒三尺剑，时解挑灯夜语。谁更识、此时情绪。唤起杜陵风雨手，写江东渭北相思句。歌此恨，慰羁旅。

刘过一生没有做过官，此词上片写自己的漂泊生涯，不知不觉，已过了少壮年华。下片写他抑郁磊落的抗敌思想，把自己比作敢于抗强秦的荆轲、高渐离，"腰下光芒三尺剑"三句写得沉郁慷慨而苍凉。不过这首词于豪放中更寓郁勃，因而也更近辛弃疾。再看他的《唐多令·重过武昌》：

芦叶满汀洲。寒沙带浅流。二十年、重过南楼。柳下系舟犹未稳，能几日、又中秋。　　黄鹤断矶头，故人今在不。旧江山、浑是新愁。欲买桂花同载酒，终不是、少年游。

此词《宋六十名家词·龙洲词》题下有小序："安远楼小集，侑觞歌板之姬，黄其姓者，乞词于龙洲道人，为赋此《唐多令》。同柳阜之、刘去非、石民瞻、周嘉仲、陈孟参、孟容，时八月五日也。"安远楼即南楼，在武昌黄鹤山上，当时武昌是与金人作战的前线，黄鹤山面临大江，刘过重到武昌，回忆起二十年前初游时的豪兴，现在却是"旧江山浑是新愁"，再也找不回那时的豪情了。徐钒的《词苑丛谈》说："刘此词，楚中歌者竞唱之。"可见此词当盛传一时。刘过还有《沁园春·寄辛承旨，时承旨招，不赴》（一题作：风雪中欲诣稼轩，久寓湖上，未能一往，赋此以解）：

斗酒彘肩，风雨渡江，岂不快哉。被香山居士，约林和靖，与东坡老，驾勒吾回。坡谓西湖，正如西子，浓抹淡妆临镜台。二公者，皆掉头不顾，只管衔杯。　　白云天竺飞来。图画里、峥嵘楼观开。爱东西双涧，纵横水绕，两峰南北，高下云堆。逋曰不然，暗香浮动，争似孤山先探梅。须晴去，访稼轩未晚，且此徘徊。

这首词是写给辛弃疾的，全词如同白话，更见纵放，不受格律所拘。岳珂《桯史》讥笑说是"白日见鬼"。据说辛弃疾却很欣赏此词，因为它体现了辛词的豪放不羁。

第六节　刘克庄

刘克庄（1187—1269），字潜夫，世为莆田（今福建省莆田县）人。补将仕郎，后改宣教郎，知建阳县，以诗触怒当朝，几得谴。理宗淳祐六年，赐同进士出身，后历宦秘书少监令，兼国史院编修官等职。他在朝累迁官职，时间都不长，后以龙图阁学士致仕，著《后村大全集》一百九十六卷，词集有《后村长短句》。

刘克庄是南宋后期爱国词人中特立独行的人物，他的词风格豪放，更发展了词的散文化的方向，不受传统格律的束缚。冯煦在《宋六十一家词选·例言》里有一段重要的话：

后村词与放翁、稼轩，犹鼎三足。其生丁南渡，拳拳君国，似放翁。志在有为，不欲以词人自域，似稼轩。如《玉楼春》云："男儿西北有神州，莫滴水西桥畔泪。"《忆秦娥》

云："宣和宫殿，冷烟衰草。"伤时念乱，可以怨矣。又其宅心忠厚，亦往往于词得之。《满江红》（送宋惠父入江西幕）云："帐下健儿休尽锐，草间赤子俱求活。"《贺新郎》（寿张史君）云："不要汉廷夸击断，要史家编入循良传。"《念奴娇》（寿方德润）云："须信谄语尤甘，忠言最苦，橄榄何如蜜？"胸次如此，岂剪红刻翠者比耶？

这是一段最有见地的评价。下面看他的《贺新郎·送陈真州子华》：

北望神州路。试平章、这场公事，怎生分付。记得太行山百万，曾入宗爷驾驭。今把作、握蛇骑虎。君去京东豪杰喜，想投戈、下拜真吾父。谈笑里，定齐鲁。 两河萧瑟惟狐兔。问当年、祖生去后，有人来否。多少新亭挥泪客，谁梦中原块土。算事业、须由人做。应笑书生心胆怯，向车中、闭置如新妇。空目送，塞鸿去。

真州即今江苏仪征县，在长江北岸，它的北面是扬州，对岸是南京与镇江之间，所以当时的真州就是抗金的最前线。陈子华名耕，时朝廷命他知真州兼淮南东路提点刑狱（掌管刑狱，纠察吏治），陈子华到真州去，也就是到抗金的前线去，所以作这首词送他。词意郁勃慷慨，上片写当年宗泽把太行山起义农民聚集起来共同抗金的壮举，批评现在对这些太行义士却如"握蛇骑虎"，上下为难，不能团结他们抗金，反而对他们不放心。下片批评当前缺少祖逖一样的誓死北伐的人物，他呼吁"事业须由人做"。全词表达了一片忠义忧国之心，所以杨慎的《词品》说这首词"壮语可以立懦"。再看他的另一首《贺新郎》（实之三和，有忧边之语，走笔答之）：

国脉微如缕。问长缨、何时入手，缚将戎主。未必人间无好汉，谁与宽些尺度。试看取当年韩五。岂有谷城公付授，也不干、曾遇骊山母。谈笑起，两河路。　　少时棋枰曾联句，叹而今、登楼揽镜，事机频误。闻说北风吹面急，边上冲梯屡舞。君莫道、投鞭虚语。自古一贤能制难，有金汤，便可无张许。快投笔，莫题柱。

实之，王迈，字实之，他与刘克庄多唱和之作，刘克庄在《满江红》词里称赞他："天壤王郎，数人物方今第一。"词序说："有忧边之语。"此词作于刘克庄的晚期，刘克庄活到八十二岁，他死后十年南宋就亡于蒙元了，所以词序所说的忧边，已是指蒙元的势力。这首词开头第一句就写出了当时国势的危险，已经是微弱如缕，摇摇欲坠之势了，但以下数句激昂慷慨，提出放宽尺度，多用人才。他指出要任用韩世忠（韩五）这样的人才（韩世忠是行伍出身），把两河忠义豪杰团结发动起来，共赴国难。下片叹自己已经年老，而且敌势甚急，"边上冲梯屡舞"（攻城的云梯和战车，舞，蜂拥而来）两句，说明敌情的危急，所以他呼吁要任用人才，有了优秀的人才，国家就有了保障，"快投笔，莫题柱"，大家共赴国难，不要再优游误国了。

第七节　刘辰翁

刘辰翁（1232—1297），字会孟，号须溪，庐陵（今江西吉安市）人。景定（理宗）三年（1262年）中进士，任濂溪书院山长、临安府学教授，后入文天祥幕。宋亡隐居，今传《须溪词》。他是南宋最后一位词人。况周颐说："须溪多真率语，满心而发，不假追琢，有掉臂游行之乐。其词笔多用中锋，风格遒上，略与稼轩旗鼓相当。"(《餐樱庑词话》)况周颐的评价是切合实际的，下面看他的《兰陵王·丙子送春》：

> 送春去。春去人间无路。鞭鞢外，芳草连天，谁遣风沙暗南浦。依依甚意绪。漫忆海门飞絮。乱鸦过、斗转城荒，不见来时试灯处。　春去。最谁苦。但箭雁沉边，梁燕无主。杜鹃声里长门暮。想玉树凋土，泪盘如露。咸阳送客屡回顾。斜日未能度。　春去。尚来否。正江令恨别，庾信愁赋。苏堤尽日风和雨。叹神游故国，花记前度。人生流落，顾孺子，共夜语。

此词题下记"丙子送春"，"丙子"是宋恭帝德祐二年（1276 年），此年二月元军攻破临安，三月掳恭宗及全太后等皇室三千余人北上。此词题曰"送春"，实际上是哀国亡帝掳，刘辰翁自己也在《金缕曲》词里说："暮年诗，句句皆成史。"他是自觉地用词的形式来记载某些重要的历史的。陈廷焯《白雨斋词话》说："题是'送春'，词是悲宋，曲折说来，有多少眼泪。"这几句话，说透了这首词的主题，仔细读来，真是一字一泪，一句一史。再看他的《宝鼎现·春月》：

> 红妆春骑。踏月影、竿旗穿市。望不尽、楼台歌舞，习习香尘莲步底。箫声断，约彩鸾归去，未怕金吾呵醉。甚辇路、喧阗且止。听得念奴歌起。　父老犹记宣和事。抱铜仙、清泪如水。还转盼、沙河多丽。滉漾明光连邸第，帘影冻、散红光成绮。月浸葡萄十里。看往来、神仙才子。肯把菱花扑碎。

肠断竹马儿童，空见说、三千乐指。等多时、春不归来，到春
时欲睡。又说向、灯前拥髻。暗滴鲛珠坠。便当日、亲见《霓
裳》，天上人间梦里。

按：《历代诗余》引张孟浩语："刘辰翁作《宝鼎现》词，时为大德元
年，自题曰'丁酉元夕'。"丁酉即元成宗大德元年，此时距宋亡已二
十余年。此词全篇都沉浸在回忆之中，第一段忆北宋汴京的繁华，第二
段忆南宋临安的繁华，第三段综合汴京、临安的繁华，说"等多时，春
不归来"（此处的"春"是指已覆亡的祖国），而眼前的现实是"到春
时欲睡"（这里的"春"，是指已陷落的临安的春天），沦陷后的临安，
伤心惨目，只能闭眼不看，而已往的一切都已成"天上人间梦里"。这
首词，从词面上看是"红妆春骑"，是繁华和欢乐，但隐含在这些热闹
欢乐字句里的却是悲哀伤心，是一场梦境。张孟浩说："反反复复，字
字悲咽。"朱庸斋《分春馆词话》说：须溪词"亡国前直抒愤懑胸臆，
强烈反映现实，对权奸误国极其痛切；亡国后，偷生于元人残酷统治
下，抚时伤事，和泪写成。其岁时景物诸篇，均因节序而枨触万端，主
题显而易见，亦所谓'亡国之音哀以思'者。同时作手多隐晦不显，无
须溪之凄厉。是以南宋移民中，《须溪词》实为个中佼佼者。"刘辰翁
的词，可以说是南宋亡国后留下的一缕强烈的令人凄断的哀音。

第八节　民族英雄岳飞、文天祥

岳飞（1103—1141），字鹏举，相州汤阴（今河南安阳汤阴）人。
二十岁从军，屡立战功，历宦荆湖东路安抚都统、河南北诸路招讨使等
职，封武昌开国侯，为南宋抗金四大名将之一。绍兴十一年，大败金兵

至朱仙镇，距汴京仅四十多里，举国振奋，恢复汴京指日可待。赵构用秦桧谋，以一日十二道金牌紧急召回岳飞，收复之地尽失。岳飞则以"莫须有"之罪名于狱中秘密杀害。存词三首，其最为传诵的是《满江红》：

> 怒发冲冠，凭栏处、潇潇雨歇。抬望眼、仰天长啸，壮怀激烈。三十功名尘与土，八千里路云和月。莫等闲、白了少年头，空悲切。　靖康耻，犹未雪。臣子恨，何时灭。驾长车踏破，贺兰山缺。壮志饥餐胡虏肉，笑谈渴饮匈奴血。待从头、收拾旧山河，朝天阙。

这首词激昂慷慨，声情激烈，句句警策，字字动人，还我河山，驱除强敌，"待从头收拾旧山河"是贯串全篇的主题思想。这首词充满着强烈的爱国主义的激情，历史上传播之广，家喻户晓，无过于此词者。特别是每到民族存亡的历史关头，这首词起的激励作用是无可比拟的，这首词的真伪曾有过争论，但最终还是被确认了。

岳飞的死，是死于赵构、秦桧的卖国政策，岳飞的死，也使得后来的历史不可逆转，直接种下了亡国之因。岳飞不是词人，但这首词，却是永远光耀于中国历史上的名篇，永远对后人起着爱国主义的教育作用。

文天祥（1236—1282），字宋瑞，又字履善，号文山，庐陵（今江西吉安）人。宋理宗宝祐四年（1256 年）进士第一，度宗朝迁直学士，知赣州。德祐元年（1267 年）元兵攻临安，文天祥毁家纾难，举兵入卫，官右丞相兼枢密使。他坚持抗元，帝昺祥兴元年（1278 年）加少保、信国公。同年十二月在潮州（今广东潮安）兵败被俘，押运返京，元人多方诱降，不屈而死，年四十七岁，有《文山乐府》，存词八首。

文天祥是南宋末年的民族英雄，又是爱国诗人，他的《正气歌》、《过零丁洋》等诗正气浩然，照耀史册。他还是一位词人，他的词同样具有浩然之气，凛凛高节，非一般词人之作可比，如他的《酹江月·和邓光荐》，这是一首和难友邓剡之作：

> 乾坤能大，算蛟龙、元不是池中物。风雨牢愁无着处，那更寒虫四壁。横槊题诗，登楼作赋，万事空中雪。江流如此，方来还有英杰。　　堪笑一叶漂零，重来淮水，正凉风新发。镜里朱颜都变尽，只有丹心难灭。去去龙沙，江山回首，一线青如发。故人应念，杜鹃枝上残月。

这首词是和同时被俘囚禁的邓剡的，故题内有一“和”字。此词上片是说自己虽被囚，壮志不能实现，但“方来还有英杰”，总有人继续奋斗的。下片是说自己“丹心难灭”，对祖国的忠心永远不变，纵然死了，也会化作啼血的杜鹃飞回来的。词义沉痛悲凉而意志坚定，表达了作者忠贞不贰的民族气节，有视死如归的气概。再看他的《满江红·代王夫人作》：

> 试问琵琶，胡沙外、怎生风色。最苦是、姚黄一朵，移根仙阙。王母欢阑琼宴罢，仙人泪满金盘侧。听行宫、半夜雨淋铃，声声歇。　　彩云散、香尘灭。铜驼恨，那堪说。想男儿慷慨，嚼穿龈血。回首昭阳离落日，伤心铜雀迎秋月。算妾身、不愿似天家，金瓯缺。

词题中的“王夫人”是指王清惠，她是宋度宗宫中女官王昭仪，她被俘后于路过北宋故都汴京时，题了一首《满江红》：

> 太液芙蓉，浑不似、旧时颜色。曾记得、春风雨露，玉楼金阙。名播兰馨妃后里，晕潮莲脸君王侧。忽一声、鼙鼓揭天来，繁华歇。　　龙虎散，风云灭。千古恨，凭谁说。对山河百二，泪盈襟血。驿馆夜惊尘土梦，宫车晓辗关山月。问姮娥、于我肯从容，同圆缺。

这首词，表达了王清惠的亡国之痛，当这首词传到金陵时（文天祥时被俘北行至金陵），文天祥说"惜末句少商量"（《文山先生集》卷十四），意思是说末句不够坚决。所以用王夫人的口气，另作了这首《满江红》。此词开头三句是用汉武帝嫁细君公主至乌孙国，公主途中以琵琶解忧来比喻王清惠等被俘押送北行。以下两句是说她和她们，像姚黄一样名贵的花被移离了仙阙。下面四句是说繁华宴散，铜驼巷陌，自己和众人一起沦为囚俘。下片起四句说国亡家破之痛，"想男儿慷慨"两句用张巡守睢阳的故事，张巡恨敌人咬牙至出血，以表示作者恨敌之深。"回首"两句，追思国破之日，自己也被俘。最后两句是说自己决不愿像"天家"（宋王朝）一样被破碎，意思是说自己决不容许敌人对自己的侵犯，一定会坚守自己的清白与完整。文天祥的这首和词，既补足了王词的意思，又是表示了自己决不屈服于敌人的坚强意志。

文天祥的这两首词，和他的《正气歌》、《过零丁洋》等诗一样，表现了他至大至刚的浩然正气，表现了他长虹贯空的民族气节。文天祥拒绝一切引诱而在自己的襟袍上写着："孔曰成仁，孟曰取义。惟其义尽，所以仁至。读圣贤书，所学何事？而今而后，庶几无愧。"（《宋史》本传）最后他不屈于敌人的刀斧，在燕京柴市殉国。文天祥的忠贞气节，是代表着整个中华民族不可屈服的坚强意志和力量。所以他的词，和岳飞的《满江红》词一样，它的意义，已远远超出了词的范围，而成为永远照耀于宇宙，也永远指引着后人的一颗太空的亮星。刘熙载说："文文山词，有'风雨如晦，鸡鸣不已'之意，不知者以为变声，其实乃正之变也。故词当合其人之境地以观之。"（《艺概》）王国维也说："文文山词，风骨甚高，亦有境界，远在圣与、叔夏、公谨之上。"这两家的评论，实际上也就是指出文天祥词的意义，已超出一般词人之上了。

第九节　山河破碎中的社会哀声

南宋的覆灭和蒙元的入主，是一场历史的巨变，是千千万万家生命财产的毁灭，是传统文化的大破坏，是无数人的流离失所，这样的社会巨变，当然也会从词里反映出来，如无名氏的《青玉案》：

> 年年社日停针线。怎忍见、双飞燕。今日江城春已半。一身犹在，乱山深处，寂寞溪桥畔。　　春衫着破谁针线。点点行行泪痕满。落日解鞍芳草岸。花无人戴，酒无人劝，醉也无人管。

此词初见《阳春白雪》卷五，《词林万选》误作黄公绍词，说是写游子流离思家，或以为反映作者亡国后沉痛的心情，按词中"一身犹在，乱山深处"、"落日解鞍"等句及结束三句，皆合此解，贺裳《皱水轩词筌》说，"落日解鞍芳草岸"下数句"语澹而情浓，事浅而言深"。"言深"，不敢明言亡国之痛也。又如德祐太学生褚生的《祝英台近·德祐乙亥》：

倚危栏，斜日暮，蓦蓦甚情绪。稚柳娇黄，全未禁风雨。春江
万里云涛，扁舟飞渡。那更听、塞鸿无数。　　叹离阻。有恨
落天涯，谁念孤旅。满目风尘，冉冉如飞雾。是何人惹愁来，
那人何处。怎知道、愁来不去。

这首词《重刊湖海新闻夷坚续志·后集》有详注，说，"稚柳"，指幼
君，因恭帝时年才五岁。"娇黄"，指谢太后临朝主政。"扁舟飞渡"，
指"北军至"。"飞渡"，即过长江。"塞鸿"，指"流民"。"风尘"，指
战乱。"是何人惹愁来"，原注："贾出"，即指贾似道出赴前线督师失
败，给国家带来灾难。"那人何处"，指贾似道谪循州（今广东惠阳）。
这首词因有注，故词意明确。词题德祐乙亥（1275 年），是宋恭宗元
年，距元军破临安已不到一年，第二年春，临安城破，三月恭帝及全太
后等宫眷均被掳北去。

太学生褚生还有一首《百字令》：

半堤花雨。对芳辰消遣，无奈情绪。春色尚堪描画在，万紫千
红尘土。鹃促归期，莺收佞舌，燕作留人语。绕栏红药，韶华
留此孤主。　　真个恨杀东风，几番过了，不似今番苦。乐事
赏心磨灭尽，忽见飞书传羽。湖水湖烟，峰南峰北，总是堪伤
处。新塘杨柳，小腰犹自歌舞。

这首词，与上首是同一时期，可能更晚，或是临安城破之际，因为临安
城破是暮春三月，恭帝及全太后等被掳北去。此词上片是说春事已尽，
"万紫千红尘土"，春已完了。下片是说临安城破后的悲惨景象，"湖水
湖烟，峰南峰北，总是堪伤处"，三句话，说尽临安的触目伤心，所以

说"真个恨杀东风，几番过了，不似今番苦"。

与这两首词同一时期而略晚的是被俘北去的女官王昭仪（清惠）的《满江红》，此词已在前面引述过，不再重复。与王词同一情景的，还有徐君宝妻题壁的《满庭芳》词：

> 汉上繁华，江南人物，尚遗宣政风流。绿窗朱户，十里烂银钩。一旦刀兵齐举，旌旗拥、百万貔貅。长驱入，歌台舞榭，风卷落花愁。　　清平三百载，典章文物，扫地俱休。幸此身未北，犹客南州。破鉴徐郎何在，空惆怅、相见无由。从今后，梦魂千里，夜夜岳阳楼。

关于这首词，陶宗仪《辍耕录》里有一段记载：

> 徐君宝妻某氏……被（元兵）掳来杭，居韩蕲王（韩世忠）府。自岳至杭，相从数千里，其主者数欲犯之，而终以计脱。盖某氏有令姿，主者弗忍杀也。一日，主者怒甚，将即强焉。因告曰："俟妾祭先夫，然后为君妇不迟也。君奚怒哉！"主者喜诺。即严妆焚香，再拜默祝，南向饮泣，题《满庭芳》词一阕于壁上，已，投大池中以死。

看了这段记载，对这首词也基本上可以了解了。上片是两段意思，自开头到"十里烂银钩"，是说元兵入侵前的承平繁华，下面几句是说元兵来后，一切都化为灰烬。下片开头三句承上意说三百年的清平，典章人物，扫地以尽。下面四句是说自己幸而还没有到北方，但是已见不到自己的丈夫了。末两句是说只有自己的魂魄能回故乡了。

以上这几首词，从不同的身份、不同的阶层反映了这场天崩地塌的民族灾难。第一首无名氏的《青玉案》可能是普通平民或士兵，下面两首《祝英台近》和《百字令》是太学生的作品，以下王清惠的《满江红》是宫中的昭仪（女官），最后一首是徐君宝妻的《满庭芳》，可能是士人之妻。

总之，这场历史的剧变，民族和人民的灾难，在词里得到了充分的反映。

第十节　简短的结论

以上所有引述的词，都充满着高扬的民族意识和爱国思想，读这些词作，无疑是一次深刻的爱国主义教育。南宋的灭亡，实际上不是亡于敌强，而是亡于以宋高宗、秦桧为首的投降路线。宋高宗的时代，只要坚持北伐，是完全可以复国的，岳飞打到朱仙镇就是历史的证据，但高宗不愿看到岳飞的胜利，不愿看到已沦陷的山河的光复，原因是自己贪恋着皇位而忍心置君父于不顾，秦桧则完全与高宗沆瀣一气，杀害了使敌人闻风丧胆的岳飞。宋高宗和秦桧杀害岳飞，是南宋亡国的根本原因。明代的文征明就说："念徽钦既返，此身何属。""千万休谈南渡错，当时自怕中原复。叹区区一桧亦何能，秦其欲。"（《满江红》）这首词，当然不是说秦桧无罪，而是重点戳穿了赵构丑恶自私，不顾民族大义，不顾国家的疆土，不顾人民的生死，也不顾自身的君父之亲、之仇，竟而实行无耻卖国之策，终于造成了国破家亡的结果。

但是，读这些词，可见国虽一时沦亡，而民心未亡，民气未亡，从这许多词里反映出来的思想，可以照耀千古，尤其是岳飞、文天祥的词，永远在历史上放射着光芒！

第八章　宋元话本

第一节　"说话"的渊源

宋代的"说话"，也就是我们现今所说的"说书"，也可以称作说故事。"说话"这种民间艺术，虽然盛行于宋代（尤其是南宋），但其起源却远始于中晚唐时期，那时在寺院里盛行着一种"俗讲"，即由一些著名的和尚讲唱佛经的故事，讲唱的底本是用韵文和散文合写的，我们现在通称之为"变文"，"变文"的散文部分是用当时的口语即白话文写的。讲唱原来只限于佛经的故事，但后来渐渐地也采用现实生活中的英雄人物的事迹或历史故事为"俗讲"的题材了，如《舜子至孝变文》、《伍子胥变文》、《昭君变》等都是以历史人物为题材的。如《张义潮变文》便是以唐代的英雄人物为题材的。与这个变化相应的大概是主持"俗讲"的人也不限于和尚，而一些有名的民间说唱艺人也同样可以开讲了。例如李商隐《骄儿》诗里所说的"或谑张飞胡，或笑邓艾吃"，段成式《酉阳杂俎》续集卷四"贬误"篇所说的"予太和末，因弟生日，观杂戏，有市人小说，呼扁鹊作'褊鹊'，字上声……"恐怕都是指民间艺人的说唱，特别是段成式的记载明说是"市人小说"，可见当时社会上以说话为职业的技艺人已大有人在了。关于这个问题，我们还可以举几个例子，如《全唐诗》王建《观蛮妓》：

> 欲说昭君敛翠蛾，清声委曲怨于歌。谁家年少春风里，抛与金钱唱好多。

又如《全唐诗》吉师老《看蜀女转昭君变》：

> 妖姬未著石榴裙，自道家连锦水滨。檀口解知千载事，清词堪叹九秋文。翠眉颦处楚边月，画卷开时塞外云。说尽绮罗当日恨，昭君传意向文君。

这里所指的说唱艺人，显然都是女艺人，从前一首末句"抛与金钱唱好多"来看，可见她是以此为职业的。元稹在《元氏长庆集》第十卷《酬翰林白学士代书一百韵》诗里自注说："尝于新昌宅（听）说《一枝花话》，自寅至巳，犹未毕词也。"一枝花即妓女李娃的故事，这样题材的故事，显然也不可能是那些和尚去讲唱的。同时从上述这些材料来看，还可以看到当时讲唱的地点，也不再约束在寺院里，而是发展到寺院外面的群众中来了，例如元稹所说的"新昌宅"就显然不是寺院。"俗讲"的内容以及讲唱者、讲唱地点的这些扩充和变化，是这种讲唱艺术取得蓬勃发展的生命力的一个重要原因。

到了宋代，城市经济得到了空前的繁荣，北宋的都城汴梁（开封）的住户就达到了二十六万户，南宋的京城临安（杭州）在度宗时更达到了三十九万户。孟元老在《东京梦华录》里记载北宋都城开封繁华的景象时说：

　　举目则青楼画阁，绣户珠帘，雕车竞驻于天街，宝马争驰于御路。金翠耀目，罗绮飘香。新声巧笑于柳陌花衢，按管调弦于茶坊酒肆。八荒争凑，万国咸通。集四海之珍奇，皆归市易，会寰区之异味，悉在庖厨。花光满路，何限春游，箫鼓喧空，几家夜宴。伎巧则惊人耳目，侈奢则长人精神。

这一段文字，概括地描写了当时京城开封的繁荣景象，在同书卷五的"京瓦伎艺"条里及灌圃耐得翁的《都城纪胜》里的"瓦舍众伎"条里，我们还可以具体地看到北宋的都城开封和南宋的都城杭州的民众娱乐的发达情况，诸色伎艺名目角色的丰富众多。城市经济的发达，城市人民的大量增加，适合于市民的需要的文艺和各种娱乐活动，必然要随之增加。因此在唐代孕育发展起来的说唱艺术，到了宋代，便得到了空前发展的机会了。

第二节　"说话"在宋代的发展

　　"说话"艺术在宋代，由于社会的需要，便有了飞速的发展，《东京梦华录》卷二《东角楼街巷》条说：

　　街南桑家瓦子，近北则中瓦，次里瓦。其中大小勾栏五十余座。内中瓦子、莲花棚、牡丹棚、里瓦子、夜叉棚、象棚最大，可容数千人。自丁先现、王团子、张七圣辈，后来可有人于此作场。

这里所记的北宋时代的"勾栏"和"棚"（都是当时的演艺场所，"棚"又称为"邀棚"。"勾栏"与后世称为妓院的"勾栏"不同，此处是指演艺场所），规模已经如此之大，这段记载里虽然没有说明在当时的"瓦子"或"勾栏"里是否有"说话"的人活动，但我们只要看在同书的卷五"京瓦伎艺"条里说：

> 崇（宁）、（大）观以来，在京瓦肆伎艺：
> ……孙宽、孙十五、曾无党、高恕、李孝详，讲史。李慥、杨中立、张十一、徐明、赵世亨、贾九，小说。
> 张山人，说诨话。
> 霍四究，说《三分》。
> 尹常卖，《五代史》。

这里很明显地把北宋崇宁、大观时期在京城瓦肆里（没有指明在哪一个瓦肆，可见上列名单是指在京各瓦肆里的一些名角，而不是专指哪一个瓦肆的角色）的一些主要说话人的名字都开列出来了，并且开出了他们的"专业"。从上述这些记载里，可见：一是"说话"在北宋时代，已很普遍。二是当时的"说话"人，已经有了细致的专业分工。这种情况的出现，完全足以证明当时"说话"艺术的普遍和发达。

上述这种北宋时代说话艺人的专业分工，到南宋则更有所继承和发展，在灌圃耐得翁的《都城纪胜》，吴自牧的《梦粱录》，周密的《武林旧事》，西湖老人的《繁胜录》和宋无名氏的《应用碎金》① 等书里，都曾具体地谈到，但颇有分歧，今举灌圃耐得翁的《都城纪胜》的《瓦舍众伎》条以见大概：

---

① 内阁文库藏洪武刊本，今有罗振玉辑，百爵斋丛书写印本。

第八章　宋元话本

　　说话有四家：一者小说，谓之银字儿，如烟粉、灵怪、传奇。说公案，皆是搏刀杆棒及发迹变泰之事。说铁骑儿，谓士马金鼓之事。说经，谓演说佛书。说参请，谓宾主参禅悟道等事。讲史书，讲说前代书史文传、兴废争战之事。最畏小说人，盖小说者能以一朝一代故事，顷刻间提破。合生与起令、随令相似，各占一事。商谜，旧用鼓板吹《贺圣朝》，聚人猜诗谜、字谜、戾谜、社谜，本是隐语。

关于这四家的分法，一直是研究小说史的专家们争论不决的问题。鲁迅先生的《中国小说史略》里认为这四家应该是"曰小说、曰说经说参、曰说史、曰合生，而分小说为三类，即'一者小说，谓之银字儿，如烟粉、灵怪、传奇。说公案，皆是搏刀杆棒，及发迹变泰之事。说铁骑儿，谓士马金鼓之事'是也。"①

　　陈汝衡的《说书史话》，李啸仓的《宋元伎艺杂考》的分法，与鲁迅先生的分法不同，兹将他们所作的表，移录于下②：

	说话四家	内容
一	银字儿	烟粉、灵怪、传奇
二	说公案	朴刀杆棒、发迹变泰之事
	说铁骑儿	士马金鼓之事
三	说经	演说佛书
	说参请	参禅悟道等事

---

① 《中国小说史略》第 12 篇。
② 见《宋元伎艺杂考》第 86 页。

　　　　说诨经

四　讲史书　　　　　讲说前代书史文传，兴废战争之事

　　　　　　　附注：一、二两项总称"小说"

这里我们仍从鲁迅先生的说法。

　　宋代"说话"人的艺术是很高的，我们除了可以从他们流传下来的
"话本"中看到外，还可以从罗烨的《醉翁谈录》里看到他记述"小
说"家的说话艺术的情况：

　　　　说国贼怀奸从佞，遣愚夫等辈生嗔；说忠臣负屈衔冤，铁
　　心肠也须下泪。讲鬼怪，令羽士心寒胆战；论闺怨，遣佳人绿
　　惨红愁。说人头厮挺，令羽士快心；言两阵对圆，使雄夫壮
　　志。谈吕相青云得路，遣才人着意群书；演霜林白日升天，教
　　隐士如初学道。噇发迹话，使寒门发愤；讲负心底，令奸汉
　　包羞。

上述这一段记载，说明当时"说话"艺术的水准，已经到了相当圆熟动
人的地步了。

　　由于"说话"艺术的普遍流行，"说话"艺人的大量增加，于是便
产生了"说话"艺人的组织，当时称作"书会"。在《武林旧事》卷三
"社会"条下记载了当时社会各种民间艺术团体的名称，其中记述小说
（即说话中的小说一科）的书会名称叫"雄辩社"，在同书卷六"诸色
伎艺人"条内"书会"条下还列有六个人的名字。在宋元小说、戏文

及有关著录里，提到"书会"这个名称的，还有不少，① 可见当时这种组织，也是比较普遍的。参加这种组织的都是当时的"说话"艺人，也有一些落泊的文人，他们主要是帮助编写"话本"，这对于提高"话本"的艺术性，和促使这种艺术的进一步发展，是有作用的。

第三节 现今流传的宋元话本

"话本"就是说话人的底本，根据前面鲁迅先生的分法，"说话"人的四家之中，大概"合生"这一家没有底本流传下来，有话本的只有"讲史"、"说经说参"和"小说"三家。现今流传的《大唐三藏取经诗话》，可能就是"说经"家的话本，全书分为三卷，共十七章，全书虽然写得很简单，只是一个说话人的提纲，但书中对猴行者的塑造，已经初具轮廓。全书的故事，对后来的长篇小说《西游记》，也有密切的关系，这个话本，可以说是后世章回小说之祖。

"讲史"家的话本，现今流传的有《新编五代史平话》，《大宋宣和遗事》，《三国志平话》以及其余几种《全相平话》等。

《新编五代史平话》是讲梁、唐、晋、汉、周五代的历史，每代二卷，它使用的语言大都还是浅近的文言，其中梁史、汉史都缺了下卷，有些地方还可能经过后人改动。它主要是根据正史敷衍成话本，但有些地方则大加夸张点染，情节也有离奇之处。《东京梦华录》中记载有尹常卖②专说五代史，可能这就是当时的底本。

---

① 小说如《清平山堂话本》中的《简帖和尚》，戏文如《张协状元》、《小孙屠》。著录如钟嗣成的《录鬼簿》等，都提到过"书会"。

② "常卖"是一种专业之特称。南宋赵彦卫《云麓漫钞》卷七云："朱勔之父朱冲者，吴中常卖人。方言以微细物博易于乡市中自唱，曰常卖。"

《大宋宣和遗事》是专讲宋代的史事，全书分元、亨、利、贞四集，使用的语言有的是文言，有些地方是用白话写成的。其中描写了帝王的荒淫，汴京的繁华，蔡京等的当权以及梁山泺宋江等人的起义。关于宋江等人的故事，是与后来的《水浒传》有密切的关系的。这书的写作年代，很难断定，大概是宋末或者元初的作品。

《三国志平话》以及其他四种全相平话：《武王伐纣平话》、《七国春秋后集平话》、《秦并六国平话》、《前汉书续集平话》统称为"全相平话"五种。这五种平话，并非一人所作，故事人物都比较简单，语言也比较粗糙。其中《三国志平话》，是与后来的长篇小说《三国演义》有密切的关系的。

"小说"家的话本，其目录最早见于钱曾《也是园书目》中，共十二种，计：

灯花婆婆、风吹轿儿、冯玉梅团圆、种瓜张老、错斩崔宁、简帖和尚、紫罗盖头、山亭儿、女报冤、李焕生五阵雨、西湖三塔、小金钱。

上列十二种只是目录，并无原文。1915 年，江阴缪荃孙（江东老蟫）将他发现的《京本通俗小说》残本刊入《烟画东堂小品》公之于世，这个残本共九种，当时刊出了七种，余两种一因残破不堪，一因"过于秽亵"故未刊出（后来又见于《警世通言》和《醒世恒言》中），自从发现了《京本通俗小说》，世人才见到宋元话本的真面目，一部分列在《也是园书目》中的作品，也在其内。但宋元话本，还远不止这九种，以后又陆续发现了明人洪楩编刻的《清平山堂话本》，茂苑野史（冯梦龙）编辑的《古今小说》、《警世通言》、《醒世恒言》等书，于是宋元话本，才能较多的见到，据近人研究，总括上述各书中大致可以看作宋元作品的大约有四十来篇。这个数目，比起宋元时代小说家们实际创作的数字来说，当然小得不知多少了，但今天我们拿来作为研究宋元话本的材料来说，却已经是颇为丰富的了。

第四节　宋元话本的思想艺术和成就

现今流传下来的宋元话本虽然为数并不算多，但它仍然为我们提供了一幅宋元时代真实的社会图画。宋元话本小说，是有它自己的思想特色和艺术特色的，对过去的文学来说，宋元话本小说，是一种崭新的文学，宋元话本小说的出现，显示着中国文学的现实主义的新的发展。

宋元话本小说的特色是被它的产生的社会原因和所反映的生活内容决定的：

一、宋元话本小说首先不同于过去的一些文人创作，过去的文人创作作者当然是封建社会里的文人，而读者也仍然是封建社会里的文人——士大夫阶级。宋元话本小说的作者基本上就是当时的演唱者，他们是当时瓦子里的技艺人，与封建士大夫阶级的文人墨客是根本不同的，虽然当时参加"书会"从事话本的编写工作的也仍还有一些落魄的文人在内，但这些文人基本上已经与这些说话人结成了一个团体，操着共同的职业来从事生产，因此这些人与封建士大夫阶级的文人也是截然不同的。

二、宋元话本小说的读者（严格地说，应该说是"听众"）是当时广大的市民群众，而不是那些上层阶级的官僚和知识分子，因此它在语言上必须是当时市民群众的口头语言而不是那种典雅的书面语言（文言）。同时它的内容也必须严格的适合市民群众的需要，这就必须使话本的内容尽量与市民阶层的生活和思想感情，希望和要求结合起来，反映他们生活中的喜、怒、哀、乐。这样也就使作品里的主人公不能不是市民阶层的人物了。

三、宋元话本小说在当时并不是一种书面文学而是口头文学，就是说在当时它并不是印出来给人家读而是讲出来给听众听的。因此它除了必须用亲切的广大市民群众的口语来描述适合于市民群众的思想感情的故事外，它首先要使自己的故事具有真实的生活内容，能得到市民群众思想感情的共鸣，同时它又必须使自己的故事具有丰富的曲折离奇的情节，甚至是出人意料的结局，这样才能紧紧地抓住听众的心理，吸引住他们。

由于上述这些因素，使得宋元话本的思想和艺术，都具有自己的特色。

宋元时代，是政治上极端腐败黑暗的时代，话本的作者首先真实而深刻地揭露了这个时代的罪恶。话本《冯玉梅团圆》中描写当时人民的疾苦说：

> 话中单说建州饥荒，斗米千钱，民不聊生。却为国家正值用兵之际，粮饷要紧，官府只顾催征上供，顾不得民穷财尽。常言"巧媳妇煮不得没米粥"，百姓既没有钱粮交纳，又被官府鞭笞逼勒，禁受不过，三三两两，逃入山间，相聚为盗。"蛇无头而不行"，就有个"草头天子"出来。此人姓范名汝为，仗义执言，救民水火，群盗从之如流，啸聚至十余万。

这里话本的作者对当时社会的混乱黑暗，官府的残暴，人民生活的痛苦，有着尖锐的揭露，尤其是作者十分真实地写出了农民革命的真正原因，写出了这些所谓"强盗"，实际上都是无辜的良民，而且他们所做的事，是正义的事业，是"仗义执言，救民水火"。

上述话本中对于当时军队的腐败，也有十分真实的描写：

> （徐信夫妻）随着众百姓，晓夜奔走。行至虞城，只听得背后喊声振天，只道鞑虏追来，却原来是南朝杀败的溃兵。只因武备久弛，军无纪律，教他杀贼，一个个胆寒心骇，不战自走，及至遇着平民，抢掳财帛子女，一般扬威耀武。

在这样的社会里，官吏的残暴昏聩贪污，更是司空见惯的事，话本《碾玉观音》里的延安郡王，便是一个杀人不眨眼的残暴的封建统治者，热爱幸福生活的秀秀，以及秀秀的父母，都死在他的淫威之下。这是当时社会上的一种官僚。《错斩崔宁》里的那个临安府的府尹（注意，这是治理南宋京城的最高长官），则又是一种官僚，在他昏庸糊涂的审判下，竟将两个无辜的平民崔宁和陈二娘冤杀了。在那个时代，政治黑暗，官吏残暴，社会上更是盗贼横行，一片混乱，《错斩崔宁》里写南宋都城临安，半夜里都有小偷杀人，还有强盗劫人越货。《万秀山仇报山亭儿》里，写襄阳府城外也有恶霸杀人劫货。《杨温拦路虎传》里写东岳附近，强人抢劫客店，掳掠妇女。话本里的这些描写，充分揭露了宋元时代社会的黑暗和人民的灾难。

宋元时代，更是中国历史上民族矛盾极为尖锐的时代，话本中对于这种情况，具有深刻的描写。前述《冯玉梅团圆》里说：

> 金虏凌城，掳了徽、钦二帝北去。康王泥马渡江，弃了汴京，偏安一隅，改元建炎。其时东京一路百姓，惧怕鞑虏，都跟随车驾南渡，又被虏骑追赶，兵火之际，东逃西躲，不知拆散了几多骨肉！往往父子夫妻终身不复相见。

这里话本的作者概括地描写了当时人民所饱经的灾难。这种痛苦，在《杨思温燕山逢故人》这篇话本里，描写得尤为深刻：

> 今日说一个官人，从来只在东京看过元宵，谁知时移事变，流寓在燕山看元宵。那燕山元宵却如何：
>
> 虽居北地，也重元宵。未闻鼓乐喧天，只听胡笳聒耳。家家点起，应无陆地金莲；处处安排，那得玉梅雪柳？小番鬓边挑大蒜，歧婆头上带生葱。汉儿谁负一张琴，女们尽敲三棒鼓。……
>
> 姨夫也来邀思温看灯，同去消遣旅况。思温情绪索然，辞姨夫道："看了东京的元宵，如何看得此间元宵？姨夫自稳便先去，思温少刻追陪。"张二官人先去了。杨思温捱到黄昏，听得街上喧闹，静坐不过，只得也出门来看燕山元宵。但见：
>
> 莲灯灿烂，只疑吹下半天星；士女骈阗，便是列成王母队。一轮明月婵娟照，半是京华流寓人。

话本作者，在这里十分深刻地写出了亡国的旅人们的心头之痛，情调十分黯然、凄凉，充满着亡国之痛。

宋元话本里表现得非常突出的一点是对于男女爱情的描写，作者以赞叹的心情歌颂着青年男女们大胆的自由恋爱，歌颂着他们的"越轨"行动，歌颂着他们从斗争中争取到幸福的生活。同时对于破坏青年男女们的自由恋爱和幸福生活的封建势力，也进行了无情的揭露和批判。话本《闹樊楼多情周胜仙》描写了一对青年男女范二郎和周胜仙的恋爱，但是由于周胜仙的父亲的阻挡，终于不能成亲，周胜仙因此气愤而死。但死后又被盗坟贼劫出复活，再去找范二郎，范二郎却以为是鬼，失手将她打死，范二郎因此犯罪入狱，周胜仙的鬼魂却依旧眷恋范二郎，与范二郎在睡梦中相会，成就了夫妻，以后周胜仙还托梦给周孔目，开脱了范二郎的罪。这篇话本小说，有力地歌颂了周胜仙对范二郎的纯洁而真挚的爱情，对致周胜仙于死命的封建势力代表——周胜仙的父亲，则给以有力的鞭挞。其他如《快嘴李翠莲记》、《金明池吴清逢爱爱》、《戒指儿记》、《乐小舍拚身觅偶》、《风月瑞仙亭》等也都是歌颂青年男女的爱情的。

　　宋元话本小说的艺术成就，也是很高的，在话本中，塑造了许多具有典型意义的形象，对他们的性格的刻画，心理过程的描写，也很深刻细致，例如《志诚张主管》中，写胆小善良的张胜看到了旧主人张员外家被封后的心理变化道：

　　　　（张胜）独自一个行来行去……迤逦信步，行到张员外门前，张胜吃惊。只见张员外家门便关着，十字两条竹竿缚着，皮革底钉住一碗泡灯，照着门上一张手榜贴在。张胜看了，唬得目睁口呆，罔知所措。

　　　　张胜去这灯光之下，看这手榜上写着道："开封府左军巡院勘到百姓张士廉为不合……"方才读到"不合"二个字，兀自不知道因甚罪，则见灯笼底下一人喝声道："你好大胆！来这里看甚的？"张主管吃了一惊，拽开脚步便走。那喝的人大踏步赶将来，叫道："是甚么人？直恁大胆，夜晚间看这榜做甚么？"唬得张胜便走。渐次间行到巷口，待要转弯归去，相次二更，见一轮明月，正照着当空。

这里对张胜的心理变化过程是写得很细致的。当热闹的元宵灯节张胜意外地看见旧主人家的门紧闭着的时候，心中自然不免"吃惊"，但这时还只是一种惊疑，还不知道主人家究竟怎样？当他再一看，发现主人的门并不是一般的紧闭而是被政府所封时，自然就"吓得目睁口呆，罔知所措"了。但张胜是十分关心主人家的，因此便不由自主地去看门上的榜文了，当他忽然听到有人向他大喝一声时，事情几乎要落到自己身上来了，胆小怕事的张胜自然吓得"拽开脚步便走"，一直"行到巷口"，惊魂方定，这时他才发现"一轮明月，正照着当空"。这一段心理描写是十分细致和深刻的。

宋元话本中，对于人物的细节描写，也是很生动真实的，通过这些细节的描写，使得人物的性格生动地浮现在纸上。例如《碾玉观音》里描写延安郡王的残暴道：

> 郡王好生焦躁，左手去壁牙上取下"小青"，右手一掣，掣刀在手，睁起杀番人的眼儿，咬得牙齿剥剥地响。

这一节仅仅几句话，把一个杀人不眨眼的延安郡王的残暴性格，写得多么突出。再如《错斩崔宁》中描写陈二姐在听到丈夫已将她卖掉的消息后道：

> 那小娘子好生摆脱不下："不知他卖我与甚色样人家？我须先去爹娘家里说知。就是他明日有人来要我，寻到我家，也须有个下落。"沉吟了一会，却把这十五贯钱，一垛儿堆在刘官人脚后边。趁他酒醉，轻轻的收拾了随身衣服，款款地开了门出去，拽上了门。却去左边一个相熟的邻舍，叫做朱三老儿家里，与朱三妈借宿了一夜，说道："丈夫今日无端卖我，我须先去与爹娘说知。烦你明日对他说一声，既有了主顾，可同我丈夫到爹娘家中来，讨个分晓，也须有个下落。"那邻舍道："小娘子说得有理，你只顾自去，我便与刘官人说知就理。"

过了一宵，小娘子作别去了，不提。

这一段文字里，对陈二姐的性格，描写得多么突出！她是封建社会里的一个被压迫者，她的处境十分可怜的，可怜到甚至自己已经被丈夫卖了也还无力反抗的境地，她的性格是多么善良，丈夫已经把她卖了（她并不知道是戏言），她还将十五贯钱"一垛儿堆在"丈夫的脚边，拽上了门，又恐丈夫找不着她，使丈夫为难，因此还托邻居转告丈夫一声，以便找她，这种性格，多么善良而又可怜哪！

宋元话本的作者所使用的这种口语，也是有惊人的成就的，无论在描写人物或叙述故事上，都是具有充分的表达力的。例如《错斩崔宁》中下面这一段描写：

却说这里刘官人一觉直至三更方醒，见桌上灯犹未灭，小娘子不在身边。只道他还在厨下收拾家火，便唤二姐讨茶吃。叫了一回，没人答应，却待挣扎起来，酒尚未醒，不觉又睡了去。不想却有一个做不是的，日间赌输了钱，没处出豁，夜间出来掏摸些东西。却好到刘官人门首，因是小娘子出去了，门儿拽上不关，那贼略推一推，豁地开了。捏手捏脚，直到房中，并无一人知觉。到得床前，灯火尚明。周围看时，并无一物可取。摸到床上，见一人朝着里床睡去，脚后却有一堆青钱，便去取了几贯。不想惊觉了刘官人，起来喝道："你须不近道理！我从丈人家借办得几贯钱来，养身活命，不争你偷了我的去，却是怎的计结？"那人也不回话，照面一拳，刘官人侧身躲过，便起身与这人相持。那人见刘官人手脚活动，便拔步出房。刘官人不舍，抢出门来，一径赶到厨房里。恰待声张邻舍起来捉贼，那人急了，正好没出豁，却见明晃晃一把劈柴

> 斧头，正在手边，也是人急计生，被他绰起一斧，正中刘官人面门，扑地倒了，又复一斧，斫倒一边。眼见得刘官人不活了，呜呼哀哉，伏惟尚飨！那人便道："一不做，二不休，却是你来赶我，不是我来寻你。"索性翻身入房，取了十五贯钱，扯条单被，包裹得停当，拽扎得爽俐，出门，拽上了门就走。

这一段文字，描写刘贵半夜酒醒后又睡去，小偷进来偷东西，刘贵与小偷搏斗，刘贵被小偷砍死，然后小偷拿了十五贯钱逃走，情节很复杂，但描写得很生动，语言十分精练流畅，可以看出当时说话人运用口语的惊人成绩。

宋元话本中还有许多极其精练和形象化的语言，有的是韵语，有的则是介乎韵散之间的语言，如《错斩崔宁》里的王员外形容刘贵不会谋生时说：

> 坐吃山空，立吃地陷。咽喉深似海，日月快如梭。

如《西山一窟鬼》里写吴教授和王七三官人在路上见了许多鬼，心里害怕，冒雨急走的情况说：

> 地下又滑，肚里又怕，心头一似小鹿儿跳，一双脚一似斗败公鸡，后面一似千军万马赶来，再也不敢回头。

再如《宋四公大闹禁魂张》里描写张员外的吝啬时说：

> 一愿衣裳不破，二愿吃食不消，三愿拾得物事，四愿夜梦鬼交。

又说：

> 虱子背上抽筋，鹭鸶腿上割股，古佛脸上剥金，黑豆皮上
> 刮漆。

以上这些话，都是十分精练而形象化的。

当然宋元话本不论在思想上艺术上，都还有落后的一面，如作品中往往宣传因果报应的思想，在有些作品里，还有较浓厚的色情描写，有些作品的艺术性也较差等等，但这些不是宋元话本小说的主要方面。

第五节　简短的结论

宋元话本小说的出现，是与当时城市经济的发展，市民阶层的增加这一社会现实有密不可分的关系的。

由于宋元话本小说发展的具体条件的决定，宋元话本小说一开始即以崭新的姿态出现，它用广大人民的生动活泼的语言，反映广大的市民阶层以及普通人民的思想感情，理想和要求，生活和斗争以及他们所受的迫害。宋元话本小说，并以坚强的斗争精神，揭露和批判了封建社会中的种种罪恶。

宋元话本小说主要是描写市民阶层和一般平民的生活，因此作品中的主人公大部分都是普通人民的形象，同时这些形象，有不少都具有一定的典型意义。

宋元话本小说的情节是十分丰富的，丰富的情节，也促使人物的性格更加丰富和深化，也促使作品所反映的社会现实更加深刻。

宋元话本小说的出现，显示着中国文学史上的现实主义有了新的发展，有了新的成就，它在描写对象上已经找到了比过去更为广阔的天地，它在使用的语言上已经找到了比过去更富于表现力，更接近于广大群众的语言。宋元话本小说的出现，预示着中国文学史上将出现与过去完全不同的①杰出的作品。

宋元话本小说，给予后来的文学，特别是明代的短篇小说以很大的影响，对后来的长篇小说，也同样起了很大的作用。

---

①　宋元以前的文学作品，基本上是以散文和诗歌为主的，宋元以后戏剧和长篇小说，便成为文学创作的主要形式了。(当然诗歌散文也仍然是主要的文学形式)

后 记

　　此书在五十年前写作时，曾参阅过前面序言里提到过的几种文学史著作，没有这些先生的著作作为依傍，我是无从下笔的，敬此表示谢意。此次校改时，又参阅了友人陶尔夫、刘敬圻的《南宋词史》以及相关的著作。陶、刘二位的书，是研究宋词的极有分量的著作，启我良多，可惜陶兄已作古，否则当更有新著，借此敬表我对他们两位的谢意。

　　此书得叶君远、孙熙春弟和熙春同事们的校对，减去了不少错误，至为感谢。

　　青岛社特为请吴清波编审审校全稿，减去了不少错误，敬致谢忱！

　　此书之得以重见，没有任晓辉学弟将五十年前的油印稿打印出来，并作核校，是不可能面世的，对晓辉学弟和他的几位一起合作的朋友，我再次表示由衷的感谢。

　　此书最后是由我的助手高海英用我原来的油印讲稿逐句核校，并参核各种有关书籍和各家的校改最后校定的，在这个基础上，我又从头校改了一遍，目的是希望把错误降低到最少的程度。

　　我还要谢谢余乃蕴、周维敷两同志，没有他们精心地保存我的这部讲稿，这部书也就成为劫灰了。

冯　其　庸

2009. 12. 24 夜初记

2010. 2. 15，庚寅新岁初二日第二次校改毕

2011. 3. 20 夜 12 时，辛卯二月十六日三校后改记